2018年 枠組壁工法建築物 設計の手引

2×4

一般社団法人 日本ツーバイフォー建築協会 編

丸善出版

まえがき

　枠組壁工法が正式にわが国の木造構法の一つとして認められたのは，昭和 49 年 7 月に建設省告示第 1019 号として制定された技術基準が初めてである。以来，昭和 57 年の全面改正を経て，既に 44 年を経過した。建設戸数も平成 29 年には 119 千余戸と新設住宅着工戸数の 12.6％を占め 10 年間で 4.4％シェアを拡大するに至っている。

　これは，枠組壁工法を用いた住宅の性能，デザインが国民のニーズに合致したこと，技術開発を踏まえた技術基準の改正が行われ，建築規模，階数，仕様等の拡大が図られてきたこと，同時に，企業努力や研究開発を通じ，様々なニーズに応えてきた関係各位の努力に負うところは明らかであろう。

　平成 16 年に枠組壁工法の主要構造部について，耐火構造の国土交通大臣認定を取得し，防火地域での住宅，非住宅建築物等への新たな道を開いた。また，枠組壁工法耐火構造 4 階建て実験棟を経て，平成 28 年には木造 6 階建て実大実験棟を建設し耐震・耐火構造をはじめとする技術の開発と技術検証を行うに至った。

　枠組壁工法は住宅から幅広く建物用途を拡大することとなり，使用できる材料が追加されるとともに構造方法等の拡大の措置がなされることとなった。これにより，技術開発，国産材等資材調達の多様化が進み，構造設計の自由度の拡大や多様な材料が使用できることとなった，設計者や建築審査担当者としては，今まで以上に構造計算基準や告示の詳細について，より一層の理解が求められることとなった。

　そこで，日本ツーバイフォー建築協会に学識経験者，協会委員等で構成する編集委員会を設け，現在までの改正も含め枠組壁工法技術基準，告示の解説および構造計算法に関して，詳細な検討を加え編集作業を進めてきた。

　本書「2018 年枠組壁工法建築物設計の手引」は，それらを踏まえて，今までの枠組壁工法の技術の経緯を説明しながら，改正の趣旨と新たな技術基準を解説したものである。従前と同様に告示本文の内容を項目ごとに解説を加えその内容が理解できるように配慮している。さらに別冊として「2018 年枠組壁工法建築物構造計算指針」を発刊している。告示基準の仕様に基づく構造計算，性能規定にともなう構造計算について編集したもので，あわせて活用されることでより一層明確な枠組壁工法による建築物が建設されていくことを願うものである。

　最後に，本書の作成にあたり，種々ご協力を賜った関係各位に対し，心から厚く謝意を表する次第である。

平成 30 年 10 月

編集委員会委員長　　有馬　孝禮

本書の構成と使い方

　枠組壁工法建築物の設計に当たっては，建築物各部の仕様が安全に構成されるとともに，必要な場合には，構造計算等によって建築物全体が各種の荷重・外力に対して安全な構造であることを確かめる必要がある。建築基準法令においては，枠組壁工法建築物に使用する各種の材料，構成方法等について，枠組壁工法技術基準告示を定めるとともに，特定の場合には，構造計算によってその安全性を確認することを義務付けている。

　本書は，枠組壁工法建築物に必要となる設計基準について，網羅的にその方法と設計上の留意点をまとめているものであるが，整理の都合上から基準を分類し，編ごとにまとめる構成をとっている。具体的には，第Ⅰ編から第Ⅵ編までにより構成されており，第Ⅰ編においては，枠組壁工法の歴史的変遷と普及状況についてまとめており，第Ⅱ編から第Ⅵ編までに枠組壁工法に関する設計基準についてまとめている。各編において記載されている内容は以下のとおりである。

　　第Ⅰ編：枠組壁工法の概要
　　第Ⅱ編：枠組壁工法を用いた建築物の構造部分の構造方法に関する安全上必要な技術的基準及び解説
　　第Ⅲ編：枠組壁工法建築物の構造特性
　　第Ⅳ編：防耐火設計指針
　　第Ⅴ編：住宅金融支援機構監修の住宅工事仕様書の解説
　　第Ⅵ編：参考資料

　本書の内容については，予告なく正誤表などにより変更されることがある。
　また，平成30年10月以後に施行された法改正については，本書の内容訂正は行われていないので，使用時点での内容確認については，利用者の責任において実施していただきたい。
　なお，本書の内容に起因して発生する直接，間接，特別または必然の損害について編集委員会，発行者並びに販売元は何らの責任を負うことはない。

2018年枠組壁工法建築物 設計の手引・構造計算指針
編集委員会委員

(順不同，敬称略)

委員長	有馬	孝禮	東京大学名誉教授
委　員	五十田	博	京都大学　生存圏研究所　教授
〃	稲山	正弘	東京大学大学院　農学生命科学研究科　教授
〃	大橋	好光	東京都市大学　工学部　建築学科　教授
〃	大宮	喜文	東京理科大学　理工学部　建築学科　教授
〃	河合	直人	工学院大学　建築学部　教授
〃	菅原	進一	日本大学大学院　理工学研究科　教授
〃	中島	史郎	宇都宮大学　地域デザイン科学部　建築都市デザイン学科　教授
〃	安村	基	静岡大学名誉教授
〃	成瀬	友宏	国土交通省　国土技術政策総合研究所　建築研究部　室長
〃	荒木	康弘	国土交通省　国土技術政策総合研究所　建築研究部　主任研究官
〃	槌本	敬大	国立研究開発法人　建築研究所　材料研究グループ　上席研究員
〃	城地	哲哉	独立行政法人　住宅金融支援機構　地域支援部技術統括室　技術支援グループ長
〃	下鳥	利光	日本建築行政会議構造部会 (㈱都市住居評価センター　確認検査事業部　構造確認審査部　構造統括部長)
〃	末田	史朗	日本建築行政会議防災部会 (千葉市　都市局　建築部　建築審査課　主査)
〃	岡田	恒	公益財団法人　日本住宅・木材技術センター　参与
〃	神谷	文夫	セイホク㈱　技師長
協力委員	青木	亮	国土交通省住宅局　建築指導課　課長補佐
〃	髙木	淳一郎	国土交通省住宅局　建築指導課　課長補佐（平成30年3月まで）
〃	惠﨑	孝之	国土交通省住宅局　住宅生産課　木造住宅振興室　企画専門官
〃	楠田	勝彦	国土交通省住宅局　住宅生産課　木造住宅振興室　企画専門官（平成30年3月まで）
協会委員	川本	俊明	（一社）日本ツーバイフォー建築協会　専務理事
〃	清野	明	（一社）日本ツーバイフォー建築協会　技術部会長
〃	太田	啓明	（一社）日本ツーバイフォー建築協会　技術委員
〃	中澤	正文	（一社）日本ツーバイフォー建築協会　技術委員
〃	中村	孝	（一社）日本ツーバイフォー建築協会　技術委員
〃	檜山	智子	（一社）日本ツーバイフォー建築協会　技術委員
協力コンサルタント			
	岡崎	友也	㈱日本システム設計　開発設計室　主任
	栗田	紀之	建築環境ワークス協同組合　専務理事
	戸田	淳二	㈱中央設計　代表取締役
	宮林	正幸	㈲ティー・イー・コンサルテイング一級建築士事務所　所長
	山﨑	正己	㈲ろふと　所長

2018年枠組壁工法建築物 設計の手引・構造計算指針 編集委員会委員

設計ワーキング

主　査	岡田　　恒	公益財団法人　日本住宅・木材技術センター　参与	
委　員	中川　貴文	京都大学　生存圏研究所　准教授	
〃	荒木　康弘	国土交通省　国土技術政策総合研究所　建築研究部　主任研究官	
〃	槌本　敬大	国立研究開発法人　建築研究所　材料研究グループ　上席研究員	
〃	城地　哲哉	独立行政法人　住宅金融支援機構　地域支援部技術統括室　技術支援グループ長	
協会委員	太田　啓明	（一社）日本ツーバイフォー建築協会　技術委員	
〃	石川　　一	（一社）日本ツーバイフォー建築協会　技術委員	
〃	中澤　正文	（一社）日本ツーバイフォー建築協会　技術委員	
〃	野嶋　　洋	（一社）日本ツーバイフォー建築協会　技術委員	
〃	清水　　真	（一社）日本ツーバイフォー建築協会　技術委員	

協力コンサルタント
　　　　栗田　紀之　建築環境ワークス協同組合　専務理事
　　　　山﨑　正己　㈲ろふと　所長

構造ワーキング

主　査	河合　直人	工学院大学　建築学部　教授	
委　員	中川　貴文	京都大学　生存圏研究所　准教授	
〃	荒木　康弘	国土交通省　国土技術政策総合研究所　建築研究部　主任研究官	
〃	槌本　敬大	国立研究開発法人　建築研究所　材料研究グループ　上席研究員	
協会委員	中村　　孝	（一社）日本ツーバイフォー建築協会　技術委員	
協会委員	石川　　一	（一社）日本ツーバイフォー建築協会　技術委員	
〃	簏　　英彦	（一社）日本ツーバイフォー建築協会　技術委員	
〃	大橋　　修	（一社）日本ツーバイフォー建築協会　技術委員	
〃	古田　昌弘	（一社）日本ツーバイフォー建築協会　技術委員	

協力コンサルタント
　　　　岡崎　友也　㈱日本システム設計　開発設計室　主任
　　　　栗田　紀之　建築環境ワークス協同組合　専務理事
　　　　山﨑　正己　㈲ろふと　所長

材料・耐久性ワーキング

主　査	中島　史郎	宇都宮大学　地域デザイン科学部　建築都市デザイン学科　教授	
委　員	中川　貴文	京都大学　生存圏研究所　准教授	
〃	荒木　康弘	国立研究開発法人　建築研究所　構造研究グループ　主任研究員	
〃	長尾　博文	国立研究開発法人　森林研究・整備機構　森林総合研究所　構造利用研究領域チーム長	
委　員	渋沢　龍也	国立研究開発法人　森林研究・整備機構　森林総合研究所　複合材料研究領域長	
〃	伴　　勝彦	（一社）日本CLT建築協会	
協会委員	檜山　智子	（一社）日本ツーバイフォー建築協会　技術委員	
〃	宮田　英二郎	（一社）日本ツーバイフォー建築協会　技術委員	
〃	安池　淳二	（一社）日本ツーバイフォー建築協会　技術委員	
〃	村上　知徳	（一社）日本ツーバイフォー建築協会　技術委員	

協力コンサルタント
　　　　戸田　淳二　㈱中央設計　代表取締役

防耐火ワーキング

主　査	大宮　喜文	東京理科大学　理工学部　建築学科　教授	
委　員	成瀬　友宏	国土交通省　国土技術政策総合研究所　建築研究部　室長	
〃	鈴木　淳一	国土交通省　国土技術政策総合研究所　建築研究部　主任研究官	
協会委員	中澤　正文	（一社）日本ツーバイフォー建築協会　技術委員	
〃	檜山　智子	（一社）日本ツーバイフォー建築協会　技術委員	
〃	泉　潤一	（一社）日本ツーバイフォー建築協会　技術委員	

協力コンサルタント
　　　　　宮林　正幸　㈲ティー・イー・コンサルテイング一級建築士事務所　所長

2018年枠組壁工法建築物　設計の手引
● 目　次 ●

まえがき
本書の構成と使い方
2018年枠組壁工法建築物　設計の手引・構造計算指針　編集委員会委員
＊

第Ⅰ編　枠組壁工法の概要

第1章　枠組壁工法の概要 ……………………………………………………………………………………… 3
 1.1　枠組壁工法の歴史 ……………………………………………………………………………………… 3
 1.2　枠組壁工法の導入の経緯 ……………………………………………………………………………… 3
 1.3　枠組壁工法の役割 ……………………………………………………………………………………… 4
 1.4　技術開発の進展 ………………………………………………………………………………………… 5
 1.5　建設量の推移 …………………………………………………………………………………………… 8
 1.6　枠組壁工法の普及措置 ………………………………………………………………………………… 9

第Ⅱ編　枠組壁工法を用いた建築物の構造部分の構造方法に関する安全上必要な技術的基準及び解説

第1章　枠組壁工法の構造規定 ………………………………………………………………………………… 13

第2章　平成20年から30年までの告示改正の概要 …………………………………………………………… 15
 2.1　平成13年国土交通省告示第1540号及び1541号の改正の概要 …………………………………… 15

第3章　平成13年国土交通省告示第1540号（改正平成30年3月26日）枠組壁工法技術基準及び解説
　　　……… 17

第4章　建築基準法施行規則第8条の3並びに平成13年国土交通省告示第1541号（改正平成30年3月26日）壁・床版の構造方法及び解説 ………………………………………………………………………………… 77
 4.1　施行規則第8条の3及び解説 ………………………………………………………………………… 77
 4.2　平13国交告第1541号壁・床版の構造方法及び解説 ……………………………………………… 77

第5章　平成12年建設省告示第1347号（改正平成29年9月4日）建築物の基礎の構造方法及び構造計算の基準及び解説 ………………………………………………………………………………………………… 95
 5.1　平12建告第1347号（建築物の基礎の構造方法及び構造計算の基準を定める件）及び解説 ……… 95

第Ⅲ編　枠組壁工法建築物の構造特性

第1章　枠組壁工法の構造概要 ………………………………………………………………………………… 105

第2章 部位の力学的機能と性能 …… 107

2.1 壁構面 …… 107
- 2.1.1 機能 *107*
- 2.1.2 鉛直荷重支持機能 *107*
- 2.1.3 水平力に対する抵抗機能 *108*
- 2.1.4 風圧力，地震力によって生ずる層間変位 *112*
- 2.1.5 風圧力に対する抵抗機能 *112*

2.2 床構面 …… 113
- 2.2.1 機能 *113*
- 2.2.2 鉛直荷重支持機能 *113*
- 2.2.3 外壁上下端の支持機能 *114*
- 2.2.4 水平力の伝達，分配機能 *114*
- 2.2.5 床ばり *115*
- 2.2.6 その他の床版 *115*

2.3 屋根構面 …… 115
- 2.3.1 機能 *115*
- 2.3.2 小屋組の形式 *115*
- 2.3.3 たるき方式 *116*
- 2.3.4 トラス方式 *118*
- 2.3.5 屋根ばり方式 *118*
- 2.3.6 木質断熱複合パネル *119*

2.4 基 礎 …… 119
- 2.4.1 機能 *119*
- 2.4.2 鉛直荷重の地盤への伝達機能 *119*
- 2.4.3 水平力の地盤への伝達機能 *119*

2.5 水平力に対する架構の性能 …… 119
- 2.5.1 3階建て枠組壁工法建築物実大水平加力試験 *119*
- 2.5.2 耐力壁の振動実験 *127*

2.6 非耐力要素 …… 130
- 2.6.1 間仕切り壁の効果 *130*
- 2.6.2 外壁仕上げ材の影響 *132*
- 2.6.3 実例分析 *133*

2.7 三次元振動台試験 …… 134
- 2.7.1 3階建て枠組壁工法建築物振動台実験 *134*

第Ⅳ編 防耐火設計指針

第1章 枠組壁工法建築物の防耐火基準 …… 145

1.1 枠組壁工法建築物の防耐火設計の概要 …… 145
- 1.1.1 建築物に要求される防耐火性能 *145*
- 1.1.2 木造建築物に関連する防火性能の技術的基準 *145*

1.2 建築物の規模・用途・地域区分による防耐火性能の要求 …… 148
- 1.2.1 規模による規制（法第21条） *148*
- 1.2.2 用途による規制（法第27条） *149*
- 1.2.3 地域区分による規制（法第22条，法第61条，法第62条） *153*
- 1.2.4 防火設計のフローチャート *154*

1.3 主要構造部の防耐火性能 ··· 157
　　1.3.1 耐火構造（法第2条第七号，令第107条，平12建告第1399号）　*157*
　　1.3.2 準耐火構造（法第2条第七号の二，令第107条の2，令第129条の2の3，平12建告第1358号，
　　　　　平12建告第1380号）　*157*
　　1.3.3 防火構造（法第2条第八号，令第108条，平12建告第1359号）　*158*
　　1.3.4 準防火性能を有する構造（法第23条，令第109条の6，平12建告第1362号）　*158*
1.4 木造建築物の防耐火に関連するその他の技術的基準 ······························ 159
　　1.4.1 防火壁・防火区画等に関する技術的基準　*159*
　　1.4.2 避難及び消火に関する技術的基準（法第35条，令第116条の2〜令第128条の3）　*161*
　　1.4.3 内装制限（法第35条の2，令第128条の3の2〜令第128条の5）　*166*

第2章　防耐火性能による技術基準 ·· 171
2.1 耐火建築物の技術基準 ··· 171
　　2.1.1 耐火建築物の概要　*171*
　　2.1.2 メンブレン型木質耐火構造　*171*
　　2.1.3 耐火設計の基本的な考え方　*172*
2.2 耐火建築物の設計（ルートA）··· 173
　　2.2.1 1時間耐火構造　*173*
　　2.2.2 2時間耐火構造　*173*
　　2.2.3 耐火建築物に関連する主な防火法規　*174*
　　2.2.4 主要構造部の防火設計　*178*
　　2.2.5 その他の部分の防火設計　*180*
2.3 準耐火建築物の技術基準 ··· 180
　　2.3.1 準耐火建築物の範囲　*180*
　　2.3.2 防火設計の基本的考え方　*180*
　　2.3.3 防火設計技術的基準　*182*
　　2.3.4 部位別防火設計法　*186*
　　2.3.5 ファイヤーストップの防火設計　*196*
　　2.3.6 壁，天井，屋根等の開口部の防火設計　*199*
　　2.3.7 目地部分の防火設計　*202*
　　2.3.8 その他の部分の防火設計　*203*
　　2.3.9 主要構造部を準耐火構造等とした建築物の層間変形角　*205*

第3章　階数・用途による技術基準 ·· 207
3.1 木造3階建て共同住宅の技術基準 ·· 207
　　3.1.1 本節で扱う木造3階建て共同住宅等の範囲　*207*
　　3.1.2 概要　*207*
　　3.1.3 防火地域，準防火地域以外の区域内の木造3階建て共同住宅等の技術基準　*208*
　　3.1.4 主要構造部の耐火性能　*208*
　　3.1.5 避難上有効なバルコニーの設置等　*212*
　　3.1.6 建築物周囲の通路の確保　*213*
　　3.1.7 準防火地域内の木造3階建て共同住宅等の技術基準　*215*
　　3.1.8 木造3階建て共同住宅の設計例　*216*
3.2 木造3階建て学校等の技術基準 ··· 225
　　3.2.1 本節で扱う木造3階建て学校等の範囲　*225*
　　3.2.2 概要　*225*
　　3.2.3 防火地域以外の木造3階建て学校等の技術基準　*226*

   3.2.4 主要構造部の耐火性能 *227*
   3.2.5 建築物周囲の通路の確保 *227*
   3.2.6 他の開口部から延焼するおそれがある開口部の技術基準 *227*
 3.3 準防火地域の3階建て技術基準 ··· *231*
   3.3.1 準防火地域の3階建て技術基準 *231*
   3.3.2 技術基準の考え方 *232*
   3.3.3 準防火地域の3階建て防火設計 *233*

第4章　大規模建築物の技術基準 ··· *251*
 4.1 本章で扱う建物の範囲 ··· *251*
   4.1.1 枠組壁工法による大規模建築物 *251*
 4.2 高さ制限に係わる技術基準 ··· *251*
 4.3 面積制限に係わる技術基準 ··· *252*
   4.3.1 壁等による大規模建築物技術基準（法第21条第2項） *252*
   4.3.2 別棟扱いによる大規模建築物技術基準 *267*

第V編　住宅金融支援機構編の住宅工事仕様書の解説

第1章　住宅金融支援機構編の枠組壁工法住宅工事仕様書の取扱いについて ················ *271*
 1.1 住宅金融支援機構編枠組壁工法住宅工事仕様書の作成目的 ···························· *271*
 1.2 支援機構仕様書と告示の関係 ··· *271*
 1.3 支援機構仕様書とフラット35技術基準との関係 ·· *271*
 1.4 支援機構仕様書の添削 ··· *272*
 1.5 支援機構仕様書とフラット35の設計・現場検査との関係 ································ *272*
 1.6 支援機構仕様書と工事監理の関係 ··· *272*

第VI編　参考資料

第1章　平成13年国土交通省告示第1540号 ··· *275*

第2章　建築基準法施行規則第8条の3 ··· *289*

第3章　平成13年国土交通省告示第1541号 ··· *291*

第4章　平成12年建設省告示第1347号 ··· *307*

第5章　平成19年国土交通省告示第1119号 ··· *311*

第6章　構造材料の種類 ·· *313*
 6.1 はじめに ··· *313*
 6.2 構造用製材 ··· *314*
   6.2.1 枠組壁工法構造用製材及び枠組壁工法構造用たて継ぎ材の日本農林規格 *315*
   6.2.2 海外資材 *316*
 6.3 構造用集成材 ·· *317*
 6.4 単板積層材 ··· *319*

- 6.5 木質接着成形軸材料及び木質複合軸材料 ································· 320
- 6.6 面材 ··· 322
- 6.7 直交集成板 ··· 327
- 6.8 木質断熱複合パネル ·· 328
- 6.9 薄板軽量形鋼 ·· 328
- 6.10 溶接軽量 H 形鋼 ·· 330
- 6.11 トラス ·· 331

第 7 章 国土交通大臣がその樹種，区分及び等級等に応じてそれぞれ許容応力度及び材料強度の数値を指定したもの ··· 335

- 7.1 アメリカの格付規格に適合する資材 ································· 335
  - 7.1.1 枠組壁工法構造用製材 335
  - 7.1.2 枠組壁工法構造用たて継ぎ材 339
  - 7.1.3 機械による曲げ応力等級区分を行う枠組壁工法構造製材 342
- 7.2 カナダの格付規格に適合する資材 ···································· 345
  - 7.2.1 枠組壁工法構造用製材 345
  - 7.2.2 枠組壁工法構造用たて継ぎ材 348
  - 7.2.3 機械による曲げ応力等級区分を行う枠組壁工法構造製材 351
- 7.3 オーストラリアの格付規格に適合する資材 ······················· 354
  - 7.3.1 機械による曲げ応力等級区分を行う枠組壁工法構造製材 354
- 7.4 EU の格付規格に適合する資材 ······································ 354
  - 7.4.1 目視等級の構造用製材 354
  - 7.4.2 機械等級の構造用製材 356

第 8 章 関連する JIS, JAS（項目のみ） ································· 359

ホームページのご案内 ·· 361

第Ⅰ編
枠組壁工法の概要

第1章　枠組壁工法の概要　　3

第1章
枠組壁工法の概要

1.1 枠組壁工法の歴史

　枠組壁工法は北米大陸で生まれ，発達してきた工法であり，アメリカ，カナダ等では，戸建住宅のほとんどがこの工法によっているほか，オーストラリア，イギリス，日本等でも採用されている木造工法である。

　当初は，わが国の軸組構法に類似したブレースド・フレーミング工法（隅柱は通し柱とし，外壁には筋かいを用いる）から出発し，バルーン・フレーミング工法（たて枠をすべて通し柱とする）を経て，現在のプラットフォーム工法にいたっている。

　この間，構造用合板の開発，合板ダイアフラム理論の研究等があり，これらを背景としてプラットフォーム工法が完成されたわけであるが，このプラットフォーム工法が1950年代以降，北米全土に急速に普及し，現在にいたっている。

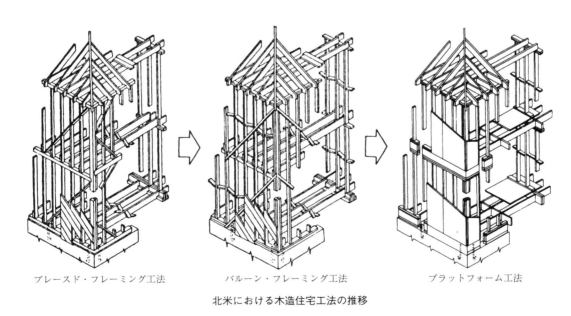

ブレースド・フレーミング工法　　バルーン・フレーミング工法　　プラットフォーム工法

北米における木造住宅工法の推移

1.2 枠組壁工法の導入の経緯

　わが国において，枠組壁工法による建築物が一般住宅として建てられるようになったのは，昭和40年代に入ってからのことである。当時の建築基準法令の木造建築物に関する規定は，軸組構法を対象としたものであったため，枠組壁工法については，個別の企業に対して旧法第38条の規定に基づき，建設大臣が認定を行うという

建築基準法第 38 条による建設大臣の認定を受けていた時代のツーバイフォー住宅

形式で建設がなされていた。

しかしながら，枠組壁工法自体は北米で一般的に行われている工法であり，わが国においても建設する業者数の増加，実績戸数の増加が見られ，これに合わせて枠組壁工法に関する研究も進められた。こうした状況を踏まえ，昭和 49 年に枠組壁工法に関する技術基準が告示され，わが国においても，一般工法としてオープン化が図られたのである。

その後，この告示は，昭和 52 年，57 年，60 年，62 年，平成 4 年および平成 8 年と 6 度の改正を経たのち，平成 9 年には建築基準法が従来の仕様規定から性能規定化される大改正に先駆け，性能規定化を盛り込んで改正が行われた。

平成 13 年 10 月には，改正建築基準法が平成 12 年 6 月に施行されたことを受け，法令の構成の変更を含め昭和 57 年建設省告示第 56 号の枠組壁工法の全部が改正され，国土交通省告示第 1540 号として制定された。それに合わせて，施行規則第 8 条の 3 に基づく新しい告示として国土交通省告示第 1541 号も制定された。従来の仕様規定的に定められた告示の各部についても，性能面から再チェックをし，特に構造安全性についての確認が行われ，国際的にも整合性のあるものとされたのである。

国土交通省告示第 1540 号，国土交通省告示第 1541 号としては，平成 16 年，平成 19 年 5，11 月，平成 20 年 2，8 月，平成 27 年 6，8 月，平成 28 年，平成 29 年，平成 30 年の旧公示から合せて 17 回の改正を経ている。

1.3 枠組壁工法の役割

枠組壁工法は，その名称が示すように，わが国の固有の木造建築の構法が柱・はりで構成される軸組構造であるのに対して，木造の枠組材に構造用合板等の面材を釘で打ち付け壁と床を作り，適切な壁の配置を行ったうえで壁と床を一体化し，剛性の高い壁式の構造を形成する点にその特徴がある。こうした工法であるため，枠組壁工法による住宅は，建物にかかる荷重が壁全体に分散して伝えられ，耐震性にすぐれていること，枠組材がファイヤーストップとなって火の回りを遅らせるため，耐火的な構造であること，断熱化が図りやすく，効率の高い省エネ住宅であること等，その性能の高さが注目されている。

さらに，この工法に使用される木材が国際規格材であり，しかもその種類が少なく，施工の熟練度によりばらつきを生じやすい複雑な継ぎ手・仕口を排除し，接合のほとんどがくぎ，金物で接合され，施工に関する性能が標準化あるいは単純化されている等，合理的な工法である点も重要である。枠組壁工法は，単に住宅のスタイルのひとつ，あるいは住宅建設の技術のひとつとしてではなく，トータルな住宅生産システムとしてわが国に導入が図られてきたのは，こうした点にその理由があるものである。

1.4 技術開発の進展

　枠組壁工法は北米で完成され，わが国に導入が図られたものであるが，気候・生活習慣が異なる国で生まれ育ったものであるため，わが国の条件に適合させるための検討，あるいは時代とともに変化する住宅に対する要求の高度化や，多様化に対応してゆくための技術開発等が必要とされた。

　このため，建設省総合技術開発プロジェクト「小規模住宅の新施工法の開発」が昭和 49 年から 2 か年にわたって，官民学の協力をもとに構造および防火性能等について総合的研究が実施された。昭和 52 年の告示改正は，この研究成果を背景としたものであった。

　さらにその後，建築可能な階数を 2 階から小屋裏利用の 3 階へ引き上げるための一般仕様の開発，水平剛性を高めるための施工法の開発，外壁の耐力壁線相互の交さ部の構造耐力上有効な補強法の確立等の技術開発の成果を活かし，昭和 57 年の告示改正が行われ，設計の自由度の拡大が図られた。

　一方，都市部における需要に対応するため防火性能向上のための技術開発が進められ，昭和 57 年度より一定の防耐火性能を有するものは，住宅金融公庫（現 ㈲住宅金融支援機構）の融資区分において簡易耐火構造同等（現 省令準耐火）として取り扱われることとなった。

　そして，米国からの要請を受けて，米国での一般的な面材である 4×8 面材導入のための技術開発，および㈳日本ツーバイフォー建築協会（現（一社）日本ツーバイフォー建築協会，以下（一社）は省略）に昭和 59 年に設置されたツーバイフォー工法合理化研究委員会での検討内容を具体化するための技術開発が行われ，昭和 60 年の告示改正が行われた。その後，日本ツーバイフォー建築協会に設けられた「総 3 階建ツーバイフォー住宅技術開発委員会」において，正 3 階建て枠組壁工法建築物の構造安全性，防火性に関する総合的な研究開発が行われた。

　また，北米で開発された新しい構造用面材（OSB・ウェハーボード）について，JIS および JAS の規格が定められ，実験により構造用面材としての性能が確認され，昭和 62 年の告示改正が行われた。平成 9 年の告示改正は，さらに MSR ランバー，LVL，たて継ぎ材等，新しい構造用材や，寸法型式を増やす等の材料の追加のほか，従来からの仕様規定に加え，仕様規定によらず構造計算で安全を確めることにより，設計の自由度が拡大するという内容になっている。これは枠組壁工法が住宅規模の建築を想定していたものから，大規模な建築や新たな形態をもった建築物が可能となることを意味し，枠組壁工法による建築物の用途拡大につながるものと考えられる。

　平成 2 年の日米林産物協議において，わが国が木造 3 階建て共同住宅を解禁することを合意したため，法改正に向けて平成 3 年 12 月に建設省建築研究所（現（国研）建築研究所）において，住宅建設業団体協議会（現（一社）住宅生産団体連合会）の協力により，新耐火工法 3 階建て共同住宅実大火災実験（建物は枠組壁工法が代表）が行われた。

　この成果により平成 4 年に木造 3 階建て共同住宅が制定され，防火地域，準防火地域を除く一般住宅地に木造 3 階建て共同住宅の建設が可能となった。

　また，平成 7 年 1 月の阪神・淡路大震災においては，震度 6 弱以上の地域において，日本ツーバイフォー建築協会会員会社のアンケート調査による 8,948 棟の枠組壁工法建物の 97 ％ が被害なし，多少の被害という実績であった。

　このことは，枠組壁工法は技術基準により耐力壁配置等の設計のルールが明解に規定されており，上下階の耐力壁の位置のずれが少なく，耐力壁が十分な量で配置されていたことと，これらの耐力壁を機能させる床構面が剛強で変形しにくいこと，そして，施工管理が適切であったこと等が相働いて耐震性を発揮したと考えられる。

　次いで，平成 8 年には市街地における木造 3 階建て共同住宅の実大火災実験が（国研）建築研究所により実施され，大地震後の集団火災による周辺からの延焼に対する防止性能等の検証が行われ，これにも（一社）住宅生産団体連合会が協力し，実験建物は前回同様枠組壁工法による木造 3 階建て共同住宅により実施された。

　本実験により，準防火地域を含む市街地等に木造 3 階建て共同住宅が建設された場合の，耐火性能についての研究が大きく前進したと考えられる。

　平成 9 年には，建築基準法全体の性能規定化にさきがけて，枠組壁工法技術基準の告示改正が行われた。これは本工法にとって，第 2 次オープン化とも位置づけられる重要な改正であり，わが国の枠組壁工法が真に国際化し，新しい時代に対応して技術開発がグローバルに拡大してゆく緒となるものであった。

　平成 12 年の住宅の品質確保の促進等に関する法律（品確法）による住宅性能表示制度の発足においては，「構

ツーバイフォー3階建て共同住宅例

平成3年木造3階建て共同住宅実大火災実験

造の安定に関すること」に区分される耐震等級・耐風等級・耐積雪等級について，いちはやく評価方法等をとりまとめた。本評価法により，正確かつ迅速に性能表示と性能確保ができることとなった。

　平成16年には，日本ツーバイフォー建築協会とカナダ林産業審議会と共同で枠組壁工法の外壁，間仕切り壁，床，屋根および階段の主要構造部について，耐火構造としての国土交通大臣認定を取得し，準防火地域や防火地域，階数では4階建ての建築物等への新たな道を拓いた。また，平成17年には，枠組壁工法耐火構造4階建て実験棟を建設し，施工性の検証を行うとともに耐火仕様における遮音性能の確認，沈み込み量の検証，風および交通振動性状の確認等各種の技術検証を継続して行った。

　同年(一財)建材試験センターの振動試験研究会に参画し，学識経験者の指導のもと平成18年には，(国研)土木研究所の三次元振動台で，枠組壁工法3階建て建築物の動的加力試験を実施した。この試験により3階建て枠組壁工法建築物の振動特性がわかるとともに，「枠組壁工法建築物構造計算指針」による耐震設計の安全性および枠組壁工法建築物の耐震性を確認することができた。

　平成18年には，枠組壁工法の耐火構造で，初めて3,000 m^2 を超える福祉施設（特別養護老人ホーム）が建築された。福祉施設や商業施設，教育施設などの建設において耐火建築物が可能となることで，工期・コスト面でのメリットや「木の建築」などが評価され，枠組壁工法は多方面で採用され，大規模な建築物，2階以上に入居室を設ける老人ホーム，2階以上に遊戯室を設ける幼稚園などを，木造で建設することが可能になり，建築用途や規模などが拡大した。

平成17年枠組壁工法耐火構造4階建て実験棟

平成17年ツーバイフォー3階建て住宅三次元振動台試験

平成 18 年 3,000 m² 超の枠組壁工法による福祉施設

　平成 22 年には「公共建築物等における木材の利用の促進に関する法律」の基本方針において，「公共建築物については可能な限り木造化を図るとの考え方の下で」「国は自ら率先してその整備する公共建築物における木材の利用に努めなければならない」と明記した。全都道府県では都道府県木材利用方針，全市町村の多くで市町村木材利用方針が策定された。この法律により民間の建築する福祉施設，教育施設等にも枠組壁工法が拡大した。

　平成 27 年には国産材が枠組壁工法構造用製材およびたて継ぎ材の日本農林規格の外材の樹種群から独立し，SYP（サザンイエローパイン），JSⅠ（ヒノキ），JSⅡ（スギ），JSⅢ（カラマツ）となり新たに基準強度制定が制定された。

　平成 28 年には，延床面積 9,000 m² 超，5 階建ての福祉施設（特別養護老人ホーム）が建設された。構造的には耐力壁の一部にカナダで開発されたミッドプライウォールシステムを採用した。地震時には大きな引き抜き力が壁にかかるため，タイダウンシステムを採用し，中高層木造建築物として当時最大の規模となった。

　同年，日本ツーバイフォー建築協会は，高層建築の取り組みとして，わが国で初めての木造 6 階建て実大実験棟を枠組壁工法により建設し耐震・耐火構造をはじめとする先導的な技術の開発とその施工性，耐久性，居住性等の実験・検証を行い技術指針として取りまとめる事業を実施した。

　日本ツーバイフォー建築協会はカナダ林産業審議会と共同で，枠組壁工法主要構造部（床・外壁・間仕切り壁）の 2 時間耐火構造の国土交通大臣認定を平成 28 年 9 月に取得した。5 階建て以上（14 階建てまで）の建築

平成 28 年枠組壁工法による 9,000 m² 超，5 階建ての福祉施設

物の建設が可能となり，さらなる高層化に向けて技術開発が進展した。

平成 28 年枠組壁工法による木造 6 階建て実大実験棟

平成 29 年 9 月の告示改正により，枠組壁工法の床版・屋根版への CLT の利用が容易になった。CLT を枠組壁工法の床版・屋根版に利用することは以下のメリットが考えられる。
① 準耐火建築物においては，CLT を現しにすることができ，木質感が出せること。
② オーバーハングの出幅をツーバイフォー工法の床組よりも長くすることができ，設計の多様化が可能となること。
③ 床組の施工時間の短縮化が図られる。

枠組壁工法で CLT を床版・屋根版に利用することで，構造体の現しという提案が可能となった。

1.5 建設量の推移

　枠組壁工法による新設住宅の着工数および全新設住宅着工数に占める割合は，都市部を中心にオープン化以降着実に増加を続け，平成 3 年度には，4 万 6 千戸を超える住宅が本工法によって建設され，全住宅に占める割合も 3.4 % に達した。また，本工法は，2 階建て住宅が主流であるものの，昭和 62 年の告示改正以降，3 階建てが増加してきている。

　その後も本工法は順調な伸びを続け，平成 5 年度を除き平成 4 年度から平成 8 年度に至るまで，毎年対前年比 2 けたの増加を記録し，特に平成 7 年 1 月の阪神・淡路大震災以降は，枠組壁工法の耐震性が広く一般に注目され，全国的に伸長して，平成 8 年度には 92,675 戸の着工数となり，全住宅に占める割合は 5.6 % に達した。

　しかしながら，わが国の新設住宅着工戸数は，平成 8 年度の 163 万戸以降減少傾向となり，平成 14 年度は，114 万戸台まで減少した。その後は微増傾向で，平成 18 年度は 128 万戸台となった。本工法の着工戸数も平成 8 年度をピークに，平成 10 年度には 6 万 8 千戸台まで減少したが，それ以降は増加に転じ，平成 18 年度には 105,824 戸と，はじめて 10 万戸を超え，全住宅に占める割合も 8.2 % となった。以降平成 28 度には 12.3 万戸となり過去最高を更新し，全住宅に占めるシェアも 12.7 % となった。

　昭和 49 年に枠組壁工法に関する技術基準が告示され，本工法は一般工法としてオープン化されたものであるが，本工法をわが国に導入した当初，年間数十棟であったものが，44 年間で増加・発展してきたことがわかる。こうした普及の進展の要因としては，枠組壁工法の持つ耐震性・耐火性をはじめとする基本性能の高さと技術開発による性能の向上が，都市地域における住宅ニーズに合致したこと，さらに関係業界の広範な普及・PR 活動により，本工法が国民の中に着実に浸透・定着してきたことがあげられよう。

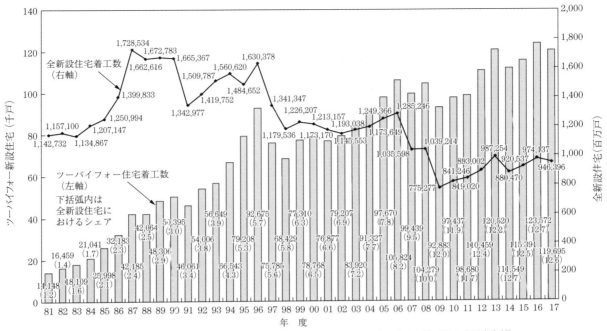

ツーバイフォー住宅と新設の着工推移・シェア

(88年度までのツーバイフォー住宅着工数は日本ツーバイフォー建築協会の集計値,89年度以降は国土交通省資料)

1.6 枠組壁工法の普及措置

昭和61年3階建て展示用建築物であるサミットハウス'86

　枠組壁工法の発展，普及のためには，技術的基準の整備と相まって，建設にあたる技術者・技能者に対する研修教育，消費者に対する公報活動，資材流通体制の整備等を幅広く進めてゆくことが必要であった。このための措置として，昭和52年の秋から56年まで，「キャラバン事業」が全国各地で実施された。キャラバン事業は，日本ツーバイフォー建築協会と当時のカナダ・ブリティッシュコロンビア州林産業審議会（現 カナダ林産業審議会）が，建設省（現 国土交通省），農林省（現 農林水産省），カナダ大使館，住宅金融公庫（現（独）住宅金融支援機構）等の後援を得て，各地で枠組壁工法による展示住宅を建設し，それを通じて技術・技能者に対する研修，消費者へのPR等を行ったものである。この事業を通じて枠組壁工法に対する各方面の理解が深まり，地方住宅供給公社での採用，本工法の建設技能者であるフレーマーの育成や，スキルアップ等を目的とした，国家資格である「枠組壁建築技能士」の資格制度の創設等につながっている。

また，住宅・都市整備公団（現(独)都市再生機構），地方住宅供給公社等公的機関による建設が本工法の普及に先導的な役割を果たしてきたサミットハウス'86の展示等を通じて枠組壁工法の普及・促進が図られた。日本ツーバイフォー建築協会を中心とした民間でのPR活動，さらに同協会において，3階建て枠組壁工法建築物の普及を促進するため，簡便で迅速に適切な設計が行えるよう，構造計算の方法および防火設計等をわかりやすく解説した構造防火設計マニュアルが「1988年2×4住宅設計の手引」に記載され，広く講習会等で活用された。

さらに，平成4年には，戸建て3階建て，木造3階建て共同住宅の普及を目指して「枠組壁工法建築物構造計算指針」が発刊され，3階建てとともに構造計算による告示仕様規定の適用除外対応が明確となり，技術開発の可能性と市場の拡大に寄与した。

平成12年7月に，住宅の品質確保の促進等に関する法律（品確法）による住宅性能表示制度に係る省令および告示が制定され，個々の住宅の持つ性能の水準に関する性能表示事項・表示方法・評価の方法についての共通ルールが設けられた。日本ツーバイフォー建築協会では，学識経験者の協力を得て「構造の安定に関すること」に区分される性能表示事項である耐震等級・耐風等級・耐積雪等級について，枠組壁工法に関する評価方法基準の解説「枠組壁工法住宅・住宅性能表示制度における構造の安定に関する基準解説書」を取りまとめた。これにより，供給者は，消費者の多様なニーズに対応できる性能の高いツーバイフォー住宅の特長を活かし，高度な性能の選択ができるようになるとともに，正確かつ迅速に性能表示と性能確保ができるようになっている。

平成16年には，日本ツーバイフォー建築協会は，カナダ林産業審議会と共同で枠組壁工法の主要構造部について耐火構造の国土交通大臣認定を取得し，普及のため，枠組壁工法による木造耐火構造技術基準講習会を継続して開催するとともに，また，平成17年には，枠組壁工法耐火構造4階建て実験棟を建設し，施工性の検証や耐火仕様における各種の技術検証を継続して行っている。その他の技術開発については本編1.4節で述べたとおりである。

一方，大地震においても，日本ツーバイフォー建築協会は，震度6弱以上のエリアにおける会員会社が供給した，枠組壁工法住宅の被害状況について，現地調査やアンケート調査を実施している。その結果，熊本地震，東日本大震災，阪神・淡路大震災の調査では「被害なし」「多少の被害」が97％以上を占めることがわかった。

また，枠組壁工法施設系建築，中高層建築への展開として，施設系建築など住宅以外の用途においても，木造で耐火建築が可能であること，コスト面や工期面でのメリット，「木の建築の良さ」などが評価され，枠組壁工法の建築実績が増えてきている。本編1.4節で述べたとおり，平成28年には枠組壁工法による2時間耐火構造大臣認定の取得や高強度耐力壁の開発，わが国初の「枠組壁工法6階建て実大実験棟」の建設を行われた。このような耐震・耐火等に関する技術開発や実験棟による検証の成果を取りまとめた技術指針の整備等を通じて，枠組壁工法中高層建築への展開を図られるとともに，施設系建築の普及拡大を図られることだろう。

平成27年施設系大規模倉庫大スパンツーバイフォートラス構造

第Ⅱ編

枠組壁工法を用いた建築物の構造部分の構造方法に関する安全上必要な技術的基準及び解説

第1章　枠組壁工法の構造規定　　*13*

第2章　平成20年から30年までの告示改正の概要　　*15*

第3章　平成13年国土交通省告示第1540号（改正平成30年3月26日）
　　　　枠組壁工法技術基準及び解説　　*17*

第4章　建築基準法施行規則第8条の3並びに平成13年国土交通省告示第1541号
　　　　（改正平成30年3月26日）壁・床版の構造方法及び解説　　*77*

第5章　平成12年建設省告示第1347号（改正平成29年9月4日）
　　　　建築物の基礎の構造方法及び構造計算の基準及び解説　　*95*

第1章
枠組壁工法の構造規定

　本編は，建築基準法施行令第80条の2（構造方法に関する補則）第一号の規定に基づき，告示された「枠組壁工法又は木質プレハブ工法を用いた建築物又は建築物の構造方法に関する安全上必要な技術的基準」の解説である。

　ここでいう枠組壁工法は，平成13年国土交通省告示第1540号（以下，本章において「告示」と称する。）で「木材を使用した枠組に構造用合板その他これに類するものを打ち付けることにより，壁及び床版を設ける工法」と定義されている。プラットフォーム工法，あるいはツーバイフォー（2×4）工法とも呼ばれ，北米において開発され，発達してきた工法である。わが国においては，昭和40年代にいくつかの企業により導入され，昭和49年には建築基準法に基づく技術的基準が告示され，一般的な構造方法として扱われることとなった。平成29年では，年間約12万戸の建築実績を持つまでになっている。また，本書もしくは「告示」でいう木質プレハブ工法は，枠組材と面材で構成され壁で水平力に抵抗する点等において枠組壁工法とほぼ同様の工法であるが，面材等を現場で打ち付けるのではなく，あらかじめ工場において接着する点が異なっている。以下，特に断りのない限り，枠組壁工法を中心に述べることとする。

　現行の「告示」で枠組壁工法は，上述のとおり，「木材を使用した枠組に構造用合板その他これに類するものを打ち付けることにより，壁及び床版を設ける工法」と定義されており，建築基準法施行令第3章第3節の規定が柱やはり等の軸組についての技術的基準が主となっているのに対して，枠組壁工法の規定では，床版，壁等についての技術的基準が主となっている。「壁」により外力に抵抗しようとする工法は，枠組壁工法のほかに，壁を水平抵抗要素として設計する木造軸組構法，壁式鉄筋コンクリート造等があり，これらにおいては全て所要の耐力を確保するために，構造規定で共通に「壁量」あるいは「壁長さ」の規定を定めている。

　枠組壁工法の技術的基準においては，これらの抵抗要素としての壁（耐力壁）が構造耐力上有効に機能するためには，当該壁を構成している各部材の品質，機能の確保が必要条件であるため，JIS（日本工業規格），JAS（日本農林規格）等による品質，性能の担保を踏まえて枠組材や壁材の品質を規定している。さらに，建築物全体として耐力壁を有効に機能させるためには，壁の総量を満足させるだけでは不十分であるので，耐力壁を「釣合い良く」配置する旨の規定や，水平剛性を確保するための床の構造の規定，各種の接合部に関する規定等を設けている。また，土台，横架材，小屋，防腐措置等についても所要の規定を定めている。

　なお，以上の仕様規定に加え，構造計算等によって構造耐力上の安全性が確認されたものについては，一部の仕様規定の適用を除外できるとする規定が示されている。

第2章
平成20年から30年までの告示改正の概要

2.1 平成13年国土交通省告示第1540号及び1541号の改正の概要

平成13年国土交通省告示第1540号及び1541号の主な改正点は以下のとおりである。

第10回改正（平成19年11月27日）
・材料名称変更

第11回改正（平成20年2月14日）
・材料規格変更　集成材

第12回改正（平成20年8月11日）
・材料規格変更　単板積層材

第13回改正（平成27年6月30日）
・国産材が枠組壁工法構造用製材およびたて継ぎ材の日本農林規格の外材の樹種群から独立し，SYP（サザンイエローパイン），JSⅠ（ヒノキ），JSⅡ（スギ），JSⅢ（カラマツ）に関して新たに基準強度制定。

第14回改正（平成27年8月4日）
・上枠と同寸法の頭つなぎの省略可（仕様規定追加）
・外壁交差部の耐力壁配置長さ90 cm以上→長さの合計90 cm以上に緩和
・たるき相互間0.65 m以下→1 m以下に緩和
・日本農林規格の寸法形式以外の枠組壁工法構造用製材およびたて継ぎ材の基準強度追加。
・床根太，天井根太に溶接軽量H形鋼追加

第15回改正（平成28年6月1日）
・材料規格の追加　化粧ばり構造用合板の追加

第16回改正（平成29年9月26日）
・床，屋根の材料にCLT追加（構造計算法緩和）

第17回改正（平成30年3月26日）
・耐力壁仕様の追加（構造用パーティクルボード，構造用MDF）

第3章

平成13年国土交通省告示第1540号(改正平成30年3月26日)枠組壁工法技術基準及び解説

> 枠組壁工法又はプレハブ工法を用いた建築物又は建築物の構造部分の構造方法に関する安全上必要な技術的基準を定める件
>
> 建築基準法施行令(昭和二十五年政令第三百三十八号)第八十条の二第一号の規定に基づき,構造耐力上主要な部分に枠組壁工法(木材を使用した枠組に構造用合板その他これに類するものを打ち付けることにより,壁及び床版を設ける工法をいう。以下同じ。)又は木質プレハブ工法(木材を使用した枠組に構造用合板その他これに類するものをあらかじめ工場で接着することにより,壁及び床版を設ける工法をいう。以下同じ。)を用いた建築物又は建築物の構造部分(以下「建築物等」という。)の構造方法に関する安全上必要な技術的基準を第一から第十までに,同令第九十四条及び第九十九条の規定に基づき,木質接着成形軸材料(平成十二年建設省告示第千四百四十六号第一第十号に規定する木質接着成形軸材料をいう。以下同じ。),木質複合軸材料(平成十二年建設省告示第千四百四十六号第一第十一号に規定する木質複合軸材料をいう。以下同じ。),木質断熱複合パネル(平成十二年建設省告示第千四百四十六号第一第十二号に規定する木質断熱複合パネルをいう。以下同じ。)及び木質接着複合パネル(平成十二年建設省告示第千四百四十六号第一第十三号に規定する木質接着複合パネルをいう。以下同じ。)並びに第二第一号及び第二号に掲げるもの以外の木材の許容応力度及び材料強度を第二第三号に定め,同令第三十六条第一項の規定に基づき,建築物等の構造方法に関する安全上必要な技術的基準のうち耐久性等関係規定を第十一に,同条第二項第一号の規定に基づき,同令第八十一条第二項第一号イに規定する保有水平耐力計算によって安全性を確かめる場合に適用を除外することができる技術的基準を第十二にそれぞれ指定し,並びに同号イの規定に基づき,枠組壁工法又は木質プレハブ工法を用いた建築物等の構造計算が,第九に適合する場合においては,当該構造計算は,同号イに規定する保有水平耐力計算と同等以上に安全性を確かめることができるものと認める。

　この平13国交告第1540号(以下告示という)は,建築基準法施行令(以下令という)第80条の2(構造方法に関する補則)第一号の規定に基づき,国土交通大臣が枠組壁工法または木質プレハブ工法の構造方法に関する技術的基準を定めたものである。

　木造に関する一般構造基準は,令第3章第3節に規定されているが,この規定は主として在来の軸組工法を対象に定められたものである。そこで,枠組壁工法を用いた建築物についての規定は,これとは別途に定められたものである。昭52建告第1017号までは,現行の扱いとは異なり,枠組壁工法は建築基準法令の予想しない特殊の工法であるとして,旧建築基準法(以下法という)第38条(特殊な材料又は構法)(平成12年に性能規定化により削除された)の規定に基づき,建設大臣が一般構造基準を定めるという形式をとっていた。

　しかし,枠組壁工法を用いた建築物の着工件数が着実に増加していること等を踏まえて,昭57建告第56号から,建築基準法令上,根拠となる条文を旧法第38条(特殊な材料又は構法)から,令第80条の2(構造方法に関する補則)に移し,これに伴い枠組壁工法は,木造の建築物で特殊な構造方法によるものであるとして扱われ,同告示により構造方法に関する安全上必要な技術的基準が定められることとなったものである。なお,昭57建告第56号は,昭和57年の制定の後の昭和60年,昭和62年,平成4年,平成9年,平成13年,全面改定により平13国交告第1540号に改称以後,平成16年,平成19年5月,11月,平成20年2月,8月,平成27年6月,8月,平成29年および平成30年の14回の改正を経ている。

　平成19年の令の改正に合わせて,根拠条文が改められた。本告示そのものについても,それまで第9に置かれていた構造計算による仕様規定の適用除外が,計算の内容によって第9と第10に分けられるとともに,令第81条第2項第一号イの規定に基づいて,第9の構造計算(平成19年改正以前の第9第一号の構造計算)が,令

第81条第2項第一号イに規定する保有水平耐力計算と同等以上に安全性を確かめることができるものとして位置付けられた。また，第12が新たに設けられ，第9に規定する保有水平耐力計算によって安全性を確かめる場合に適用を除外することができる技術的基準の指定が行われている。

ここで，枠組壁工法と木質プレハブ工法の概念は，枠組壁工法が木材で組まれた枠組に構造用合板等をくぎで打ち付けることにより，壁および床版を設ける工法であることに対し，木質プレハブ工法は，木材で組まれた枠組に構造用合板等をくぎにかえ工場であらかじめ接着することにより，壁および床版を設ける工法となっている。ただし，枠組壁工法においても，施工の合理化等より，工場であらかじめ壁や床版をパネル化する場合もあること，また，床版にはくぎと接着剤を併用する場合もあること，さらに木質断熱複合パネルのような接着による複合材料も使用できること等はいうまでもない（図3.1参照）。

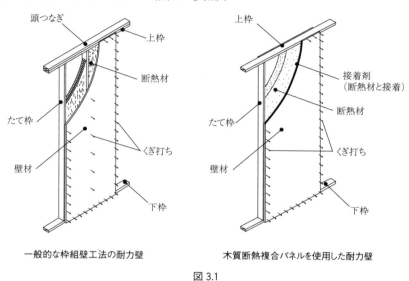

図 3.1

基礎については，令第38条第3項の「国土交通大臣が定めた構造方法」である平12建告第1347号によるところとして，本編では第7章のなかで解説を述べることとする。

耐久性の基準に関しては，令第36条第2項第二号の規定に基づき，「第8 防腐措置等」に関する規定を耐久性等関係規定として第11で指定している。

第一　階数

> 地階を除く階数は三以下としなければならない。

仕様規定により，建築できる枠組壁工法を用いた建築物の階数の上限を定めたものである。これを超える場合は第9に規定する構造計算によって安全を確認しなければならない。

第二　材料

告示の第2第一号および第二号は，枠組壁工法においては，構造耐力上主要な部分に使用する枠組材（第2第一号関係），壁，床版および屋根に用いる面材（同第二号関係）の品質は，それぞれ該当する日本工業規格（JIS），または日本農林規格（JAS）に適合すべきことを定めたものである。

これらの規格は，第1および第3から第8までの仕様規定において，構造安全性能を担保するための前提条件として，材料の品質を特定するために参照された規格である。

平成27年の改正で，「枠組壁工法構造用たて継ぎ材の日本農林規格」（平3農水告第701号）は「枠組壁工法構造用製材及び枠組壁工法構造用たて継ぎ材の日本農林規格」（昭49農告第600号）（以下「枠組壁工法構造用製材等規格」という）に統合され，統合された規格に新たにMSRたて継ぎ材の規格が追加された。その基準強

度は，枠組壁工法構造用製材およびたて継ぎ材と同様に平12建告第1452号で定められている。

また，くぎについてのJISの参照は平成9年の改正で削除された。これは第4，第5及び第7の規定において，くぎ接合部の許容せん断耐力が確認された場合については，かならずしもJISの適合品を用いなくてもよいとされたことに対応している。

なお，枠組壁工法のくぎの打ち方には3通りの方法がある。第3以下に共通する内容なのでここで解説しておく。(1)は「平打ち」で，枠組材の側面相互を合わせる打ち方をいい，Fの記号で表す。(2)は「木口打ち」で，2材のうち一方の材面が木口面である場合をいい，Eの記号で表す。(3)は「斜め打ち」で，接合しようとする面に対してほぼ60°の角度でくぎを打つ打ち方をいい，Tの記号で表す（**図 3.2.1**）。

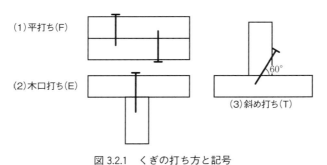

図 3.2.1 くぎの打ち方と記号

一 構造耐力上主要な部分に使用する枠組材の品質は，構造部材の種類に応じ，次の表に掲げる規格に適合するものとしなければならない。

	構造部材の種類	規　格
(一)	土台，端根太，側根太，まぐさ，たるき及びむなぎ	枠組壁工法構造用製材及び枠組壁工法構造用たて継ぎ材の日本農林規格（昭和四十九年農林省告示第六百号。以下「枠組壁工法構造用製材等規格」という。）に規定する甲種枠組材の特級，一級若しくは二級若しくは甲種たて継ぎ材の特級，一級若しくは二級，枠組壁工法構造用製材等規格第六条に規定するMSR枠材の規格若しくは第十条に規定するMSRたて継ぎ材の規格，単板積層材の日本農林規格（平成二十年農林水産省告示第七百一号）に規定する構造用単板積層材の特級，一級若しくは二級，又は集成材の日本農林規格（平成十九年農林水産省告示第千百五十二号。以下「集成材規格」という。）第五条に規定する構造用集成材の規格若しくは第六条に規定する化粧ばり構造用集成柱の規格
(二)	床根太及び天井根太	(一)に掲げる規格，日本工業規格（以下「JIS」という。）G三三〇二（溶融亜鉛めっき鋼板及び鋼帯）―一九九八に規定する鋼板及び鋼帯の規格，JIS G 三三一二（塗装溶融亜鉛めっき鋼板及び鋼帯）―一九九四に規定する鋼板及び鋼帯の規格，JIS G 三三二一（溶融五十五％アルミニウム－亜鉛合金めっき鋼板及び鋼帯）―一九九八に規定する鋼板及び鋼帯の規格，JIS G 三三二二（塗装溶融五十五％アルミニウム－亜鉛合金めっき鋼板及び鋼帯）―一九九八に規定する鋼板及び鋼帯の規格又はJIS G 三三五三（一般構造用溶接軽量H形鋼）―一九九〇に規定する形鋼の規格（鋼材の厚さが二・三ミリメートル以上六ミリメートル以下に係る部分に限る。以下「軽量H形鋼規格」という。）
(三)	壁の上枠及び頭つなぎ	(二)に掲げる規格（軽量H形鋼規格を除く。耐力壁に使用する場合にあっては，(一)に掲げる規格に限る。）又は枠組壁工法構造用製材等規格に規定する甲種枠組材の三級，乙種枠組材のコンストラクション若しくはスタンダード，甲種たて継ぎ材の三級若しくは乙種たて継ぎ材のコンストラクション若しくはスタンダード
(四)	壁のたて枠	(三)に掲げる規格（集成材規格第五条に規定する非対称異等級構成集成材に係るものを除く。）又は枠組壁工法構造用製材等規格に規定するたて枠用たて継ぎ材の規格
(五)	壁の下枠	(三)に掲げる規格又は枠組壁工法構造用製材等規格に規定する乙種枠組材ユティリティ若しくは乙種たて継ぎ材のユティリティ
(六)	筋かい	(三)に掲げる規格（(二)に掲げる規格（(一)に掲げる規格を除く。）及び集成材規格第五条に規定する非対称異等級構成集成材に係るものを除く。）又は製材の日本農林規格（平成一九年農林水産省告示第千八十三号）に規定する下地用製材の板類の一級

構造耐力上の性能の保有とともに化粧効果を併せ持つ材料であることを要求することの多い在来軸組構法とは異なり，枠組壁工法に用いる枠組材で土台，床版，壁，小屋組等の構造耐力上主要な部分に用いられるものに対しては，構造安全性の見地からの性能要求によって等級区分がなされている。したがって，枠組材の断面性能を決定する寸法精度はきわめて重要で，縦びき専用の丸のこ盤による加工以上の精度と，仕上がりによったものであることが必要である。また，枠組材の品質を規制する節，腐れ，丸身，割れ，曲がり等の欠点も構造安全上の見地に立って品等区分されているので，荷重，外力の加わり方に対応して，用いる枠組材の品等を定めている。すなわち，本号の表中の(1)および(2)は，主として曲げを受ける構造部材で，この部材に対しては，曲げ強度と剛性の大きい甲種枠組材2級以上のものや，構造用集成材などを使うように定め，同じく表中の(3)および(4)は，主として鉛直方向の荷重に対する安全性に注目して，甲種3級または乙種スタンダード以上の品等が選択されなければならない。壁の下枠は，性能上，その他の部位に使われる材料と局部圧縮について，同水準を要求することにより材料の合理的利用を考慮している。筋かいは，耐力壁の重要な部分に用いられるものであるため，表中の(3)と同様の甲種3級または乙種スタンダード以上の品質，または針葉樹の下地用製材の板類の1級の品等が要求されている。枠組壁工法は，枠組材に構造用合板等をくぎ打ちした耐力壁や床版等で構成したものであるが，本告示では，部分的に，柱，はりおよびつか等を用いることが認められている。このような場合の柱，はりおよびつか等とする木材の品質について特に定めはないが，在来軸組構法に準じて構造耐力上問題のないものを使用することとする。

　平成4年の改正において，「枠組壁工法構造用たて継ぎ材の日本農林規格」（平3農水告第701号。）に規定する枠組壁工法構造用たて継ぎ材，「枠組壁工法構造用製材の日本農林規格」（昭49農告第600号第6条に規定する機械による曲げ応力等級区分を行う枠組壁工法構造用製材（以下「MSR製材」という。），ならびに構造用単板積層材の日本農林規格（昭63農水告第1443号。）に規定する構造用単板積層材の特級，1級，および2級を加え，それぞれ各構造部材への使用を可能とした。また，枠組壁工法構造用製材の日本農林規格（昭49農告第600号。）において，新たな寸法型式が追加されたことに伴い，同規格に規定する枠組壁工法用製材について，筋かいへの使用を可能とした。

　平成9年の改正では，「構造用集成材の日本農林規格」（平8農水告第111号）の制定，および集成材の日本農林規格の一部改正に伴って，表中(1)の表現を改めた。また，(6)筋かいにおいて，使用可能な規格を合理的に拡大した。

　また，「枠組壁工法構造用たて継ぎ材の日本農林規格」の一部改正に伴って，甲種たて継ぎ材，乙種たて継ぎ材，たて枠用たて継ぎ材のそれぞれを適当な構造部材へ使用可能とした。さらに，「針葉樹の下地用製材の日本農林規格」（平8農水告第1085号）の制定に伴い，筋かいに使用可能な板類の表現を改めた（前表参照）。

　平成13年の改正により新たにJIS G 3302（溶融亜鉛めっき鋼板及び鋼帯）等の鋼材が第2の材料に入り，これらを加工した薄板軽量形鋼（厚さ1mm前後の表面処理された鋼板をロールフォーミング等により，リップ溝形鋼等に加工したもの）が床根太，天井根太，屋根トラス等耐力壁を除く枠組材や大引等に使用できることとなった。薄板軽量形鋼の場合，接合材としてドリリングタッピンねじやスクリューくぎを使用するので，木材との接合に留意する必要がある。

　平成19年の改正では，機械により曲げ応力等級区分を行う「機械による曲げ応力区分を行う枠組壁工法構造用製材の日本農林規格」（平3農水告第702号）が廃止され，「枠組壁工法構造用製材の日本農林規格」の中にMSR製材の規格が追加され一本化されたのに対応して，表中の材料の規格が書き換えられた。

　平成20年の改正では集成材の日本農林規格（平19農水告第1152号）および単板積層材の日本農林規格（平20農水告第701号）の改正に伴って，表中(1)の表現を改めた。

　平成27年の改正では，「枠組壁工法構造用製材及び枠組壁工法構造用たて継ぎ材の日本農林規格」（昭49農告第600号）（以下「枠組壁工法用構造用製材等」という）の改正により「枠組壁工法構造用たて継ぎ材の日本農林規格」（平3農水告第701号）は廃止統合され，あらたに国産樹種が枠組壁工法構造用製材およびたて継ぎ材の日本農林規格の従来の樹種群から独立した樹種群（JSⅠ（ヒノキ），JSⅡ（スギ），JSⅢ（カラマツ））となり，あわせて基準強度が新たに制定された。また，アメリカの基準変更に伴い，SYP（サザンイエローパイン）の基準強度が制定された。さらに，JIS G 3353（一般構造用溶接軽量H形鋼）-1990に規定する形鋼の規格（鋼材の厚さが2.3ミリメートル以上6ミリメートル以下の係る部分に限る。）の鋼材が第2の材料に入り床根太および天井根太に使用できるようになった。

二　構造耐力上主要な部分に使用する床材，壁材又は屋根下地材の品質は，構造部材及び材料の種類に応じ，次の表に掲げる規格（構造耐力に係る規定に限る。）に適合するものとしなければならない。

	構造部材の種類	材料の種類	規　　　　格
(一)	屋外に面する部分（防水紙その他これに類するもので有効に防水されている部分を除く。）に用いる壁材又は湿潤状態となるおそれのある部分（常時湿潤状態となるおそれのある部分を除く。）に用いる壁材	構造用合板	合板の日本農林規格（平成十五年農林水産省告示第二百三十三号。以下「合板規格」という。）に規定する特類
		化粧ばり構造用合板	合板規格に規定する特類
		構造用パネル	構造用パネルの日本農林規格（昭和六十二年農林水産省告示第三百六十号。以下「構造用パネル規格」という。）に規定する一級，二級，三級又は四級
		パーティクルボード	JIS A 五九〇八（パーティクルボード）－一九九四に規定する一八タイプ，一三タイプ，二四－一〇タイプ，一七・五－一〇・五タイプ又は三〇－一五タイプ
		ハードボード	JIS A 五九〇五（繊維板）－一九九四に規定するハードファイバーボードの三五タイプ又は四五タイプ
		硬質木片セメント板	JIS A 五四〇四（木質系セメント板）－二〇〇一に規定する硬質木片セメント板
		フレキシブル板	JIS A 五四三〇（繊維強化セメント板）－二〇〇一に規定するフレキシブル板
		パルプセメント板	JIS A 五四一四（パルプセメント板）－一九九三に規定する一・〇板
		製材	製材の日本農林規格（平成八年農林水産省告示第千八十五号）に規定する板類の一級
		シージングボード	JIS A 五九〇五（繊維板）－一九九四に規定するシージングボード
		ミディアムデンシティファイバーボード	JIS A 五九〇五（繊維板）－一九九四に規定するミディアムデンシティファイバーボード三〇タイプ（Mタイプ，Pタイプ）
		火山性ガラス質複層板	JIS A 五四四〇（火山性ガラス質複層板（VSボード））－二〇〇〇に規定するHⅢ
		ラスシート	JIS A 五五二四（ラスシート）－一九九四
(二)	常時湿潤状態となるおそれのある部分及び(一)に掲げる部分以外の部分に用いる壁材	(一)に掲げる材料	(一)に掲げるそれぞれの規格（構造用合板及び化粧ばり構造用合板については，合板規格に規定する一類を含む。）
		せっこうボード	JIS A 六九〇一（せっこうボード製品）－二〇〇五に規定するせっこうボード，構造用せっこうボードA種及びB種並びに強化せっこうボード
(三)	床材又は屋根下地材	構造用合板	合板規格に規定する特類又は一類
		化粧ばり構造用合板	合板規格に規定する特類又は一類
		構造用パネル	構造用パネル規格に規定する一級，二級，三級又は四級
		パーティクルボード	JIS A 五九〇八（パーティクルボード）－一九九四に規定する一八タイプ，一三タイプ，二四－一〇タイプ，一七・五－一〇・五タイプ又は三〇－一五タイプ
		硬質木片セメント板	JIS A 五四一七（木片セメント板）－一九九二に規定する硬質木片セメント板
		ミディアムデンシティーファイバーボード	JIS A 五九〇五（繊維板）－一九九四に規定するミディアムデンシティーファイバーボード三〇タイプ（Mタイプ，Pタイプ）
		火山性ガラス質複層板	JIS A 五四四〇（火山性ガラス質複層板（VSボード））－二〇〇〇に規定するHⅢ

告示第2の第二号における床材，壁材または屋根下地材とは，枠組にくぎ打ちする下張り材を意味する。これらの下張り材については，建設省総合技術開発プロジェクト「小規模住宅施工法の開発」以降の研究成果に基づき，昭和57年までの告示改正の結果，非常に多種類となっている。また，平成13年の告示改正において，新たにミディアムデンシティーファイバーボード（MDF）と火山性ガラス質複層板（VSボード）が追加されている。

なお，各材料の中には，下例のようにJASまたはJISにおける細分類の規定に適合する必要があるものも多いので注意する必要がある。

例：パーティクルボードの場合は18タイプ，13タイプ，24-10タイプ，17.5-10.5タイプ，30-15タイプに，ミディアムデンシティーファイバーボードの場合は中質繊維板30タイプ（Mタイプ，Pタイプ）に，また火山性ガラス質複層板の場合はHⅢに，それぞれ限られている。

また，平成16年の告示改正で，石綿（アスベスト）を使用する材料は削られ，平成28年には化粧ばり構造用合板が追加された。

床版，壁，および屋根用の下張り材は，枠組材と一体となって，面内せん断力，面外曲げ，衝撃力等に抵抗する重要な役割をはたす材料である。したがって，これらボード類は，それぞれの材料としての特性が構造的に安定している必要のあることはもちろん，枠組と一体となった際にも部材として，建築物全体の安定に大きく寄与する性能を有していることが必要である。

これらボード類は，有機系のものと無機系のものとに大別されるが，JASまたはJIS製品としての工業製品で品質と寸法の安定性が高く，全国に張りめぐらされている供給網によって広く需要に応じることのできる材料である。

有機系ボードについては，構造用合板等の7種類が認められ，構造用合板は，3枚の単板を接着した合板（3プライ合板）も認められている。

有機系ボードのうち，ハードボードは，木材等の植物繊維を熱圧成形した，密度$0.80\,g/cm^3$以上の繊維板で，一般に強度特性が大で可撓性に富み，曲面加工ができるのが特長である。乾湿による伸縮は木材の接線方向のそれより少なく，正しい使い方によって安定した耐力壁を構成することができる。

パーティクルボードとOSB（構造用パネル）は，木材小片にフェノール系接着剤等を用い，熱圧成形によって3層または多層構造に成形されたものである。製造は他のボード類と同じく，完全自動化された工程で生産され，品質は安定し強度的にも優れている。耐水性のない接着剤を用いて製造されたものもあるので，使用する部分に応じたタイプを選択して使用しなければならない。また，壁・屋根下地，床版等使用される部位や枠材の間隔に応じて，パーティクルボードには厚さの制限が，構造用パネルには等級の制限があるので，選択を誤らないように注意する。

シージングボードは，ハードボードと同様の木材繊維等を熱圧成形した低比重のファイバーボードであるが，強度と耐水湿性を増強するため，高融点のアスファルトを含浸したものである。

MDF（ミディアムデンシティーファイバーボード）は，木材繊維を乾式法によって圧縮成形した中比重のファイバーボードで，表面の平滑性に加え，木口も緻密で切断等の加工性がよい。告示に適合するものは，曲げ強さ区分30タイプで，かつ接着剤区分MタイプもしくはPタイプのものである。

製材は，下地用製材の1級の品質のものでないと使用できない。

無機系ボードについては，せっこうボード等の6種類が使用を認められている。フレキシブル板は，補強繊維を使用し，高圧で強化成形されたセメント板で，耐火性，耐久性，耐水性に優れた材料である。吸水や湿分による伸縮は木材の1/10以下であり，くぎ打ち，切断とも比較的容易な材料である。耐衝撃性，耐亀裂性は，外装仕上材で十分補強することができる。硬質木片セメント板は，薬品処理した短い木片とセメントとを混合し圧縮成形したボードである。ノンホルムアルデヒドで，防火性，断熱性，遮音性が良好で，吸水による寸法変化も少なく，含水率増加に伴う強度低下が小さい上，接着耐久性や耐腐朽性，防蟻性が大で加工性もあり，やや重い点を除けば優れた材料である。

パルプセメント板は，セメント，木材パルプ，無機質繊維材料，パーライトおよび無機質混和材を主原料として抄造成形した建築用ボードで，軽量で加工性に富み，準不燃性を有する比較的経済的なものである。作業性は良好であるが，湿分による伸縮性を考慮した施工法の採用が必要である。

平成19年の改正では，せっこうボード製品のJISが改正されたのに対応して，表中の（二）において，規格の年号が改められ，せっこうボードのほかに，構造用せっこうボードA種，B種および強化せっこうボードが追加

された。これらせっこうボード製品は厚さ12mm以上の準不燃以上の性能を有するもので，耐水・耐湿性の不足から屋内に面する壁，または常時乾燥状態となる壁に使用できるものである。

火山性ガラス質複層板は，火山性ガラス質堆積物（シラス等）と無機系繊維（ロックウール，グラスウール）を有機系結合剤によって層状に成形した建築用ボードである。軽量にして，かつ高強度で難燃性，防腐・防蟻性，透湿性および低ホルムアルデヒド放出性に優れている。告示に適合するものは，比重および曲げ強度区分によるHⅢタイプに限定されている。

ラスシートは角波亜鉛鉄板の厚さが，0.4mm以上のものに，0.6mm以上のメタルラスを溶接した材料で，これを張った枠組壁の剛性はきわめて大きいものである。外装仕上げとなるモルタル塗りを入念に行い，雨水の浸入防止の施工を行えば耐久性もかなり向上する。

三　次のいずれかに該当するもののうち，建築基準法（昭和二十五年法律第二百一号。以下「法」という。）第三十七条第一号の規定に適合するもの（トに該当するものに限る。）若しくは同条第二号の国土交通大臣の認定を受けたもの（ハからヘまでのいずれかに該当するものにあっては，国土交通大臣がその許容応力度及び材料強度の数値を指定したものに限る。），建築基準法施行規則（昭和二十五年建設省令第四十号）第八条の三の国土交通大臣の認定を受けた耐力壁に使用するもの又は前二号に掲げるもの以外の木材で国土交通大臣がその樹種，区分及び等級等に応じてそれぞれ許容応力度及び材料強度の数値を指定したものについては，前二号の規定にかかわらず，当該材料を構造耐力上主要な部分に使用する材料とすることができる。

イ　構造用鋼材のうち厚さ二・三ミリメートル未満の鋼板又は鋼帯としたもの（床根太，天井根太，耐力壁以外の壁の上枠，頭つなぎ，耐力壁以外の壁のたて枠及び耐力壁以外の壁の下枠に用いる場合に限る。）

ロ　構造用鋼材のうち鋼材の厚さを二・三ミリメートル以上六ミリメートル以下としたもの（床根太及び天井根太に用いる場合に限る。）

ハ　木質接着成形軸材料

ニ　木質複合軸材料

ホ　木質断熱複合パネル

ヘ　木質接着複合パネル

ト　直交集成板（平成十二年建設省告示第千四百四十六号第一第二十三号に規定する直交集成板をいう。以下同じ。）（床版又は屋根版に用いる場合に限る。）

前各号以外で使用可能な材料の規定で，鋼材，国土交通大臣が指定した木材と法第37条に規定する指定建築材料に関するものである。ハからトについては，平成12年建設省告示第1446号において品質に関する技術的基準が定められ，指定するJAS規格に適合するもの（トに該当するものに限る）であるか，国土交通大臣の認定を受けたものを用いる必要がある。

構造用鋼材については，平成13年よりイの厚さ2.3mm未満の鋼材（薄型軽量形鋼）の使用が認められていた。平成27年の改正で，第2第一号の「床根太及び天井根太」に軽量H形鋼規格に規定する形鋼が加えられたのと同時に，本号ロに，軽量H形鋼規格によらない2.3mm以上6mm以下の鋼材も加えられた。なお両者を総称して「軽量H形鋼」と呼んでいる（第4第八号参照）。

平成29年の改正で，床版と屋根版に，直交集成板（CLT）が加えられた。CLTはCross Laminated Timberの略で，挽き板（ラミナ）を層ごとに直交するように積層接着してパネル化した木質材料である。

四　第一号及び第三号の場合において，厚さ二・三ミリメートル未満の鋼板又は鋼帯を床根太，天井根太，耐力壁以外の壁の上枠，頭つなぎ，耐力壁以外の壁のたて枠及び耐力壁以外の壁の下枠に用いる場合は，当該鋼板又は鋼帯の厚さを〇・四ミリメートル以上のものとし，かつ，冷間成形による曲げ部分（当該曲げ部分の内法の寸法を当該鋼板又は鋼帯の厚さの数値以上とする。）又はかしめ部分を有するもの（以下「薄板軽量形鋼」という。）としなければならない。

第一号および第三号に示された鋼材に関する規定で，鋼材は薄板軽量形鋼で，厚さは 0.4 mm 以上のものとしている。

ここで，枠組壁工法の耐力壁および耐力壁以外の部位（床版，屋根版，鉛直荷重のみを負担する壁等）それぞれに使用する建築材料の取り扱いをフローチャート（図 3.2.2）に示すので，設計の際の参考とされたい。なお，

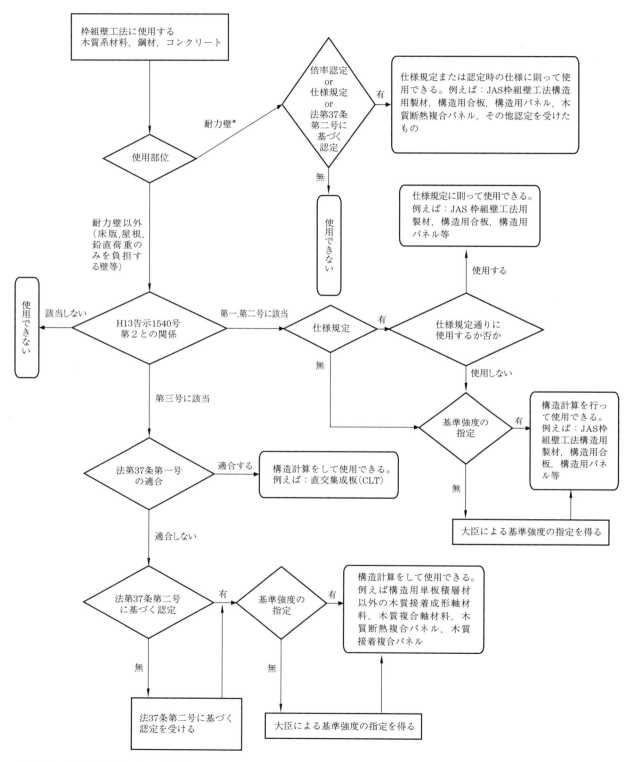

*耐力壁：水平力を負担するもの。鉛直力のみを負担するものを含まない。

図 3.2.2 枠組壁工法に使用する建築材料の取り扱い

フローチャートは本告示第2に規定されるもののほか，耐力壁にあっては平13国交告第1541号の仕様規定による場合および施行規則第8条の3の規定により耐力壁の認定を受けた場合の扱いを包含するものであるため，同告示および施行規則第8条の3の規定に関連する場合の詳細については，第4章も併せて参照されたい。

第三　土台

ここでは，上部構造からの鉛直力および水平力を安全に基礎に伝達すること，床組および耐力壁の腐朽等を防止することを目的として，第一号から第三号までに1階耐力壁の下部に設けるべき土台に関する規定が定められている。

> 一　一階の耐力壁の下部には，土台を設けなければならない。ただし，地階を設ける等の場合であって，当該耐力壁の直下の床根太等を構造耐力上有効に補強したときは，この限りでない。

本号は，構造耐力上主要な部分である1階耐力壁の下には土台を設けることを規定したものである。

なお，地階を設けた場合で，1階の内壁の耐力壁の下に，鉄筋コンクリート造の耐力壁を設けない場合には，その直下の床根太等を有効に補強しなければならない（**図 3.3.1 参照**）。この補強の主旨は第4第五号と同様である。

第5第十六号を適用して地階の壁のうち地面上30センチメートルを超える部分を，枠組壁工法の壁とし，その上部に1階の耐力壁がある場合にも，このただし書きを適用して土台を設けなくてもよい。なお，この場合は2階の耐力壁と1階の耐力壁との関係に準じて，1階の耐力壁と1階の床組とを，また，1階の床組と地階の耐力壁とを構造耐力上有効に緊結しなければならないことはいうまでもない。

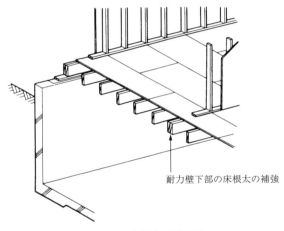

耐力壁下部の床根太の補強

図 3.3.1　床根太の補強例

> 二　土台は，次に定めるところにより，基礎に径十二ミリメートル以上で長さ三十五センチメートル以上のアンカーボルト又はこれと同等以上の引張耐力を有するアンカーボルトで緊結しなければならない。
> 　イ　アンカーボルトは，その間隔を二メートル以下として，かつ，隅角部及び土台の継ぎ手の部分に配置すること。
> 　ロ　地階を除く階数が三の建築物のアンカーボルトは，イに定める部分のほか，一階の床に達する開口部の両端のたて枠から十五センチメートル以内の部分に配置すること。

本号は，土台の基礎への緊結方法の基準である。

建築物が風圧力や地震力を受けることによって基礎からはずれたり，風圧力で持ち上げられたりしないよう，土台はアンカーボルトによって基礎に十分緊結されなければならない。

特にアンカーボルトについては，コンクリートから引き抜けないように定着長さを十分とる必要がある。

ここでは，ボルト径12 mm以上であること，また少なくとも埋め込み長さを25 cm以上とりたいことから，ボルトの長さは35 cm以上としている。

イ．アンカーボルトは，出隅，入隅部分，土台の継ぎ手付近には必ず配置し，これ以外の部分については，アンカーボルトの間隔が2 m以下になるように緊結位置を規定している。なお，土台継ぎ手，仕口とアンカーボルトの位置についての例は，図3.3.2(a)(b)(c)に示した。

ロ．地階を除く3階建ての建築物については，イ．と同様の理由により，土台と基礎とのアンカーボルトによる緊結について，2階建て以下の建築物の場合より強化している。1階の床版に達する開口部の両端部分には，まぐさ受けおよびたて枠から引張の軸力およびせん断力が土台へ特に大きく伝わるため，土台と基礎は十分に緊結されている必要がある。施工上の理由から，開口部両端のたて枠から15 cm以内の部分にアンカーボルトを配置することとしているが，できる限り開口部両端に近く配置した方が，構造耐力上有効である。また，2階建て以下の建築物についても，この位置にアンカーボルトを設置することを配慮することが望ましい。

なお，平成19年の改正により，本号ロのただし書きによる適用除外は削除され，第10の構造計算による適用除外とされた。

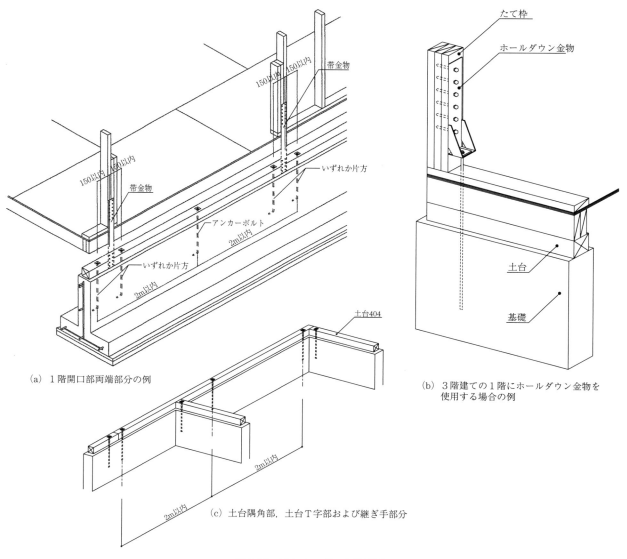

(a) 1階開口部両端部分の例

(b) 3階建ての1階にホールダウン金物を使用する場合の例

(c) 土台隅角部，土台T字部および継ぎ手部分

図3.3.2 アンカーボルト位置図

> 三　土台の寸法は，枠組壁工法構造用製材等規格に規定する寸法型式二〇四，二〇五，二〇六，二〇八，三〇四，三〇六，四〇四，四〇六若しくは四〇八に適合するもの又は厚さ三十八ミリメートル以上で幅八十九ミリメートル以上のものであって，かつ，土台と基礎若しくは床根太，端根太若しくは側根太との緊結に支障がないものとしなければならない。

本号は，土台の断面寸法に関する規定である。昭57建告第56号においては，土台の断面寸法は枠組壁工法構造用製材規格に規定する寸法型式204，206，208，404，406もしくは408の6種類のみに限定されていた。しかし，市場開放と建設コストの削減等の観点より，平成13年の改正で厚さと幅が204に相当する断面寸法以上のもので，基礎や床根太等との緊結に支障がないものは使用可能となり，例えばニュージーランド・オーストラリアの規格サイズのものもそのまま使用できることとなった。これに対応して，同様の緩和措置は，第4第一号（床根太等），第5第三号（たて枠等）および第7第一号（たるき等）においても採られている。

土台の断面の決定にあたっては，曲げ，めり込み等の応力に対して構造耐力上支障のない断面とすること，および土台は構造耐力上主要な部分のうち最も腐朽しやすい部分であることを考慮しなければならない。

また，平成19年の改正により，JAS改正に対応して，寸法型式205，304，306が追加された。

各寸法型式を用いた場合における土台の仕口，および継ぎ手等に関して述べることとする。

寸法型式204，205，206，208，304，306材の土台の隅部，またはT字部の仕口または継ぎ手は2本のCN65を斜め打ちするのが一般的である。

406材，306材，408材はたて枠の寸法型式206，306，406，208，408に対応したもので，以前は404材と204材の組み合わせで土台部材を構成していたものが，406，408材を使えば単一の材となる。

なお，寸法型式208，408の場合には，基礎の幅はそれに合わせて広くし，土台側部が基礎より極端に出ることがないようにすることが必要である。寸法型式204は，中央部にアンカーボルトを配するが，この場合は端根太または側根太と座金がぶつかるので，端根太および側根太の下端を必要最小限カットして納める。なお，在来軸組構法に類似した床組の場合は根太せいが小さいので，端根太および側根太をカットしてはならない。座金彫りによる処置も考えられるが，材が40 mm厚程度であるので，それによって強度低下をもたらすおそれがあるため，座金彫りは行ってはならない。ただし，座彫り機能付き座金等を使用する場合で，せん断耐力および曲げ強度に支障なく，かつ施工時に割れ等を発生させないことを実験等により確認した場合はこの限りではない。

寸法型式404，406，408材の土台の隅部またはT字部の仕口，または継ぎ手は図3.3.3のように3本のCN75を斜め打ちするのが一般的である。寸法型式404，406，408材の土台の場合には，先の寸法型式204と同じく端根太と座金がぶつかるが，この場合は座金彫りを行っても厚さが90 mmあるために強度的に支障が少なく，また，施工上も不都合が少ないと思われる。

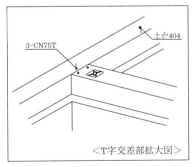
<T字交差部拡大図>

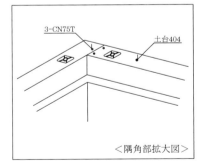
<隅角部拡大図>

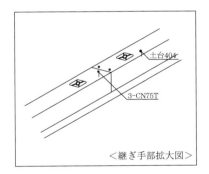
<継ぎ手部拡大図>

図3.3.3　寸法型式404の土台の仕口および継ぎ手のくぎ打ち

なお，寸法型式によらないものについては，38×89 mm以上でそれぞれに近似した寸法型式の材料にならえばよいが，仕口および継ぎ手部分の鉛直および水平方向について緊結に支障がある段差等が生じないようにしなければならない。

第四　床版

　床版は，床枠組および合板等の床下張りで一体的に構成され，床面に作用する固定荷重や積載荷重等の鉛直荷重に対して十分な強さと剛性を有すると同時に，地震力や風圧力等の水平荷重によって生ずる床構面内のせん断力に対しても，これを安全に耐力壁に伝えることのできる強さと剛性を有する構造としなければならない。すなわち，この工法における床枠組の特長は，床根太を規定の間隔で配置し，その上に合板等を全面的に張りつめ（いわゆるプラットフォーム工法）床面を施工時の作業場に利用するとともに，床全体を鉛直力と水平力に対して有効に抵抗させることにある。

　一　床根太，端根太及び側根太の寸法は，枠組壁工法構造用製材等規格に規定する寸法型式二〇六，二〇八，二一〇，二一二若しくは三〇六に適合するもの又は厚さ三十八ミリメートル以上で幅百四十ミリメートル以上のものであって，かつ，床根太，端根太若しくは側根太と土台，頭つなぎ若しくは床材との緊結に支障がないものとしなければならない。

　床根太，端根太および側根太として用いる製材，または集成材の品質は第2第一号に規定しているが，本号においては，使用すべき床根太等の断面寸法を規定している。5種類の寸法型式のうちどの寸法型式を選択すべきかについては，床根太の支点間距離（スパン），使用する製材または集成材の品質等，床根太相互の間隔，または床材の厚さ等の条件を考慮し，必要に応じて構造計算等により定める必要がある。

　平成13年の改正では，土台と同様に寸法型式206に相当する断面寸法以上であれば，枠組壁工法構造用製材規格に規定する寸法型式以外の断面寸法のもの，例えばニュージーランド・オーストラリア規格のサイズのものもそのまま使用できることとなった。ただし，これらには基準強度がJAS規格に適合する製材等と異なる場合があるので注意が必要である。また，くぎ接合部の打ち込み長さについても確認しておく必要がある。また，平成19年の改正により，JAS改正に対応して寸法型式306が追加された。

　床根太に継ぎ手を設ける場合は，図3.4.1(a)のように支持材の上で継ぐ必要がある。耐力壁や土台上で継ぐ場合は，それぞれ床根太と頭つなぎまたは土台を釘打ちにより緊結する。図3.4.1(b)のようにそえ木を省略する場合は床材のかけ渡し，くぎの増打ち等で適切に補強する必要がある。またオーバーハング，セットバックを採用する場合は，構造的な力の流れを考慮して継ぎ手位置を決定しなければならない。

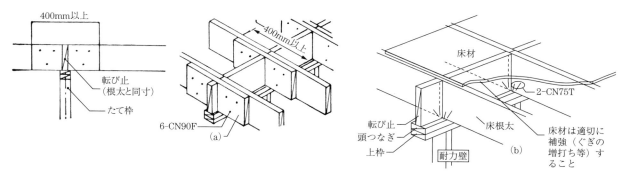

図3.4.1　床根太の継ぎ手の例

　二　床根太の支点間の距離は，八メートル以下としなければならない。この場合において，床根太に枠組壁工法構造用製材等規格に規定する寸法型式二一二に適合するもの又は辺長比（当該床根太に使用する製材の厚さに対する幅の比をいう。）が二百八十六を三十八で除した数値より大きい数値の製材を使用する場合（当該床根太を二以上緊結して用いる場合又は床根太の支点間の距離を四・五メートル未満とする場合を除く。）にあっては，三メートル以下ごとに転び止を設けなければならない。

床根太の支点間の距離が長くなると，床根太のせいも当然これに対応して大きくなり，面外に転倒したり，異常な振動障害を起こしたりするおそれも大きくなる。したがって，本号においては床根太の支点間の距離に上限を設けるとともに，床根太の転倒を防止し，床枠組の一体化を図るため，転び止を設けることを規定している。

　これまでの実験によれば，210までの床根太を使用した一般的な床枠組において，床根太は床の面材と緊結され一体化しているため，荷重は分散し，床根太の転倒にいたることはない。床根太のスパンが長い場合，床根太を212の1本材のように部材の幅と高さの比が大きいものを用いる場合は，転倒するおそれがあるため，転び止めを設けることとしている。第一号の床根太の断面寸法の規定に関連し，枠組壁工法構造用製材等規格の断面寸法より大きい海外規格のサイズ等を考慮し，辺長比が寸法型式212より大きい製材についても同様に扱うことは当然である。転び止は従来，天井工事の支障になりやすく，竣工後も上下階の防音性能等に難点があるため，構造耐力上支障のない限りにおいて省略できることとされているが，施工中は床構面の一体化が図られていないので，根太上の移動等に当たっては注意を要する。

　転び止の具体的な仕様は，ここで特に規定をしていないが，図3.4.2のように床根太と同断面の転び止（ブロッキング）を床根太と直交して挿入する場合と，交差ブリッジングを行う場合等がある。交差ブリッジングとして所要の強度等を有する金物の使用も考えられる。

　なお，水平荷重または局部的な集中荷重等により，面外に転倒するおそれのある場合は，転倒防止のための転び止めを設ける必要がある。在来軸組工法に類似した1階床で，大引きを用い，転倒のおそれのない場合は，当然転び止めは設けなくてよい。

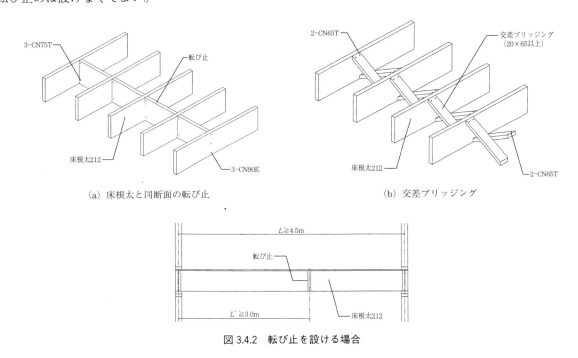

図3.4.2　転び止を設ける場合

> 三　床根太相互及び床根太と側根太との間隔（以下，「床根太間隔」という。）は，六十五センチメートル以下としなければならない。

　床根太相互および床根太と側根太の間隔は，第4第一号の解説でも述べたように，使用する根太の寸法型式，スパン，製材または集成材の品質等，床材の厚さ等の種々の条件との相互関係にある。

　本号においては，床材として厚さ15mmの構造用合板，厚さ18mmのパーティクルボードまたは1級の構造用パネルを使用することを前提とし，最低基準としての床根太等相互の間隔の上限を65cmと規定したものである。これは4×8面材を用い床根太等を60cm～61cm間隔とし，床に幅120～122cmの面材を用いることを想定し定められている。もちろん，床根太等の間隔を40cmまたは30cm間隔とし，第4第六号の規定のように床材の厚さ，または等級を1ランク下げてもよい。

平成 19 年の改正により，床根太間隔 65 cm 以下の規定は，新たに第 10 で構造計算により適用除外とすることができるようになり，1 m まで広げられることとなった。

> 四　床版に設ける開口部は，これを構成する床根太と同寸法以上の断面を有する床根太で補強しなければならない。

床版に床根太の切断を伴う開口部を設ける場合（階段を設ける場合不可欠である。）は，図 3.4.3 に示すように，切断された床根太に直交する開口部の端根太を設ける必要がある。開口部の端根太の枚数は開口部の幅に応じて決定しなければならない。また開口部側根太の枚数については，床版開口部の幅，床版開口部の長さ，および当該側根太を支持する支点（耐力壁等）間の距離に応じて決定しなければならない。

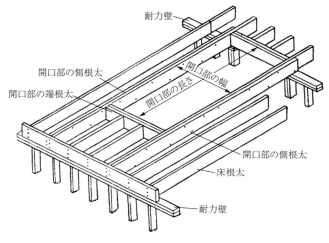

図 3.4.3　床版の開口部の補強

> 五　二階又は三階の耐力壁の直下に耐力壁を設けない場合においては，当該耐力壁の直下の床根太は，構造耐力上有効に補強しなければならない。

耐力壁の直下には，耐力壁が存在することが望ましいが，設計上それができない場合もある。本号はそのような場合に適用するものである。

耐力壁等の直下の床根太の補強方法についてであるが，まず，耐力壁等の直下に耐力壁または基礎が存在する場合の耐力壁等の直下の構造について述べておく。

構造力学上，耐力壁と床根太の走行方向が同じ場合には床根太は 1 枚でもよいが，図 3.4.4(a) のように，床根太の横倒れを防ぐため，床根太を 2 枚合わせにすることが望ましい。また，耐力壁と床根太の走行が直交する場合にも，床根太の横倒れを防ぐため，床根太と同断面の転び止を図 3.4.4(b) のように挿入する。

また，2 階と 1 階の耐力壁の配置については，図 3.4.5(a) に示すように，両者が上下階で一致しているならば，力の伝達もスムーズで構造上の問題はあまりない。さらに，一致していない場合においても，図 3.4.5(b)，(c) のように，市松状に配置されていれば問題はほとんどないであろう。しかし，開口部に接するたて枠は他のたて枠に比べて大きな荷重を負担するので，まぐさ受けと同様に，204 を 2 枚合わせ以上とする等補強する必要がある。このたて枠の補強については，必要に応じて構造計算または信頼のおける設計マニュアル等（㊤住宅金融支援機構編の枠組壁工法住宅工事仕様書（以下，支援機構仕様書という）等）によって決定するのが望ましい。

2 階または 3 階の鉛直力を負担する壁と，1 階または 2 階の耐力壁の配置についても上記と同様に考えて差し支えない。

次に，設計の都合上，耐力壁等の直下に下階の耐力壁が設けられない場合について述べる。この際は耐力壁等から伝わる鉛直力，耐力壁の回転の影響の大きいことを考慮し，次の点を守らなくてはならない。（図 3.4.6 参

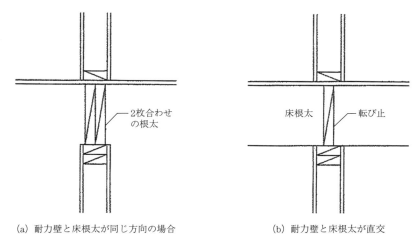

(a) 耐力壁と床根太が同じ方向の場合　　(b) 耐力壁と床根太が直交

図 3.4.4　耐力壁直下の床根太の補強

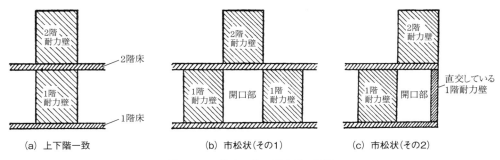

(a) 上下階一致　　(b) 市松状（その1）　　(c) 市松状（その2）

図 3.4.5　2階と1階の耐力壁の配置

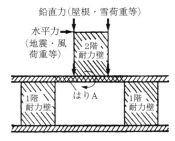

図 3.4.6　上階耐力壁の直下に耐力壁がない例

照）

　まず，耐力壁直下の床根太を2枚以上合わせたり，床ばりを設ける等して，耐力壁等に働く鉛直および水平力を下に安全に伝えるようにしなければならない。この際には，必要に応じて構造計算または信頼のおける設計マニュアル等（支援機構仕様書等）によることが望ましい。構造計算においては次の点を特に検討する。

　図 3.4.6 を例にすれば，

1．2階耐力壁に働く鉛直力および2階床荷重ではりAの許容応力度とたわみ（スパンの1/300以下）を検討する。
2．さらに，水平力が加わった場合においても同様の検討を行う。
3．はりAを受ける耐力壁のたて枠をまぐさ受けと同様に検討する。

　また，はりAの上の耐力壁は耐力壁が直下にあるものより剛性が低下すると考えられるので，このような耐力壁を用いる場合には，その階全体としての耐力壁量に余裕があることが望ましい。

　次に，セットバック，オーバーハングを設計する際の注意事項を述べることにする。

① セットバック

2階建て部分に平屋建て部分が付属したような形態の場合で，屋根，2階外壁，2階床荷重を負担する補強ば

り（床ばり）が必要となる場合が実際の住宅の設計に多く見られる（図 3.4.7 参照）。この場合を一般にセットバックと呼んでおり，種々の荷重条件に合わせて構造計算による検討によって床ばりの断面が決定される。

床ばりの断面の決定には，前述の2階耐力壁の直下に1階耐力壁がない場合に準じて行うとよい。また，床ばりその他の納まりについては，力がスムーズに伝達されるように注意する必要があるが，これについては支援機構仕様書等を参照されたい。

② オーバーハング

2階の耐力壁線が1階の耐力壁線より外側に出ているような形態の場合をオーバーハングと呼んでおり，枠組壁工法での構造的特徴である水平構面の強度を利用することによって可能となる。しかしながら，構造的な力の伝達について十分注意を払って断面等を決定し，さらにそれらの納まりについても，構造耐力上安全であるようにしなければならないことはいうまでもない。

構造的には次の2つがオーバーハングとして考えられる。

ⓐ それぞれの床根太を室内側からはね出して，2階の外壁に働く荷重を支持する方法。
ⓑ 2階の外壁の直下にはりを設け，このはりを両端の片持ちばりによって支持する方法。

まず床根太をはね出した場合を考えてみる。図 3.4.8 は力の釣り合いを示している。図よりわかるように，まず1階の外壁に相当大きな圧縮力が働く。そのため1階外壁(A)の開口部の補強が重要である。

また，床根太の室内側の終端(C)には普通の場合とまったく反対のはね返り力が作用するため，床根太受け金物またはその他の補強を行う。また(B)部分では水平荷重を1階外壁に伝達するために，床根太と同寸の転び止を床根太間に配置し，それぞれの床根太と1階外壁の頭つなぎを緊結することが必要である。

次に2階外壁の直下にはりを設け，両端の片持ちばりによって支持する場合について考えてみる。図 3.4.9 で示しているとおり，2階外壁直下のはりAが屋根，2階外壁，2階床荷重を負担しており，はりAの端部には力 P_1 が生じる。次にはりBが先端に P_1 の荷重を受ける片持ちばりとして働くわけである。力の伝達経路にしたがって注意ポイントを述べると，まず P_1 の反力を完全にはりBの先端に伝達するためには，はりAははりBの上部に位置することが最も望ましい。はりAとはりBを同一の水平レベルで納める場合には，補強金物を使用して P_1 を確実にはりBに伝達できるような詳細の検討をしなければならない。さらに P_2 の反力に対して，はりBの直下の1階外壁部分に 2—204 以上のたて枠を配置することが必要である。最後に片持ちばりBのはね返り P_3

図 3.4.7　セットバックの例　　　　　図 3.4.8　オーバーハング(a)——力の釣り合い

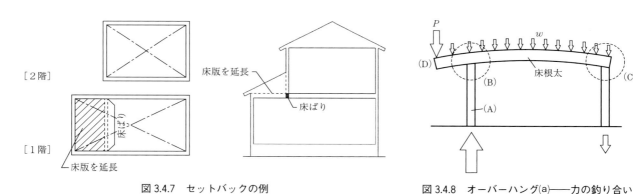

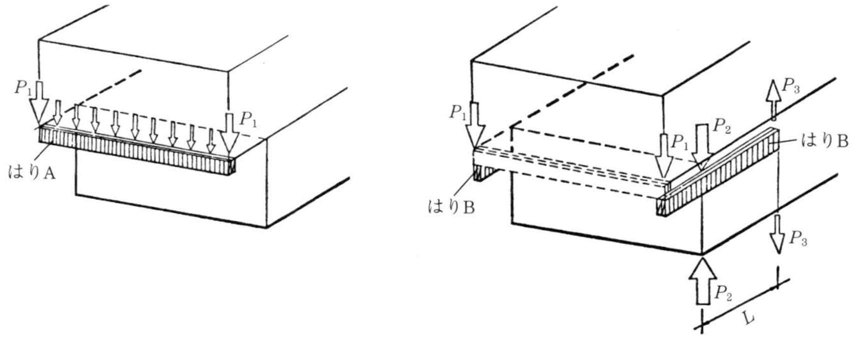

図 3.4.9　オーバーハング(b)——はり，片持ちばりで負担する場合

について考えなければならない。はりBの建物内部への長さLによってP₃の大きさは左右されるので，なるべくLを長く取ることと，例えば2階部分の壁によってP₃を押さえられるような部分にはりBを配置することである。

オーバーハングの場合の鉛直荷重について一般的な注意点を述べると，2階の床根太の先端またははりAに作用する荷重を少なくすることが安全を確保するために必要であり，そのため屋根荷重を少なくする方法も効果的である。例えば，小屋組にトラスを使用して屋根荷重の1/2を負担させるよりは，屋根ばりを使用して屋根荷重を低減するのも一つの方法である。さらに使用木材のたわみ量を最少にするためと，木材の構造的特質であるクリープ現象を避けるためにも，使用木材の断面に余裕をとることが必要である。

次に水平荷重についての一般的な注意点を述べてみる。図 3.4.10 は水平力の伝達経路を示している。2階の外壁が負担した水平力を2階の床に伝達させなければならない。2階外壁の構造用合板等を延ばして直接床枠組にくぎ止めする以外は，2階壁の下枠から2階床へのくぎ打ちを CN 90 F@500 から CN 90 F@250 とすること，もしくは金物等による適切な補強が必要である。

次にこの水平力を1階の外壁に伝達させるために，前述したとおり1階外壁の上部に床根太と同寸の転び止めを設け，床根太と1階外壁の頭つなぎをくぎで十分に緊結することが必要である。さらに2階外壁の端部には浮き上がり力が作用するため，金物等による適切な補強が必要である。

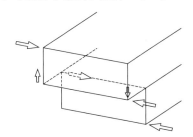

図 3.4.10　オーバーハング(c)——水平力の伝達

> 六　床材は，厚さ十五ミリメートル以上の構造用合板若しくは化粧ばり構造用合板（以下「構造用合板等」という）厚さ十八ミリメートル以上のパーティクルボード又は構造用パネル（構造用パネル規格に規定する一級のものに限る。）としなければならない。ただし，床根太間隔を五十センチメートル以下とする場合においては，厚さ十二ミリメートル以上の構造用合板等，厚さ十五ミリメートル以上のパーティクルボード又は構造用パネル（構造用パネル規格に規定する一級，二級又は三級（床根太相互又は床根太と側根太との間隔が三十一センチメートルを超える場合においては，同規格に規定する一級又は二級）のものに限る。）と，床根太間隔を三十一センチメートル以下とする場合においては，厚さ十八ミリメートル以上の硬質木片セメント板と，それぞれすることができる。

床版は床根太，床下張り，および床仕上げから構成されているが，本号は，床版に作用する積載荷重を安全に支持し，また面内せん断力に対して安全である構造材としての床下張りの材料について規定したものである（表 3.4.1 参照）。

鉛直荷重に対する床版の剛性は，床下張り材を床根太にくぎ打ちすることにより，床根太のみの場合より約20％向上する。一般的に歩行時のたわみは，床下張り材の材質と厚さ，およびその取り付け方法に左右されるので，剛性が高く厚手のものが得やすい材料である構造用合板もしくは化粧ばり構造用合板（以下「構造用合板等」という），パーティクルボードと構造用パネル，及硬質木片セメント板の使用が認められている。

表 3.4.1　床材に使用する材料の厚さ等の制限

床根太等の間隔	構造用合板等の厚さ	パーティクルボードの厚さ	構造用パネルの等級	硬質木片セメント板の厚さ
31 cm 以下	12 mm 以上	15 mm 以上	3級以上	18 mm 以上
31 cm 超 50 cm 以下	12 mm 以上	15 mm 以上	2級以上	不可
50 cm 超 65 cm 以下	15 mm 以上	18 mm 以上	1級	不可

地震力，風圧力等の水平力に対しての床版の役割は大きく，構造用合板等，パーティクルボードや構造用パネル，および硬質木片セメント板が高い剛性を有する材料であることの特徴を活かして，入念なくぎ打ち施工が望まれる。これらのボード張りの床版の設計時の面内水平せん断変形角は，1/1,000 rad. から1/2,000 rad. 以下の値を示し，特にパーティクルボードの剛性の高さが大きく評価されている。床版の面内剛性の高さが耐力壁線間隔に影響することになるので，正しい材料の使い方で施工を入念に行って，安全なプラットフォームを構成することを心掛ける必要がある（表3.4.1参照）。

第2第二号において，ミディアムデンシティーファイバーボード，火山性ガラス質複層板が使用可能な材料として認められている。しかし，床材としての使用に関しては，材料の厚さと床根太間隔の関係について明記されていないため，構造用合板等その他面材のような仕様規定的な使い方はできない。ただし，ミディアムデンシティーファイバーボード，火山性ガラス質複層板ともに，高い剛性をもつ材料であり，第9に則った構造計算を行えば，本号に規定されている床材と同等の耐力効果をもつものとして使用することができる。

七　床版の各部材相互及び床版の枠組材（床根太，端根太又は側根太をいう。以下同じ。）と土台又は頭つなぎ（第五第十一号ただし書の規定により耐力壁の上枠と床版の枠組材とを緊結する場合にあっては，当該上枠。以下この号において同じ。）とは，次の表の緊結する部分の欄に掲げる区分に応じ，それぞれ同表の緊結の方法の欄に掲げるとおり緊結しなければならない。ただし，接合部の短期に生ずる力に対する許容せん断耐力が，同表の緊結する部分の欄に掲げる区分に応じ，それぞれ同表の許容せん断耐力の欄に掲げる数値以上であることが確かめられた場合においては，この限りでない。

緊結する部分		緊結の方法			許容せん断耐力
		くぎの種類	くぎの本数	くぎの間隔	
(一)	床根太と土台又は頭つなぎ	CN七五 CNZ七五	二本	—	一箇所当たり 千百ニュートン
		CN六五 CNZ六五 BN七五	三本		
		BN六五	四本		
(二)	端根太又は側根太と土台又は頭つなぎ	地階を除く階数が三の建築物の一階	CN七五 CNZ七五	—	二十五センチメートル以下	一メートル当たり 二千二百ニュートン
			BN七五	—	十八センチメートル以下	
		その他の階	CN七五 CNZ七五	—	五十センチメートル以下	一メートル当たり 千百ニュートン
			BN七五	—	三十六センチメートル以下	
(三)	床版の枠組材と床材	床材の外周部分	CN五〇 CNZ五〇	—	十五センチメートル以下	一メートル当たり 二千八百ニュートン
			BN五〇	—	十センチメートル以下	
		その他の部分	CN五〇 CNZ五〇	—	二十センチメートル以下	一メートル当たり 二千百ニュートン
			BN五〇	—	十五センチメートル以下	

　この表において，くぎの種類の欄に掲げる記号は，JIS A 五五〇八（くぎ）-二〇〇五に規定する規格を表すものとする。以下第五第十五号及び第七第九号の表において同様とする。

本規定は，床版周辺のくぎ接合部について，JISのくぎを用いた場合の仕様と，この仕様によらない場合に必要な許容せん断耐力とを規定したものである。

本号の表中㈡の端根太または側根太と，土台または頭つなぎの緊結の方法について，3階建ての建築物の1階の場合がその他の階より厳しく定められている。それ以外の部分については，3階建ての建築物であっても，2階建て以下の建築物の場合と同様でよい。

平成19年の改正により，JIS A 5508（くぎ）-2005に対応して，CNZ 50，CNZ 65，CNZ 75が，それぞれCN 50，CN 65，CN 75と同等以上の性能を有するくぎとして加えられた。

くぎによる接合部の緊結方法は，接合部の短期に生ずる力に対する許容せん断耐力が表中の許容せん断耐力欄の数値を超えることを確認すれば，仕様規定による従来の方法によらなくてもよい。この場合は，JISによらないくぎやねじまたは金物でも，許容せん断耐力により安全性が確認されれば使用してもよい。

なお，くぎ接合部の存在応力，短期許容せん断耐力の算定方法については別冊の「2018年枠組壁工法建築物構造計算指針」日本ツーバイフォー建築協会編（以下，「構造計算指針」という。）第Ⅰ編　枠組壁工法建築物構造計算指針　および第Ⅴ編　材料及び接合部の許容応力度等を定める試験・評価方法とその解説　を参照されたい。

（1）　床根太と土台または頭つなぎのくぎ打ち

1階の床根太は土台の上に載り土台と直交するが，土台と床根太の留め付けは，CN75（CNZ 75）を2本またはCN 65（CNZ 65）を3本で斜め打ちで留め付ける（図3.4.11参照）。2階床を構成する床根太は頭つなぎと直交するが，この場合も土台と同様に，CN 75（CNZ 75）を2本またはCN 65（CNZ 65）を3本で斜め打ちする。BNくぎを使用する場合は，BN 75を3本またはBN 65を4本で斜め打ちで留め付ける。または短期許容せん断耐力が1箇所当たり1,100 N以上であることを確認して緊結方法を設計することもできる。

（2）　端根太と土台または頭つなぎ

3階建て建築物1階床の端根太および側根太と土台とは，CN 75（CNZ 75）のくぎを斜め打ちで間隔25 cm以下のピッチで留め付ける（図3.4.12参照）。平屋建ておよび2階建ての建築物の1階の側根太および端根太と土台とはCN 75（CNZ 75）のくぎを斜め打ちで間隔50 cm以下のピッチで留め付ける。2階および3階の床の端根太または側根太と頭つなぎの接合は平屋建て，および2階建ての建築物の1階床の場合と同様である。BN 75を使用する場合，上記間隔25 cm以下を18 cm以下，50 cm以下を36 cm以下のピッチで留め付ける。または短期許容せん断耐力が1 m当たり2,200 N（3階建ての1階），1,100 N（左記以外）以上であることを確認して緊結方法を設計することもできる。

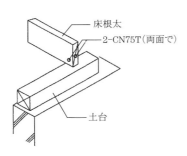

図3.4.11　床根太と土台のくぎ打ち

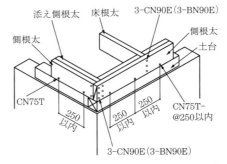

図3.4.12　端根太および側根太と床根太のくぎ打ち（3階建ての1階の例）

（3）　床版の枠組と床材

床版がプラットフォーム方式のものの場合はもちろん，1階の床版を大引きまたは床束で支持した場合にも，床下張り用材料としては構造用合板等，パーティクルボード等を用いる。1枚の構造用合板等，パーティクルボード等の周辺部は床根太または受け材を入れるが，構造用合板等の側面が本実加工してある場合は受け材を省略できる。ただし，各連続する床面において，異なる実の規格を混在して使用してはならない。また，実合板は面外曲げに対して実部分に使用上不都合が生じないこと，および水平力に対してせん断力が伝達されることを確認する必要がある。くぎはCN 50（CNZ 50）とし，周辺部は15 cmを最大間隔とし，中通りは20 cm以下の間隔とする（図3.4.13参照）。BNくぎを使用する場合，BN 50を用い周辺部は10 cm以下とし，中通りは15 cm以下の間隔とする。または短期許容せん断耐力が1 m当たり2,800 N（外周部），2,100 N（中通り）以上あること

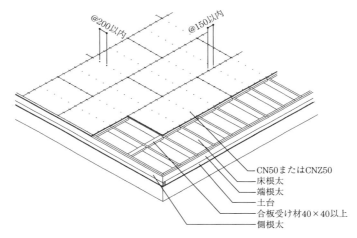

図 3.4.13 床の枠組と床材とのくぎ打ち

を確認して緊結方法を設計することもできる。

　床下張りは千鳥張りとし，3本以上の床根太にかかるようにして1つの階で一体の版を構成するように作るのが原則であるが，パネル施工のように床下張り材が単一床根太材内で接合されない場合は，床根太の突き合わせ部分に生じるせん断力に対して構造計算により安全を確認しなければならない。また，床構面の剛性の確認も必要である。なお，床版の枠組と床材のくぎ打ちのように多数のくぎを打つ場合には，自動くぎ打ち機を使用して常に安定した状態で施工することが望ましい。

> 八　次に掲げる場合において，建築基準法施行令（以下「令」という。）令第八十二条第一号から第三号までに定める構造計算及び建築物等の地上部分について行う令第八十二条の六第二号に定める構造計算により，構造耐力上安全であることを確かめられたものについては，前各号の規定は，適用しない。
>   イ　二階以上の床版を鉄筋コンクリート造とする場合
>   ロ　二階以上の床版に直交集成板を使用する場合
>   ハ　二階以上の階の床根太に軽量H形鋼規格に規定する形鋼又は第二第三号ロに規定する構造用鋼材（以下これらを総称して「軽量H形鋼」という。）を使用する場合

　本号から第十号では，第一号から第七号までの規定の適用を受けない特例を示している。

　本号イ〜ハの場合においては，第一号から第七号までの規定の適用が実質的に困難であるため，令第82条第一号から第三号までに定める構造計算（許容応力度の確認）および令第82条の6第二号に定める構造計算（剛性率，偏心率の検討）を行う必要がある。

　本号は，イの2階以上の床版の構造を鉄筋コンクリート造とした場合を対象に，平成13年に規定された。

　平成27年の改正で，2階以上の階の床根太に軽量H形鋼を使用した場合が，平成29年の改正で2階以上の床版に直交集成板（CLT）を使用した場合が加えられた。告示改正前は，「第2材料」で規定されていない材料であったため，限界耐力計算や時刻歴応答解析よる必要があったが，これが許容応力度，剛性率，偏心率の確認で使用できるようになった。

　なお，床根太，軽量H形鋼を使用する場合，第2第一号表中㈠に規定されている製材等の材料との併用時の変形，クリープ，軽量H形鋼の支点部めり込み等に留意する必要がある。

　また，コンクリート床版やCLT床版は，一般的な枠組材と下地材の組み合わせよりかなり重量が大きいため，結果的に必要な耐力壁の量が増大することになる。

> 九　前号に掲げるもののほか，次に掲げる場合において，令第八十二条第一号から第三号までに定める構造計算により，構造耐力上安全であることを確かめられたものについては，第一号から第七号までの規定は，

適用しない。この場合において、同条各号中「構造耐力上主要な部分」とあるのは、「床版」と読み替えて計算を行うものとする。
イ　一階の床版を鉄筋コンクリート造とする場合
ロ　床ばり又はトラスを用いる場合
ハ　床版に木質断熱複合パネルを使用する場合
ニ　床版に木質接着複合パネルを使用する場合
ホ　一階の床版に直交集成板を使用する場合
ヘ　床根太、端根太又は側根太に木質接着成形軸材料又は木質複合軸材料を使用する場合
ト　床根太に薄板軽量形鋼を使用する場合
チ　一階の床根太に軽量H形鋼を使用する場合

第8号に掲げるもののほか、令第八十二条第一号から第三号までに定める構造計算（許容応力度の確認）のみによって同様に第一号〜第七号の規定が適用されない場合である。

イ　は1階の床版を鉄筋コンクリート造とする場合である（図3.4.14）。ロは平成9年の改正において、床ばりを用いる場合という追加規定により使用が可能となった鋼製ばり、集成材ばり等に加え、平成13年の改正で新たに追加されたトラスによる場合である。なお、鋼製ばりやスチールトラスを用いる場合で、その端部が外壁に接する場合は結露に対する配慮が必要なので、注意を要する。ハ、ヘ、トは平成13年の改正で、第2第三号および第四号において使用可能な材料として追加された材料に関するものである。ニは平成19年の改正で追加された。

さらに、平成27年の改正で　チ　の軽量H形鋼が、平成29年の改正で　ホ　の直交集成板（CLT）が追加された。これらは、イの鉄筋コンクリート造の場合と同様、1階の床に使用する場合に限られる。

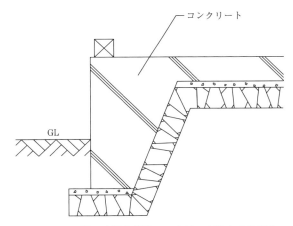

図3.4.14　1階の床版を鉄筋コンクリート造とする場合

十　前二号に掲げるもののほか、大引き又は床つかを用いる場合において、当該大引き又は床つか及びそれらの支持する床版に常時作用している荷重（固定荷重と積載荷重との和（令第八十六条第二項ただし書の規定によって特定行政庁が指定する多雪区域においては、更に積雪荷重を加えたものとする。））によって生ずる応力度が、当該大引き又は床つか及びそれらの支持する床版の各断面の長期に生ずる力に対する許容応力度を超えないことを確かめられたものについては、第一号から第七号までの規定は適用しない。

本号も第一号〜第七号の規定を受けない特例で、1階の床に限って、在来軸組構法である大引きおよび床束を用いた床組を許容したものである。支援機構仕様書には在来軸組工法に類似した床組についての記載があるが、このような場合には、大引きまたは床束のほか、それらが支持する床版についても長期の応力に対する許容応力度計算によって安全性を確認することとしている（図3.4.15参照）。また、図3.4.16のような仕様の直貼りフローリングによって工法の合理化を図ったものや、図3.4.17のような床根太を省略した床組もある。

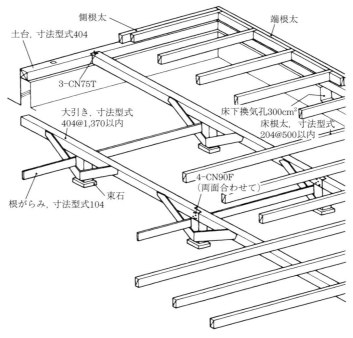

図 3.4.15 在来構法的床組の例

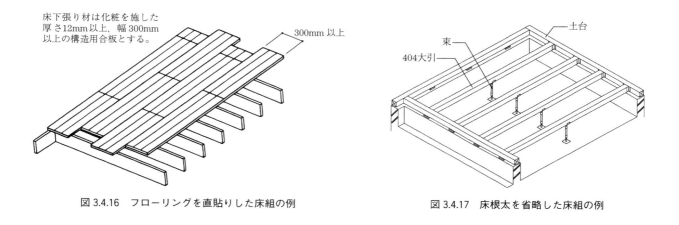

図 3.4.16 フローリングを直貼りした床組の例　　　図 3.4.17 床根太を省略した床組の例

第五　壁等

> 一　耐力壁は，外壁又は間仕切壁のそれぞれについて，木質接着複合パネルを使用するものとこれ以外の工法によるものとを併用してはならない。

　木質接着複合パネルは，外壁と間仕切壁を含む全ての壁，外壁の全て，あるいは間仕切壁の全てのいずれかの使用範囲として，外壁あるいは間仕切壁それぞれでそれ以外のものとの併用を禁じている。これは，木質接着複合パネルは一般には剛性が高く，外力が集中するためである。

> 二　耐力壁は，建築物に作用する水平力及び鉛直力に対して安全であるように，釣合い良く配置しなければならない。この場合において，耐力壁の負担する鉛直力を負担する柱又は耐力壁以外の壁（常時作用している荷重（固定荷重と積載荷重との和（令第八十六条第二項ただし書の規定によって特定行政庁が指定する多雪区域においては，更に積雪荷重を加えたものとする。））によって生ずる応力度が，当該柱又は耐力

壁以外の壁の各断面の長期に生ずる力に対する許容応力度を超えないことが確かめられたものに限る。）を設ける場合においては，当該耐力壁にかえて当該柱又は耐力壁以外の壁を配置することができる。

枠組壁工法についても令第46条の第1項の規定の主旨にしたがい，耐力壁は，釣り合いよく配置しなければならない。特に通常の住宅の壁の配置の考え方を著しく超えるものについては，耐力壁の釣り合いよい配置について慎重に検討しなければならない。

また，枠組壁工法と，他の構法（在来軸組構法および丸太組構法）との併用についてはきわめて慎重に行う必要がある。これは「壁」による耐震と在来「軸組」等による耐震では，架構の挙動が異なるため，併用した場合の構造耐力上の安全性が不明確なことによる。昭和60年の改正においては，本号にただし書を設け，壁構造としての諸条件を満足したうえで，実験または計算により，水平力を受けた場合の架構の挙動に支障のない場合に限って「柱」の設置が認められた。これにより，平面計画の自由度を拡大できることになったが，平成13年の改正では柱のほかに耐力壁以外の壁も追加された。鉛直力に対する構造耐力上の安全の確認については，従前の実験または計算という表現を改め，長期の許容応力度計算という具体的な方法を明示しているが，柱や耐力壁以外の壁の設置に当たっては，頭部，脚部のディテールを検討し，鉛直力を十分に伝達できるように設計すべきである。

なお，第七号に示される両面開口部の隅角部の柱や玄関ポーチの柱等，仕様としてすでに定められた柱や軽微な荷重を支える柱については，許容応力度計算は必要としない。

> 三　二階部分又は三階部分に耐力壁を設けず当該部分を小屋裏とする場合においては，直下階の構造耐力上主要な部分が当該小屋裏の荷重を直接負担する構造としなければならない。

小屋裏を利用して室とする場合の構造の安全性を考慮して本号が規定されている。

小屋の構造は，水平力を完全に下階の耐力壁に伝えるため，たるき，小屋の階の床根太，その直下の天井根太等を下階の耐力壁の上枠，および頭つなぎに構造耐力上有効に緊結するほか，小屋の階の床面を含む水平構面に，十分な耐力と剛性を持たせたものとしなければならない。小屋裏利用3階建ての例を図3.5.1に示す。

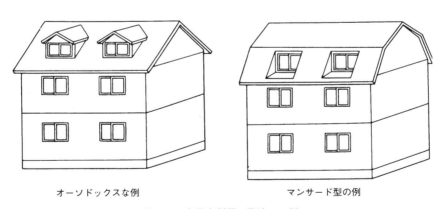

図3.5.1　小屋裏利用3階建ての例

> 四　耐力壁の下枠，たて枠及び上枠の寸法は，枠組壁工法構造用製材等規格に規定する寸法型式二〇四，二〇五，二〇六，二〇八，三〇四，三〇六，四〇四，四〇六若しくは四〇八に適合するもの又は厚さ三十八ミリメートル以上で幅八十九ミリメートル以上のものであって，かつ，下枠，たて枠若しくは上枠と床版の枠組材，頭つなぎ，まぐさ受け若しくは筋かいの両端部との緊結及び下枠若しくは上枠とたて枠との緊結に支障がないものとしなければならない。

耐力壁に用いる下枠，たて枠および上枠の断面寸法に関する規定である。平成19年の改正で，JAS改正に対

応して，寸法型式205，304，306が追加された。

寸法型式404を用いれば，鉛直力が集中的に大きくなる耐力壁の部分について，たて枠として204を2枚合わせにして施工していたものを，単材で施工できるようになっている。断面が大きくなることにより，ねじれ等のくるいが生じることが予想されるので，材料の品質および施工方法には十分注意をする必要がある（図3.5.2参照）。

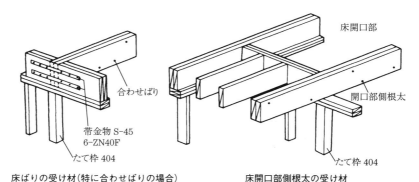

図 3.5.2　寸法型式 404 のたて枠の実用例

北米では，外壁のたて枠と，建築物内部の耐力壁のたて枠の断面寸法は，寸法型式204またはそれより大断面のものを用いるよう規定されている。本号の規定はこれにならっている。なお，建築物内部の非耐力壁のたて枠は，寸法型式203を用いてもよい。

耐力壁を構成する主要なたて枠として，どの寸法型式を採用するべきかについては，鉛直荷重，たて枠相互の間隔，たて枠の長さ等の諸条件のほか，次に述べる事項に留意して選択すべきである。耐力壁の下枠，たて枠および上枠に寸法型式406，408が規定されているが，これは3階建てや高さ制限の解除により耐力壁にかかる鉛直力の増大に対応するものである。なお，まぐさについては，寸法型式の指定はなく，枠組壁工法構造用製材等の日本農林規格による寸法型式が使用できるため，406，408材も使用できる。

耐力壁のたて枠は，その広幅面を壁面に対し直角におかなくてはならない。また耐力壁の上枠，下枠の断面の幅は，たて枠の広幅面の幅（壁の厚さ）と一致させるか，それより大きい幅とすることが望ましい。ただし，実験および理論に基づく構造計算によって，たて枠に生じる軸力に対して構造耐力上安全であることが確かめられた場合は，たて枠の広幅面を壁面に対し平行に配置する構成の耐力壁とすることができる。なお，これに該当する耐力壁としてカナダで開発された Midply Wall System（ミッドプライウォールシステム）が挙げられる。Midply Wall System については，構造計算指針第Ⅲ編4.4.3を参照されたい。

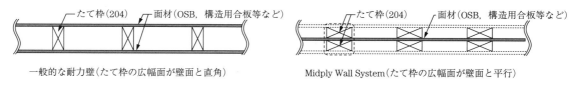

図 3.5.3　耐力壁のたて枠の構成概要（一般的な耐力壁と Midply Wall System）

パイプスペースが確保できず，やむを得ず耐力壁の中に設備関係の配管等を納める際に，たて枠材を欠き込む場合は，たて枠材の断面欠損を考えて壁枠組ならびにたて枠材の断面を考えなくてはならない。

耐力壁のたて枠は，たて枠を2枚合わせまたは金物により補強した場合，および筋かいによる欠き込みの場合を除き，その高さの中央1/3の部分に欠き込みを設けてはならない。ただし，その他の部分にあっては，たて枠の広幅面の長さの1/4を超えない範囲（1/4を超える場合金物で補強する）で欠き込みが許される。しかし，たて枠の厚さ方向（断面の短辺方向）の欠き込みは許されない。

耐力壁のたて枠に対する穴あけは，断面の中央部分を短辺方向に向って行うものとし，その大きさは補強しない限り広幅面の長さの1/4以内とする（図3.5.4参照）（注：非耐力壁にあっては3/5以内）。ただし，たて枠を2枚合わせ等とし補強した場合はこの限りでない。

なお，平成13年の改正で，枠組壁工法構造用製材等規格に規定されるもののほか，土台，床根太等と同様に寸法型式の断面寸法より両辺（たて，よこ）ともに大きい，例えばヨーロッパの規格サイズのものも基本的に使

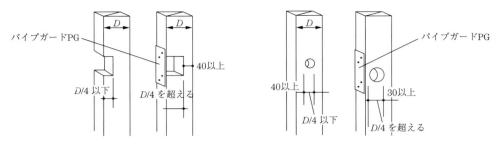

図 3.5.4　たて枠の欠き込みと穴あけの例

用できることとなっている。この場合，当然断面係数は上がることになるが，基準強度がJAS規格に適合する製材と異なる場合があるので注意が必要である。また，くぎ接合部の打ち込み長さについても確認しておく必要がある。

五　各階の張り間方向及びけた行き方向に配置する耐力壁は，それぞれの方向につき，当該耐力壁の水平力に対する長さ一メートル当たりの耐力を令第四十六条第四項表一（二）項に掲げる軸組の種類の水平力に対する長さ一メートル当たりの耐力で除して得た数値に当該耐力壁の長さを乗じて得た長さの合計を，その階の床面積（その階又は上の小屋裏，天井裏その他これらに類する部分に物置等を設ける場合にあっては，平成十二年建設省告示第千三百五十一号に定める面積をその階の床面積に加えた面積）に次の表一に掲げる数値（特定行政庁が令第八十八条第二項の規定によって指定した区域内における場合においては，次の表一に掲げる数値のそれぞれ一・五倍とした数値）を乗じて得た数値以上で，かつ，その階（その階より上の階がある場合においては，当該上の階を含む。）の見付面積（張り間方向又はけた行き方向の鉛直投影面積をいう。以下同じ。）からその階の床面からの高さが一・三五メートル以下の部分の見付面積を減じたものに次の表二に掲げる数値を乗じて得た数値以上としなければならない。

表一

建築物		階の床面積に乗ずる数値（単位一平方メートルにつきセンチメートル）							
		地階を除く階数が一の建築物（以下「平屋建ての建築物」という。）	地階を除く階数が二の建築物（以下「二階建ての建築物」という。）		地階を除く階数が三の建築物で，三階部分に耐力壁を設けず当該部分を小屋裏とし，かつ，三階の床面積が二階の床面積の二分の一以下の建築物（以下「三階建ての小屋裏利用建築物という。）		地階を除く階数が三の建築物で，上欄に掲げる建築物以外のもの（以下「三階建ての建築物」という。）		
		一階	一階	二階	一階	二階	一階	二階	三階
（一）令第八十六条第二項ただし書の規定によって特定行政庁が指定する多雪区域（以下単に「多雪区域」という。）以外の区域における建築物	屋根を金属板，石板，木板その他これらに類する軽い材料でふいたもの	一一	二九	一五	三八	二五	四六	三四	一八
	屋根をその他の材料でふいたもの	一五	三三	二一	四二	三〇	五〇	三九	二四

	多雪区域における建築物	令第八十六条第一項に規定する垂直積雪量（以下単に「垂直積雪量」という。）が一メートルの区域におけるもの	二五	四三	三三	五二	四二	六〇	五一	三五
(二)		垂直積雪量が一メートルを超え二メートル未満の区域におけるもの	二五と三九とを直線的に補間した数値	四三と五七とを直線的に補間した数値	三三と五一とを直線的に補間した数値	五二と六六とを直線的に補間した数値	四二と六〇とを直線的に補間した数値	六〇と七四とを直線的に補間した数値	五一と六八とを直線的に補間した数値	三五と五五とを直線的に補間した数値
		垂直積雪量が二メートルの区域におけるもの	三九	五七	五一	六六	六〇	七四	六八	五五

　この表において，屋根に雪止めがなく，かつ，その勾配が三十度を超える建築物又は雪下ろしを行う慣習のある地方における建築物については，垂直積雪量をそれぞれ次のイ又はロに定める数値とみなして(二)を適用した場合における数値とすることができる。この場合において，垂直積雪量が一メートル未満の区域における建築物とみなされるものについては，平屋建て建築物にあっては二五と三九とを，二階建ての建築物の一階にあっては四三と五七とを，二階建て建築物の二階にあっては三三と五一とを，三階建ての小屋裏利用建築物の一階にあっては五二と六六とを，三階建ての小屋裏利用建築物の二階にあっては四二と六〇とを，三階建ての建築物の一階にあっては六〇と七四とを，三階建て建築物の二階にあっては五一と六八とを，三階建て建築物の三階にあっては三五と五五とをそれぞれ直線的に延長した数値とする。
　イ　令第八十六条第四項に規定する屋根形状係数を垂直積雪量に乗じた数値（屋根の勾配が六十度を超える場合は，〇）
　ロ　令第八十六条第六項の規定により積雪荷重の計算に用いられる垂直積雪量の数値

表二

	区　　　　域	見付面積に乗ずる数値（単位一平方メートルにつきセンチメートル）
(一)	特定行政庁がその地方における過去の風の記録を考慮してしばしば強い風が吹くと認めて規則で指定した区域	五〇を超え，七五以下の範囲において特定行政庁がその地方における風の状況に応じて規則で定めた数値
(二)	(一)に掲げる区域以外の区域	五〇

　本号の規定は，地震力と風圧力に対して建築物全体の安全性を確保するための技術的基準であり，各階の張り間方向およびけた行方向それぞれについて配慮すべき耐力壁の量（いわゆる壁量）を定めたものである。
　本号の規定を図で表すと，図 3.5.5 のとおりである。
　各階のけた行方向，および張り間方向のそれぞれについて検討する。
　以下，図 3.5.5，表 1，表 2 について説明する。

図 3.5.5　第 5 第五号の説明

（1） 耐力壁の壁倍率

建築基準法施行規則第8条の3の規定に基づき，枠組壁工法による壁および床版の構造方法を定めた，平13国交告第1541号に，耐力壁の種類および倍率が，大臣の定める壁の構造方法として定められている。個々の耐力壁の壁倍率については同告示第1第五号表1および表1-2を参照されたい。平成19年の改正により，構造用せっこうボードA種，B種，および強化せっこうボードが追加され，平成30年の改正により構造用合板等でくぎの増打を規定して壁倍率が最大4.8倍となり構造用パーティクルボード，構造物MDFが追加された。なお，平13国交告第1541号に規定する耐力壁の種類以外の耐力壁の倍率については，規則第8条の3の規定に基づき，大臣の認定を受ける必要がある。

（2） 地震に対する必要壁量（表1参照）

表1の数値の算定においては，多雪区域（特定行政庁が規則で指定している。）と多雪区域以外の区域（以下「一般地」という。）とでは積雪荷重の取り扱いが根本的に異なる。すなわち，多雪区域においては，地震力を計算する場合に積雪荷重を考慮しているが，一般地においては積雪荷重は考慮していない。これは令第82条（保有水平耐力計算）第二号とまったく同様な考え方に基づくものである。したがって，多雪区域においては，その地方における垂直積雪量に応じて，表1の数値を定めている。

屋根に雪止めがなく，かつ，その勾配が三十度を超える建築物または雪下ろしを行う慣習のある地方における建築物については，表1の備考に定めるところにより，実際の垂直積雪量を低減して表1の(2)を適用することができる。

屋根の勾配に応じて実際の垂直積雪量に乗ずべき低減係数は令第86条第4項に定められた以下の式によって算出する。

$$\mu b = \sqrt{\cos(1.5\beta)}$$

この式において，μb および β は，それぞれ次の数値を表すものとする。

μb：屋根形状係数
β ：屋根勾配（単位　度）

なお，令第86条第4項の構造計算の規定では，積雪荷重にこの係数を乗ずるのに対し，本告示においては垂直積雪量に乗ずる点が異なる。

雪下ろしを行う慣習のある地方における建築物については，雪下ろしの実況に応じて，垂直積雪量を1mまで低減できるが，これについては，各特定行政庁において取り扱いが定められている場合が多い。

なお，屋根の勾配によっては，多雪区域でありながら垂直積雪量が1m未満とみなされる場合があるが，この場合でも，多雪区域内における建築物であることには変わりがなく，表1の(2)に掲げる数値を直線的に延長して数値を求める。

以上をまとめて多雪区域において表1を適用する例を示す。
〈垂直積雪量が1.5 mの区域における2階建ての建築物〉

（例1）陸屋根（屋根勾配0°）
令第86条第4項の式より垂直積雪量は $1.5\,\text{m} \times 1 = 1.5\,\text{m}_\text{o}$

1階の必要壁量：$50.0\,\text{cm/m}^2$，
2階の必要壁量：$42.0\,\text{cm/m}^2$

図3.5.6より1mと2mとの間を直線的に補間する。

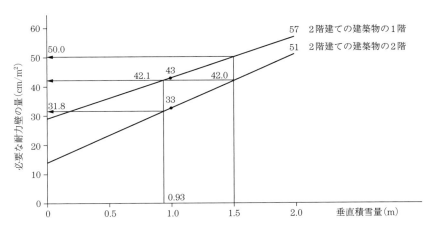

図3.5.6　表1の2階建ての建築物の欄に掲げる数値

（例2）屋根勾配45°
$$\mu b = \sqrt{\cos(1.5 \times 45°)} = 0.62$$
みなされる垂直積雪量は1.5 m×0.62 = 0.93 m。したがって，図3.5.6より直線的に延長した数値とする。
　1階の必要壁量：42.1 cm/m²，2階の必要壁量：31.8 cm/m²

なお，表1の壁量の値は，一般地における平屋建て，2階建て（小屋裏利用2階建てを含む）および3階建ての建築物にあっては，令第46条表2と同じ数値とし，小屋裏利用の3階建ての建築物にあっては，3階の床面積を2階の床面積の2分の1以下に制限した場合には，数値の緩和を行っている（ただし，小屋裏利用2階建ての2階部分については，特に床面積を制限していない）。また，多雪区域においても，令第86条の考え方に準じている。

なお，小屋裏利用の3階建ての場合で第五号の表1に掲げる床面積（下階の床面積の1/2以下）を超える場合は，3階部分に必ずしも耐力壁を設ける必要はないが，第10の規定による構造計算により安全性を確認しなければならない。

物置等を小屋裏・天井等に設ける場合は，その部分の荷重が地震等によって耐力壁に水平力としてかかることを考慮し，床面積に算入しなければならない。床面積に加える面積の算出方法は，平12建告第1351号「木造の建築物に物置等を設ける場合に階の床面積に加える面積を定める件」に明記されており，以下のとおりである。

$$a = \frac{h}{2.1} A$$

　　この式において，a, hおよびAは，それぞれ次の数値を表すものとする。
　　　a：階の床面積に加える面積（単位　m²）
　　　h：当該物置等の内法高さの平均の値（ただし，同一階に物置等を複数個設ける場合にあっては，それぞれのhのうち最大の値をとるものとする。）（単位　m）
　　　A：当該物置等の水平投影面積（単位　m²）

なお，平12建告第1351号にはただし書きがあり，当該物置等の水平投影面積がその存する階の床面積の1/8以下である場合は，加える面積は0とすることができる。

表1に掲げる床面積に対する必要壁量表は，一般住宅を対象とするもので，耐火建築物に関しては，固定荷重増加を見込んで，設計壁量の余裕率を十分にとる必要がある。なお，構造計算指針第Ⅶ編　参考計算例に設計壁量に対する考え方の一例を示している。

（3）　風圧力に対する必要壁量（表2参照）

表2の数値は，令第46条第4項の表3と同じである。特定行政庁が，風の強い区域を指定し，数値を1.5倍まで割り増すこととしている。

六　耐力壁線相互の距離は十二メートル以下とし，かつ，耐力壁線により囲まれた部分の水平投影面積は四十平方メートル以下としなければならない。ただし，床版の枠組材と床材とを緊結する部分を構造耐力上有効に補強した場合にあっては，当該水平投影面積を六十平方メートル（耐力壁線により囲まれた部分の長辺の長さに対する短辺の長さの比が二分の一を超える場合にあっては七十二平方メートル）以下とすることができることとする。

耐力壁線とは耐力壁の中心線を結んだ直線をいい，次の（1）から（3）までの条件をみたしたものでなければならない。

（1）　第5第七号に規定するように，端部に長さ90 cm以上の耐力壁を当該耐力壁線上，またはそれと直交する他の耐力壁線上に設けること（ただし，外壁のみ。補強をした場合はこの限りではない。）。
（2）　第5第十一号の規定に適合するように，耐力壁線上に頭つなぎを設けること。
（3）　第5第十二号の規定に適合するように，1つの開口部の幅は4 m以下とし，開口部の合計は当該耐力壁線の長さの3/4以下であること。また第5第十三号に規定するように，長さ90 cm以上の耐力壁線上の開口部の上部には原則としてまぐさを設けること。

以上の条件から耐力壁線の立面は，図3.5.7に示すように全体として1つの壁体であり，その壁体に開口部があるものと考えられる。また，まぐさは，頭つなぎの上部にはりのようにして通すことも考えられるが，垂れ壁が省略されることから，構造計算により安全を確認しなければならない。

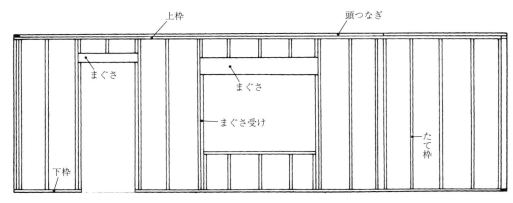

図3.5.7 耐力壁線を構成する壁枠組図の例

図3.5.8において，Ⓐ通りとⒷ通りの1階壁枠組は，上記の条件を満足する耐力壁線であるとする。

Ⓐ通りとⒷ通りの間隔が小さいほど，風圧力や地震力に対して2階床枠組 AA′B′B 間の面内における変形（曲げとせん断の組み合わせ）は小さくなる。換言すれば面内剛性が大きくなる。2階床枠組 AA′B′B の面内剛性が大きいほど，床組に作用した水平力が床枠組面を通って耐力壁に伝達される。面内剛性を高めるためには，一般に耐力壁線間が小さい方がよい。

本号の前段では，Ⓐ通りとⒷ通りとの距離（これを耐力壁線間の距離と呼ぶ）が12m以下でなければならないと規定している。

この耐力壁線間の距離が8mを超える場合には，告示第4第二号の規定により，床根太の支点間の距離が8m以下となるようにしなければならない。

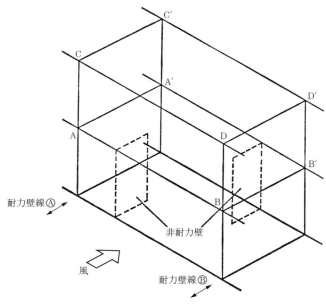

図3.5.8 耐力壁線間の距離

本号の後段は，耐力壁線で囲まれた部分（図3.5.9の ⊠ 部分で，この平面には ⊠ 部分が4つある）の大きさを40 m² 以下に規制したものである。

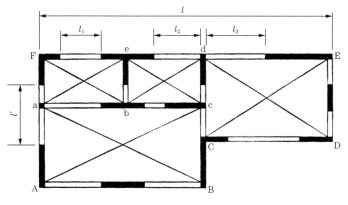

図3.5.9　耐力壁の配置例

なお，耐力壁線により囲まれた部分の水平投影面積の制限について，床の枠組と床材を緊結する部分を構造耐力上有効に補強した場合には，60 m² 以下まで緩和される。さらに，耐力壁線により囲まれた部分が，矩形で短辺と長辺の比で1/2を超えるような，極端に細長くない場合にあっては，72 m² までとなった。構造耐力上有効に補強するとは，ある階の水平投影面積が40 m² を超えるとき，その上階の床枠組と床材とのくぎ打ち本数を増やして，床面の剛性を高め，かつ，壁枠組とその上下階の床枠組との緊結を強化する（平屋建ての場合，壁枠組と小屋組および床枠組との緊結を強化する）こと等が有効である（図3.5.10 参照）。詳細は支援機構仕様書等を参考とされたい。

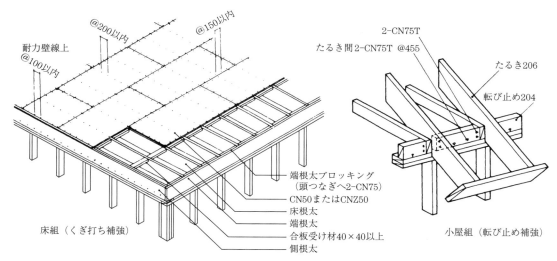

図3.5.10　耐力壁線により囲まれる部分の水平投影面積が40 m² を超える場合の補強方法の例

> 七　外壁の耐力壁線相互の交さする部分（以下この号において「交さ部」という。）には，長さ九十センチメートル以上の耐力壁を一以上設けなければならない。ただし，交さ部を構造耐力上有効に補強した場合において，交さ部に接する開口部又は交さ部からの距離が九十センチメートル未満の開口部で，幅（交さ部から開口部までの距離を含み，外壁の双方に開口部を設ける場合は，それらの幅の合計とする。）が四メートル以下のものを設けるときは，この限りでない。

建築物の平面上の隅角部（特に出隅部）にL字形の壁を設けると，大地震時や暴風時に生ずる大きな水平力に対して抵抗力が増大し，また建築物全体のねじれ変形の防止に有効である。したがって，外壁の耐力壁線相互の交さ部には，できるだけL字形の耐力壁を設けることが望ましい。しかしながら，建築物の機能上または意

匠上，隅角部に開口をとる必要も多く，本規定においてはそのような事情も考慮して，隅角部の一方に長さ90 cm以上の耐力壁を設けることとされている。さらに設計の自由度が欲しい場合，すなわち隅角部の両側とも開口としたい場合（いわゆる両面開口）には，ただし書きにより，この部分を構造耐力上有効に補強しなければならない。ここでいう補強とは，圧縮に対する補強をさしており，例えば図 3.5.11 および図 3.5.12 のように隅部に 404材の柱を設ける等の措置のことである。

この場合の補強方法としては，当該耐力壁線の交さ部のたて枠を十分に補強すること，当該たて枠の上下の接合部の緊結を強化すること，開口部のもう一方の端部のまぐさ受けおよびそれに取り付くたて枠についても同様に補強することがあげられる。詳細は，支援機構仕様書を参照されたい。

本号の規定が適用される外壁の耐力壁線相互の交さ部については，例えば図 3.5.9 における，A，B，C，D，E，Fの部分が該当する。この場合，耐力壁の方向については特に制限を設けていないため，耐力壁線 AB および DEのように，両端とも開口部を設けることも可能である。また，図中 a，b，c，d，e の部分は，外壁と内壁の耐力壁線の交さ部または内壁相互の耐力壁線の交さ部であるので，特に端部に関する制限はなく，a 部分のような

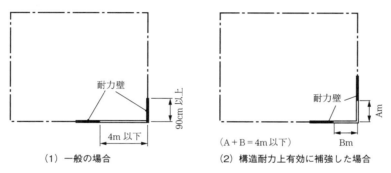

図 3.5.11　交さ部の耐力壁の配置

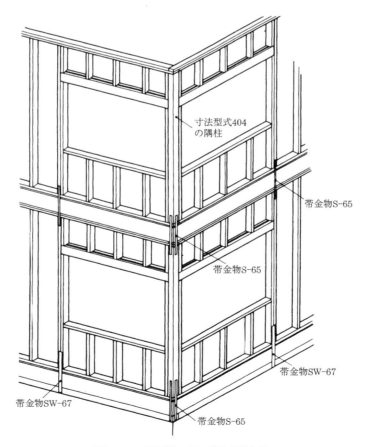

図 3.5.12　両面開口部の補強部詳細図

設計が可能である。ただし，この場合は交さ部分におけるまぐさ受けと併せてたて枠が必要となり，その仕様について慎重に検討する必要がある。

なお，交さ部以外の耐力壁の必要幅は，その耐力壁の高さの1/3以上とするのが一般的であるが，幅を1/3未満の耐力壁として配置する場合は，構造計算指針を参照し，慎重に検討されたい。

平成27年の改正により，本号の規定は，新たに第10第一号で構造計算により適用除外とすることができるようになった。改正前は，本号の外壁の耐力壁線の交さする部分に長さ90 cm以上の耐力壁を1以上設ける規定（ただし書きに該当する場合を除く）から外れる場合には保有水平耐力計算が必要であったが，耐力壁の長さの合計を90 cm以上確保することを条件に，許容応力度計算，接合部の応力伝達性能の確認，および各階の偏心率の確認により構造全体の安全性を確かめられることとなった。

ここで耐力壁長さの合計とは，交さ部に対して取り付く各方向の外壁の耐力壁長さを加算した数値（図3.5.13参照）をいう。また設計壁量の算定や偏心率の確認において算入できる耐力壁の長さは構造計算指針より600 mm以上必要となる（ただし，構造計算指針第Ⅰ編3.3.2記載の開口を含む耐力壁の条件を満足する壁が接する場合はこの限りではない。）ので注意する必要がある（図3.5.14参照）。

第10第一号の適用は，他の仕様規定の一部を適用除外とする規定と併せて使用することも可能であるが，第5第十二号の規定外の「開口部の幅が4 mを超えること」や「開口部の幅の合計が当該耐力壁線の長さの3/4を超えること」と併用する場合は，あまり好ましい構造計画とは言えないため，これに係る範囲において特に構造上の配慮を要する。

また，当該耐力壁の隅角部においては応力が集中することが懸念されるため金物等を用い有効に補強する必要がある。

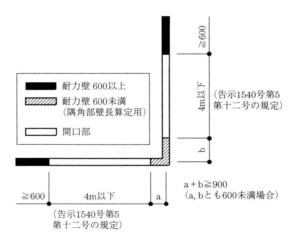

図3.5.13　外壁交さ部の耐力壁長さのとり方

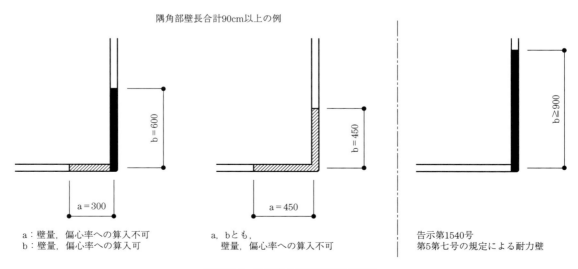

図3.5.14　外壁交さ部の耐力壁配置例

八　耐力壁のたて枠相互の間隔は，次の表に掲げる数値以下（たて枠に枠組壁工法構造用製材等規格に規定する寸法型式二〇六，三〇六若しくは四〇六に適合する製材又は厚さ三十八ミリメートル以上で幅百四十ミリメートル以上の製材を使用する耐力壁については，五十センチメートル（当該耐力壁を三階建ての建築物の三階，二階建ての建築物の二階又は平屋建ての建築物に用いる場合については，六十五センチメートル）以下，たて枠に枠組壁工法構造用製材等規格に規定する寸法型式二〇八若しくは四〇八に適合する製材又は厚さ三十八ミリメートル以上で幅百八十四ミリメートル以上の製材を使用する耐力壁については六十五センチメートル以下）としなければならない。ただし，令第八十二条第一号から第三号までに定める構造計算によって構造耐力上安全であることが確かめられた場合においては，たて枠相互の間隔は，当該計算に用いた数値（当該耐力壁の木質断熱複合パネルを用いる場合を除き，当該数値が六十五センチメートルを超えるときは，六十五センチメートル）とすることができる。この場合において，同条各号中「構造耐力上主要な部分」とあるのは，「耐力壁」と読み替えて計算を行うものとする。

	建　築　物	三階建ての建築物の三階，二階建ての建築物の二階又は平屋建ての建築物（単位　センチメートル）	三階建ての建築物の二階，三階建ての小屋裏利用建築物の二階又は二階建ての建築物の一階（単位　センチメートル）	三階建ての小屋裏利用建築物の一階（単位　センチメートル）
(一)	多雪区域以外の区域における建築物	六五	五〇	四五
(二)	多雪区域における建築物　垂直積雪量が一メートルの区域におけるもの	五〇	四五	三五
	垂直積雪量が一メートルを超え一・五メートル以下の区域におけるもの	五〇	三五	三一
	垂直積雪量が一・五メートルを超え二メートル以下の区域におけるもの	四五	三五	三一

　この表において，屋根に雪止めがなく，かつ，その勾配が三十度を超える建築物又は雪下ろしを行う慣習のある地方における建築物については，垂直積雪量がそれぞれ第五号の表一のイ又はロに定める数値の区域における建築物とみなして，この表の(二)を適用した場合における数値とすることができる。この場合において，垂直積雪量が一メートル未満の区域における建築物とみなされるものについては，次の表のとおりとする。

建　築　物	三階建ての建築物の三階，二階建ての建築物の二階又は平屋建ての建築物（単位　センチメートル）	三階建ての建築物の二階，三階建ての小屋裏利用建築物の二階又は二階建ての建築物の一階（単位　センチメートル）	三階建ての小屋裏利用建築物の一階（単位　センチメートル）
垂直積雪量が五十センチメートル以下の区域における建築物とみなされるもの	五〇	五〇	四五
垂直積雪量が五十センチメートルを超え一メートル未満の区域における建築物とみなされるもの	五〇	四五	四一

本号は，最低基準としてのたて枠相互の間隔の上限を規定したものである。

表では下階へ行くほど，また階数が増加するほど鉛直荷重が増加すること等を考慮し，たて枠間隔を厳しくしている。

また，多雪区域における基準として垂直積雪量に応じたたて枠間隔の上限を規定している。

平成19年の改正で，JAS改正に対応して，寸法型式306が追加された。

なお，たて枠に寸法型式206，306または406を用いる場合は，50 cm以下まで（平屋建てまたは2階建ての2階部分のように荷重条件の厳しくない場合は65 cm以下まで）緩和されており，寸法型式208または408を用いる場合は65 cm以下まで緩和されている。さらに，ただし書きとして，令第82条第一号から第三号に定める構造計算に基づく場合は，これらの規定によらなくてもよいが，最大の間隔は65 cmとなる。

なお，表には，3階建て建築物（小屋裏利用のものを除く）の1階のたて枠間隔が示されていないが，これは表中の値を適用してはならないことを意味している。したがって，本文（　）に示されているように，寸法型式206または406とし，たて枠相互の間隔を50 cm以下とするか，または寸法型式208または408とし，たて枠相互の間隔を65 cm以下としなければならない。ただし，構造計算を行いたて枠に作用する鉛直荷重や風圧力，水平力により生ずる付加圧縮軸力等に対して，たて枠が座屈に対して安全なことを確かめることができれば，たて枠を，構造計算によって安全を確かめられる範囲内のたて枠間隔の下で使用することができる。ただし，65 cmを超えることはできない。

平成19年の改正で，木質断熱複合パネルを用いる場合には，本規定の構造計算によってたて枠間隔が65 cmを超えてもよいこととなった。木質断熱複合パネルを用いる場合はたて枠間隔が65 cmを超えることが普通で，従来は平成19年改正前の第9第一号により建物全体の保有水平耐力計算が必要とされていたが，安全性の確認として必要な項目として，耐力壁部分の許容応力度計算に整理されたものである。

表および本文に掲げるたて枠相互の間隔を65 cm，50 cm，45 cm，41 cm，35 cm，および31 cmとされているのは，次の理由による。

- 65 cm　　　：4′×8′ボード（122 cm～120 cm幅）を2分割した場合の数値61 cm～60 cmを基本とし，部分的にこれ以上の間隔となる場合があることを考慮して補正した数値
- 50 cm　　　：91 cmモデュールを2分割した数値45.5 cmを基本とし，部分的にこれ以上の間隔となる場合があることを考慮して補正した数値
- 45 cm，41 cm：4′×8′のボードを3分割した場合に考えられる数値40.7 cmを基本として上記の補正を加えた数値
- 35 cm，31 cm：91 cmモデュールを3分割した数値30.3 cm基本とし，上記の補正を加えた数値

現在までに用いられているたて枠相互の間隔，および将来予想されるものは次の数値であろう。

1） たて枠間隔 61 cm～60 cm（4′×8′ボード使用）
2） 〃　　　　50 cm（メートルサイズのボード使用）
3） 〃　　　　48 cm（4′×8′ボード使用）
4） 〃　　　　45.5 cm（3′×6′，3′×8′，3′×9′ボード使用）
5） 〃　　　　40 cm（4′×8′ボード使用）
6） 〃　　　　30.3 cm（3′×6′，3′×8′，3′×9′ボード使用）

45.5 cmモデュールを用いてモデュール芯を建物の外壁の外面にとると，廊下や階段が狭くなったり，また，外壁の中心にモデュール芯をとっても本工法が大壁であることにより，部屋の内面が小さくなるということ等を考慮すると，50，48，40 cmモデュールの使用も考える必要があろう。

本号の規定は，3′×6′，3′×8′，4′×8′等のボードに平等に利用の可能性を与えている。たて枠間隔としていずれの値が便利かは，今後われわれ日本人の経験と英知によって決められるべきものである。

なお，多雪区域におけるたて枠相互の間隔は，構造計算と総プロにおける実験結果，その他の条件を総合的に勘案することにより定められたものであるが，一般の住宅の概念を著しく超えるものについては，たて枠相互の間隔については，慎重に検討すべきである。

平成27年の告示改正において，たて枠の間隔の規定におけるたて枠の寸法についても，寸法型式以外寸法の，厚さ38 mm以上×幅140 mm以上の製材および厚さ38 mm以上×幅184 mm以上の製材が加えられた。

枠組壁工法構造用製材等規格（JAS）に規定されるもののほか，寸法型式の断面寸法より両辺（たて×よこ）

ともに大きい，EU規格のものも使用できることになっている。この場合，基準強度がJAS規格に適合する製材と異なる場合があるので注意が必要である。

なお，ここでいう寸法型式以外の寸法の製材は，告示第2第三号の「前二号に掲げるもの以外の木材で国土交通大臣がその樹種，区分及び等級等に応じてそれぞれ許容応力度及び材料強度の数値を指定したもの」に限られる。

九　各耐力壁の隅角部及び交さ部には次に定めるところによりたて枠を用いるものとし，当該たて枠は相互に構造耐力上有効に緊結しなければならない。

イ　たて枠に枠組壁工法構造用製材等規格に規定する寸法型式二〇四，二〇五又は三〇四に適合する製材のみを使用し，かつ，耐力壁のたて枠相互の間隔が前号の表に掲げる数値以下となる耐力壁に使用する場合にあっては，枠組壁工法構造用製材等規格に規定する寸法型式二〇四又は三〇四に適合する製材を三本以上

ロ　たて枠に枠組壁工法構造用製材等規格に規定する寸法型式二〇六，二〇八，三〇六，四〇四，四〇六又は四〇八に適合する製材を使用し，耐力壁のたて枠相互の間隔が前号の表に掲げる数値以下となる耐力壁に使用する場合にあっては，枠組壁工法構造用製材等規格に規定する寸法型式二〇六，二〇八，三〇六，四〇四，四〇六又は四〇八に適合する製材をそれぞれ二本以上

ハ　イ及びロ以外の場合にあっては，次に定めるところによる。

(1)　たて枠に枠組壁工法構造用製材等規格に規定する寸法型式二〇六に適合する製材又は厚さが三十八ミリメートルを超え，幅が百四十ミリメートルを超える製材を使用し，かつ，耐力壁のたて枠相互の間隔が五十センチメートル以下となる耐力壁又は三階建ての建築物の三階，二階建ての建築物の二階若しくは平屋建ての建築物の耐力壁のたて枠相互の間隔が六十五センチメートル以下となる耐力壁に使用する場合にあっては，枠組壁工法構造用製材等規格に規定する寸法型式二〇六に適合する製材を三本以上又は厚さが三十八ミリメートルを超え，幅が百四十ミリメートルを超える製材を二本以上

(2)　たて枠に枠組壁工法構造用製材等規格に規定する寸法型式二〇八に適合する製材又は厚さが三十八ミリメートルを超え，幅が百八十四ミリメートルを超える製材を使用し，かつ，耐力壁のたて枠相互の間隔が六十五センチメートル以下となる耐力壁に使用する場合にあっては，枠組壁工法構造用製材等規格に規定する寸法型式二〇八に適合する製材を三本以上（三階建ての建築物の三階，二階建ての建築物の二階又は平屋建ての建築物の耐力壁のたて枠相互の間隔が六十五センチメートル以下となる耐力壁に使用する場合にあっては二本以上）又は厚さが三十八ミリメートルを超え，幅が百八十四ミリメートルを超える製材を二本以上

在来軸組構法では，令第43条で隅柱等を通し柱とすることが規定されているが，プラットフォーム方式においては通し柱を設けることができない。しかし，耐力壁の隅角部および交さ部は構造耐力上重要であるので，特に補強する必要がある。隅角部や交さ部で柱に該当する部材は一般に寸法型式204のたて枠となっているため，平成13年以前の告示においては3本以上のたて枠で構成することと規定していたが，204より大きな寸法型式の断面（これらには枠組壁工法構造用等製材のほかに集成材も含まれる）およびたて枠相互の間隔との関係を勘案し，規定が細分化されている。さらに平成19年の改正で，JAS改正に対応して，寸法型式205，304，306が追加された。本号イでは，寸法型式205および304が204と同等以上のもの，本号ロでは304が204と同等以上，306が206と同等以上のものとされている。ここでは，たて枠材の断面寸法と間隔との(a)～(h)の組み合わせについて例示的に規定しており，その他の組み合わせの場合については，これらに準じて考えればよい。なお，たて枠は構造上一体となって有効に働くように，たて枠相互はCN 75（CNZ 75）Fまたは CN 90（CNZ 90）F，間隔30 cm以下程度で接合することが望ましい（図3.5.15参照）。

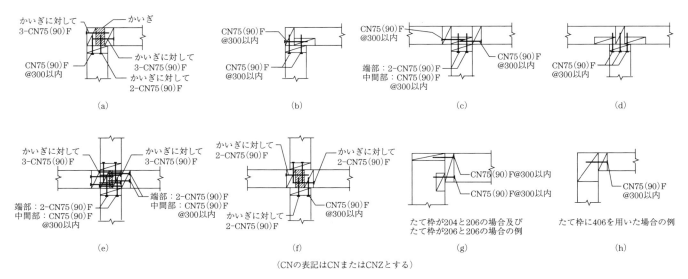

（CNの表記はCNまたはCNZとする）

図 3.5.15　たて枠の隅角部および交さ部例

> 十　屋外に面する部分で，かつ，隅角部又は開口部の両端の部分にある耐力壁のたて枠は，直下の床の枠組に金物（くぎを除く。以下同じ。）又は壁材で構造耐力上有効に緊結しなければならない。

　ここでは，台風等の強風時に大きな引き抜き力が壁に働き，たて枠が引き抜かれるのを防止するために，特にその力が集中すると考えられる外壁の隅角部または開口部の両端部にあるたて枠と，床組とを，金物または壁材で緊結することを規定している。

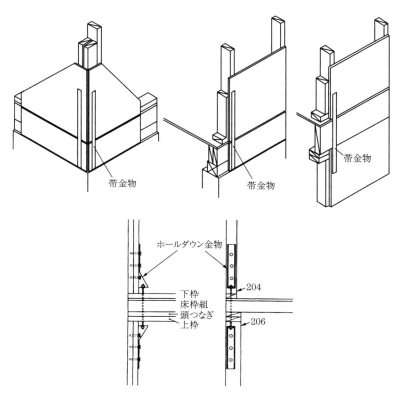

図 3.5.16　たて枠と床枠組との緊結例

過去の実大実験によると，風圧力および地震力を想定した水平力を建物に加えると，外力が大きくなるにしたがい，耐力壁と床との間にすき間が生じてくる。このことからもわかるように，耐力壁と床とを金物または壁材で緊結しておくことは，非常に重要である。

また，1階においては，たて枠と床組だけではなく土台とも緊結するのが望ましく，2階においても，2階のたて枠と2階の床組，さらに1階のたて枠とも緊結するのが望ましい（図3.5.16参照）。

> 十一　耐力壁の上部には，当該耐力壁の上枠と同寸法の断面を有する頭つなぎを設け，耐力壁相互を構造耐力上有効に緊結しなければならない。ただし，当該耐力壁の上枠と同寸法以上の断面を有する床版の枠組材又は小屋組の部材（たるき，天井根太又はトラスをいう。以下同じ。）を当該上枠に緊結し，耐力壁相互を構造耐力上有効に緊結する場合においては，この限りでない。

枠組壁工法においては，プラットフォーム上で壁の枠組みを行い，それをたて起こして壁を構成するため，壁はいくつかの部分に分割されている。このような壁相互を緊結するためには，原則として，上枠材と同寸法の頭つなぎを，上枠の上部に設ける必要がある。上枠の継ぎ手位置はたて枠の中心または壁相互の接合位置であるが，頭つなぎの継ぎ手はこの位置と重なってはいけない。また，隅角部においても，上枠の継ぎ手位置と頭つなぎの継ぎ手位置は重なってはならない（図3.5.17参照）。

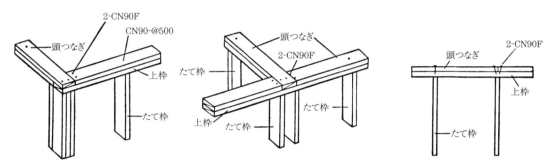

図3.5.17　頭つなぎの継ぎ手位置とくぎの打ち方

この頭つなぎを省略するには，平成19年の改正において，告示第10第二号で適用除外できる仕様規定に本号が追加されたことから，許容応力度計算で安全を確認できるようになった。平成27年の改正では，本号にただし書が加えられ，耐力壁の上枠と同寸法以上の断面を有する頭つなぎの役割を果たす部材が既に存在する場合は，特に構造計算等で安全を確認しなくても，頭つなぎが省略できることになった。ただし，頭つなぎに代わり，耐力壁の上枠と同寸法以上の断面を有する，床版の枠組材または小屋組の部材を設け，頭つなぎと同様に耐力壁相互を構造耐力上有効に緊結する必要がある。

頭つなぎの代わりにできる床版の枠組材には，床根太，端根太，側根太がある。また頭つなぎの代わりにできる小屋組の部材には，たるき，天井根太，トラスがある。

また耐力壁の上枠と同寸法以上の断面とは，幅，せいとも同寸法以上であることを意味している。したがって，一般的な床組で使用される210材をたて使いした端根太や側根太は，幅が上枠の幅に満たないため，同寸法以上とは見なせない。つまり，軸組構法のはりや胴差に相当する断面の材を床版，小屋組に用いる場合のように，構造用集成材や構造用単板積層材等のエンジニアードウッドの使用が想定される。

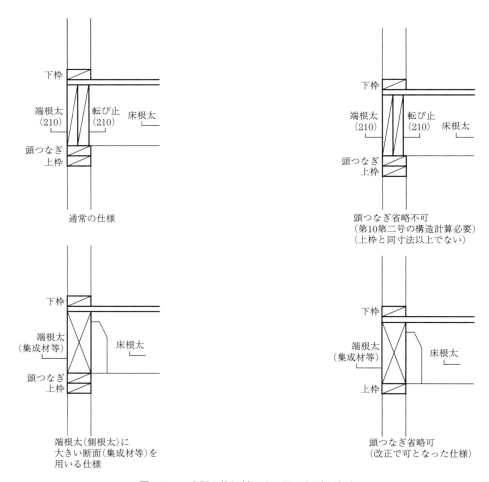

図 3.5.18　床版の枠組材による頭つなぎの省略

> 十二　耐力壁線に設ける開口部の幅は四メートル以下とし，かつ，その幅の合計は当該耐力壁線の長さの四分の三以下としなければならない。

耐力壁線とは，第5第六号でも述べたように耐力壁が一直線上に並んでいる部分で，その線上の耐力壁に開口があるとき，開口部の上部にはまぐさを含む曲げ剛性の大きい部分が存在し，耐力壁相互を結合していなければならない。

耐力壁に加わる水平力と鉛直力を地盤に伝えるために，1階の耐力壁線の直下に連続した基礎を設けることが必要である。耐力壁線上の開口部の幅を4 m以下と規制したのは，前述のようにまぐさ部分に曲げ剛性を保有させたいことと，外壁においては風圧力に対する開口部の両脇のたて枠群が抵抗可能な限度を配慮したことが大きな理由である。

本号の規定を図3.5.9のFE耐力壁線を例にとり，式で示せば次のとおりである。

$l_1 \leqq 4$ m, $l_2 \leqq 4$ m, $l_3 \leqq 4$ m

かつ $\dfrac{l_1 + l_2 + l_3}{l} \leqq \dfrac{3}{4}$

l_2 および l_3 は，Bd耐力壁線の端部の耐力壁で分割されているから，それぞれ4 m以下でよい。

しかしAF耐力壁線上の l' は，耐力壁で分割されているとはいいにくく，l' 全体で4 m以下としなければならない。

参考として米国のU. B. C. (Uniform Building Code)では，壁枠組の長さ7.5 mごとに最小限1.2 mの長さの耐力壁を設けなければならないと規定している。また耐震設計を行う必要のある地域の2階建て建築物の1階部

分の外壁では，壁長の 25 ％の長さは耐力壁としなければならないという規定を新たに追加している。本号の主旨と符合するものである。

> 十三　幅九十センチメートル以上の開口部の上部には，開口部を構成するたて枠と同寸法以上の断面を有するまぐさ受けによってささえられたまぐさを構造耐力上有効に設けなければならない。ただし，構造耐力上有効な補強を行った場合においては，この限りでない。

　開口部が 90 cm 以上の場合には，開口部の上部にたて枠と同寸法以上のまぐさ受けで支えられたまぐさを設けるよう規定している。まぐさ受けは通常，寸法型式 204 の 1 枚でよいが，支持する鉛直力が大きくなった場合には 2 枚以上とする必要がある。特に多雪区域においては十分検討しなければならない。まぐさの寸法は，根太の方向，開口の位置，荷重状態等によって大幅に変化し，簡単に示すことは困難であり，構造計算等によって安全性を確保する必要がある。

　なお，大断面のまぐさを必要とする場合には，2 インチ系列の材を 2 枚合わせとする必要があるが，集成材の場合には 4 インチ系列の材であっても，割れ等の問題が少ないので使用してよいと考えられる。

　また，ただし書きの規定により開口部上部に設けられるまぐさの支持について，金物を使用すればまぐさ受けを設けなくてもよいこととされている（図 3.5.19 参照）。

　これは，開口部の幅を両端のまぐさ受けの幅だけ広くとることを意図しており，金物等で安全にまぐさを支持できるものと考えられたからである。しかし，開口部の幅が広い場合，開口部を含む耐力壁線に大きな力が加わる場合等には慎重に検討すべきである。

　また，まぐさをはりのようにして耐力壁の上に通す場合は，当該開口部の両端のたて枠にまぐさ受けの機能も持たせる必要があるため，当該たて枠には鉛直荷重に対する十分な配慮が必要である。なお，外壁のまぐさには水平荷重に対する曲げ戻し効果も期待されているため，耐力壁の上に通すはりで鉛直荷重を支持する場合においても，開口上部には垂れ壁を設けることが望ましい（図 3.5.20）。また垂れ壁を設けない場合は，特別な調査研究等により反曲点高比を適切に設定する場合を除き，反曲点高比を 1.0 とする等の配慮が必要である。

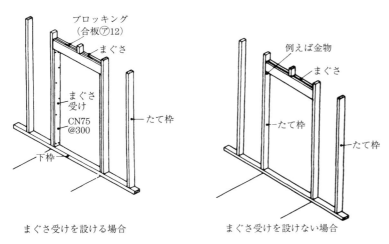

図 3.5.19　開口部の補強

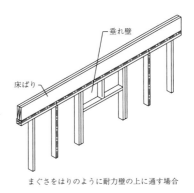

図 3.5.20

> 十四　筋かいには，欠込みをしてはならない。

　筋かいは，地震力，風圧力に対し建築物の変形を防止し，剛性を高める役割を果たす重要な部材の一つである。
　しかしながら，筋かいは面材をくぎ打ちした耐力壁に比べて力学的挙動が大きく異なる（面材系の耐力壁は面材と枠組材が水平力に対して一体となって抵抗するが，筋かいは枠組材を分解させるような好ましくない挙動を

とる。）ので，安易に使用しないほうがよい。使用する部分は，筋かい材の負担する軸方向力によって，周辺の枠組に生ずる応力を計算し，枠組の分解を招かないことを確認しなければならない。一般的に枠組材の組み立て時の仮筋かいの役割を果たしうる程度の軽微なものに止めるのがよい。

一般に筋かいの材と壁枠組の材とは収縮率が異なるため，壁枠組の方が大きく収縮しても筋かいが押し出されることのないよう，筋かいの両端には余裕が必要である。また，たて枠を欠き込む場合は特に必要以上に切り込み，たて枠の強度を著しく低下させるようなことは避けなければならない（**図 3.5.21** 参照）。

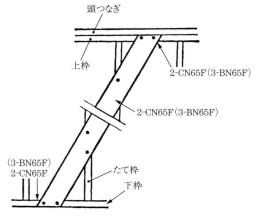

図 3.5.21 筋かいの入れ方の例

十五　壁の各部材相互及び壁の各部材と床版，頭つなぎ（第十一号ただし書の規定により耐力壁の上枠と床版の枠組材又は小屋組の部材とを緊結する場合にあっては，当該床版の枠組材又は小屋組の部材。以下この号において同じ。）又はまぐさ受けとは，次の表の緊結する部分の欄に掲げる区分に応じ，それぞれ同表の緊結の方法の欄に掲げるとおり緊結しなければならない。ただし，接合部の短期に生ずる力に対する許容せん断耐力が，同表の緊結する部分の欄に掲げる区分に応じ，それぞれ同表の許容せん断耐力の欄に掲げる数値以上であることが確かめられた場合においては，この限りでない。

	緊結する部分		緊結の方法			許容せん断耐力
			くぎの種類	くぎの本数	くぎの間隔	
(一)	たて枠と上枠又は下枠		CN 九〇 CNZ 九〇	二本	—	一箇所当たり 千ニュートン
			CN 七五 CNZ 七五 BN 九〇 CN 六五 CNZ 六五 BN 七五	三本	—	
			BN 六五	四本		
(二)	下枠と床版の枠組材	三階建ての建築物の一階	CN 九〇 CNZ 九〇	—	二十五センチメートル以下	一メートル当たり 三千二百ニュートン
			BN 九〇	—	十七センチメートル以下	
		その他の階	CN 九〇 CNZ 九〇	—	五十センチメートル以下	一メートル当たり 千六百ニュートン
			BN 九〇	—	三十四センチメートル以下	
(三)	上枠と頭つなぎ		CN 九〇 CNZ 九〇	—	五十センチメートル以下	一メートル当たり 千六百ニュートン
			BN 九〇	—	三十四センチメートル以下	
(四)	たて枠とたて枠又はまぐさ受け		CN 七五 CNZ 七五	—	三十センチメートル以下	一メートル当たり 二千二百ニュートン
			BN 七五	—	二十センチメートル以下	

壁の各部材相互および壁の各部材と床版，頭つなぎまたはまぐさ受けとのくぎ打ちの条件は構造耐力に大きな影響を及ぼすため，くぎ打ち本数に下限やくぎ打ち間隔に上限を設けている。くぎの種類と本数，くぎ打ち間隔は間違えたりおろそかにしてはならない。

ただし，告示第4第七号の床版の各部材相互等の緊結方法の規定と同様に，接合部の緊結方法は，短期の許容せん断耐力が表中許容せん断耐力の欄の数値以上であることを確認すれば，仕様規定によらなくてもよい。この場合は，JISによらないくぎやねじまたは金物でも，許容せん断耐力により安全性が確認されれば使用してよい。

3階建ての建築物については，3階建ての1階の耐力壁の下枠と1階の床枠組の緊結方法が厳しく定められているが，他の部分は2階建て以下の建築物と同様としてよい。

なお，平成19年の改正により，JIS A 5508（くぎ）に対応して，CNZ 50，CNZ 65，CNZ 75が，それぞれCN 50，CN 65，CN 75と同等以上の性能を有するくぎとして加えられた。

また，平成30年の改正により，壁の枠組材と筋かいの両端部の緊結の方法が平13国交告第1541号第1第五号の表1および表1-2に統合されたため，本号の表(五)項は削除されている。

(1) たて枠と上枠または下枠

壁の枠材は，上枠とたて枠と下枠の3種類からなる。壁の枠組は，床材の取り付けが完了したプラットフォームの上で，水平に枠材を置いてくぎ打ち作業を行う。たて枠材の木口面と上下枠材の側面を突き付けてくぎ打ちするが，これに用いるくぎは，CN 90（CNZ 90）を2本ずつ木口打ち，またはCN 75（CNZ 75）かBN 90を1箇所に3本（2本は片側，1本は反対側）の斜め打ち，またはCN 65（CNZ 65）かBN 75を1箇所に3本，（2本は片側，1本は反対側）の斜め打ちまたはBN 65を1箇所に4本（2本は片側，2本は反対側）の斜め打ちのいずれかを採用する（**図 3.5.22**）。斜め打ちは，プラットフォーム上であらかじめ壁を組まない場合に用いるくぎ打ちで，下枠からたて枠，ついで上枠の順で組む場合に採用する。

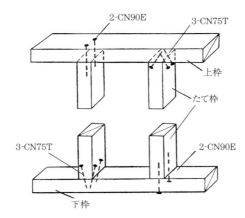

図 3.5.22　たて枠と上枠または下枠のくぎの打ち方

上記の方法のほか，接合部の短期許容せん断耐力が1箇所当たり1,000 N以上であることを確認して，緊結方法を設計することもできる。

(2) 下枠と床の枠組

壁の枠組のあと，壁材または筋かいを取り付け壁枠組が完了するが，壁を鉛直に起こし，位置を決めたあとで下枠から床材を通して床根太または転び止め等に対し，CN 90（CNZ 90）のくぎを平打ちで留め付ける。くぎは，たて枠間内に最低1本ずつ，すなわち，50 cm以下の間隔（3階建ての建築物の1階にあっては，2本ずつ25 cm以下の間隔）で打ち付ける（**図 3.5.23**参照）。BNくぎを使用する場合は，BN 90を用い34 cm以下の間隔（3階建ての建築物の1階にあっては，17 cm以下の間隔）で打ち付ける。

上記のほか，短期許容せん断耐力3,200 N/m（3階建ての1階），1,600 N/m（その他の階）以上になることを確認して緊結方法を設計することもできる。

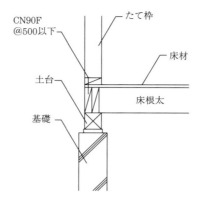

図 3.5.23 下枠と根太とのくぎの打ち方

（3） 上枠と頭つなぎ

　壁相互を緊結するために，壁の上枠に，上枠と同寸の頭つなぎを乗せ，これを上枠にくぎ留めする。くぎは CN 90（CNZ 90）とし，くぎ打ち間隔は 50 cm 以下，すなわちたて枠間隔を標準とする。BN くぎを使用する場合は，BN 90 を用いくぎ打ち間隔は 34 cm 以下とする。頭つなぎ相互の突き付け継ぎの部分は，CN 90（CNZ 90）または BN 90 をそれぞれ 2 本ずつ相対して打つ（図 3.5.24 参照）。

　上記のほか，短期許容せん断耐力が 1,600 N/m 以上となることを確認して緊結方法を設計することもできる。

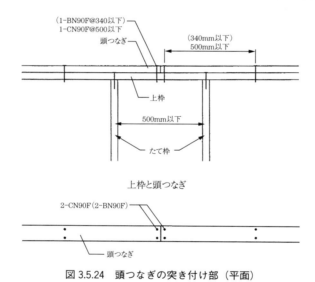

図 3.5.24 頭つなぎの突き付け部（平面）

（4） たて枠とたて枠またはまぐさ受け

　建築物の出隅部分，補強部分における枠相互の接合，またはまぐさ受けの枠材とたて枠との接合には，CN 75 のくぎを間隔 30 cm ごとに平打ちする（図 3.5.15，図 3.5.19 参照）。BN くぎを使用する場合は，BN 75 を用い 20 cm 以下の間隔で平打ちする。

　上記のほか，短期許容せん断耐力が 2,200 N/m 以上となることを確認して緊結方法を設計することもできる。

> 十六　地階の壁は，一体の鉄筋コンクリート造（二以上の部材を組み合わせたもので，部材相互を緊結したものを含む。）としなければならない。ただし，直接土に接する部分及び地面から三十センチメートル以内の外周の部分以外の壁は，これに作用する荷重及び外力に対して，第二号及び第四号から前号までの規定に準じ，構造耐力上安全なものとした枠組壁工法による壁とすることができる。

　地階のほとんどの部分が地盤面下にある場合は，地階の外周部の壁は一体の鉄筋コンクリート造（プレキャス

トコンクリートのように、2以上の部材を組み合わせたもので、部材相互を緊結したものは可）として設計し、計算により必要な壁量を確保するほか、1階の耐力壁の直下部には地階の壁を設けるか、または1階の床根太を構造耐力上有効に補強しなければならない。

詳細は支援機構様書等を参照されたいが、地下部分については、基礎型式および土圧、地下水位等により、地階の壁の厚さ、鉄筋の配筋量が異なるため、設計条件に応じて個々の建築物ごとの構造計算によって設計を行うべきである。また、地階の鉄筋コンクリート造の部分には、令第3章第6節（鉄筋コンクリート造）、第3章第8節（構造計算）の規定が適用されるので、これらの規定に適合した設計としなければならない。

地階の一部が地盤面上にある場合には、ただし書きにより、地盤面上30cmを超える外周部の壁を枠組壁工法による壁とすることができる（図3.5.25参照）。この場合には、第二号はもとより第四号から第十五号までの規定を準用することとされているが、第五号の地震力に対する必要な壁量の算定については、平屋建ての建築物の地階にあっては第五号表1の2階建ての建築物の1階の数値を準用し、2階建ての建築物の地階にあっては3階建ての建築物の1階の数値を準用し、それぞれ表3.5.2に掲げる数値を用いて第四号の規定に準じて計算しなければならない。

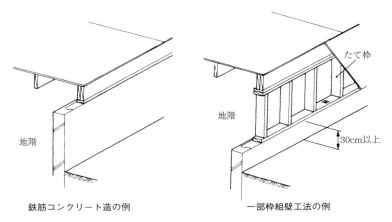

図3.5.25　地階の壁の構造

表3.5.2　地震力に対する地階の枠組壁工法による壁の必要長さを算定するため、階の床面積に乗ずる数値

建築物		地下の床面積に乗ずる数値 単位（cm/m²）	
		1階建ての建築物の地階	2階建ての建築物の地階
多雪区域以外の区域における建築物	屋根を金属板、石板、木板その他これに類する軽い材料でふいたもの	29	46
	屋根をその他の材料でふいたもの	33	50
多雪区域における建築物	垂直最深積雪量が1メートルの区域におけるもの	43	60
	垂直最深積雪量が1メートルを超え2メートル未満の区域におけるもの	43と57とを直線的に補間した数値	60と74とを直線的に補間した数値
	垂直最深積雪量が2メートルの区域におけるもの	57	74

（注）第五号表1備考欄の多雪区域における緩和規定は準用してよい。

また、風圧力に対する必要な壁量の算定については、第五号の規定に準じて計算することとするが、地階の枠組壁工法による壁の負担する水平力の計算に用いる見付面積としては図3.5.26の斜線の部分の面積とする。

ただし、地盤面に高低差がある場合等で鉄筋コンクリート造の壁と枠組壁工法の壁を混用する場合は、これらによらず別途水平力に対する検討を行う（図3.5.27参照）。

なお、地階の内部の壁は枠組壁工法による壁とすることができるが、この場合、地階に作用する水平力は地階の外周部の壁に負担させ、内部の壁は鉛直力のみを負担するような構造とするのが望ましい。

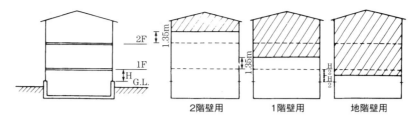

図 3.5.26　風圧力計算用の見付面積の取り方（地上 2 階，地下 1 階の例）

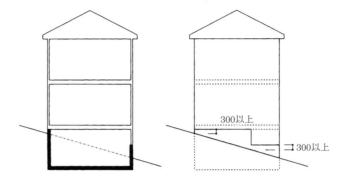

図 3.5.27　地盤面に高低差がある場合

第六　根太等の横架材

> 床根太，天井根太その他の横架材には，その中央部付近の下側に構造耐力上支障のある欠込みをしてはならない。

ここでは配管・配線のために根太等に欠き込みをする場合について述べてある。横架材の中央部は曲げモーメントが最大となり，かつ，下側は引張りを受けるため，構造耐力上支障のある欠き込みをすることを禁止してい

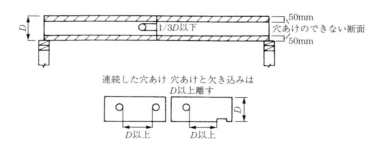

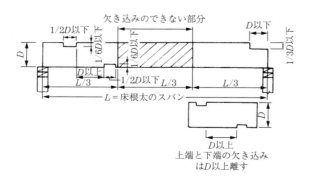

図 3.6.1　横架材の欠き込みおよび穴あけの制限

る。その他欠き込み，せん孔をする場合には，次のような注意が必要である。
   1) せん孔の大きさは，材せいの1/3以下で，かつ縁より5 cm以上離す。
   2) 欠き込みをする場合には，図3.6.1による制限があるので注意を要する。

ただし，いずれの場合にも，所要以上の材のせいを大きくした場合はこの限りではないが，材の下部（引張り側）に欠き込みをする場合には，単に断面欠損によって強度が低下するばかりではなく，引き裂き等によりさらに強度が低下するので十分注意を払う必要がある（図3.6.1参照）。

根太以外の部材についても，欠き込み，せん孔には同様の注意が必要である。

第七　小屋組等

小屋組および屋根版の役割は，第一義的には雨等を防ぐことにあるが，枠組壁工法においては，構造用合板，パーティクルボード等を屋根下地として全面に打ち付けることにより，床版と同様水平力を各耐力壁にスムーズに伝達するという構造的役割も有する。

小屋裏利用の建築物の小屋は，勾配が大きくなり，風の受圧面積も大きくなるため，小屋の受ける力を適切に下階の耐力壁に伝達する必要がある。したがって，たるきまたはトラスと頭つなぎおよび上枠との金物による緊結に当たっては，特に強固な補強を行わなければならない。

> 一　たるき及び天井根太の寸法は，枠組壁工法構造用製材等規格に規定する寸法型式二〇四，二〇五，二〇六，二〇八，二一〇，二一二，三〇四若しくは三〇六に適合するもの又は厚さ三十八ミリメートル以上で幅八十九ミリメートル以上のものであって，かつ，たるき若しくは天井根太とむなぎ，頭つなぎ若しくは屋根下地材との緊結に支障がないものとしなければならない。

枠組壁工法においては，小屋はたるき構造またはトラスで構成される例が多い。ここでは，天井根太とたるきで小屋組を構成する際の材の寸法型式を，204，205，206，208，210，212，304，306と規定している。なお，平成19年の改正で，JAS改正に対応して，寸法型式205，304，306が追加された。

8種類の寸法型式のうちどの寸法型式を選択すべきかについては，床根太における場合と同様に，荷重，たるき相互の間隔，たるきのスパンその他の条件を考慮して構造計算等により決定すべきである。

寸法型式の断面寸法より両辺（たて×よこ）ともに大きいサイズのものも使用でき，例えばヨーロッパの規格サイズのものも基本的に使用できる。この場合，当然，断面係数は上がることになるが，基準強度がJASと異なる場合があるので注意が必要である。また，くぎ接合部の打ち込み長さについても確認しておく必要がある。

> 二　たるき相互の間隔は，六十五センチメートル以下としなければならない。

たるき構造の場合，たるきは曲げを受けるとともに圧縮力を受け，その結果，たるきは外側に広がろうとする。その広がりを防止するため，たるきは天井根太と緊結するようにしなければならない。また，屋根材は，第八号で規定しているとおり，たるき相互の間隔が50 cmを超え65 cm以下の場合は，厚さ12 mm以上の構造用合板等または厚さ15 mm以上のパーティクルボード，50 cm以下の場合は，厚さ9 mm以上の構造用合板等または厚さ12 mm以上のパーティクルボード，31 cm以下の場合は，厚さ18 mm以上の硬質木片セメント板を用いることができるとしている。

平成13年の改正において，第2第三号の規定によって木質断熱複合パネルを小屋組の材料に使用することが可能となった。木質断熱複合パネルは，法第37条第二号の指定建築材料で大臣認定を受けたものが使える。基本的にたるきは不要であるが，幅方向の継ぎ手の方法については，製品の工事仕様書等を遵守して施工を行う必要がある。

平成27年の改正により，本号の規定は，新たに第10第二号で構造計算により適用除外とすることができるようになった。今までたるき相互の間隔が65 cmを超える場合は保有水平耐力計算が必要とされていたが，許容

応力度計算および接合部の応力伝達性能の確認を行うことで，たるき相互の間隔を1mまで広げられることとなった。

> 三　たるきには，たるきつなぎを構造耐力上有効に設けなければならない。

小屋組は鉛直荷重に対して十分な強さと剛性を有するとともに，水平荷重によって生ずる屋根面せん断力を安全に耐力壁に伝えることができる強さと，剛性を有する構造としなければならない。したがって，たるき構造の場合，たるきには例えば図3.7.1のようにたるきつなぎを設け，小屋組が鉛直荷重によって横に広がるのを防止する必要がある。

なお，具体的な仕様については，支援機構仕様書に示されている帯金物か合板ガセットを用いる方法は構造上有効であるものとして参考となる。

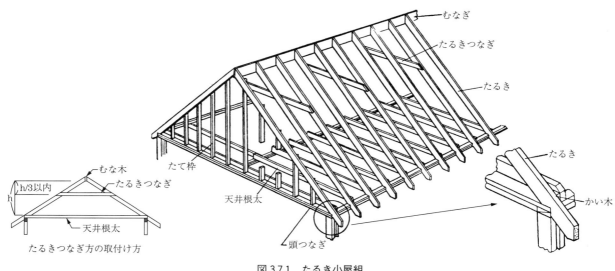

図3.7.1　たるき小屋組

> 四　トラスは，これに作用する荷重及び外力に対して構造耐力上安全なものとしなければならない。

これまでトラスは工場生産または現場生産による木質トラスの洋小屋組をさしていたが，平成13年の改正によってスチールトラスの使用が可能になり，このスチールトラスと，従来の木質トラスで，合板ガセットをくぎ打ちして節点を接合したものおよび合板ガセットに替えてメタルプレートコネクターで節点を接合するものの計3種類がある。

使用されるトラスは，構造計算または実験によってその安全性が確かめられているものでなければならない。

トラスの構造計算に際しては荷重，外力とともに接合金物の許容耐力，および部材の許容応力度決定が必要である。また構造計算に採用する荷重，外力は建築基準法施行令の規定によることとする。なお，多雪区域においては積雪の片荷重を考える必要があり，特にこれに対する安全性をチェックしなければならない。

メタルプレートコネクターによるトラスは旧法第38条認定により大臣認定を受けていたが，平成12年の建築基準法の改正により認定は必要としなくなった。なお，旧法第38条認定を取得したトラスについては，認定自体は失効しても，認定時に行われた技術的な評価にもとづく許容耐力等は，構造計算にあたって引き続き有効なものとして取り扱われる。しかし，当方式によるトラスは，その設計において十分な安全性を確保する必要があり，木質構造設計規準・同解説(一社)日本建築学会2006（以下「木質構造設計基準」という）その他に従うことが望ましい。また，製造上の品質管理にも注意が必要である。

> 五　たるき又はトラスは，頭つなぎ及び上枠に金物で構造耐力上有効に緊結しなければならない。ただし，たるき又はトラスと次に掲げる部材のいずれかとを金物で構造耐力上有効に緊結する場合においてはこの限りでない。
> 　イ　上枠（第五第十一号ただし書きの規定により耐力壁の上枠とたるき又はトラスとを緊結する場合に限る。）
> 　ロ　上枠及び天井根太（第五第十一号ただし書きの規定により耐力壁の上枠と天井根太とを緊結する場合に限る。）

　たるきと外壁の頭つなぎの部分との取り合いは，たるきを頭つなぎと密着させ，CN 75（CNZ 75）のくぎ2本，CN 65（CNZ 65），BN 75，BN 65のくぎ3本で斜め打ちして留め付けるか，短期許容せん断耐力が1,100 N/箇所以上となる緊結方法によって設計し，さらに金物によって要所を補強しなければならない。

　金物による補強は，壁の頭つなぎ，上枠およびたて枠に対し，たるきを十分緊結するような金物を使用する。施工の段階において工事の段取りと養生方法にも関係することであるが，屋根の吹き上げ等のこともあるので，たるきの補強金物はたて枠にも取り付けられる機能を持っていることが望ましい（図3.7.2参照）。ただし，補強金物による場合と同等以上の強度を有する方法で緊結した場合はこの限りではない。また，木質断熱複合パネル

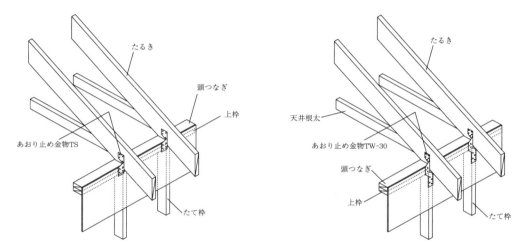

図3.7.2　たるきの風に対する補強例

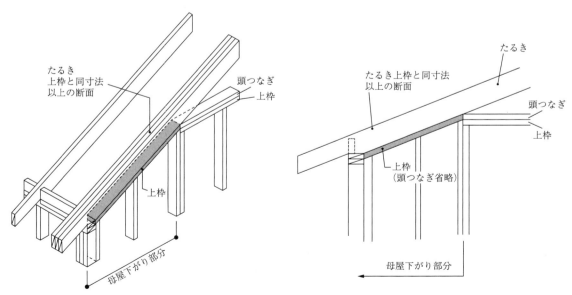

図3.7.3　母屋下がりの場合の頭つなぎの省略の例

を用いる場合は，製品の仕様書を遵守して施工する。

平成27年の改正では，告示第5第十一号にただし書が加えられ，上枠と同寸法以上の床版の枠組材または小屋組の部材を当該上枠に緊結し，耐力壁相互を構造耐力上有効に緊結することで，頭つなぎが省略できることになった。母屋下がりの場合なども，たるきが頭つなぎと同じ役割を果たしていれば，重複して頭つなぎを設ける必要はない。

> 六　小屋組は，振れ止めを設ける等水平力に対して安全なものとしなければならない。

勾配のある小屋組では，そのスパンが大きくなると，通常，高さも高くなるので，風圧力，地震力等による横倒れを防ぎ，小屋組の一体化を図るため，小屋組間に振れ止めを設けなければならない。北米では長い経験から軽量のトラスを用いる例が多くなり，その場合の振れ止めの例を図3.7.4に示した。なお，支援機構仕様書に示されている方法は，構造上有効であるものとして参考になる。

また，振れ止めによらない場合も可能であり，これに該当するものとして，例えば小屋裏利用3階建て等で内装側にせっこうボード等の構造用面材を施工する，あるいは小屋組に木質断熱複合パネルを用いる等の方法がある。

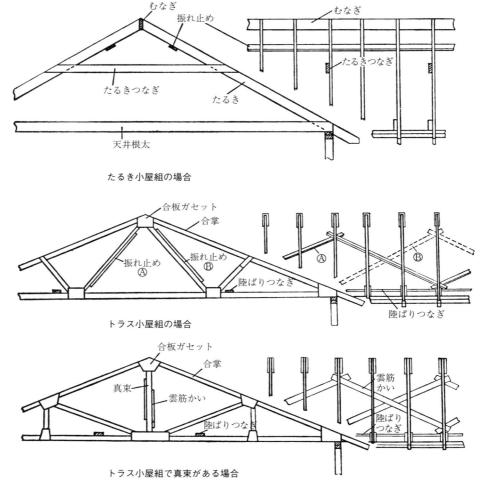

図3.7.4　小屋組の転び止めと振れ止め

> 七　屋根版は，風圧力その他の外力に対して安全なものとしなければならない。

令第87条と，これに基づく平成12年建設省告示第1454号による算出方法にしたがって，風力係数を決定し

なければならない。

　軒先部分については，過去の風害例等からみて吹き上げに注意が必要で，風力係数は1.5（吸引）程度と考えられるが，けらば部については計算によって十分に安全を確認することが望ましい。

　屋根勾配が緩い場合には，屋根面全体が吸引となることがあり，さらにこれを抑える自重が小さい（屋根勾配が緩いものは，金属板ぶき等の軽量屋根ふき材料が多い）ため，屋根勾配が急で，屋根ふき材料が重い場合に比べ注意が必要である。そのためには，第7第五号および同第九号の規定を遵守しなくてはならない。

　なお，屋根下地の接合にボードクリップを用いる場合には，その使用要領を遵守し，施工時においても風圧力に注意して取り扱う必要がある。

八　屋根版に使用する屋根下地材は，厚さ十二ミリメートル以上の構造用合板等，厚さ十五ミリメートル以上のパーティクルボード又は構造用パネル（構造用パネル規格に規定する一級若しくは二級のものに限る。）としなければならない。ただし，たるき相互の間隔を五十センチメートル以下とする場合においては，厚さ九ミリメートル以上の構造用合板等，厚さ十二ミリメートル以上のパーティクルボード，構造用パネル（たるき相互の間隔が三十一センチメートルを超える場合においては，構造用パネル規格に規定する一級，二級若しくは三級のものに限る。）又は厚さ十五ミリメートル以上の硬質木片セメント板（たるき相互の間隔が三十一センチメートルを超える場合においては，厚さ十八ミリメートル以上のものに限る。）とすることができる。

　屋根下地材は，次の表3.7.1のとおりとすることを規定している。

　ここで規定している屋根下地材とは，鉛直力を支持し，水平力を伝達する屋根下張りを意味しており，これは野地板に相当するものであるが，鉛直力に対しては過大なたわみを生ずることなく，また，水平力に対しては筋かい効果を発揮する等，屋根にかかる荷重を安全に耐力壁に伝達するとともに，屋根ふき材料等の取り付けが容易にできるものでなければならない。

　なお，平成13年の告示改正によって，告示第2（材料）の屋根下地材にミディアムデンシティーファイバーボードと火山性ガラス質複層板が追加されたが，構造用合板等のような仕様規定的な使い方はできない。ただし，ミディアムデンシティーファイバーボード，火山性ガラス質複層板ともに高い剛性をもつ材料であることから，第9に則った構造計算を行えば，本号に規定されている屋根下地材と同等の耐力効果をもつものとして使用することができる。

表3.7.1　屋根下地に使用する材料の厚さ等の制限

たるき間隔	構造用合板等の厚さ	パーティクルボードの厚さ	構造用パネルの等級	硬質木片セメント板の厚さ
31 cm 以下	9 mm 以上	12 mm 以上	4級以上	15 mm 以上
31 cm 超 50 cm 以下	9 mm 以上	12 mm 以上	3級以上	18 mm 以上
50 cm 超 65 cm 以下	12 mm 以上	15 mm 以上	2級以上	―

九　小屋組の各部材相互及び小屋組の部材と頭つなぎ（第五第十一号ただし書の規定により耐力壁の上枠と小屋組の部材を緊結する場合にあっては，当該上枠。以下この号において同じ）又は屋根下地材とは，次の表の緊結する部分の欄に掲げる区分に応じ，それぞれ同表の緊結の方法の欄に掲げるとおり緊結しなければならない。ただし，接合部の短期に生ずる力に対する許容せん断耐力が，同表の緊結する部分の欄に掲げる区分に応じ，それぞれ同表の許容せん断耐力の欄に掲げる数値以上であることが確かめられた場合においては，この限りでない。

緊結する部分		緊結の方法			許容せん断耐力
		くぎの種類	くぎの本数	くぎの間隔	
(一)	たるきと天井根太	CN 九〇 CNZ 九〇	三本	—	一箇所当たり 二千四百ニュートン
		CN 七五 CNZ 七五	四本	—	
		BN 九〇 BN 七五	五本		
(二)	たるきとむなぎ	CN 七五 CNZ 七五	三本	—	一箇所当たり 千七百ニュートン
		BN 七五	四本	—	
(三)	たるき，天井根太又はトラスと頭つなぎ	CN 七五 CNZ 七五	二本	—	一箇所当たり 千百ニュートン
		CN 六五 CNZ 六五 BN 七五 BN 六五	三本	—	
(四)	たるき又はトラスと屋根下地材	屋根下地材の外周部分	CN 五〇 CNZ 五〇	—	十五センチメートル以下	一メートル当たり 二千六百ニュートン
			BN 五〇	—	十センチメートル以下	
		その他の部分	CN 五〇 CNZ 五〇	—	三十センチメートル以下	一メートル当たり 千三百ニュートン
			BN 五〇	—	二十センチメートル以下	

第4第七号，第5第十五号の規定と同様に，接合部の緊結方法は接合部の短期許容せん断耐力が表中の許容せん断耐力の欄の数値以上であることを確認すれば，仕様規定によるくぎ打ち以外に，くぎと同等以上の品質を備えたねじや金物を使用することもできる。

また平成19年の改正により，JIS A 5508（くぎ）-2005に対応して，CNZ 50，CNZ 65，CNZ 75が，それぞれCN 50，CN 65，CN 75と同等以上の性能を有するくぎとして加えられた。

（1）たるきと天井根太

たるきと天井根太の緊結方法は，小屋組の鉛直荷重に対する安全性に大きな影響を及ぼすことが実験で確認されている。したがって，天井根太相互の壁体内での緊結部分と，たるきと天井根太との緊結はきわめて重要である。

緊結の方法の欄によれば，緊結に用いるくぎはCN 90（CNZ 90）で，くぎの本数は3本とする。CN 75（CNZ 75）は4本，またBN 90あるいはBN 75のくぎを用いる場合は，5本打ちとする（**図3.7.5**参照）。

以上の方法のほか，短期許容せん断耐力が2,400 N/箇所以上となることを確認して緊結方法を設計することもできる。

（2）たるきとむなぎ

むなぎで出合うたるきはかならず一対となっていなければならないが，屋根勾配に応じて切断したたるきを，むなぎにCN 75（CNZ 75）のくぎ3本を用いて斜め打ちする。BNくぎを使用する場合は，BN 75を4本用い斜め打ちを行って留め付ける。

以上のほか，短期許容せん断耐力が1,700 N/箇所以上となることを確認して緊結方法を設計することもできる。

（3）たるき，天井根太またはトラスと頭つなぎ

天井根太と頭つなぎは，通常の場合，頭つなぎの上に直角に天井根太が載る。位置決めの後，CN 65（CNZ 65）のくぎ3本またはCN 75（CNZ 75）のくぎ2本で斜め打ちを行って留め付ける（**図3.7.6**参照）。BNくぎを使用

する場合は，BN 75 あるいは BN 65 のくぎ 3 本で斜め打ちを行って留め付ける。

たるきと頭つなぎは CN 65（CNZ 65）のくぎ 3 本を用い斜め打ち（片側 2 本，反対側 1 本の合計 3 本）または CN 75（CNZ 75）のくぎ 2 本で留め付ける。BN くぎを使用する場合，BN 75 のくぎ 3 本または BN 65 のくぎ 3 本で斜め打ちを行って留め付ける。トラスの場合も同様で，トラスの場合は，下弦材と頭つなぎの取り合い部分が上記に該当する（図 3.7.5 参照）。

以上のほか，短期許容せん断耐力が 1,100 N/箇所以上となることを確認して緊結方法を設計することもできる。

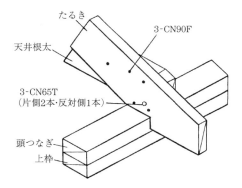

図 3.7.5　たるきと天井根太，たるきと頭つなぎのくぎ打ち

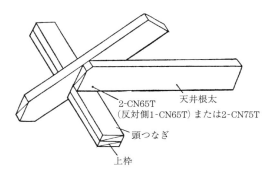

図 3.7.6　天井根太と頭つなぎのくぎ打ち

（4）　たるきまたはトラスと屋根下地

屋根下地材の受け材はかならず屋根下地材の四周にくるようにし，CN 50（CNZ 50）くぎを用い，1 枚の屋根下地材の周辺部 15 cm，その他の部分（中通り等）はくぎ間隔 30 cm 以内に入念に留め付ける。BN 50 を使用する場合，周辺部 10 cm，その他は 20 cm 以下で留め付ける。屋根下地材は破れ目地状になるように張ることが望ましい。なお，構造用合板等の側面が本実加工してある場合は，受け材を省略できる。

以上のほか，短期許容せん断耐力が外周部分では 2,600 N/m，その他の部分では 1,300 N/m 以上となることを確認して緊結方法を設計することもできる。

なお，本規定は標準的な建物幅，屋根勾配，屋根ふき材の組み合わせを想定したものであり，必要に応じて建築物の実況に合わせて，構造計算等により必要なくぎ本数を求めることが望ましい。構造計算に基づいて定めた仕様の例として，支援機構仕様書のくぎ本数が参考となろう。

十　令第八十二条第一号から第三号に定める構造計算によって構造耐力上安全であることが確かめられた場合（この場合において，同条各号中「構造耐力上主要な部分」とあるのは，「小屋組又は屋根版」と読み替えるものとする。）を除き，小屋の屋根又は外壁（以下「屋根等」という。）に設ける開口部の幅は二メートル以下とし，かつ，その幅の合計は当該屋根等の下端の幅の二分の一以下としなければならない。ただし，構造耐力上有効な補強を行った開口部であって次のイからハまでに該当するものは，その幅を三メートル以下とすることができる。

イ　小屋の屋根に設けられるものであること。
ロ　屋根の端部からの距離が九十センチメートル以上であること。
ハ　他の開口部からの距離が百八十センチメートル以上であること。

小屋裏利用の 3 階建てにおいて小屋裏を居室として用いた場合を想定して，本号による規定が設けられている。

枠組壁工法による建築物は，水平力に対して，耐力壁とそれらを連結する小屋および床版からなる構造体で抵抗するものであるから，床版と同様に小屋にも十分な耐力と剛性が必要である。

特に，小屋裏を居室として利用する場合には，小屋のせいも高くなり，小屋に作用する水平力も大きくなるため，これを有効に下階の耐力壁に伝えるための剛性を確保することは非常に重要である（図 3.7.7 参照）。

68 第Ⅱ編 枠組壁工法を用いた建築物の構造部分の構造方法に関する安全上必要な技術的基準及び解説

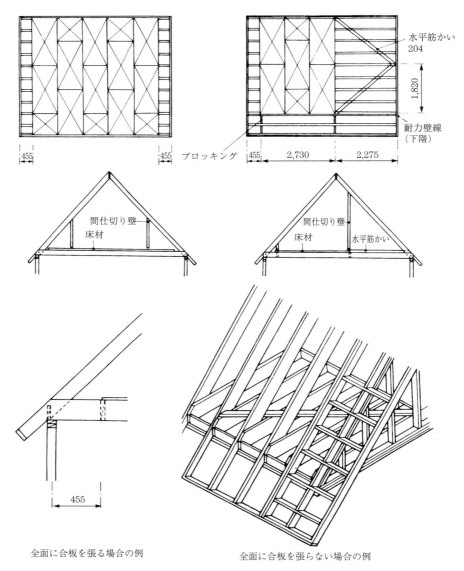

全面に合板を張る場合の例　　　全面に合板を張らない場合の例

図 3.7.7　小屋裏利用 3 階建ての場合の小屋

そこで，屋根等に設ける開口部の幅に制限を加えたものである。

開口部を連結して設ける場合には，それぞれの幅を 2 m 以下とし，開口部によってはさまれた部分は，有効に補強しなければならない。また，それぞれの開口部の幅の合計は，当該屋根等が緊結される下階の耐力壁の耐力壁線の幅の 2 分の 1 以下としなければならない（図 3.7.8 参照）。ただし，開口の四周に 90 cm 以上の屋根構面を作り，他の開口部からの距離を 180 cm 以上確保し，たるき，まぐさを有効に補強することによって，開口の幅が 3 m まで緩和されている。

平成 19 年の改正により，屋根開口幅 3 m の場合に必要な周辺部分の長さが，一般的なモジュールに合わせて，改正前の 1 m，2 m から，それぞれ 90 cm，180 cm に緩和された。

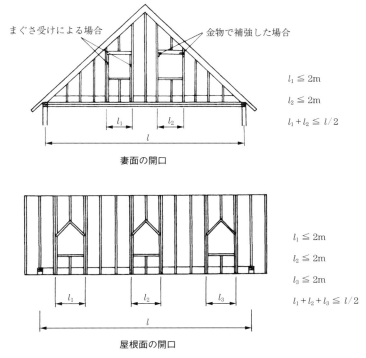

図 3.7.8 屋根等に設ける開口部の制限

> 十一　屋根等に設ける幅九十センチメートル以上の開口部の上部には，開口部を構成する部材と同寸法以上の断面を有するまぐさ受けによって支持されるまぐさを構造耐力上有効に設けなければならない。ただし，これと同等以上の構造耐力上有効な補強を行った場合においては，この限りでない。

　屋根等に設ける開口部を，告示第5第十二号における耐力壁に設ける開口部の補強の規定に準じて補強すべきこととしている。この場合において，金物等で構造耐力上有効に補強した場合については，まぐさ受けを設けなくてもよい。また，屋根面からせり出した出窓とする場合には，慎重に検討したうえで詳細部の設計を行わなければならない。

> 十二　母屋及び小屋つかを用いた小屋組とする場合又は木質断熱複合パネル若しくは木質接着複合パネルを用いた屋根版とする場合においては，令第八十二条第一号から第三号までに定める構造計算により，構造耐力上安全であることを確かめなければならない。この場合において，同条各号中「構造耐力上主要な部分」とあるのは，「小屋組又は屋根版」と読み替えて計算を行うものとする。

　枠組壁工法においては，従来より，小屋組にたるきを用いる場合とトラスを用いる場合しか想定していなかった。昭和60年の告示改正に伴い，構造耐力上の安全性が確かめられれば，母屋と小屋つかを用いた小屋組とすることが可能となった。これにより，小屋組の自由度が拡大されたこととなる。しかしながら，枠組壁工法を用いた壁の上に小屋つかを載せる場合には，小屋の集中荷重の処理方法等について特別の注意が必要であるため，当面は図 3.7.9 のような場合を参考としたい。また，第Ⅲ編 2.3.5 に示されるような，屋根ばり方式による小屋組は本号を適用して構造計算により構造耐力上安全であることを確認するものであり，仕様の例として，支援機構仕様書を参考にすることができる。

　なお，屋根ばりに鋼製ばりを使用することも可能であると解されている。

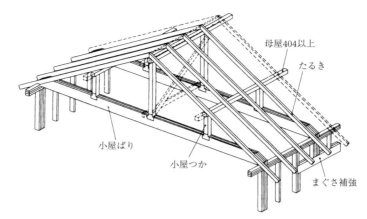

図 3.7.9　母屋および小屋束を使用する例

　木質断熱複合パネルと木質接着複合パネルを屋根下地材とたるきのかわりに屋根パネルとして使用することができる。この場合は両パネルが法第37条の指定建築材料としての認定を受けていることが前提となり，両パネルを使用する場合は，屋根版として令第82条第一号から第三号による許容応力度計算による安全性の確認が必要となる。また，パネルを切妻屋根の妻壁に使用することもでき，この場合も令第82条第一号から第三号による許容応力度計算による安全性の確認をしなければならない。

> 十三　前号に掲げるもののほか，屋根版に直交集成板を使用する場合においては，令第八十二条第一号から第三号までに定める構造計算及び建築物等の地上部分について行う令第八十二条の六第二号に定める構造計算により，構造耐力上安全であることを確かめなければならない。

　平成29年の「第2材料」の改正により，屋根版に直交集成板（CLT）を使用することができるようになった。
　この場合は，令第82条第一号から第三号までに定める構造計算（許容応力度の確認）および令第82条の6第二号に定める構造計算（剛性率，偏心率の検討）を行う必要がある。床版の場合と異なり，この確認は必須であり，また第7各号の適用は除外されない。

> 十四　前二号に掲げるもののほか，天井根太に軽量H形鋼を使用する場合において，令第八十二条第一号から第三号までに定める構造計算及び建築物等の地上部分について行う令第八十二条の六第二号に定める構造計算により，構造耐力上安全であることを確かめられたものについては，第一号の規定は適用しない。

　平成27年の「第2材料」の改正により，天井根太に軽量H形鋼を使用することができるようになった。
　この場合は，令第82条第一号から第三号までに定める構造計算（許容応力度の確認）および令第82条の6第二号に定める構造計算（剛性率，偏心率の検討）を行う必要がある。これにより第7第一号の適用が除外される。

第八　防腐措置等

　枠組壁工法は，北米では一般的な工法であるが，これを気候・風土の異なるわが国で健全に発展させるためには，防腐措置等について十分に検討する必要がある。特に木材の腐朽，蟻害の面から防腐措置に関する規定は重要である。

> 一　土台が基礎と接する面及び鉄網モルタル塗その他の壁の枠組材が腐りやすい構造である部分の下地には，防水紙その他これに類するものを使用しなければならない。

土台が基礎と接する面には，防腐対策上かならず防水紙を敷く必要がある。なお，ねこ土台（基礎の上に樹脂・金属等によるスペーサーを用いて土台を浮かせ，水湿を防ぐとともに，基礎に穴を設けず床下換気が確保できる構法）により床下換気を確保する場合はこの限りではない。

また，外壁，浴室をはじめ雨掛かり，水掛かりの部分には鉄網モルタル塗りを施工することが多いが，開口部の隅，ラスの継ぎ目等亀裂の発生しやすい箇所が多くある。乾燥による収縮を含めて，モルタル塗りの壁面の亀裂発生はかならず起こるものと考えられ，これによって枠組が腐りやすくなるので，下地処理には十分注意する必要がある。

メタルラス張り下地（防水紙）は，アスファルトフェルト430等とし，縦張りの継ぎ目は9cm以上重ね，たるみ，しわ等のないように入念に張り上げる。縦使いの際の横の継ぎ目の重ねも同様9cm以上とする。防水紙はステープル（またはくぎ）にて間隔30cm以内ごとに下地材に取り付ける。

ワイヤーラスの場合の防水紙も，メタルラスの場合と同様にし，入念な防水紙の張り付けを行う。開口部の隅，ラスの継ぎ目等亀裂の発生しやすい箇所には，亀裂防止として補強張りを行う必要がある。

> 二　土台には，枠組壁工法構造用製材等規格に規定する防腐処理その他これに類する防腐処理を施した旨の表示がしてあるものを用いなければならない。ただし，同規格に規定する寸法型式四〇四，四〇六又は四〇八に適合するものを用いる場合においては，防腐剤塗布，浸せきその他これに類する防腐措置を施したものを用いることができる。

従前より，地面から1m以内の構造耐力上主要な部分に使用する木材には，有効な防腐措置を講ずることが必要とされているが，土台に用いる製材には枠組壁工法構造用製材等に規定する防腐措置または同等の防腐処置を講じた旨の表示がしてあるものとしなければならない。

ただし書きはこれによらない場合で，寸法型式404，406または408に適合するものであれば現場での防腐剤塗布，浸せきによる防腐措置をしたもののほか，支援機構仕様書にある，ひのき，ひば，べいひのき，べいひば，くり，けやき，べいすぎ，台湾ひのき，こうやまき，さわら，ねずこ，いちい，かや，ウェスタンレッドシーダー，インセンスシーダーまたはセンペルセコイヤを用いた枠組壁工法構造用製材等，もしくは，これらの樹種を使用した構造用集成材，構造用単板積層材，または枠組壁工法構造用たて継ぎ材について，防腐性を有する樹種を用いた枠組壁工法構造用製材等であれば，防腐処理と同等の効果を有するとしている。

> 三　地面から一メートル以内の構造耐力上主要な部分（床根太及び床材を除く。）に使用する木材には，有効な防腐措置を講ずるとともに，必要に応じて，しろありその他の虫による害を防ぐための措置を講じなければならない。

防腐措置を施す部分の対象部材としては，構造耐力上主要な部分である土台，端根太，側根太，たて枠，筋かい，壁材等で，それらの部材の地面より1m以内の部分としている。

通気が悪く，木材を乾燥している状態に保つことが困難な部分については，防腐処理を施す必要がある。防腐措置の方法としては，防水紙を用いて湿気が直接木材に接触しない方法，直接防腐薬剤を木材に注入する方法，防腐剤の塗布，浸せき等による防腐処理法等がある。

ただし，外壁内に通気層または同等の性能を有する措置を設け，壁体内通気を可能とする構造とした場合の外壁下地および，床下の防湿措置を講じた場合の内壁は，この限りではない。

床下防湿措置は，次の1.，2.のいずれかによる。ただし，基礎の構造をべた基礎とした場合は，この限りではない。

1. 防湿用コンクリートを施工する場合
   イ．床下地面全面に，厚さ60mm以上のコンクリートを打設する。
   ロ．コンクリート打設に先立ち，床下地面は盛り土し，十分突き固める。

2．防湿フィルムを施工する場合
　イ．床下地面全面にJIS A 6930（住宅用プラスチック系防湿フィルム），JIS Z 1702（包装用ポリエチレンフィルム）もしくはJIS K 6781（農業用ポリエチレンフィルム）に適合するものまたはこれらと同等以上の効力を有する防湿フィルムで厚さ0.1 mm以上のものを敷きつめる。
　ロ．防湿フィルムの重ね幅は150 mm以上とし，防湿フィルムの全面を乾燥した砂，砂利またはコンクリート押さえとする。

四　構造耐力上主要な部分のうち，直接土に接する部分及び地面から三十センチメートル以内の外周の部分，鉄筋コンクリート造，鉄骨造，その他腐朽及びしろありその他の虫による害を防ぐための措置を講じなければならない

平成19年の改正以前は第9にあった規定であるが，耐久性関係規定として第8に追加された。

五　腐食のおそれのある部分及び常時湿潤状態となるおそれのある部分の部材を緊結するための金物には，有効なさび止めのための措置を講じなければならない。

枠組壁工法では，各種部材の接合のための金物類は，建築物の耐力上重要な役割をはたしている。

枠材とボード類を合わせて各部位を構成するためには，主として太め鉄丸くぎやボルトを使用し，部材相互の緊結には補強金物類を使用する。そして，このことによって建築物全体としての耐力と剛性を確保しており，枠組壁工法の特色の1つにもなっている。

したがって，各種の緊結用金物類も含めた接合材料も木材同様に，湿分の多いところでの腐食対策を十分考慮しておく必要がある。コンクリート，石材に接する場合，外気あるいは床下部分に暴露して用いられる場合，浴室周りをはじめとする水掛かり部分等，屋根軒先や外壁開口部周り，さらには結露を生じやすい壁内部分等，かなり多くの箇所で金物類に対しては特に防錆処理が必要である。また，建築物が建設される敷地環境が海浜地区，工業地区等の特殊の劣化要因のある場所については，特別な注意が必要である。

通常行われる緊結金物類に対する防錆処理法としては，錆止め塗装仕上げ，化成皮膜処理のほか，亜鉛めっき処理等がある。

防錆処理の原則としては，コンクリート，モルタル等によるアルカリの影響のある箇所は，耐アルカリ性塗料を塗布するか，めっき処理を行う。

具体的な例としては，溶融亜鉛めっき，塗装溶融亜鉛めっき，溶融55％アルミニウム亜鉛合金めっき，塗装溶融55％アルミニウム亜鉛合金めっき，溶融亜鉛5％アルミニウム合金およびめっき等があげられる。

平成19年の改正で，亜鉛めっき処理を施しためっき太め鉄丸くぎ（CNZ）（JIS A 5508-2005）が追加となった。

せっこうボード用くぎについては，特に亜鉛めっき処理によった防錆くぎや，ステンレスくぎを使う必要があり，また，シージングボード用くぎについても同様のものを使うのが望ましい。

六　構造耐力上主要な部分に薄板軽量形鋼又は軽量H形鋼を用いる場合にあっては，当該薄板軽量形鋼又は軽量H形鋼の表面仕上げはJIS G 三三〇二（溶融亜鉛めっき鋼板及び鋼帯）――一九九八に規定するめっきの付着量表示記号Z二七その他これに類する有効なさび止め及び摩損防止のための措置を講じたものとしなければならない。ただし，次に掲げる場合にあっては，この限りでない。
　イ　薄板軽量形鋼又は軽量H形鋼を屋外に面する部分（防水紙その他これに類するもので有効に防水されている部分を除く。）及び湿潤状態となるおそれのある部分以外の部分に使用する場合
　ロ　薄板軽量形鋼又は軽量H形鋼に床材，壁材又は屋根下地材等による被覆その他これに類する有効な摩損防止のための措置を講じた場合

薄板軽量形鋼の表面処理（一般的にめっき）として，ここでは具体的に JIS G 3302（溶融亜鉛めっき鋼板及び鋼帯）-1998 に規定する Z27（めっきの付着量を示す記号）またはこれに類する表面仕上げとされているが，外気に曝されず湿潤状態になるおそれがないようにし，面材被覆等によりめっきが傷つかないようにすれば緩和することができる。なお，詳細については，「薄板軽量形鋼造建築物設計の手引き」（国土交通省　国土技術政策総合研究所・国立研究開発法人　建築研究所　監修　日本鉄鋼連盟編）を参照されたい。

平成 27 年の改正で，「第 2 材料」の床根太，天井根太に厚さ 2.3 mm 以上 6 mm 以下の鋼材（軽量 H 形鋼）が加えられた。薄板軽量形鋼に求められていた防腐措置が軽量 H 形鋼についても同様に要求されている。

第九　保有水平耐力計算と同等以上に安全性を確かめることができる構造計算

> 令第八十一条第二項第一号イに規定する保有水平耐力計算と同等以上に安全性を確かめることができる構造計算を次の各号に定める。

平成 19 年の改正により，以前の告示第 9 第一号の保有水平耐力計算等が，改めて第 9 とされた。

第 9 の構造計算は，令第 81 条第 2 項第一号イに規定する保有水平耐力計算と同等以上に安全性を確かめることができるものとして位置付けられている。この第 9 に規定する保有水平耐力計算によって適用除外とすることができる仕様規定は，本告示の第 12 で指定がなされている。構造計算の内容とこれによって適用除外される仕様規定の内容は，平成 19 年改正以前の第 9 第一号と基本的には変わっていない。また平成 19 年改正以前の第一号ロは，耐久性関係規定として第 8 第四号に追加されている。

以下各号により，構造計算によって構造耐力上の安全性を確認する方法が規定されている。詳細は「枠組壁工法建築物構造計算指針」を参照されたい。

> 一　令第八十二条各号に定めるところによること。

本号は，主要部材の許容応力度および変形についての計算方法の規定である。

> 二　構造耐力上主要な部分に使用する構造部材相互の接合部がその部分の存在応力を伝えることができるものであることを確かめること。

本号は，接合部の応力伝達性能を確認することの規定である。

> 三　建築物等の地上部分について，令第八十七条第一項に規定する風圧力（以下「風圧力」という。）によって各階に生ずる水平方向の層間変位の当該各階の高さに対する割合が二百分の一（風圧力による構造耐力上主要な部分の変形によって建築物等の部分に著しい損傷が生ずるおそれのない場合にあっては，百二十分の一）以内であることを確かめること。

本号は，風圧力によって生ずる変形量（層間変形角）についての規定である。

> 四　建築物等の地上部分について，令第八十八条第一項に規定する地震力（以下「地震力」という。）によって各階に生じる水平方向の層間変位の当該各階の高さに対する割合が二百分の一（地震力による構造耐力上主要な部分の変形によって建築物等の部分に著しい損傷が生ずるおそれのない場合にあっては，百二十分の一）以内であることを確かめること。

本号は，地震力によって生ずる変形量（層間変形角）についての規定である。

> 五　建築物等の地上部分について，令第八十二条の三各号に定めるところによること。この場合において，耐力壁に木質接着複合パネルを用いる場合にあっては，同条第二号中「各階の構造性能を表すものとして，建築物の構造耐力上主要な部分の構造方法に応じた減衰性及び各階の靱性を考慮して国土交通大臣が定める数値」とあるのは，「〇・五五以上の数値。ただし，当該建築物の振動に関する減衰性及び当該階の靱性を適切に評価して算出することができる場合においては，当該算出した数値によることができる。」と読み替えるものとする。

本号は，大地震時における建築物の安全性に対して，保有水平耐力を確認することを義務づけた規定である。平成19年の建築基準法施行令改正に伴い，令82条の3各号（改正前は令82条の4各号）と改められたが内容は変わっていない。

なお，木質接着複合パネルを用いる場合については，原則として構造特性係数 D_s を0.55以上の数値とすることが定められている。

第十　構造計算によって構造耐力上安全であることが確かめられた建築物等

> 一　次のイ及びロに定めるところにより行う構造計算によって構造耐力上安全であることが確かめられた建築物等については，第四第二号（床根太の支点間の距離に係る部分に限る。）及び第七号，第五第五号，第六号，第七号（交さ部に設けた外壁の耐力壁の長さの合計が九十センチメートル以上である場合に限る。），第十二号及び第十五号並びに第七第九号の規定は適用しない。
> 　イ　第九第一号及び第二号に定めるところによること。
> 　ロ　建築物の地上部分において，令第八十二条の六第二号ロに定めるところによること。

本号は，許容応力度計算，接合部の応力伝達性能の確認，および各階の偏心率の確認により，構造全体の安全性を確かめた場合に，仕様規定の一部を適用除外とする規定である。

本号によって適用除外となる主な仕様規定の内容は以下のとおりである。平成27年の改定によって新たに4)が追加された。
1）床根太の支点間の距離は8m以下とする（第4第二号の規定）。
2）耐力壁線相互の距離は12m以下とする（第5第六号の規定）。
3）耐力壁線により囲まれた部分の水平投影面積は60 m^2（72 m^2）以下とする（第5第六号の規定）。
4）外壁の耐力壁線交さ部に長さ90 cm以上の耐力壁を設ける（第5第七号の規定）
5）耐力壁線に設ける開口部の幅は4m以下とする（第5第十二号の規定）。
6）耐力壁線に設ける開口部の幅の合計は当該耐力壁線の長さの3/4以下とする（第5第十二号の規定）。

なお，これに関する構造計算方法は，「構造計算指針」を参照されたい。

> 二　第九第一号及び第二号に定めるところにより行う構造計算によって構造耐力上安全であることが確かめられた建築物等については，第三第二号，第四第三号（床根太相互の間隔を一メートル以下とする場合に限る。）及び第七号，第五第五号，第九号，第十一号及び第十五号並びに第七第二号（たるき相互の間隔を一メートル以下とする場合に限る。）及び第九号の規定は適用しない。

本号は，許容応力度計算および接合部の応力伝達性能の確認により，構造全体の安全性を確かめた場合に，仕様規定の一部を適用除外とする規定である。

本号によって適用除外となる仕様規定の内容は以下のとおりである。平成27年の改定によって新たに7)が

追加された。
1) 土台に対するアンカーボルトの規定（第3第二号）。
2) 床根太間隔65cmの規定（第4第三号）。ただし本規定の構造計算により広げられるのは1mまで。
3) 床版の各部材相互および床版の枠組と土台または頭つなぎとの緊結方法（第4第七号）。
4) 各耐力壁間の隅角部および交さ部におけるたて枠の配置の規定（第5第九号）
5) 耐力壁上部の頭つなぎに関する規定（第5第十一号）
6) 壁の各部材相互および壁と床版，頭つなぎまたはまぐさ受けとの緊結方法（第5第十五号）。
7) たるき相互の間隔65cmの規定（第7第二号）。ただし，本規定の構造計算により広げられるのは1mまで。
8) 小屋組の各部材相互および小屋組の部材と頭つなぎまたは屋根下地材との緊結方法（第7第九号）
9) 壁量の計算法（第5第五号）。この規定を適用する場合，耐力壁の倍率の上限に関する制限はない。

なお，これに関する構造計算方法は，「構造計算指針」を参照されたい。

第十一　耐久性等関係規定の指定

> 令第三十六条第一項に規定する耐久性等関係規定として，第八に定める安全上必要な技術的基準を指定する。

耐久性等関係規定は，限界耐力計算または時刻歴応答解析等によって構造耐力上安全であることが確かめられた建築物にあっても適用の除外とはならない。なお，詳細については，第8を参照されたい。

第十二　令第三十六条第二項第一号の規定に基づく技術的基準の指定

> 令第三十六条第二項第一号の規定に基づき，第九に規定する構造計算を行った場合に適用を除外することができる技術的基準として，第一及び第三から第七までの規定（第五第一号の規定を除く。）に定める技術的基準を指定する。

第12は，平成19年の改正により設けられた。第9に規定する保有水平耐力計算によって安全性を確かめる場合に適用除外とすることができる仕様規定を指定している。適用除外とすることができる仕様規定の内容は，改正前と変わっていない。

第4章

建築基準法施行規則第8条の3並びに平成13年国土交通省告示第1541号（改正平成30年3月26日）壁・床版の構造方法及び解説

4.1 施行規則第8条の3及び解説

（枠組壁工法を用いた建築物等の構造方法）
第八条の三　構造耐力上主要な部分である壁及び床版に，枠組壁工法（木材を使用した枠組に構造用合板その他これに類するものを打ち付けることにより，壁及び床版を設ける工法をいう。以下同じ。）により設けられるものを用いる場合における当該壁及び床版の構造は，国土交通大臣が定める技術的基準に適合するもので，国土交通大臣が定めた構造方法を用いるもの又は国土交通大臣の認定を受けたものとしなければならない。

　平成13年の建築基準法改正に伴う関連諸法令の改正において，第5章で述べたとおり，平13国交告第1540号は枠組壁工法および木質プレハブ工法の建築物等の技術的基準を定めたものとして制定された。これと同時に，施行規則の一部改正により，枠組壁工法の壁および床版の構造方法を定める建築基準法施行規則（以下規則という）第8条の3が新たに制定され，これによって，壁倍率等を定める大臣認定の規定も昭57建告第56号から施行規則第8条の3に移行した。壁および床版の具体の構造方法は規則第8条の3に基づいて制定された平13国交告第1541号で規定されている。規則第8条の3の規定に基づき，平13国交告第1541号に規定していない耐力壁の種類および倍率ならびに壁の枠組材と壁材との緊結方法を用いる場合は，指定性能評価機関が別途定める業務方法書にしたがって性能評価を受け，大臣認定を受けることとなる。

4.2 平13国交告第1541号壁・床版の構造方法及び解説

　構造耐力上主要な部分である壁及び床版に，枠組壁工法により設けられるものを用いる場合における技術的基準に適合する当該壁及び床版の構造方法を定める件

　建築基準法施行規則（昭和二十五年建設省令第四十号）第八条の三の規定に基づき，構造耐力上主要な部分である壁及び床版に，枠組壁工法（木材を使用した枠組に構造用合板その他これに類するものを打ち付けることにより，壁及び床版を設ける工法をいう。）により設けられるものを用いる場合における国土交通大臣が定める技術的基準に適合する当該壁及び床版の構造方法を次のように定める。

　この告示は，枠組壁工法の壁および床版の構造方法を定めた規則第8条の3の規定に基づき，壁および床版の具体的な構造方法を定めたものである。

78　第Ⅱ編　枠組壁工法を用いた建築物の構造部分の構造方法に関する安全上必要な技術的基準及び解説

なお，平13国交告第1540号と重複する箇所については第5章の解説を参照されたい。

> 第一　構造耐力上主要な部分である壁に，枠組壁工法により設けられるものを用いる場合における技術的基準に適合する当該壁の構造方法は，次の各号に定めるところによる。

（一～三省略）

> 四　耐力壁の下枠，たて枠及び上枠の寸法は，枠組壁工法構造用製材及び枠組壁工法構造用たて継ぎ材の日本農林規格（昭和四十九年農林省告示第六百号。以下「枠組壁工法構造用製材等規格」という。）に規定する寸法型式二〇四，二〇五，二〇六，二〇八，三〇四，三〇六，四〇四，四〇六若しくは四〇八に適合するもの又は厚さ三十八ミリメートル以上で幅八十九ミリメートル以上のものであって，かつ，下枠，たて枠若しくは上枠と床版の枠組材（床根太，端根太又は側根太をいう。以下同じ。），頭つなぎ，まぐさ受け若しくは筋かいの両端部との緊結及び下枠若しくは上枠とたて枠との緊結に支障がないものとしなければならない。

平成19年の改正により，JAS改正に対応して，寸法型式205，304，306が追加された。平成27年の改正により枠組壁工法構造用たて継ぎ材の日本農林規格が統合され，MSRたて継材の規格が追加された。

> 五　各階の張り間方向及びけた行方向に配置する耐力壁は，それぞれの方向につき，耐力壁のたて枠相互の間隔が五十センチメートルを超える場合においては次の表一の，当該間隔が五十センチメートル以下の場合においては次の表一-二の耐力壁の種類の欄に掲げる区分に応じて当該耐力壁の長さに同表の倍率の欄に掲げる数値を乗じて得た長さの合計を，その階の床面積（その階又は上の階の小屋裏，天井裏その他これらに類する部分に物置等を設ける場合にあっては，平成十二年建設省告示第千三百五十一号に規定する面積をその階の床面積に加えた面積）に次の表二に掲げる数値（特定行政庁が令第八十八条第二項の規定によって指定した区域内における場合においては，次の表二に掲げる数値のそれぞれ一・五倍とした数値）を乗じて得た数値以上で，かつ，その階（その階より上の階がある場合においては，当該上の階を含む。）の見付面積（張り間方向又はけた行方向の鉛直投影面積をいう。以下同じ。）からその階の床面からの高さが一・三五メートル以下の部分の見付面積を減じたものに次の表三に掲げる数値を乗じて得た数値以上としなければならない。

表一

耐力壁の種類				倍率
		緊結の方法		
		くぎ又はねじの種類	くぎ又はねじの本数	くぎ又はねじの間隔	
(一)	構造用合板若しくは化粧ばり構造用合板（合板の日本農林規格（平成十五年農林水産省告示第二百三十三号。以下「合板規格」という。）に規定する特類又は一類（屋外に面する部分（防水紙その他これに類するもので有効に防水されている部分を除く。）又は湿潤状態となるおそれのある部分（常時湿潤状態となるおそれのある部分を除く。）に用いる場合は特類に限る。）をいう。以下「構造用合板等」という。）	CN五〇 CNZ五〇 BN五〇	—	壁材の外周部分は十センチメートル以下，その他の部分は二十センチメートル以下	三

	のうち厚さ七・五ミリメートル以上の一級若しくは厚さ九ミリメートル以上の二級，構造用パネル（構造用パネルの日本農林規格（昭和六十二年農林水産省告示第三百六十号。以下「構造用パネル規格」という。）に規定する一級，二級，三級又は四級をいう。表一-二㈣及び㈦において同じ。），ハードボード（日本工業規格（以下「JIS」という。）A 五九〇五（繊維板）-一九九四に規定するハードファイバーボードの三五タイプ又は四五タイプをいう。以下同じ。）のうち厚さ七ミリメートル以上のもの又はパーティクルボード（JIS A 五九〇八（パーティクルボード）-一九九四に規定する一八タイプ，一三タイプ，二四-一〇タイプ，一七・五-一〇・五タイプ又は三〇-一五タイプをいう。以下同じ。）のうち厚さ十二ミリメートル以上のものを片側全面に打ち付けた耐力壁				
㈡	構造用合板等のうち厚さ七・五ミリメートル以上九ミリメートル未満の二級又はハードボードのうち厚さ五ミリメートル以上七ミリメートル未満のものを片側全面に打ち付けた耐力壁	CN 五〇 CNZ 五〇 BN 五〇	—	壁材の外周部分は十センチメートル以下，その他の部分は二十センチメートル以下	二・五
㈢	構造用せっこうボードA種（JIS A 六九〇一（せっこうボード製品）-二〇〇五に規定する構造用せっこうボードA種をいう。以下同じ。）のうち厚さ十二ミリメートル以上のものを片側全面に打ち付けた耐力壁	GNF 四〇 SF 四五 WSN DTSN	—	壁材の外周部分は十センチメートル以下，その他の部分は二十センチメートル以下	一・七
㈣	構造用せっこうボードB種（JIS A 六九〇一（せっこうボード製品）-二〇〇五に規定する構造用せっこうボードB種をいう。以下同じ。）のうち厚さ十二ミリメートル以上のものを片側全面に打ち付けた耐力壁	GNF 四〇 SF 四五 WSN DTSN	—	壁材の外周部分は十センチメートル以下，その他の部分は二十センチメートル以下	一・五
㈤	フレキシブル板（JIS A 五四三〇（繊維強化セメント板）-二〇〇一に規定するフレキシブル板をいう。以下同じ。）のうち厚さ六ミリメートル以上のものを片側全面に打ち付けた耐力壁	GFN 四〇 SF 四五	—	壁材の外周部分は十五センチメートル以下，その他の部分は三十センチメートル以下	一・五
㈥	強化せっこうボード（JIS A 六九〇一（せっこうボード製品）-二〇〇五に規定する強化せっこうボードをいう。以下同じ。）のうち厚さ十二ミリメートル以上のものを片側全面に打ち付けた耐力壁	GNF 四〇 SF 四五 WSN DTSN	—	壁材の外周部分は十センチメートル以下，その他の部分は二十センチメートル以下	一・三
㈦	せっこうボード（JIS A 六九〇一（せっこうボード製品）-二〇〇五に規定するせっこうボードをいう。以下同じ。）のうち厚さ十二ミリメートル以上のものを片側全面に打ち付けた耐力壁	GNF 四〇 SF 四五 WSN DTSN	—	壁材の外周部分は十センチメートル以下，その他の部分は二十センチメートル以下	一
㈧	シージングボード（JIS A 五九〇五（繊維板）-一九九四に規定するシージングボードをいう。以下同じ。）のうち厚さ十二ミリメートル以上のものを片側全面に打ち付けた耐力壁	SN 四〇	—	壁材の外周部分は十センチメートル以下，その他の部分は二十センチメートル以下	一

	耐力壁の種類	緊結の方法			倍率
		くぎ又はねじの種類	くぎ又はねじの本数	くぎ又はねじの間隔	
(九)	(一)から(八)までに掲げる壁材を両側全面に打ち付けた耐力壁	(一)から(八)までのそれぞれの種類	(一)から(八)までのそれぞれの本数	(一)から(八)までのそれぞれの間隔	(一)から(八)までのそれぞれの数値と(一)から(八)までの数値との和（五を超えるときは五）
(十)	厚さ十八ミリメートル以上，幅八十九ミリメートル以上の筋かいを入れた耐力壁	CN 六五 CNZ 六五	下枠，たて枠及び上枠二本	―	〇・五
		BN 六五	下枠，たて枠及び上枠三本		
(十一)	(一)から(九)までに掲げる耐力壁と(十)に掲げる筋かいとを併用した耐力壁	(一)から(十)までのそれぞれの種類	(一)から(十)までのそれぞれの本数	(一)から(十)までのそれぞれの間隔	(一)から(九)までのそれぞれの数値と(十)の数値との和（五を超えるときは五）

一　この表において，SF 四五，CN 五〇，CN 六五，CNZ 五〇，CNZ 六五，BN 五〇，BN 六五，GNF 四〇及び SN 四〇は，それぞれ JIS A 五五〇八（くぎ）-二〇〇五に規定する SF 四五，CN 五〇，CN 六五，CNZ 五〇，CNZ 六五，BN 五〇，BN 六五，GNF 四〇及び SN 四〇を，WSN は，JIS B 一一一二（十字穴付き木ねじ）-一九九五に適合する十字穴付き木ねじであって，呼び径及び長さが，それぞれ三・八ミリメートル及び三十二ミリメートル以上のものを，DTSN は JIS B 一一二五（ドリリングタッピンねじ）-二〇〇三に適合するドリリングタッピンねじであって，頭部の形状による種類，呼び径及び長さが，それぞれトランペット，四・二ミリメートル及び三十ミリメートル以上のものを表すものとする。以下表一-二において同じ。
二　(十)に掲げる耐力壁であって，壁の枠組材と筋かいの両端部の短期に生ずる力に対する許容せん断力が一箇所当たり千百ニュートン以上であることが確かめられた場合においては，緊結の方法の欄に掲げる方法によらないことができる。

表一-二

	耐力壁の種類	緊結の方法			倍率
		くぎ又はねじの種類	くぎ又はねじの本数	くぎ又はねじの間隔	
(一)	構造用合板等のうち厚さ十二ミリメートル以上の一級若しくは二級又は構造用パネル（構造用パネル規格に規定する一級，二級又は三級のものに限る。(五)において同じ。）のうち厚さが十二ミリメートル以上のものを片側全面に打ち付けた耐力壁	CN 六五 CNZ 六五	―	壁材の外周部分は五センチメートル以下，その他の部分は二十センチメートル以下	四・八
(二)	構造用パーティクルボード（JIS A 五九〇八（パーティクルボード）-二〇一五に規定する構造用パーティクルボードに限る。以下同じ。）又は構造用 MDF（JIS A 五九〇五（繊維板）-二〇一四に規定する構造用 MDF に限る。以下同じ）を片側全面に打ち付けた耐力壁	CN 五〇 CNZ 五〇	―	壁材の外周部分は五センチメートル以下，その他の部分は二十センチメートル以下	四・八
(三)	構造用合板等のうち厚さ十二ミリメートル以上の一級又は二級を片側全面に打ち付けた耐力壁	CN 六五 CNZ 六五	―	壁材の外周部分は七・五センチメートル以下，その他の部分は二十センチメートル以下	四・五

(四)	構造用合板等のうち厚さ九ミリメートル以上の一級若しくは二級又は構造用パネルのうち厚さが九ミリメートル以上のものを片側全面に打ち付けた耐力壁	CN 五〇 CNZ 五〇	—	壁材の外周部分は五センチメートル以下，その他の部分は二十センチメートル以下	三・七
(五)	構造用合板等のうち厚さ十二ミリメートル以上の一級若しくは二級又は構造用パネルのうち厚さが十二ミリメートル以上のものを片側全面に打ち付けた耐力壁	CN 六五 CNZ 六五	—	壁材の外周部分は十センチメートル以下，その他の部分は二十センチメートル以下	三・六
(六)	構造用合板等のうち厚さ九ミリメートル以上の一級を片側全面に打ち付けた耐力壁	CN 五〇 CNZ 五〇 BN 五〇	—	壁材の外周部分は十センチメートル以下，その他の部分は二十センチメートル以下	三・五
(七)	構造用合板等のうち厚さ七・五ミリメートル以上九ミリメートル未満の一級若しくは厚さ九ミリメートル以上の二級，ハードボードのうち厚さ七ミリメートル以上のもの，パーティクルボードのうち厚さ十二ミリメートル以上のもの，構造用パーティクルボード，構造用MDF又は構造用パネルを片側全面に打ち付けた耐力壁	CN 五〇 CNZ 五〇 BN 五〇	—	壁材の外周部分は十センチメートル以下，その他の部分は二十センチメートル以下	三
(八)	構造用合板等で厚さ七・五ミリメートル以上九ミリメートル未満の二級，ハードボードで厚さ五ミリメートル以上七ミリメートル未満のもの又は硬質木片セメント板で厚さ十二ミリメートル以上のものを片側全面に打ち付けた耐力壁	CN 五〇 CNZ 五〇 BN 五〇	—	壁材の外周部分は十センチメートル以下，その他の部分は二十センチメートル以下	二・五
(九)	フレキシブル板のうち厚さ六ミリメートル以上のものを片側全面に打ち付けた耐力壁	GNF 四〇 SF 四五	—	壁材の外周部分は十五センチメートル以下，その他の部分は三十センチメートル以下	二
(十)	パルプセメント板（JIS A 五四一四（パルプセメント板）一九九三に規定する一・〇板をいう。）のうち厚さ八ミリメートル以上のものを片側全面に打ち付けた耐力壁	GNF 四〇 SF 四五	—	壁材の外周部分は十センチメートル以下，その他の部分は二十センチメートル以下	二
(十一)	構造用せっこうボードA種のうち厚さ十二ミリメートル以上のものを片側全面に打ち付けた耐力壁	GNF 四〇 SF 四五 WSN DTSN	—	壁材の外周部分は十センチメートル以下，その他の部分は二十センチメートル以下	一・七
(十二)	構造用せっこうボードB種のうち厚さ十二ミリメートル以上のものを片側全面に打ち付けた耐力壁又は	GNF 四〇 SF 四五 WSN DTSN	—	壁材の外周部分は十センチメートル以下，その他の部分は二十センチメートル以下	一・五
(十三)	厚さ十三ミリメートル以上，幅二十一センチメートル以上の製材を片側全面に斜めに打ち付けた耐力壁	CN 五〇 CNZ 五〇	下枠，たて枠及び上枠二本	—	一・五
		BN 五〇	下枠，たて枠及び上枠三本		

(十四)	強化せっこうボードのうち厚さ十二ミリメートル以上のものを片側全面に打ち付けた耐力壁	GNF 四〇 SF 四五 WSN DTSN	—	壁材の外周部分は十センチメートル以下，その他の部分は二十センチメートル以下	一・三
(十五)	せっこうボードのうち厚さ十二ミリメートル以上のもの	GNF 四〇 SF 四五 WSN DTSN	—	壁材の外周部分は十センチメートル以下，その他の部分は二十センチメートル以下	一
(十六)	ラスシート（角波亜鉛鉄板は厚さ〇・四ミリメートル以上，メタルラスは厚さ〇・六ミリ以上のものに限る。）を片側全面に打ち付けた耐力壁	CN 五〇 CNZ 五〇 BN 五〇	—	壁材の外周部分は十センチメートル以下，その他の部分は二十センチメートル以下	一
(十七)	シージングボードのうち厚さ十二ミリメートル以上のものを片側全面に打ち付けた耐力壁	SN 四〇	—	壁材の外周部分は十センチメートル以下，その他の部分は二十センチメートル以下	一
(十八)	厚さ十三ミリメートル以上，幅二十一センチメートル以上の製材を片側全面に横に打ち付けた耐力壁	CN 五〇 CNZ 五〇	下枠，たて枠及び上枠二本	—	〇・五
		BN 五〇	下枠，たて枠及び上枠三本		
(十九)	(一)から(十八)までに掲げる壁材を両側全面に打ち付けた耐力壁	(一)から(十八)までのそれぞれの種類	(一)から(十八)までのそれぞれの本数	(一)から(十八)までのそれぞれの間隔	(一)から(十八)までのそれぞれの数値と(一)から(十八)までのそれぞれの数値との和（五を超えるときは五）
(二十)	厚さ十八ミリメートル以上，幅八十九ミリメートル以上の筋かいを入れた耐力壁	CN 六五 CNZ 六五	下枠，たて枠及び上枠二本	—	〇・五
		BN 六五	下枠，たて枠及び上枠三本		
(二十一)	(一)から(十九)までに掲げる耐力壁と(二十)に掲げる筋かいとを併用した耐力壁	(一)から(二十)までのそれぞれの種類	(一)から(二十)までのそれぞれの本数	(一)から(二十)までのそれぞれの間隔	(一)から(十九)までのそれぞれの数値と(二十)の数値との和（五を超えるときは五）

一 (二十)に掲げる耐力壁であって，壁の枠組材と筋かいの両端部の短期に生ずる力に対する許容せん断力が一箇所当たり千百ニュートン以上であることが確かめられた場合においては，同項の緊結の方法の欄に掲げる方法によらないことができる。
二 二以上の項に該当する場合は，これらのうち倍率の欄に掲げる数値が最も大きいものである項に該当するものとする。

表二

建築物			階の床面積に乗ずる数値（単位　一平方メートルにつきセンチメートル）						
			地階を除く階数が一の建築物（以下「平屋建ての建築物」という。）	地階を除く階数が二の建築物（以下「二階建ての建築物」という。）		地階を除く階数が三の建築物で，三階部分に耐力壁を設けず当該部分を小屋裏とし，かつ，三階の床面積が二階の床面積の二分の一以下の建築物（以下「三階建ての小屋裏利用建築物」という。）		地階を除く階数が三の建築物で，上欄に掲げる建築物以外のもの（以下「三階建ての建築物」という。）		
				一階	二階	一階	二階	一階	二階	三階
(一)	令第八十六条第二項ただし書の規定によって特定行政庁が指定する多雪区域（以下単に「多雪区域」という。）以外の区域における建築物	屋根を金属板，石板，木板その他これらに類する軽い材料でふいたもの	一一	二九	一五	三八	二五	四六	三四	一八
		屋根をその他の材料でふいたもの	一五	三三	二一	四二	三〇	五〇	三九	二四
(二)	多雪区域における建築物	令第八十六条第一項に規定する垂直積雪量（以下単に「垂直積雪量」という。）が一メートルの区域におけるもの	二五	四三	三三	五二	四二	六〇	五一	三五
		垂直積雪量が一メートルを超え二メートル未満の区域におけるもの	二五と三九とを直線的に補間した数値	四三と五七とを直線的に補間した数値	三三と五一とを直線的に補間した数値	五二と六六とを直線的に補間した数値	四二と六〇とを直線的に補間した数値	六〇と七四とを直線的に補間した数値	五一と六八とを直線的に補間した数値	三五と五五とを直線的に補間した数値
		垂直積雪量が二メートルの区域におけるもの	三九	五七	五一	六六	六〇	七四	六八	五五

　この表において，屋根に雪止めがなく，かつ，その勾配が三十度を超える建築物又は雪下ろしを行う慣習のある地方における建築物については，垂直積雪量をそれぞれ次のイ又はロに定める数値とみなして(二)を適用した場合における数値とすることができる。この場合において，垂直積雪量が一メートル未満の区域における建築物とみなされるものについては，平屋建て建築物にあっては二五と三九とを，二階建ての建築物の一階にあっては四三と五七とを，二階建ての建築物の二階にあっては三三と五一とを，三階建ての小屋裏利用建築物の一階にあっては五二と六六とを，三階建ての小屋裏利用建築物の二階にあっては四二と六〇とを，三階建ての建築物の一階にあっては六〇と七四とを，三階建ての建築物の二階にあっては五一と六八とを，三階建ての建築物の三階にあっては三五と五五とをそれぞれ直線的に延長した数値とする。
　イ　令第八十六条第四項に規定する屋根形状係数を垂直積雪量に乗じた数値（屋根の勾配が六十度を超える場合は，〇）
　ロ　令第八十六条第六項の規定により積雪荷重の計算に用いられる垂直積雪量の数値

表三

	区　　　　域	見付面積に乗ずる数値（単位　一平方メートルにつきセンチメートル）
(一)	特定行政庁がその地方における過去の風の記録を考慮してしばしば強い風が吹くと認めて規則で指定した区域	五〇を超え，七五以下の範囲において特定行政庁がその地方における風の状況に応じて規則で定めた数値
(二)	(一)に掲げる区域以外の区域	五〇

　本号の規定は，地震力と風圧力に対して建築物全体の安全性を確保するための技術的基準であり，各階の張り間方向およびけた行方向それぞれについて配慮すべき耐力壁の量（いわゆる壁量）を定めたものである。
　本号の規定を図で表すと，図 4.1 のとおりである。

図 4.1　第 1 第五号の説明

各階のけた行方向，および張り間方向のそれぞれについて検討する。
以下，表 1，表 1-2，表 2，表 3 のそれぞれについて解説する。

（1）耐力壁の種類と倍率（表 1，表 1-2）

　表 1 は耐力壁の種類に応じて 11 項目に，表 1-2 は 21 項目に分類されているが，これを整理すると次のようになる。
　(a) 合板その他ボード類を片面に張ったもの（表 1 の (1) から (8) および表 1-2 の (1) から (18)）。
　(b) 合板その他ボード類を両面に張ったもの（表 1 の (9) および表 1-2 の (19)）。
　(c) 筋かいを入れたもの（表 1 の (10) および表 1-2 の (20)）。
　(d) 筋かいと合板その他ボード類を併用したもの（表 1 の (11) および表 1-2 の (21)）。
　この表においては，耐力壁は壁枠組に構造用合板，各種ボード類を片面に打ち付けたものの倍率を定め，さらにこれらのボード類を両面に張った場合，または筋かいを併用した場合に，壁倍率を加えることができるという，いわゆる加算則を採用している。
　これらは，加算則を採用した場合においても，壁倍率は 5 を超えないこととしている。耐力壁ははり間，けた行の両方向とも水平力に対してねじれることのないようにバランス良く入れることが重要である。
　筋かいは 18 mm × 89 mm（いわゆる 104）以上のみに倍率 0.5 が与えられている。一般的には枠組材と異なる材質のものを使用することが多く，収縮率が異なるため，はらみ出してくることもあるので施工上の注意が必要である。また，筋かいを入れるためにはたて枠を欠き込む必要があり，たて枠に大きな荷重がかかる多雪区域においては，その使用に十分な配慮が必要である。
　表 1 は 4′ × 8′ 面材の使用を円滑に行うことができるように，たて枠相互の間隔が 50 cm を超え，65 cm 以下とした場合の壁倍率を実験値から求めたものであり，表 1-2 に規定されている間隔 50 cm 以下の場合に使われる壁倍率より低い値となる材料もある。
　なお，表 1-2 に規定されている材料で表 1 に規定されていないものは，4′ × 8′ 面材が生産されていない等の理由によるものである。
　設計上，表 1 に係る 4′ × 8′ 面材の耐力壁と，表 1-2 に係る従来の面材の耐力壁が混在する場合が想定されるが，この場合は，それぞれ（表 1 に係る耐力壁の長さ×表 1 の倍率）の合計と（表 1-2 に係る耐力壁の長さ×表 1-2）の合計を算出し，その総合計値をもって地震力および風圧力に対する必要壁量との比較を行う。
　表 1 および表 1-2 に規定されていない材料または緊結の方法による耐力壁を使用する場合には，規則第 8 条の

3に基づき倍率の認定を受けなければならない。認定を受けた材料（製品）を使用する場合は，所定のたて枠相互の間隔，くぎ打ち方法で張らなければならないので注意を要する。

平13国交告第1540号において，「第2材料」の壁材にミディアムデンシティーファイバーボードと火山性ガラス質複層板が追加されているが，本号の表1，表1-2には規定されていないため，耐力壁の面材として使用する際には，倍率の認定が必要である。ただし，ミディアムデンシティーファイバーボードのうち構造用MDFについては，平成30年の改正で表1-2に新たに倍率が規定された。

平成16年の改正では，表1および表1-2より，石綿パーライト板，石綿けい酸カルシウム板が削られた。

また平成19年の改正では，せっこうボードのJISが改正されたのに対応して表1および表1-2中に，せっこうボードのほかに，構造用せっこうボードA種，B種，および強化せっこうボードが追加され，併せてそれぞれを用いた耐力壁の倍率が表示された。

平成30年の改正では，高倍率の耐力壁の仕様が追加された。これは，平成26年度から2箇年にわたり行われた建築基準整備促進事業「木造建築物における壁倍率の仕様の追加に関する検討」の成果を踏まえたものである。

この改正では，たて枠間隔が50 mm以下の耐力壁（表1-2）について，同じ壁材でも，壁の枠組材との緊結の方法（くぎまたはねじの種類，本数，間隔）が異なれば，異なる倍率が与えられることとなった。本号の表1および表1-2の中に壁の枠組材と壁材との緊結の方法の欄が新たに設けられ，これまで緊結の方法を別途規定していた条文（第1第十五号の表第(5)項および第十六号）は削除された。

具体的には，**解説表4.1**に示すとおり，構造用合板等12 mm，構造用パネル12 mm，構造用パーティクルボード，構造用MDFが新たに耐力壁面材として規定され，併せてくぎの間隔を密とした高倍率の耐力壁が示された。表1-2の最高倍率は，改正前は3.5倍であったのが，4.8倍となった。

なお，表1-2の表注二は，1つの耐力壁仕様が，複数の項に当てはまる場合（例えば，くぎ間隔50 mm以下の仕様は，100 mm以下の仕様にも重複して当てはまる）に，倍率の高いほうの仕様とみなすことを規定している。

解説表4.1　第1第五号の表1-2に追加された高耐力壁仕様（片側全面）の概要

面材仕様	くぎ仕様	一般的なくぎ打ち 外周@ 100 mm その他@ 200 mm	くぎ増し打ち 外周@ 75 mm その他@ 200 mm	くぎ増し打ち 外周@ 50 mm その他@ 200 mm
構造用合板等1，2級・12 mm以上	CN65 CNZ65	倍率3.6	倍率4.5	倍率4.8
構造用パネル1〜3級・12 mm以上	CN65 CNZ65	倍率3.6	—	倍率4.8
構造用パーティクルボード 構造用MDF	CN50 CNZ50	倍率3.0	—	倍率4.8
構造用合板等1級・9 mm以上	CN50 CNZ50	（倍率3.5）	—	倍率3.7
構造用合板等2級・9 mm以上 構造用パネル9 mm以上	CN50 CNZ50	（倍率3.0）	—	倍率3.7

（　）内は改正前から告示に設定がある仕様。この仕様では従来通りBN50くぎも使用できる。
「構造用合板等」は構造用合板および化粧ばり構造用合板（平成28年改正で追加）

最後に耐力壁の仕様に関する共通事項をあげておく。

(a)　合板その他のボード類を縦方向に継いだとき，それらボードの水平継ぎ手部分には，たて枠と同断面の受け材をたて枠間に水平に挿入する（くぎ打ちが2列になるので縦使いするのがよい。）（**図4.2**参照）。この水平受け材を設けない場合には，規定の倍率を用いることは許されない。

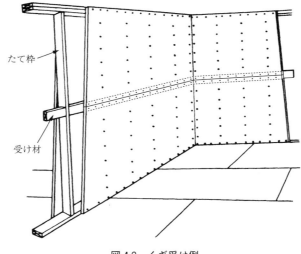

図 4.2 くぎ受け例

(b) 合板その他のボード類は壁枠組全面に張るものとし，それ以外は規定の壁倍率を用いることはできない。また，合板その他のボード類の壁枠組に対する張り方は，基本的にはたて張り（製材および 4′×8′ のボードを除く）であり，張り方を誤ると所定の倍率が得られない場合がある。

(2) 地震に対する必要壁量（表 2 参照）

表 2 の数値の算定においては，多雪区域（特定行政庁が規則で指定している。）と多雪区域以外の区域（以下「一般地」という。）とでは積雪荷重の取扱いが根本的に異なる。すなわち，多雪区域においては，地震力を計算する場合に積雪荷重を考慮しているが，一般地においては積雪荷重は考慮していない。これは令第 82 条（保有水平耐力計算）第二号と同様な考え方に基づくものである。したがって，多雪区域においては，その地方における垂直積雪量に応じて，表 2 の数値を定めている。

屋根に雪止めがなく，かつ一定以上の屋根勾配を有する建築物または雪下ろしを行う慣習のある地方における建築物については，表 2 の備考に定めるところにより，実際の垂直積雪量を低減して表 2 の(2)を適用することができる。屋根勾配に応じて実際の垂直積雪量に乗ずべき低減係数は令第 86 条第 4 項に定められた以下の式によって算出する。

$$\mu b = \sqrt{\cos(1.5\beta)}$$

この式において，μb および β は，それぞれ次の数値を表すものとする。
μb：屋根形状係数
β：屋根勾配（単位　度）

なお，令第 86 条第 4 項の構造計算の規定では，積雪荷重にこの係数を乗ずるのに対し，本告示においては垂直積雪量に乗ずる点が異なる。

雪下ろしを行う慣習のある地方における建築物については，雪下ろしの実況に応じて，垂直積雪量を 1 m まで低減できるが，これについては，各特定行政庁において取り扱いが定められている場合が多い。

なお，屋根の勾配によっては，多雪区域でありながら垂直積雪量が 1 m 未満とみなされる場合があるが，この場合でも，多雪区域内における建築物であることには変わりがなく，表 2 の(2)に掲げる数値を直線的に延長して数値を求める。

以下をまとめて多雪区域において表 2 を適用する例を示す。

〈垂直積雪量が 1.5 m の区域における 2 階建の建築物〉

（例 1）陸屋根（屋根勾配 0°）

令第 86 条第 4 項の式より垂直積雪量は 1.5 m×1＝1.5 m。

図 4.3 より，1 m と 2 m との間を直線的に補間する。

1 階の必要壁量：50.0 cm/m², 2 階の必要壁量：42.0 cm/m²

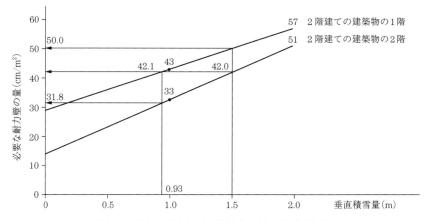

図 4.3 表 2 の 2 階建ての建築物の欄に掲げる数値

(例 2) 屋根勾配 45°
$$\mu b = \sqrt{\cos(1.5 \times 45°)} = 0.62$$
みなされる垂直積雪量は 1.5 m × 0.62 = 0.93 m。したがって，図 4.3 より直線的に延長した数値とする。
1 階の必要壁量：42.1 cm/m²，2 階の必要壁量：31.8 cm/m²

表 2 の壁量の値は，一般地における平屋建て，2 階建て（小屋裏利用 2 階建てを含む）および 3 階建ての建築物にあっては，令第 46 条表 2 と同じ数値とし，小屋裏利用の 3 階建ての建築物にあっては，3 階の床面積を 2 階の床面積の 2 分の 1 以下に制限した場合には，数値の緩和を行っている（ただし，小屋裏利用 2 階建ての 2 階分については，特に床面積を制限していない）。また，多雪区域においても，令第 86 条の考え方に準じている。

小屋裏利用の 3 階建ての場合で第五号の表 2 に揚げる床面積（下階の床面積の 1/2 以下）を超える場合は，3 階部分に必ずしも耐力壁を設ける必要はないが，第 3 の規定による構造計算により安全性を確認しなければならない。

物置等を小屋裏・天井等に設ける場合は，その部分の荷重が地震等によって耐力壁に水平力としてかかることを考慮し，床面積に算入しなければならない。床面積に加える面積の算出方法は，平 12 建告第 1351 号「木造の建築物に物置等を設ける場合に階の床面積に加える面積を定める件」に明記されており，以下のとおりである。

$$a = \frac{h}{2.1} A$$

この式において，a，h および A は，それぞれ次の数値を表すものとする。
 a：階の床面積に加える面積（単位 m²）
 h：当該物置等の内法高さの平均の値（ただし，同一階に物置等を複数個設ける場合にあっては，それぞれの h のうち最大の値をとるものとする。）（単位 m）
 A：当該物置等の水平投影面積（単位 m²）

なお，告示第 1351 号にはただし書きがあり，当該物置等の水平投影面積がその存する階の床面積の 1/8 以下である場合は，加える面積は 0 とすることができる。

表二に掲げる床面積に対する必要壁量表は，一般住宅を対象とするもので，耐火建築物に関しては，固定荷重増加を見込んで，設計壁量の余裕率を十分にとる必要がある。なお，構造計算指針第Ⅶ編 参考計算例に設計壁量の余裕率に対する考え方の一例を示している。

（3）**風圧力に対する必要壁量**（表 3 参照）

表 3 の数値は，令第 46 条第 4 項の表 3 と同じである。特定行政庁が，風の強い地域を指定し，数値を 1.5 倍まで割り増すこととしている。

（六から十四省略）

> 八　次に掲げる場合において，令第八十二条第一号から第三号までに定める構造計算及び建築物等の地上部分について行う令第八十二条六第二号及び第三号に定める構造計算により，構造耐力上安全であることを確かめられたものについては，前各号の規定は，適用しない。
> 　イ　二階以上の階の床版を鉄筋コンクリート造とする場合
> 　ロ　二階以上の階の床版に直交集成板（平成十二年建設省告示第千四百四十六号第一第二十三号に規定する直交集成板をいう。次号において同じ。）を使用する場合
> 　ハ　二階以上の階の床根太に軽量H形鋼（平成十三年国土交通省告示第千五百四十号第四第八号ロに規定する軽量H形鋼をいう。以下同じ。）を使用する場合

　本号においてイ〜ハに適応する場合は令82条第一号から第三号に規定する、構造計算（許容応力の確認），令82条6第二号および第三号に定める構造計算（剛性率，偏心率，塔状比等の検討）を行う必要がある。

（九，十四省略）

十五　壁の各部材相互及び壁の各部材と床版，頭つなぎ（第十一号ただし書の規定により耐力壁の上枠と床版の枠組材とを緊結する場合にあっては，当該床版の枠組材。以下この号において同じ。）又はまぐさ受けとは，次の表の緊結する部分の欄に掲げる区分に応じ，それぞれ同表の緊結の方法の欄に掲げるとおり緊結しなければならない。ただし，接合部の短期に生ずる力に対する許容せん断耐力が，同表の緊結する部分の欄に掲げる区分に応じ，それぞれ同表の許容せん断耐力の欄に掲げる数値以上であることが確かめられた場合においては，この限りでない。

緊結する部分		緊結の方法			許容せん断力
		くぎの種類	くぎの本数	くぎの間隔	
(一)	たて枠と上枠又は下枠	CN 九〇 CNZ 九〇	二本	—	一箇所当たり 千ニュートン
		CN 七五 CNZ 七五 BN 九〇 CN 六五 CNZ 六五 BN 七五	三本	—	
		BN 六五	四本		
(二)	下枠と床版の枠組材	三階建ての建築物の一階	CN 九〇 CNZ 九〇	—	二十五センチメートル以下	一メートル当たり 三千二百ニュートン
			BN 九〇	—	十七センチメートル以下	
		その他の階	CN 九〇 CNZ 九〇	—	五十センチメートル以下	一メートル当たり 千六百ニュートン
			BN 九〇	—	三十四センチメートル以下	
(三)	上枠と頭つなぎ		CN 九〇 CNZ 九〇	—	五十センチメートル以下	一メートル当たり 千六百ニュートン
			BN 九〇	—	三十四センチメートル以下	
(四)	たて枠とたて枠又はまぐさ受け		CN 七五 CNZ 七五	—	三十センチメートル以下	一メートル当たり 二千二百ニュートン
			BN 七五	—	二十センチメートル以下	

この表において，くぎの種類の欄に掲げる記号は，JIS A 五五〇八（くぎ）−二〇〇五に規定する規格を表すものとする。以下第二第七号の表において同様とする。

（1）　壁の枠組と壁材の緊結

平成30年の告示改正により，一連の規定の統廃合がなされた。

告示改正前は，壁の枠組材と筋かいの両端部の緊結方法が第1第十五号の表第(5)項に，壁の枠組材と壁材との緊結の方法が第1第十六号に規定されていた。平成30年の改正で，耐力壁仕様の追加に合わせ，これらの緊結方法が第1第五号の表1および表1-2に統合され，旧規定は削除された。

これに伴い，第1旧第十七号が十六号に繰り上がり，また第3第二号の条文も修正された。

なお，JIS A 5508（くぎ）の改正に対応して，平成19年の改正ではCNZくぎがCNくぎと同等以上の性能を有するくぎとして加えられた。また平成27年の改正では，SFNくぎの呼称がSFくぎに改称された。

十六　壁の枠組材と壁材とは，次の表に掲げる通り緊結しなければならない。

壁材の種類	くぎ又はねじの種類	くぎ又はねじの本数	くぎ又はねじの間隔
構造用合板，化粧ばり構造用合板，パーティクルボード，ハードボード，構造用パネル，硬質木片セメント板又はラスシート	CN 五〇 CNZ 五〇	—	壁材の外周部分は十センチメートル以下，その他の部分は二十センチメートル以下
	BN 五〇	—	
パルプセメント板	GNF 四〇 SF 四五	—	
せっこうボード	GNF 四〇 SF 四五 WSN DTSN	—	壁材の外周部は十センチメートル以下，その他の部分は二十センチメートル以下
シージングボード	SN 四〇	—	
フレキシブル板	GFN 四〇 SF 四五	—	壁材の外周部分は十五センチメートル以下，その他の部分は三十センチメートル以下
製　材	CN 五〇 CNZ 五〇	下枠，たて枠及び上枠二本	—
	BN 五〇	下枠，たて枠及び上枠三本	

この表において，SF 四五，CN 五〇，CNZ 五〇，BN 五〇，GNF 四〇及び SN 四〇は，それぞれ JISA 五五〇八（くぎ）-二〇〇五に規定する SF 四五，CN 五〇，CNZ 五〇，BN 五〇，GNF 四〇及び SN 四〇を，WSN，は JISB 一一一二（十字穴付き木ねじ）-一九九五に適合する十字穴付き木ねじであって，呼び径及び長さが，それぞれ三・八ミリメートル及び三十二ミリメートル以上のものを，DTSN は，JISB 一一二五（ドリリングタッピンねじ）-二〇〇三に適合するドリリングタッピンねじであって，頭部の形状による種類，呼び径及び長さが，それぞれトランペット，四・二ミリメートル及び三十ミリメートル以上のものを表すものとする。

(a) 壁材が構造用合板，構造用パネル，構造用パーティクルボード，構造用 MDF である場合。

　これらのボードの継ぎ手には必ず受け材を入れ，1 枚のボード類の四周は所定のくぎ（CN65，CNZ65，CN50，CNZ50，または BN50）を所定の最大間隔（5 cm，7.5 cm，または 10 cm）で密に打つ。くぎの間隔により倍率が異なる。中通りのたて枠に沿った部分のくぎの最大間隔は 20 cm とする。

(b) 壁材がハードボード，パーティクルボード，硬質木片セメント板である場合

　これらのボードの継ぎ手には必ず受け材を入れ，1 枚のボード類の四周は所定のくぎ（CN50，CNZ50 または BN50）で最大間隔を 10 cm として密に打つ。中通りのたて枠に沿った部分のくぎの最大間隔は 20 cm とする。

(c) 壁材がパルプセメント板である場合

　受け材の必要性およびくぎ打ち間隔は，(b)の場合と同様であるが，くぎの種類は GNF くぎと SF くぎである点が異なる。GNF はせっこうボード用のくぎを意味し，せっこうボード（Gypsum Board）用のくぎ（Nail）から頭文字を取り GN とし，頭部の形状がフラットなので F を付けている。GNF くぎは CN くぎと比較して短く，かつ細いが，頭径は大きくより高い防錆処理が施されている。SF くぎはステンレス鋼くぎ平頭の頭文字をとったもので，CN くぎと比較して長さと胴部径は同じであるが，頭部径がやや小さい。

(d) 壁材がせっこうボード，構造用せっこうボード A 種，B 種，強化せっこうボード，ラスシート，メタルラスである場合

　受け材の必要性およびくぎ打ち間隔は，(b)の場合と同様であり，さらにくぎの種類は(c)に示した GNF くぎと SF くぎのほかに，木ねじである WSN，DTSN を使用してもよい。WSN と DTSN は略号であり，その具体的な仕様は，WSN は十字穴付き木ねじの JIS に適合する木ねじで，呼び径が 3.8 mm，長さが 32 mm 以上のものであること，DTSN はドリリングタッピンねじの JIS に適合するねじで，呼び径が 4.2 mm，長さが 30 mm 以上と定められている。いずれのねじも呼び径と長さを正確に指定して使用しなければならない。

(e) 壁材がシージングボードである場合

　受け材の必要性およびくぎ打ち間隔は，(b)の場合と同様であるが，くぎにSNくぎを用いる。SNはシージング-インシュレーション-ファイバーボード（Sheathing Insulation Fiber Board）用のくぎ（Nail）であることを意味する。SNくぎは，長さはGNFくぎと同様であるが，胴部径，頭部径ともCNくぎおよびGNFくぎに比較して大きいことが特徴である。

(f) 壁材がフレキシブル板である場合

　フレキシブル板はくぎ打ちは可能であるが，他の材料と比較すればくぎ打ちが困難な面もある。したがって，くぎの種類としては(c)と同じGNFくぎまたはSFくぎを用いることとされている。一方，フレキシブル板は面内剛性が非常に高いので，くぎ打ち間隔は，四周において15cm以下，中通りは30cm以下で，(a)〜(e)に比較して広い間隔となっている。なお，継ぎ手の受け材は(a)〜(e)と同様，省略できない。

(g) 壁材が製材である場合

　ここでは壁材として，幅21cm以上の製材を用いる場合のくぎ打ちを規定している。製材の張り方には斜め張り（45°）と横張りがあるが，後者は前者より面内せん断耐力が小となるので注意を要する。斜め張りの場合は(d)と同じくぎ打ちを，横張りの場合は，製材1枚当たり，下枠，たて枠および上枠と交さする部分にCN50（CNZ50）を2本ずつ，またはBN50を3本ずつ打つことを規定している（第1第五号表1-2の⑿と⒃を参照）。

（十七省略）

第二　構造耐力上主要な部分である床版に，枠組壁工法により設けられるものを用いる場合における技術的基準に適合する当該床版の構造方法は，次の各号に定めるところによる。

　第2の第一号から第十号の規定は全て，平13国交告第1540号の第4（床版）の第一号から第十号と同じであり，告示文および解説は省略とする。

第三　第一及び第二で定めるもののほか，次に定める構造計算によって構造耐力上安全であることが確かめられた構造耐力上主要な部分である壁及び床版に枠組壁工法により設けられるものを用いた建築物又は建築物の部分（以下「建築物等」という。）については，次の各号に掲げるところによる。

　第3の規定は，平13国交告第1540号の第9および第10に相当するもので，仕様規定によらず，構造計算によって構造耐力上安全であることを確かめられた建築物または建築物の部分の構造方法を定めており，第一号から第三号それぞれの要件を満たせば，一部を除いて第1および第2の規定は適用されない。

一　次のイ及びロに該当する建築物等については，第一及び第二の規定（第二第一号の規定を除く。）は適用しない。
　イ　次の(1)から(5)までに定めるところにより行う構造計算によって構造耐力上安全であることが確かめられたもの
　　(1)　令第八十二条各号に定めるところによること。
　　(2)　構造耐力上主要な部分に使用する構造部材相互の接合部がその部分の存在応力を伝えることができるものであることを確かめること。
　　(3)　建築物等の地上部分について，令第八十七条第一項に規定する風圧力（以下「風圧力」という。）によって各階に生ずる水平方向の層間変位の当該各階の高さに対する割合が二百分の一（風圧力による構造耐力上主要な部分の変形によって建築物等の部分に著しい損傷が生ずるおそれのない場合にあっては，百二十分の一）以内であることを確かめること。

> (4) 建築物等の地上部分について，令第八十八条第一項に規定する地震力（以下「地震力」という。）によって各階に生ずる水平方向の層間変位の当該各階の高さに対する割合が二百分の一（地震力による構造耐力上主要な部分の変形によって建築物等の部分に著しい損傷が生ずるおそれのない場合にあっては，百二十分の一）以内であることを確かめること。
> (5) 建築物等の地上部分について，令第八十二条の三各号に定めるところによること。この場合において，耐力壁に木質接着複合パネルを用いる場合にあっては，同条第二号中「各階の構造特性を表すものとして，建築物の構造耐力上主要な部分の構造方法に応じた減衰性及び各階の靱性を考慮して国土交通大臣が定める数値」とあるのは，「〇・五五以上の数値。ただし，当該建築物の振動に関する減衰性及び当該階の靱性を適切に評価して算出することができる場合においては，当該算出した数値によることができる。」と読み替えるものとする。
> ロ　構造耐力上主要な部分のうち，直接土に接する部分及び地面から三十センチメートル以内の外周の部分が，鉄筋コンクリート造，鉄骨造その他腐朽及びしろありその他の虫による害で構造耐力上支障のあるものを生ずるおそれのない構造であること。

　第3第一号は「性能規定化された部分」の構造耐力上の安全性についての確認方法を規定したものであり，本号に定められているとおり，許容応力度，変形量，層間変形角の計算および保有水平耐力の確認をすれば，第1および第2の第二号から第十号までの規定によらなくてもよいとしている。
　なお，安全を確認する場合でも，第1第五号の耐力壁の倍率等を利用しながら，計算を簡略化してもよい。
　本号イ項は，構造計算によって構造耐力上の安全性を確認する方法を規定したものである。
　(1)は主要部材の許容応力度および変形についての計算方法についての規定である。
　(2)は接合部の応力伝達性能を確認することの規定である。
　(3)は風圧力によって生ずる変形量（層間変形角）についての規定である。
　(4)は地震力によって生ずる変形量（層間変形角）についての規定である。
　(5)は大地震時における建築物の安全性に対して，保有水平力耐力を確認することを義務付けた規定である。なお，木質接着複合パネルを用いる場合については，原則として構造特性係数D_sを0.55以上の数値とすることが定められている。
　確認方法の詳細は，「構造計算指針」を参照されたい。

　本号ロ項は，構造耐力上主要な部分の耐久性に配慮し，直接に土に接する部分および地面から30 cm以内の部分は腐食，腐朽防止措置をした構造方法によることを規定したものである。

> 二　次のイ及びロに定めるところにより行う構造計算によって構造耐力上安全であることが確かめられた建築物等については，第一第五号，第六号，第七号（交さ部に設けた外壁の耐力壁の長さの合計が九十センチメートル以上である場合に限る。），第十二号及び第十五号並びに第二第二号（床根太の支点間の距離に係る部分に限る。）及び第七号の規定は適用しない。
> イ　前号イ(1)及び(2)に定めるところによること。
> ロ　建築物の地上部分において，令第八十二条の六第二号ロに定めるところによること。

　本号は，許容応力度計算，接合部の応力伝達性能の確認，および各階の偏心率の確認により，構造全体の安全性を確かめた場合に，仕様規定の一部を適用除外とする規定である。
　本号によって適用除外となる主な仕様規定の内容は以下のとおりである。平成27年の改定によって新たに4）が追加された。
　　1）床根太の支点間の距離は8 m以下とする（第2第二号の規定）
　　2）耐力壁線相互の距離は12 m以下とする（第1第六号の規定）
　　3）耐力壁線により囲まれた部分の水平投影面積は60 m^2（72 m^2）以下とする（第1第六号の規定）
　　4）外壁の耐力壁線交さ部に長さ90 cm以上の耐力壁を設ける（第1第七号の規定）

5) 耐力壁線に設ける開口部の幅は4m以下とする（第1第十二号の規定）
6) 耐力壁線に設ける開口部の幅の合計は当該耐力壁線の長さの3/4以下とする（第1第十二号の規定）

なお，これに関する構造計算方法は，構造計算指針を参照されたい。

三　第一号イ(1)及び(2)に定めるところにより行う構造計算によって構造耐力上安全であることが確かめられた建築物等については，第一第五号，第九号，第十一号，第十五号及び第十六号並びに第二第三号（床根太の間隔を一メートル以下とした場合に限る。）及び第七号の規定は適用しない。

本号は，許容応力度計算および接合部の応力伝達性能の確認により，構造全体の安全性を確かめた場合に，仕様規定の一部を適用除外とする規定である。

本号によって適用除外となる仕様規定の内容は以下のとおりである。

1) 床根太間隔65cmの規定（第2第三号）。ただし，本規定の構造計算により広げられるのは1mまで。
2) 床版の各部材相互および床版の枠組と土台または頭つなぎとの緊結方法（第2第七号）。
3) 各耐力壁間の隅角部および交さ部におけるたて枠の配置の規定（第1第九号）
4) 耐力壁上部の頭つなぎに関する規定（第1第十一号）
5) 壁の各部材相互および壁と床版，頭つなぎまたはまぐさ受けとの緊結方法（第1第十五号）。
6) 壁量の計算方法（第1第五号）。この規定を適用する場合，耐力壁の倍率の上限に関する制限はない。

なお，これに関する構造計算方法は，構造計算指針を参照されたい。

第5章

平成12年建設省告示第1347号
（改正平成29年9月4日）建築物の基礎の
構造方法及び構造計算の基準及び解説

5.1 平12建告第1347号(建築物の基礎の構造方法及び構造計算の基準を定める件)及び解説

建築物の基礎の構造方法及び構造計算の基準を定める件

建築基準法施行令（昭和二十五年政令第三百三十八号）第三十八条第三項及び第四項の規定に基づき，建築物の基礎の構造方法及び構造計算の基準を次のように定める。

第一　建築基準法施行令（以下「令」という。）第三十八条第三項に規定する建築物の基礎の構造は，次の各号のいずれかに該当する場合を除き，地盤の長期に生ずる力に対する許容応力度（改良された地盤にあっては，改良後の許容応力度とする。以下同じ。）が一平方メートルにつき二十キロニュートン未満の場合にあっては基礎ぐいを用いた構造と，一平方メートルにつき二十キロニュートン以上三十キロニュートン未満の場合にあっては基礎ぐいを用いた構造又はべた基礎と，一平方メートルにつき三十キロニュートン以上の場合にあっては基礎ぐいを用いた構造，べた基礎又は布基礎としなければならない。
　一　次のイ又はロに掲げる建築物に用いる基礎である場合
　　イ　木造の建築物のうち，茶室，あずまやその他これらに類するもの
　　ロ　延べ面積が十平方メートル以内の物置，納屋その他これらに類するもの
　二　地盤の長期に生ずる力に対する許容応力度が一平方メートルにつき七十キロニュートン以上の場合であって，木造建築又は木造と組積造その他の構造とを併用する建築物の木造の構造部分のうち，令第四十二条第一項ただし書の規定により土台を設けないものに用いる基礎である場合
　三　門，塀その他これらに類するものの基礎である場合
　四　建築基準法（昭和二五年法律第二百一号）第八十五条第二項又は第五項に規定する仮設建築物（同法第六条第一項第二号及び第三号に掲げる建築物を除く。）に用いる基礎である場合
2　建築物の基礎を基礎ぐいを用いた構造とする場合にあっては，次に定めるところによらなければならない。
　一　基礎ぐいは，構造耐力上安全に基礎ぐいの上部を支えるよう配置すること。
　二　木造の建築物若しくは木造と組積造その他の構造とを併用する建築物の木造の構造部分（平屋建ての建築物で延べ面積が五十平方メートル以下のものを除く。）の土台の下又は組積造の壁若しくは補強コンクリートブロック造の耐力壁の下にあっては，一体の鉄筋コンクリート造（二以上の部材を組み合わせたもので，部材相互を緊結したものを含む。以下同じ。）の基礎ばりを設けること。
　三　基礎ぐいの構造は，次に定めるところによるか，又はこれらと同等以上の支持力を有するものとすること。
　　イ　場所打ちコンクリートぐいとする場合にあっては，次に定める構造とすること。
　　　(1)　主筋として異形鉄筋を六本以上用い，かつ，帯筋と緊結したもの
　　　(2)　主筋の断面積の合計のくい断面積に対する割合を〇・四パーセント以上としたもの
　　ロ　高強度プレストレストコンクリートぐいとする場合にあっては，日本工業規格A五三三七（プレテンション方式遠心力高強度プレストレストコンクリートくい）―一九九五に適合するものとすること。
　　ハ　遠心力鉄筋コンクリートぐいとする場合にあっては，日本工業規格A五三一〇（遠心力鉄筋コンクリートくい）―一九九五に適合するものとすること。
　　ニ　鋼管ぐいとする場合にあっては，くいの肉厚は六ミリメートル以上とし，かつ，くいの直径の百分の一以上とすること。
3　建築物の基礎をべた基礎とする場合にあっては，次に定めるところによらなければならない。
　一　一体の鉄筋コンクリート造とすること。ただし，地盤の長期に生ずる力に対する許容応力度が一平方メートル

につき七十キロニュートン以上であって、かつ、密実な砂質地盤その他著しい不同沈下等の生ずるおそれのない地盤にあり、基礎に損傷を生ずるおそれのない場合にあっては、無筋コンクリート造とすることができる。
二　木造の建築物若しくは木造と組積造その他の構造とを併用する建築物の木造の土台の下又は組積造の壁若しくは補強コンクリートブロック造の耐力壁の下にあっては、連続した立上り部分を設けるものとすること。
三　立上り部分の高さは地上部分で三十センチメートル以上と、立上り部分の厚さは十二センチメートル以上と、基礎の底盤の厚さは十二センチメートル以上とすること。
四　根入れの深さは、基礎の底部を雨水等の影響を受けるおそれのない密実で良好な地盤に達したものとした場合を除き、十二センチメートル以上とし、かつ、凍結深度よりも深いものとすることその他凍上を防止するための有効な措置を講ずること。
五　鉄筋コンクリート造とする場合には、次に掲げる基準に適合したものであること。
　　イ　立上り部分の主筋として径十二ミリメートル以上の異形鉄筋を、立上り部分の上端及び立上り部分の下部の底盤にそれぞれ一本以上配置し、かつ、補強筋と緊結したものとすること。
　　ロ　立上り部分の補強筋として径九ミリメートル以上の鉄筋を三十センチメートル以下の間隔で縦に配置したものとすること。
　　ハ　底盤の補強筋として径九ミリメートル以上の鉄筋を縦横に三十センチメートル以下の間隔で配置したものとすること。
　　ニ　換気口を設ける場合は、その周辺に径九ミリメートル以上の補強筋を配置すること。
4　建築物の基礎を布基礎とする場合にあっては、次に定めるところによらなければならない。
一　前項各号（第五号ハを除く。）の規定によること。ただし、根入れの深さにあっては二十四センチメートル以上と、底盤の厚さにあっては十五センチメートル以上としなければならない。
二　底盤の幅は、地盤の長期に生ずる力に対する許容応力度及び建築物の種類に応じ、次の表に定める数値以上の数値とすること。ただし、基礎ぐいを用いた構造とする場合にあっては、この限りでない。

地盤の長期に生ずる力に対する許容応力度（単位　一平方メートルにつきキロニュートン）	底盤の幅（単位　センチメートル）／建築物の種類		その他の建築物
	木造又は鉄骨造その他これに類する重量の小さな建築物		
	平家建て	二階建て	
三〇以上五〇未満の場合	三〇	四五	六〇
五〇以上七〇未満の場合	二四	三六	四五
七〇以上の場合	一八	二四	三〇

三　鉄筋コンクリート造とする場合にあって、前号の規定による底盤の幅が二十四センチメートルを超えるものとした場合には、底盤に補強筋として径九ミリメートル以上の鉄筋を三十センチメートル以下の間隔で配置し、底盤の両端部に配置した径九ミリメートル以上の鉄筋と緊結すること。
第二　令第三十八条第四項に規定する建築物の基礎の構造計算の基準は、次のとおりとする。
一　建築物、敷地、地盤その他の基礎に影響を与えるものの実況に応じて、土圧、水圧その他の荷重及び外力を採用し、令第八十二条第一号から第三号までに定める構造計算を行うこと。
二　前号の構造計算を行うに当たり、自重による沈下その他の地盤の変形等を考慮して建築物又は建築物の部分に有害な損傷、変形及び沈下が生じないことを確かめること。

第一　基礎の構造方法

（1）　原則

　基礎の構造方法としてくい基礎（基礎ぐいを用いた構造）、べた基礎、布基礎の3種類を規定し、地盤の許容応力度に応じた基礎の仕様を定めている。くい基礎の場合は、建築物の荷重を深部の地盤で支持できるので、基礎底面付近の地盤性状によらず用いることが可能であるが、べた基礎や布基礎の場合は基礎底面の地盤の許容応力度などに見合った寸法・配筋が必要であり、構造計算により安全性を確認した場合を除くと、べた基礎は地盤の長期許容応力度が 20 kN/m² 以上、布基礎は地盤の長期許容応力度が 30 kN/m² 以上の場合に適用することができる。

　地盤の長期許容応力度の評価の基準については平 12 建告第 1347 号（以下、告示という）には示されていないが、実質的には令第 93 条および、平 13 国交告第 1113 号を参照することとなる。同告示では、実際に小規模な建築物に適用することを想定し、直接基礎（布基礎・べた基礎）に使用できるスウェーデン式サウンディング試験（SWS試験）に基づく式が規定されている。さらにこのとき、液状化および擁壁近傍の地盤変状、これらに

よって支持性能が損なわれる可能性についても考慮しなければならない。

　なお，本告示でいう地盤の長期許容応力度は，地盤の改良が行われる場合には，改良後の許容応力度としての値である。地盤改良を用いる場合は，改良後の許容応力度が基礎形式に応じて規定されている値以上で，かつ個々の設計で必要となる支持力が確保されていることを改良形式や地盤条件を考慮して確認しなければならない。改良後の許容応力度とは，改良部分や未改良部分の強度・剛性の違い，改良地盤を支える地盤の支持性能，基礎の設置範囲などの関係を考慮して，基礎底面が接地する部分の地盤の許容応力度を平均化したものである。深層混合処理工法や浅層混合処理工法を採用する場合の地盤の許容応力度の評価に当たっては，改訂版　建築物のための改良地盤の設計及び品質管理指針(一財)日本建築センター　が参考となる。

　他の地盤改良による場合も，地盤調査結果に基づいて地盤の許容応力度を評価することが可能である。ただし，従来の地盤調査結果に基づく地盤の許容応力度の評価は，平坦な自然地盤を前提にしている場合が多いので，改良範囲と基礎の大きさの関係などを考慮し，改良部分と未改良部分の荷重の伝達機構などを明確にしたうえで改良後の許容応力度を評価することが重要である。また，改良地盤の許容応力度の評価に当たっては，改良後の効果確認が必要であり，深層混合処理工法の場合と同様の考え方で，改良範囲の品質の変化やばらつきを考慮した品質検査・確認方法を設定することが必要である。

　告示第1では，独立基礎や基礎ばり付き独立基礎などに関して特に触れていないが，独立基礎を採用することを排除しているわけではない。独立基礎の場合であっても，基本的には布基礎，べた基礎等の連続基礎と同等以上の耐力および支持性能を有していればよいが，これらの構造形式と比較すると基礎の配置や大きさなどが適切でない場合に沈下等による障害が生じやすいので，独立基礎は，原則として沈下および変形を考慮した告示第2に規定する構造計算により安全性を確認したうえで採用しなければならない。

　茶室，延べ面積が 10 m² 以内の物置などの，木造の簡易な建築物や門・塀などに用いる基礎の場合は，通常の建物荷重などと比べ一般に軽量であるので，上記の構造方法の規定を適用除外とすることができる。また，木造の場合は，令第42条第1項のただし書として規定されているように，足固めをするなどして土台を設けず，布基礎やべた基礎を用いない構造方法も可能であるが，地盤が良好でない場合は基礎または地盤の沈下などに起因する障害が生じやすい。このため，許容応力度 70 kN/m² 以上の良好な地盤の場合に限り，それが可能とされている。良好な地盤としての基準を 70 kN/m² としたのは，地盤調査や敷地調査において 70 kN/m² 以上となる地盤の判別が容易であることや，土台と布基礎（べた基礎）を用いない構造方法とする場合は，基礎の大きさや配置などによっては基礎の接地圧が 50 kN/m² を上回るような可能性があることを考慮したためである。

　液状化の扱いについては，2015年版　建築物の技術関係基準解説書(一財)建築行政情報センター編（以下2015解説書という）6.7.3項（液状化の扱い）を，液状化判定については，2015解説書9.6節（地盤及び基礎ぐい）を，それぞれ参考とできるが，小規模な建築物で詳細な地盤調査が実施されることは稀と考えられることから，小規模な建築物での液状化の被害に関しては，文献に示す簡易な判定方法によることも広く行われている。ただし，平成23（2011）年東北地方太平洋沖地震における東京湾岸地域を中心とした戸建て住宅の液状化被害では，被害地域で 10 m を超える埋め立てが行われていたこと，地震の規模がきわめて大きく（M9.0）地震動の継続時間が大幅に長かったこと，本震の 29 分後に茨城県沖で大きな余震が発生したことなどにより，これらの方法の判定結果と実被害が一致しない場合もみられている。これらの簡易法の基本は，地下水位と地盤調査による土質から液状化発生による影響程度を簡便に判定するものであるが，こうした手法を埋め立て地域へ適用する際には，これらのうち複数の判定方法を併用し，結果を比較したうえで判断の参考にするなどの配慮が必要である。

　擁壁に近接する建築物の基礎においては，2015解説書3.1.2(2)項で示したように擁壁近傍地盤の変状に対しても安全となるように，基礎底盤を擁壁法尻から安息角以下に配置するか，必要な構造計算を行ったうえで支持力が不足しないように基礎ぐいを用いる等の対応を行う必要がある。

(2)　くい基礎の構造方法

　告示第1第2項第一号の規定は，くい基礎の構造方法の基本として，構造耐力上安全に基礎ぐいの上部を支えるよう配置することを要求したものである。くいと基礎スラブを緊結せず，滑り支承構造などとすることも可能である。ただし，従来にない接合方式を採用する場合は，試験等により安全性を確認し，荷重伝達機構を明確にすることが必要である。基礎ぐいの具体的な配置の基準については特に規定していないが，構造計算を行わない

ままに配置すると，くい間隔などによっては基礎ばりやフーチングの耐力が不足する場合や，くい頭沈下量が位置によって異なり基礎ばりなどに有害な付加応力が生じる可能性も考えられるので，配置についても十分な注意が必要である。

告示第1第2項第二号の規定は，木造の土台または組積造もしくは補強コンクリートブロック造の耐力壁の下部に，上部構造の耐力を確保するため基礎ばりを設置することを規定したものである。告示第1第2項第三号の基礎ぐいの構造方法に関しては，場所打ちコンクリートくい，高強度プレストレストコンクリートくい，遠心力鉄筋コンクリートくい，鋼管くいの代表的な杭種に対する基本的な構造方法を規定したものである。木ぐい，外殻鋼管付きコンクリートくい，H形鋼ぐいなど，これらと同等以上の支持力を有する基礎ぐいも適用可能である。なお，セメントミルク工法による埋込みぐいについては　埋込杭施工指針・同解説—セメントミルク工法　全国基礎工業協同組合連合会編　が参考となる。

戸建て住宅などを対象とした場合は，肉厚6mm未満の小口径の鋼管を用いることがあるが，この場合は構造耐力上主要な部分としてではなく，地盤改良的な地業として用いられている場合が多い。このように鋼管をくいとしてではなく地業として用いる場合は，告示の最小肉厚の規定は適用除外となり，地業として必要な耐力と耐久性が確保できる設計施工が必要となろう。ただし，鋼管を地業的に用いる場合であっても，他の部分と異なる構造方法（異種基礎）として採用する場合は，告示第2の大臣が定める基準に従った構造計算（2015解説書3.1.5項参照）により安全性を確認することが必要である。

これに関連して，近年，戸建て住宅を対象に小口径の回転貫入ぐいを用いて杭状地盤改良を行う工法が使用され，スウェーデン式サウンディング試験結果を用いて支持力が評価される場合がある。このとき，例えば　小規模建築物等を対象とする回転貫入ぐい工法による地盤の許容支持力に関する評定基準（一財）日本建築センターで行われているように，回転貫入ぐいを対象としてスウェーデン式サウンディング試験より求める場合の換算N値を0.8倍する低減係数が用いられることがある。これは，スウェーデン式サウンディング試験について，本来は直接基礎などある程度の接地面積を想定した支持力を評価するための試験であり荷重の集中するくいに使う場合は想定していないこと，試験のばらつき，調査深度などの適用範囲を考慮したものと考えられ，参考にできる。

(3)　べた基礎の構造方法

告示第1第3項第一号において，べた基礎については，原則として一体の鉄筋コンクリート造とすることを要求している。ただし，地盤が良好で，不同沈下等の生じるおそれがなく，かつ基礎に損傷を生じるおそれがない場合に限り，無筋コンクリート造も許容している。無筋コンクリート造とできる良好な地盤の基準として，長期許容応力度として$70 kN/m^2$以上としたが，その場合でも設計用の荷重に対して基礎に損傷を生じさせないことが必要であり，無筋コンクリートの基礎に過大な応力が作用しない構造方法の工夫が必要である。

告示第1第3項第二号の規定は，第2項第二号と同種の規定である。

告示第1第3項第三号から第五号までの規定は，寸法・配筋などに関する仕様規定であり，実務における一般的な仕様，構造耐力上必要とされる基礎の立上り部分の高さや主筋量，令第79条で必要とされるコンクリートの鉄筋に対するかぶり厚さなどを考慮して定められたものである。べた基礎の場合には底盤の上面が土に接しない場合があり，その場合の必要かぶり厚さが4cmであることを考慮したため同項第三号では底盤厚さを12cm以上としている。べた基礎において，外周部分などで底盤の上下面が土に接するような構造方法を採用した場合にあっては，その部分の底盤厚さとしては布基礎と同等程度（15cm以上）になるようにしなければならない。同項第五号ニに関しては，換気口周辺で基礎のひび割れ等が生じやすいことを考慮して特に明記したものであり，定着長さなどを考慮した適切な補強筋の配置に関しては，支援機構仕様書などが参考となる。告示では換気口としているが，換気口に限らず一般に基礎ばり（立上り部分）に開口部を設ける場合には，設ける位置に配慮するとともに基礎剛性の連続性を保つことが重要であり，その部分で基礎の一体性が損なわれ障害に結び付きやすいので，設計上開口部を設ける場合でも応力の集中する部分（耐力壁の脚部周辺など）を避けたり，また基礎剛性の連続性が損なわれることによる支障が想定される場合には適切な補強を行う（図5.1参照）。

なお，基礎の立上り部分の高さや根入れ深さは，建物外部の地表面から見た値が基本である。べた基礎の根入れ深さに関しては，残土対策や防湿等への配慮から，建物内部の底盤の根入れ深さをより浅く設定するような場合がある。その場合は，底盤の位置で地盤の許容応力度が確保されていることの確認を行うとともに，第3項第四号の規定に基づいて雨水等の影響がないことを確認することが必要である。また，根入れ深さを浅くした場合

には，底盤からの基礎の立上り部分の寸法が短くなることから，剛性や強度などの性能が低下する。これは不同沈下などの不測の事態への配慮，という点からは好ましくなく，またその上部に配置される耐力壁が負担すべき水平力に対しては，基礎ばりとして必要となる性能を有効に発揮できなくなるおそれがあることから，十分な高さが確保されているか等の検討が必要となる（図5.1参照）。

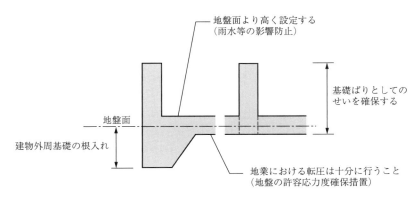

図5.1　べた基礎の根入れ深さおよび留意事項

（4）　布基礎の構造方法

告示第1第4項においては，布基礎の構造方法について規定している。布基礎の規定の多くは，べた基礎の規定を準用して定められているが，根入れ深さおよび基礎底盤の厚さの規定が異なるほか，底盤の幅および配筋の規定が付加されている。

べた基礎の根入れ深さは12 cm以上としているが布基礎では24 cm以上としている。根入れ深さは，基礎底部において必要とする許容応力度が確保できるかどうか，基礎の地上部分の立上り高さなどを含めた基礎剛性が構造耐力上適切かどうかの観点から検討することが必要である。

ごく地表面付近の表土は一般に不均質であり，雨水の浸入，不陸さらには植栽等の状況を考慮すると，性状などが安定しないおそれがあるので表土を取り除いて良好な地盤を露出させることが必要である。また掘削における地盤の緩みをなくし，基礎とのなじみを良くするため基礎接地面の転圧，砕石や割栗石などによる地業も必要である。

布基礎の底盤厚さは15 cm以上であるが，これは布基礎の底盤の上下面が土に接するので，令第79条のコンクリートの必要かぶり厚さ6 cmを考慮して定めた値である（図5.2参照）。

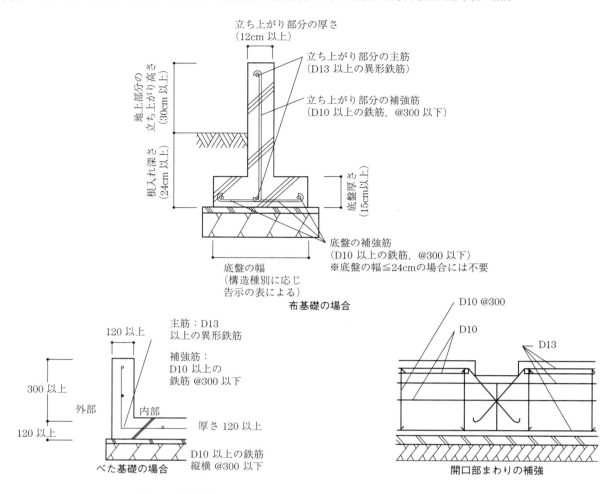

図5.2 基礎構造に関する規定の内容（鉄筋コンクリート造とする場合）

第二　基礎の構造計算の方法

建築物の基礎の構造方法として令第38条第2項および第3項の規定に合致しない特別な構造方法を採用する場合，すなわち，次のような場合に必要となる構造計算として告示第2が規定されている。

① 同一の建築物に異なる構造方法（異種基礎）を採用する場合
② 告示第1で規定される地盤の許容応力度に応じた各種の構造方法（べた基礎及び布基礎（基礎ぐいを用いる場合を含む））以外の構造方法を採用する場合
③ 建物荷重100 kN/m²を超える比較的規模の大きな建築物で，基礎の底部（基礎ぐいを用いる場合にはその先端）を良好な地盤に到達させない場合

告示第2の構造計算は令第82条第一号から第三号までに規定するいわゆる許容応力度計算であり，同条第二号の表に掲げる荷重・外力のほか最低限考慮すべき荷重・外力については　2015解説書5.6節（土圧，水圧その他の荷重及び外力）が，また基本的な考え方については2015解説書6.7節（基礎の耐震計算）が参考となる。告示第2の各号では構造計算を行う際には以下の点について特に留意しなければならないこととしている。

① 建築物（上部構造），敷地，地盤その他の基礎に影響を与えるものの実況を適切に考慮して荷重・外力を設定すること。
② 建築物または建築物の部分に基礎構造の変形により有害な損傷，変形および沈下を生じないことを確かめること。

上記のうち実況とは，例えば宅地造成に関連する盛土の荷重や地下水位の変動の可能性，擁壁を含む敷地の安定性の問題など，簡単な敷地調査あるいは地盤調査からだけでは判断できない部分もあり，これらの点について検討を必要とすることを示している。構造計算においては，自重等による圧密沈下や即時沈下などを考慮して，基礎および上部構造の構造部材や地盤に生じる応力度が許容応力度を超えないことを確認するとともに，沈下量

や傾斜に対しても十分な配慮が必要である。構造種別ごとの有害な変形量の目安となる数値については 2015 解説書 3.1.2 項表 3.1-2～表 3.1-4 が参考となる。

1) 異種基礎を採用する場合

異種基礎を採用するに当たっては，基礎相互の構造方法の差異に留意して沈下量およびその影響を評価することに加え，各基礎に生じる鉛直力および水平力の分担についても常時と地震時とで異なる可能性があるため，地盤や基礎ぐい等の鉛直・水平ばね定数の設定等に関して慎重な検討を要する。

2) 良好な地盤による支持としない場合

フローティング基礎では地盤の不均一・偏荷重・局部荷重・隣接建築物の影響等に，また摩擦ぐいでは摩擦力の長期安定性・群ぐいによる支持力低下等に配慮が必要である。なお，こうした検討を行う際には，安全性の観点からだけでなく，機能・使用性についても検討しておくことが有効であり，例えば，液状化の発生が予想される場合は，液状化の程度が建築物や敷地に支障が生じないレベルであることを把握するか，液状化発生後も支障を生じないような対策を講ずる等の措置を行うことが重要と考えられる。また，特に基礎ぐいを用いる場合にあっては，施工期間やコストの関係で必要な支持力を数少ない杭で分担するような設計となりがちである。しかしながら地中環境の不確定性や，それに起因する施工上のばらつきなどを考慮すれば，こうしたリスク要因への配慮は地上部分に対する以上に必要であり，長期にわたって性能を安定的に保持させるため，特に検討を加えた場合を除き，原則として少数のくいに負担が集中するような計画は避け，応力等の分散や余力のある寸法形状となるような設計上の配慮を心がけるべきである。

このほかに，根入れ深さや立上り高さなど敷地の安定や部材の耐久上の措置等と関連する規定については，構造計算だけでは対処できない部分があることにも留意しなければならない。

* 本章は，2015 年版　建築物の技術関係基準解説書　(一財)建築行政情報センター編　より転載いたしました。

枠組壁工法建築物の構造特性

第1章　枠組壁工法の構造概要　　105
第2章　部位の力学的機能と性能　　107

第1章
枠組壁工法の構造概要

　枠組壁工法を構成する基本要素は，ディメンションランバーと呼ばれる一定の寸法規格にしたがう製材（枠組材）で作られた枠組に，構造用合板等の面材をくぎ留めしたパネルであって，このパネルが床構面や壁構面を形成する。

　壁構面と床構面は，原則としてくぎ等によって互いに連結され，箱状の立体架構が作られる。この立体架構は，鉄筋コンクリート造等の布基礎あるいは地下室の上に据え付けられ，さらに小屋架構がこの上に取り付けられて，構造躯体が完成する。図1.1は，典型的な枠組壁工法の組立図を示したものである。

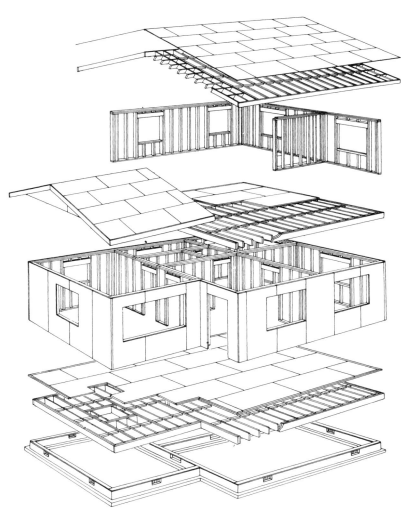

図1.1　枠組壁工法の組立図

枠組壁工法の床構面は，1つの階で一体の版を構成するように造るのが原則である。すなわち，箱を形成する場合，まず床構面を完成した後に壁構面がその上に建てられる。したがって，床構面は高い面内せん断剛性をもっており，北米ではプラットホームとも呼ばれる。この床構面は，最上階の上部には設けないのが通常で，この場合屋根部に作用する水平力の下階壁面への伝達と分配の役割を受け持つのは屋根構面になる。

　壁構面は，鉛直方向の荷重を支持し，かつ地震力，風圧力に抵抗する要素である。壁構面内には窓，出入口等の開口部が設けられる。開口を設ける場合には，開口上部にまぐさを設け，上階からくる鉛直荷重を負担させる。まぐさが負担する荷重は，たて枠に沿わせたまぐさ受け材で支持する。開口スパンが小さい場合は，開口両側のたて枠が支持することもできる。

　枠組壁工法における部位，部材相互の結合は，原則としてくぎ打ちによる接合である。したがって，1棟の建築物の組み立てには大量のくぎが消費される。くぎ接合では強度が不足する部位もあり，そのような部位では特別の接合金物が利用される。

　平13国交告第1540号，第1541号は，枠組壁工法を用いた建築物の構造方法に関する安全上必要な技術的基準を定めており，このなかに構造安全性に関して遵守すべき事項が規定されている。

第2章
部位の力学的機能と性能

2.1 壁構面

2.1.1 機 能

壁構面の主な力学的機能は次の3つである。

① 鉛直荷重の支持

建築物の自重，床の積載荷重，積雪荷重等の鉛直荷重を支持して建築物を自立させる機能。

② 水平力に対する抵抗

風圧力や地震力等の水平力による建築物の破壊や，過大な変形を防止する機能。

③ 風雨に対する室内空間の保護

主として外壁に要求される機能であって，風圧に抵抗し，雨水の浸入を防止して室空間を保全する機能。

2.1.2 鉛直荷重支持機能

壁構面は，図2.1のように下枠，たて枠，上枠，頭つなぎ等の部材で構成される。鉛直荷重は，頭つなぎと上枠を介して線状の荷重としてたて枠に伝達される。たて枠の負担する荷重は，下枠を介して床構面に伝えられる。したがって，壁構面の耐荷能力は次の3つの耐力に支配される。

① 頭つなぎおよび上枠のめり込み耐力

② たて枠の座屈耐力

③ 下枠のめり込み耐力

このうち，①と③は，たて枠の断面寸法と枠材のめり込み強度から計算できる。例えば，たて枠が204材の場合，

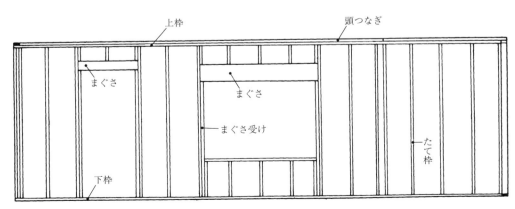

図2.1 壁構面の構成

(たて枠断面積)×(上枠, 下枠, 頭つなぎのめり込み強度)
$$= 3.8 \text{(cm)} \times 8.9 \text{(cm)} \times 196 \sim 294 \text{(N/cm}^2\text{)}$$
$$= 6,629 \text{ N} \sim 9,943 \text{ N}$$

が,たて枠1本当たり長期にわたって作用する荷重の限界(長期許容耐力)であり,地震時,暴風時等では,その2倍の13.26～19.89 kNが限界(短期許容耐力)である。

頭つなぎ,上枠,下枠のめり込み耐力については,告示第5第八号に定めるたて枠の寸法や間隔によらない場合および局部的に大きな荷重が集中する部位は,構造計算によって検討することが望ましい。

壁構面の座屈形には,図2.2に示す4種類がありうる。このうち,(a)および(b)は現実には発生しない。なぜなら,建築物にはかならず直交2方向に壁構面が設けられ,両者が互いに(a),(b)のような変形が起こらないように拘束し合うからである。(d)は,合板等の面材を張った壁の場合は発生しないが,非常に厚さの薄い化粧板を張った壁,あるいは面材を張らない裸の壁の場合は発生するおそれがあるので,構造計算によって安全性を確かめておかねばならない。この場合,座屈の許容耐力は,次の例のように計算するとよい。

たて枠:204($b \times d = 38$ mm $\times$ 89 mm),長さ $l = 233$ cm,S-P-F コンストラクション

細長比:$\lambda = 2\sqrt{3} \times l/b = 3.46 \times 233/3.8 = 212$

許容座屈応力度:$f_k = \eta f_c = \dfrac{3000}{\lambda^2} \times f_c = \dfrac{3000}{44944} \times 682 = 45.52$ N/cm^2

許容座屈耐力:$P_k = f_k \times b \times d = 45.52 \times 3.8 \times 8.9 = 1.54$ kN

(c)の座屈形は,枠組壁工法の建築物においてもっとも一般的に起こりうるものである。告示第5第七号に規定するたて枠の寸法および間隔は,この座屈形を想定したうえ,その発生を防止するための基準を定めたものである。ただし,階段吹き抜け部に接して上下階を貫通するような長いたて枠であって,ブロッキングされていないものについては,構造計算によって座屈に対する安全性を確かめる必要がある。なお,(c)の座屈形に対する許容座屈耐力は,上述の(d)の場合とほとんど同じ方法で計算できる。以下に,206材の場合について計算例を示す。

たて枠:206($b \times d = 38$ mm $\times$ 140 mm),$l = 233$ cm,S-P-F コンストラクション

細長比:$\lambda = 2\sqrt{3} \times l/d = 3.46 \times 233/14 = 57.6 < 100$

$f_c = 682 \times 0.96 = 654.72$ N/cm^2

許容座屈応力度:$f_k = f_c(1.3 - 0.01 \times 57.6) = 474$ N/cm^2

許容座屈耐力:$P_k = f_k \times b \times d = 474 \times 3.8 \times 14 = 25.23$ kN

なお壁構面を木質断熱複合パネルで構成し,当該パネルに鉛直荷重を負担させる場合は,当該パネルの性能値を考慮して安全性の確認を行う必要がある。

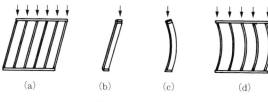

図2.2 壁の座屈形

2.1.3 水平力に対する抵抗機能

地震力や風圧力等の水平力は,床構面を通って壁構面に伝達される。建築物の各階には,面材の種類や壁の長さが異なるさまざまな壁が分散して配置されており,おのおのの壁が負担する水平力の割合は,面材の種類や壁の長さによって相違する。枠組壁工法は前述のように床構面の面内せん断剛性が大きいので,壁が負担する水平力はおのおのの壁のかたさ,すなわち面内せん断剛性におおむね比例する。

水平力に対して抵抗する耐力壁の強さは,耐力壁等の耐力と剛性を告示に示される壁倍率により定める方法と,

計算により耐力と剛性を定める方法とがある。壁の強さを壁倍率により定める方法を許容応力度計算—1，耐力と剛性により定める方法を許容応力度計算—2として，計算方法を分けて構造計算指針第Ⅰ編第3章に記載している。

許容応力度計算—1は，告示第1〜第8の仕様を満たす場合，または，告示第9および第10を適用する場合で，告示第2に掲げる材料のみを用い，平13国交告第1541号に掲げる仕様の耐力壁のみを使用する場合に用いる計算方法で，許容応力度計算—2は，上記以外の仕様による場合にも用いることのできる計算方法である。

以下に，壁倍率による水平力の負担方法および壁倍率を求める方法，面材の特性について記載する。

壁倍率を用いた場合，水平力に対して抵抗する壁の強さは，おおむね告示第1541号第1第五号の表1または表1-2に示される耐力壁等の倍率 (α) に当該長さ (l) を乗じた値 αl に比例するとみなせばよい。したがって，αl の大きい壁は多量の水平力を負担し，αl の小さい壁は少量の水平力を負担する。例えば，図2.3のような壁構面があったとすると，この構面に含まれる3種の壁の水平力分担率は，図中に示したような割合となる。

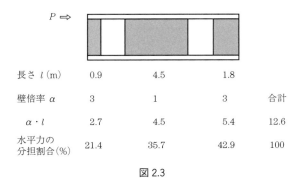

図2.3

平13国交告第1541号の壁倍率は，以下に述べるような壁の水平加力試験の結果に基づいて定められている。告示で想定していない面材等新規材料を使用する場合は，施行規則第8条の3の規定に基づく，国土交通大臣の認定が必要である。実験から壁倍率を求める方法は，指定性能評価機関が規定している評価・業務方法書等（構造計算指針第Ⅳ編第3章参照）によれば，以下のように記されている。耐力壁脚部を試験台に固定し，頂部に水平荷重 P を正負繰返しで加え，それによって生じる頂部の水平変位 δ を測定する。P と δ の関係をグラフに示し，次式により耐力壁の短期許容せん断耐力 P_a を求める。

$$P_a = \alpha P_0$$
$$P_0 = \min\left(P_y,\ 0.2\sqrt{2\mu-1}\,P_u,\ \frac{2}{3}P_{max},\ P_{150}\ (\text{または}\ P_{120})\right)$$

ここに，

α　：耐力低下の要因を評価する係数で，耐力壁構成材料の耐久性，使用環境の影響，施工性の影響，壁量計算の前提条件を満たさない場合の影響等を勘案して定める係数

P_y　：降伏耐力の下限値（kN）

P_u　：終局耐力の下限値（kN）

P_{max}　：最大耐力の下限値（kN）

μ　：塑性率

P_{150} または P_{120}：特定変形時耐力の下限値（kN）。タイロッド式の場合は真の層間変形角で 1/150 rad. 時の耐力，柱脚緊結式の場合は見掛けの変形角で 1/120 rad. 時の耐力とする

各耐力の下限値は信頼水準75％の50％下限許容限界値とする。

壁倍率は P_a を用いて次式から算出される。

　　壁倍率 = $P_a / 1.96\,L$

ここに，

1.96：基準耐力（kN）

L　：壁長（m）

なお，この他にも告示内の仕様の釘と面材で構成させる耐力壁の許容耐力を計算により求める方法もある。

図2.4は，告示に掲げられているさまざまな種類の耐力壁のうち主なものについて，上述の試験で得られる水

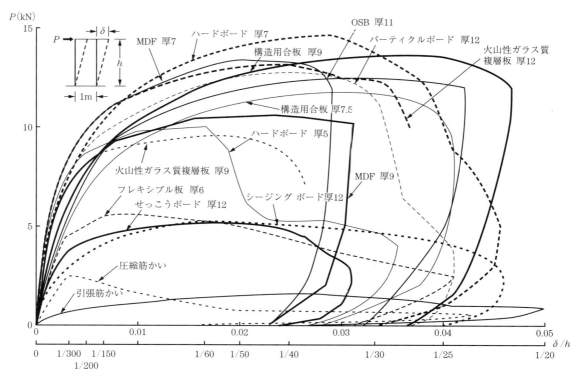

図2.4 各種耐力壁の P-δ 曲線例

平力 P と水平変形 δ の関係を示している。このデータは，$h=2.42\,\text{m}$，$l=0.9 \sim 2.4\,\text{m}$ の場合の試験データを，比較のため $l=1\,\text{m}$ の場合に換算したものである。この図に見られる各種耐力壁の対水平力特性は，以下のようである。

（1）構造用合板
- 初期剛性は MDF（厚 7 mm），火山性ガラス質複層板（厚 12 mm），ハードボード，パーティクルボードに次いで高い。
- δ/h（以下，せん断変形角という）が 1/30 rad. 程度にいたるまで耐力が上昇し，1/25 rad. ないし 1/20 rad. にいたるまで急激な耐力劣化は見られない。
- 最大耐力 P_{max} は，せん断変形角が 1/300 rad. のときの耐力の 2 倍，1/150 rad. のときの耐力の 1.5 倍程度である。

（2）ハードボード
- 初期剛性が MDF（厚 7 mm），火山性ガラス質複層板（厚 12 mm）に次いで高い。
- せん断変形角が 7 mm 厚の場合 1/40 rad.，5 mm 厚の場合 1/60 rad. 程度にいたるまで耐力は上昇するが，それを超えると急激な耐力劣化が見られる。
- せん断変形角 1/300 rad. または 1/150 rad. のときの耐力に比較して最大耐力がやや小さい。
    * これらの現象が，告示におけるハードボードの倍率が構造用合板より低めに設定されている理由である。

（3）パーティクルボード
- ハードボードに近い初期剛性をもつ。
- せん断変形角が 1/40 rad. 程度にいたるまで耐力が上昇し，1/30 rad. を超えると耐力が低下する。
- せん断変形角 1/300 rad. または 1/150 rad. のときの耐力に比較して最大耐力がやや小さい。

（4）構造用パネル（OSB）
- 構造用合板とパーティクルボードのほぼ中間的な初期剛性をもつ。
- せん断変形角が 1/50 rad. 程度にいたるまで耐力が上昇し，1/25 rad. ないし 1/20 rad. にいたるまで急激な耐力低下は見られない。
- 最大耐力は，せん断変形角が 1/300 rad. のときの耐力の約 1.5〜1.8 倍，1/150 rad. のときの耐力の約 1.2〜1.4 倍である。

（5） フレキシブル板
- せん断変形角が 1/100 rad. 程度までは耐力が上昇するが，それ以降は徐々に耐力が低下する。
- くぎ周りの損傷は 1/300 rad. 付近から見え始める。

（6） せっこうボード
- せん断変形角が 1/60 rad.～1/50 rad. 付近まで耐力が上昇し，1/40 rad. をすぎたところから耐力の低下が著しくなる。
- くぎ周りの損傷は 1/300 rad. 付近から見え始める。
- せん断変形角 1/300 rad. または 1/150 rad. のときの耐力に比較して，最大耐力がやや小さい。

（7） シージングボード
- 初期剛性はせっこうボードよりやや劣る。
- せん断変形角が 1/60 rad.～1/50 rad. 付近まで耐力が上昇し，それ以降，1/25 rad. を超えるところまで耐力がゆるやかに低下する。
- せん断変形角 1/300 rad. または 1/150 rad. のときの耐力に比較して，最大耐力がやや小さい。

（8） 筋かい
- 圧縮力を受ける場合と引張力を受ける場合とでは挙動が大きく異なる。
- 圧縮筋かい耐力はせん断変形角 1/300 rad. 程度で最大に達し，以降急激に低下する。
- 引張筋かいは，剛性，耐力ともに小さいが，せん断変形角が 1/30 rad. 程度までの変形範囲では耐力の低下は少ない。

（9） ミディアムデンシティーファイバーボード（MDF）
- 7 mm 厚の場合，図中では最も高い初期剛性をもつ。また，9 mm 厚の場合，パーティクルボードと構造用合板の中間的な初期剛性をもつ。
- 7 mm 厚の場合，せん断変形角が 1/50 rad. 程度にいたるまで耐力が上昇し，1/40 rad. を超えると耐力が低下する。また，9 mm 厚の場合，せん断変形角が 1/40 rad. 程度にいたるまで耐力が上昇し，1/35 rad. を超えると耐力が低下する。
- せん断変形角 1/300 rad. または 1/150 rad. のときの耐力に比較して，最大耐力がやや小さい。

（10） 火山性ガラス質複層板（VS ボード）
- 9 mm 厚の場合，パーティクルボードと構造用合板の中間的な初期剛性をもつ。また，12 mm 厚の場合，図中では MDF と同様最も高い初期剛性をもつ。
- 9 mm 厚の場合，せん断変形角が 1/50 rad. 程度にいたるまで耐力が上昇し，1/40 rad. を超えると耐力が低下する。また，12 mm 厚の場合，せん断変形角が 1/40 rad. 程度にいたるまで耐力が上昇し，1/30 rad. を超えると耐力が低下する。
- せん断変形角 1/300 rad. または 1/150 rad. のときの耐力に比較して，最大耐力がやや小さい。

以上のような各種耐力壁の挙動は，基本的には面材を留め付けているくぎの曲がりや引き抜け，くぎ周辺部の面材のめり込み，割れ等の状況に支配されている。すなわち，変形が小さいうちは，このような局部的な損傷の発生が少なく高い剛性を保持するが，変形が大きくなるにつれて損傷が次第に著しくなり剛性が低下する。さらに変形が増大して一定の限界を超えると耐力が低下し，崩壊にいたる。

したがって，くぎの直径，くぎ打ちピッチあるいは面材の板厚等を変化させれば，前述のような耐力壁の挙動を変化させることが可能である。

ちなみに，上述のような局部損傷はいったん発生すると元にもどらないので，これら耐力壁が正負繰り返し水平力の作用を受ける場合は，図2.5 に示すようなスリップ型の履歴特性を示すのが通常である。

なお，耐力壁が水平力の作用を受けると，耐力壁の脚部には大きな圧縮力と引張り力が発生する。このとき，引張り力がたて枠に作用している軸圧縮力を超えると耐力壁の脚部が浮き上がる。3 階建ての建築物では，このような現象が生じやすいので，構造計算に当たってはこの点に注意するとともに，耐力壁に浮き上がりが生じる場合は，金物等による耐力壁脚部の浮き上がり防止策を講じなければならない。

また，耐力壁線の位置が上下階で一致しない場合，上階の耐力壁は床根太で支持されることになるが，このような場合に床根太には上述の耐力壁の脚部に生じる圧縮力，引張り力によってたわみを生じ，これによって耐力

壁の実質の剛性が低下することがあるので，適切な方法によって耐力壁を支持する床根太を補剛しなければならない。

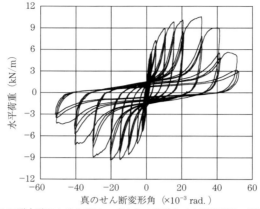

OSB耐力壁における壁長1m当たりの荷重とせん断変形角の関係

図2.5　荷重と真のせん断変形角の関係（OSB 9 mm）

2.1.4　風圧力，地震力によって生ずる層間変位

風圧力および地震力によって生じる層間変位において，枠組壁工法建築物の構造躯体の場合，降伏せん断耐力以下であることを確認すれば，構造躯体に著しい損傷を生じるおそれはない。

仕様規定にしたがった耐力壁を用いた構造躯体に関しては，昭和62年7月の「3階建て枠組壁工法建築物実大水平加力試験」の結果より150分の1 rad. までおおむね弾性挙動範囲であることが示されており，構造計算においても降伏耐力時の層間変形角は150分の1 rad. とみなしている。

仕様規定とは異なる耐力壁を用いた場合には，構造計算指針第Ⅰ編に述べた方法で耐力壁の降伏せん断耐力以下であることを確認することにより，構造躯体に著しい損傷を生じる恐れのないことが確認できる。このときの層間変形角はおおむね200分の1 rad. から150分の1 rad. 程度であり，面材と接合具の種類によってそれぞれ計算で求めることができる。

仕上げ材については，既往の研究によれば，サイディング張りの場合には層間変形角100分の1 rad. 程度から割れが発生し，モルタル塗りの場合には100分の1 rad. 程度から剥落が生じる。通常の仕上げ材を用いた場合には，100分の1 rad. 程度以下で著しい損傷が生じることはない。

以上から，仕様規定にしたがった耐力壁を用いた場合には150分の1 rad. とし，仕様規定によらない耐力壁を用いた場合には当該耐力壁の降伏せん断耐力時の変形角を用いて，層間変形角の確認を行うことが必要である。

2.1.5　風圧力に対する抵抗機能

建築物の外壁面に作用する風圧は，まず壁の面材や開口部に作用し，以後次のような経路を通って耐力壁等に伝達される。

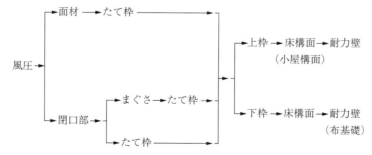

したがって，外壁面の風圧力に対する抵抗は，主として次のような要因に支配される。

① 面材の曲げ耐力
② 面材—たて枠接合部のくぎの耐力
③ たて枠の曲げ耐力
④ たて枠—上下枠接合部のくぎのせん断耐力（図 2.6 参照）
⑤ 上下枠—床接合部のくぎのせん断耐力（同上）

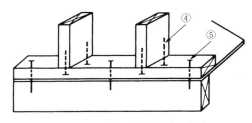

図 2.6　たて枠—上下枠—床の接合

通常の場合，外壁に用いられる面材は構造用合板または構造用パネル（以下「構造用合板等」という）であり，その場合上記 ① および ② は，暴風時に合板にやや大きな曲げ変形が生じることを許容する限り十分大きい。したがって，構造用合板等を面材とする外壁については，① および ② に関して構造計算を行って風圧に対する安全性を確かめる必要はない。

③ のたて枠曲げ耐力も，告示に定めるたて枠の間隔を遵守する限り十分大きいので，構造計算を行う必要はない。ただし，大きな開口の両側にあるたて枠に関しては，開口建具の負担する風圧力とまぐさの負担する風圧力のいずれも，このたて枠が負担することになるので，そのような場合には構造計算を行って安全を確かめる必要がある。

④ のくぎは告示によれば，たて枠 1 本当たり 1,000 N の短期せん断耐力に耐えられる接合方法で緊結，または 2-CN 90，3-CN 75 等とすることになっている。たて枠の間隔が 455 mm の場合，3 階建ての建築物の 3 階のたて枠 1 本当たりに風圧力によって生じるせん断力は 784 N 程度であるので，大きな開口の両側のたて枠を除けば，構造計算によってこのくぎの耐力を検討する必要はない。

告示によると，⑤ のくぎは 1 m 当たり 1,600 N の短期せん断耐力に耐えられる接合方法で緊結しなければならない。一般に CN 90@455 とすることが多いが，この場合の上下枠と床の間の短期許容せん断耐力は，S-P-F 材で 1 m 当たり 1,715 N 程度である。

一方，3 階建ての 3 階の外壁の下部に生じる風圧力によるせん断力は，壁長 1 m 当たり 1,764 N 程度であって，上述の短期許容せん断耐力をやや超える。このせん断耐力の不足分は，風向に平行な方向の壁の上下枠と床を留め付けているくぎ等の耐力によって十分補われる。したがって，⑤ のくぎについては告示仕様にしたがう限り，構造計算をして安全を確かめる必要はない。

なお，木質断熱複合パネルを用いる場合は，各部位の納まり，および当該パネルの面外曲げ性能を考慮して安全性の確認を行う必要がある。

2.2　床構面

2.2.1　機　能

床構面の主要な力学的機能は，次の 3 つである。
① 鉛直荷重の支持
床の自重および積載荷重を支持し，壁あるいは基礎に伝達する機能。
② 風圧力を受ける外壁の上下端の支持
外壁が風圧力を受けるとき，その上下端を支持する機能。
③ 地震力，風圧力の壁への伝達と分配
地震時や暴風時に，上階の耐力壁の脚部を支持することによってせん断力を負担し，それを下階の耐力壁などへ伝達，再分配する機能。

2.2.2　鉛直荷重支持機能

床の積載荷重は，まず初めに床材により支持され，次に根太によって支えられる。根太間隔が 50 cm 以下のときは，床材は 12 mm 厚の構造用合板，15 mm 厚のパーティクルボード，あるいは構造用パネル 2 級以上とする。これら床材については，特殊な重量物を積載する場合以外は構造計算をする必要はない。

床根太には 206，208，210，212 等が用いられる。これらの性能は，根太間隔，積載荷重の大きさなどによって相違するので，設計者が計算によって確認しなければならない。設計に当たっては，根太の曲げ応力を適正な範

囲にとどめること，また，両端ピン支持の床根太については，平 12 建告第 1459 号による確認を行う必要がある。

床根太の端部（木口部）には端根太を打ち付ける。これは根太の横倒れを防止する部材である。また，転び止めも同様の機能を果たす部材である。

なお，床根太に木質接着成形軸材料，木質複合軸材料または薄板軽量型鋼を用いる場合は，当該部分の鉛直荷重に対する許容応力度計算を行い部材の安全性を確認するとともに，水平荷重に対する接合部の応力伝達の安全性を確認する必要がある。また，壁等の上部に設置される端根太または側根太に木質接着成形軸材料または木質複合軸材料を用いる場合は，鉛直荷重による応力は生じないが，水平荷重に対する接合部の応力伝達の安全性を確認する必要がある。

2.2.3 外壁上下端の支持機能

この機能については 2.1.2 項で述べたとおりである。

2.2.4 水平力の伝達，分配機能

耐力壁が負担した水平力は，耐力壁と床面間の摩擦と両者をつなぐくぎ等のせん断抵抗によって床構面に伝達される。伝達されたせん断力は，床構面内で再配分されて下階の耐力壁等へ伝達される。

耐力壁と床構面をくぎで接合する場合は，告示第 5 第十五号の仕様規定によって図 2.7 のように規定されている。耐力壁-床間の摩擦係数が 0.5 以上であること，またこの摩擦は上述のくぎの存在，および外壁周りに設けられる上下階の分離を防止するための帯金物等の存在によって，地震時においても期待できることを考慮すると，建築基準法で想定している程度の地震力あるいは風圧力の下では，耐力壁-床間のせん断力の伝達は，摩擦抵抗によって十分まかなうことができる。したがって，上述のくぎのせん断抵抗については構造計算を省略できる。

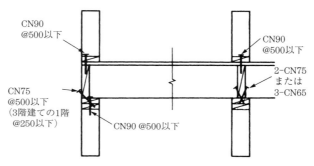

図 2.7　耐力壁と床を接合するくぎ

一方，上階の耐力壁から伝達されたせん断力を下階の耐力壁などへ配分する機能は，床枠組にくぎ打ちされた構造用合板，あるいはパーティクルボードによって担保される。すなわち，告示第 4 第七号の規定によって，床材はその端部を CN 50@150 以下，その他の部分を CN 50@200 以下のくぎ打ち仕様で根太材にくぎ打ち，または 1 m 当たり 2,800 N の短期せん断応力に耐えられる接合方法で緊結する。このような床面の短期許容せん断耐力 Q_a の床面 1 m 長さ当たり

$$Q_a = (くぎの短期許容せん断耐力) \times \frac{1}{くぎのピッチ(m)}$$

で計算することができ，地震力や風圧力によるせん断力の床面内配分は，この値の範囲内で可能となる。ちなみに，床材の外周くぎピッチが @150 の場合の Q_a は次のとおりである。

　　根太：D Fir-L の場合　　$Q_a = 3,067$ N/m
　　　　　Hem-Fir の場合　　　2,978 N/m
　　　　　S-P-F の場合　　　　2,889 N/m

その他告示第 9 または第 10 の規定により構造計算を行った場合，地震時あるいは暴風時に床面を伝えるせん断力が告示第 4 第七号の表の値を超える場合は，床材のくぎ打ちピッチを変える等の措置が必要である。

2.2.5 床ばり

床ばりとして使用しているものは2通りの使い方がある。1つは鉛直荷重のみ負担するいわゆる「大ばり」的なものと，もう1つは耐力壁の直下あるいは床開口周り等に使用されて鉛直荷重と水平荷重を共に負担するものである。いずれの場合も「床ばり」を使用する意味合いとしては，主体構造である枠組壁工法を部分的に補強するものである。

鉛直荷重に対しては，許容応力度計算を行い部材の安全性を確認するとともに，はり両端の支持部分の検討が必要である。特に鋼製の床ばりを使用する場合においては，端部接合部の回転を拘束することにより，接合具により木部を破壊する場合があるため，ピン接合に近い形で接合を行う等の配慮が必要である。また，はり端部をたて枠あるいは頭つなぎに載せて接合を行う場合は，回転によりはり端部が滑落しないように接触面を十分に確保する必要がある。

水平荷重は材料の弱軸方向で負担する場合がある等，床ばりの使い方により材料に対する荷重の方向への配慮が必要である。また，鉛直荷重と水平荷重を同時に負担する場合は，組み合わせ荷重により検討を行う必要がある。

床ばりに木質接着成形軸材料または木質複合軸材料を使用する場合には，法第37条第二号の認定を受けたものとする。これらの材料または床トラスを使用する場合は，当該部分が負担する荷重に対して許容応力度計算を行う必要がある。

なお，鉛直荷重に対する変形に対しては，材料にかかわらず平12建告第1459号による確認を行う必要がある。

2.2.6 その他の床版

2階以上の床版を鉄筋コンクリート造とする場合においては，建物全体について許容応力度計算を行い，かつ，建物の地上部分について偏心率および剛性率の確認を行う必要がある。

1階の床版を鉄筋コンクリート造とする場合，または床版に木質断熱複合パネルを用いる場合は，鉛直荷重に対する許容応力度計算を行うとともに，水平荷重に対する接合部の応力伝達のチェックも必要である。

なお，床束を用いる床版は，鉛直荷重に対する許容応力度計算を行えばよい。

2.3　屋根構面

2.3.1　機　能

屋根構面の力学的機能は，次の3つである。
① 鉛直荷重の支持
屋根の自重および積雪荷重を支持する機能
② 強風時の屋根飛散の防止
強風時の風圧力による屋根各部の損傷，飛散を防止する機能
③ 地震力，風圧力の耐力壁への伝達，分配
屋根部に作用する地震力，風圧力を下階の耐力壁に伝達，分配する機能

2.3.2　小屋組の形式

小屋組の形式は，一般にたるき方式，屋根ばり方式，トラス方式の3つに分類される（図2.8参照）。上述の屋根構面の機能の発現機構は，小屋組の形式によって相違する。したがって，以下では，小屋組の形式ごとに諸機能の発現機構と，それらの力学的性能を説明する。

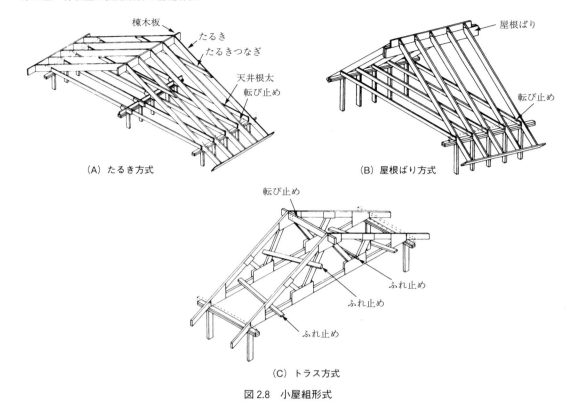

(A) たるき方式　　(B) 屋根ばり方式

(C) トラス方式

図2.8　小屋組形式

2.3.3　たるき方式

（1）　鉛直荷重支持機能

たるき方式においては，屋根の自重および積雪荷重は，たるきと天井根太で構成される三角形の構面（Aフレームといわれる。図2.9参照）が負担する。したがって，たるきには曲げモーメントと圧縮力が作用し，天井根太には主として引張り力が働く。また，天井根太とたるきの接合部のくぎには，天井根太の引張り力に応じたせん断力が働く。

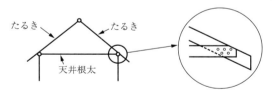

図2.9　Aフレーム

一般に，たるき方式の鉛直荷重支持能力は，次のような部位の耐力によって決まるので，構造計算によってそれらの性能を確保しなければならない。
- たるきの曲げ圧縮耐力
- 天井根太とたるきを接合するくぎのせん断耐力
- 天井根太に継ぎ手を設けるときは継ぎ手の引張り耐力

（2）　屋根飛散防止機能

この機能に関与するのは，主として以下の4つの要素である。
① 屋根葺き材
② 屋根下地材
③ たるきと天井根太とからなるトラス
④ トラスと壁を結合する接合具

屋根飛散防止性能はこれら4つの要素の性能に依存するので，それぞれについて所要の性能の有無を確認する

必要があり，特に③と④については，構造計算によって確認する必要がある。計算に当たっては，主として次の点に注意する。

- 屋根下地材に作用する風圧力に見合った合板留め付けくぎの本数
- たるきの曲げ耐力
- たるきとむなぎ間に生ずる引張り力の算出と，それに見合うたるきつなぎの必要本数
- 適切なあおり止め金物等の選択

（3） 地震力，風圧力の耐力壁への伝達，分配機能

小屋に作用する地震力または風圧力は，図2.10に示すように水平力の作用方向によって異なる。

すなわち，スパン方向に水平力が作用する場合には，力はトラスを通じて直接内外壁に伝達される。けた行方向の場合は屋根面の屋根下地材を経由して，まず最上階外壁に伝達され，ここから最上階の床または最上階内壁へ伝達される。ただし，天井裏を居室等とする場合は，小屋裏階の直下の階の外壁と同階内壁のせん断力の伝達能力が不足する場合があるので，構造計算によってせん断力の伝達能力を確認しなければならない。

以上のような地震力，風圧力の伝達性能は，通常以下のような部分で決まるので，必要に応じて計算によって性能を確認する。

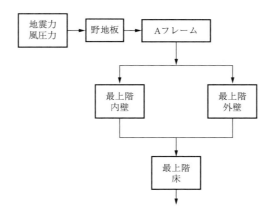

（イ）スパン方向に地震力，風圧力が作用する場合

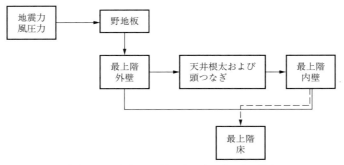

（ロ）けた行方向に地震力，風圧力が作用する場合

図2.10 水平力の伝達経路

① スパン方向の場合

たるき—頭つなぎ緊結くぎ（告示第7第九号では1,100 N/箇所，2-CN 75以上または3-CN 65以上等）

② けた行き方向の場合

たるき—頭つなぎ緊結くぎおよび転び止め—頭つなぎ緊結くぎ

なお，たるき—頭つなぎ緊結くぎの短期許容せん断耐力は，木材がS-P-Fの場合，たるき1本当たり次の数値となる。

2-CN 75 T：2本×330 N/本×2×5/6＝1,100 N
3-CN 65 T：3本×270 N/本×2×5/6＝1,350 N

2.3.4 トラス方式

(1) 鉛直荷重支持機能

トラス方式においては，屋根の自重および積雪荷重はトラスが負担する。その性能は，構造計算によって任意に設計することができる。

(2) 屋根飛散防止機能

トラス方式の屋根飛散防止機能に関与する要素は，たるき方式の場合と同様に，

① 屋根葺き材
② 屋根下地材
③ トラス
④ トラスと壁を結合する接合金物

である。これらの性能は構造計算によって確認ができる。

(3) 地震力，風圧力の耐力壁への伝達，分配機能

この機能については，たるき方式の場合と同じと考えればよい。

2.3.5 屋根ばり方式

(1) 鉛直荷重支持機能

屋根ばり方式における鉛直荷重の伝達経路は，図2.11のようになる。したがって，鉛直荷重支持性能は主として，

① たるきの曲げ耐力
② 屋根ばりの曲げ耐力
③ 天井ばりの断面性能

によって決まり，それぞれ構造計算等によって性能を確認しなければならない。なお，この方式では，天井ばりの荷重負担が相当大きくなることが多いので，天井ばりの端部を支持するたて枠は十分に補強する必要がある。

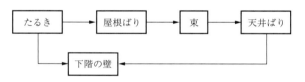

図2.11 屋根ばり方式の鉛直荷重の流れ

(2) 屋根飛散防止機能

風圧力の伝達経路も鉛直荷重の場合と同じく，図2.11のようになる。したがって，この場合も，たるき，屋根ばり，天井ばりの断面性能が屋根飛散防止性能に関与する。束立て方式においてはこのほかに，

① たるきと屋根ばり，たるきと頭つなぎなどの接合部
② 屋根ばりと束の接合部
③ 束と天井ばりの接合部
④ 天井ばりと頭つなぎの接合部

の引張り強度が重要な性能決定要因となることが多いので，構造計算によって確かめる必要がある。

(3) 地震力，風圧力の耐力壁への伝達，分配機能

屋根ばり方式においては，最上階の内壁にせん断力を伝達することは困難である。したがって，図2.12のような経路によって地震力，風圧力は下階へ伝達される。この場合の水平力の伝達性能は，主としてたるきと頭つなぎの接合部，あるいは天井ばりと頭つなぎとの接合部のせん断耐力に支配されるので，これら接合部のくぎ等の本数については計算によって確認しておくことが望ましい。

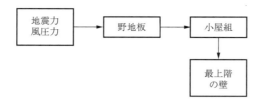

図 2.12 水平力の伝達経路

2.3.6 木質断熱複合パネル

屋根版に木質断熱複合パネルを用いる場合は，当該屋根版を屋根ばりおよび束にて支持する構成になる。したがって各荷重の支持等および力の伝達機能については 2.3.5 項のたるきおよび野地板を木質断熱複合パネルに読み替えればよい。

2.4 基　礎

2.4.1 機　能

基礎の主な力学的機能は次のとおりである。
① 鉛直荷重の地盤への伝達
上部構造の自重，床の積載荷重および積雪荷重を支持し，それを平均化して地盤へ伝達する機能
② 地震力，風圧力によって上部構造に生ずる応力を地盤に伝達する機能

2.4.2 鉛直荷重の地盤への伝達機能

軽量で小規模の建築物の基礎は，地表面から比較的浅い所に根入れされる。地表面に近い部分の地盤は，一般に軟らかくかつ荷重支持力が平面的に不均一であることが多いので，不同沈下等の不都合が発生することがある。基礎の設計については，平 12 建告第 1347 号によること。

布基礎の設計に当たっては，地盤に生じる反力が許容地耐力を超えないように底盤面積を適切に定めること，換気口周りの断面欠損に対して適切な補強をすること，地盤反力によって生じる応力に対して安全なように適切な補強筋を配することが重要である。

2.4.3 水平力の地盤への伝達機能

上部構造に生じる水平力は，土台に緊結されたアンカーボルトを介して基礎に伝達される。また，地震力や風圧力の作用時に耐力壁などの脚部に生じる反力によって，基礎の立ち上がりには曲げモーメントやせん断力が作用する。このような力に対して，布基礎各部が破壊しないように断面を設計することが必要である。

2.5 水平力に対する架構の性能

2.5.1 3 階建て枠組壁工法建築物実大水平加力試験

（1）実験概要

昭和 62 年 7 月に㈳日本ツーバイフォー建築協会（現（一社）日本ツーバイフォー建築協会，以下（一社）は省く）と建設省建築研究所（現（国研）建築研究所）が共同で，総 3 階建て枠組壁工法建築物の実大水平加力試験を実施した。以下に，この試験結果に基づいて枠組壁工法架構の水平力に対する挙動を概説する。なお，実験の概要は，以下のとおりである。

供試体は，図 2.13 および図 2.14 に示す 9.1 m × 7.28 m の平面を有する総 3 階建て住宅で，各階とも東西方向に南北外壁，および中通り壁の 3 つの耐力壁線を有する。外壁は 9 mm 厚の構造用合板で，室内側には 12 mm 厚のせっこうボードを内張りし，内部の耐力壁には 12 mm 厚のせっこうボードを両面に張った。また，実験は

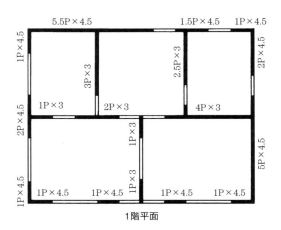

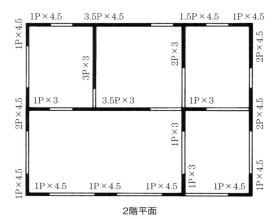

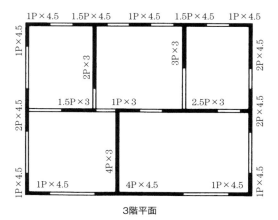

図 2.13　供試体の平面

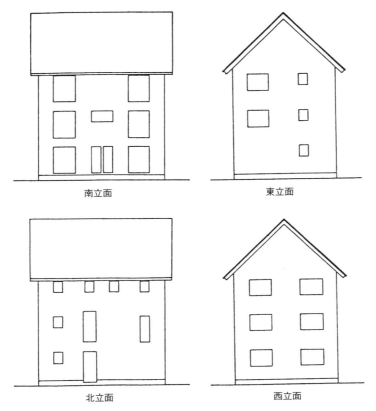

南立面　　東立面

北立面　　西立面

図 2.14　供試体の立面

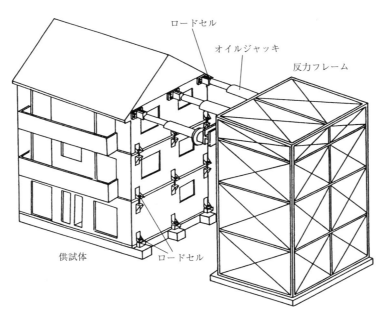

図 2.15　試験装置外観

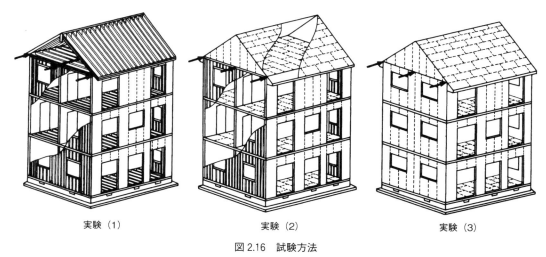

実験(1) 実験(2) 実験(3)

図 2.16 試験方法

内外装を施さない状態で行った。

実験は，図 2.15 に示す反力フレームを用いて，供試体頂部に 3 本のオイルジャッキにより東西方向に両振れの水平力を加えた。床面剛性並びに直交壁が建物の立体挙動に与える影響を調べるため，図 2.16 に示す 3 種類の実験が行われた。ただし，各実験の直後に耐力壁の合板，およびせっこうボードをすべて張り換え，直前の実験が次の実験に影響を及ぼさないようにした。

3 種類の実験は大略以下のようなものである。

実　験(1)：

各階床（1 階を除く）および屋根面に合板を張らず，また南北方向の外壁および内壁にも合板およびせっこうボードを張らない状態で，東西方向の 3 つの構面の頂部に 3 本のオイルジャッキを用いて，加力点の水平変位が同じになるようにしてそれぞれ独立した水平力を加えた。

実　験(2)：

実験(1)の供試体（壁を張り直したもの）の各層の床面に合板を張ったものについて同様の実験を行った。ただし，この場合，各耐力壁に加える水平力は建物に加わる地震力を想定して，南北外壁に加える荷重 1 に対して中通り壁に加える荷重が 1.5 となるように荷重をコントロールした。

実　験(3)：

実験(2)の供試体（壁を張り直したもの）の南北方向の外壁並びに内壁に合板およびせっこうボードを張り，同様に実験を行った。ただし，各加力点に加える荷重は実験(2)と同様に 1：1.5：1 とした。

（2）　弾性限耐力と終局耐力

3 種の実験における 3 階頂部水平変位と水平力との関係は，図 2.17～図 2.19 のようであった。また，表には頂部水平変形量が建物高さの 1/300 rad.，1/150 rad. および 1/60 rad. のときの水平耐力，並びに最大耐力（P_{max}）

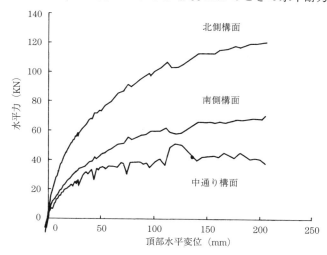

図 2.17　実験(1)における水平力と頂部水平変位の関係

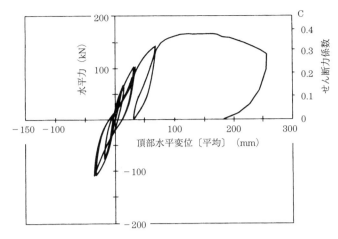

図2.18 実験(2)における水平力と頂部水平変位の関係

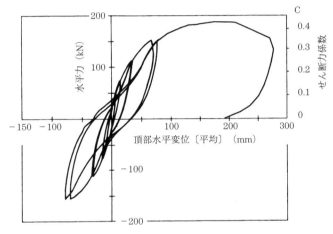

図2.19 実験(3)における水平力と頂部水平変位の関係

およびそのときの水平変形角（γ_{max}）の値を一覧している。

これによると，頂部水平変形角が1/150 rad. 程度以下の範囲では，おおむね弾性的な挙動が見られる（頂部水平変形角 1/150 rad. は，頂部の水平変形 5.4 cm に相当）。

図2.18 を見ると，この壁は水平変形角が1/150 rad. のときには壁長さ1 m 当たり 1.96 kN の耐力を保持していると判断される。上述の実験結果から，1/150 rad. の水平変形時の耐力を弾性限耐力とみなすと，枠組壁工法の壁の弾性限耐力 P は，壁倍率 α，長さ l(m) の場合，

$$P = 1.96\,\alpha \cdot l\,(\mathrm{kN})$$

とすることができる。

実大実験をした建物について，この弾性限耐力の各階の総和 P_E を計算すると表2.1 のようになる。これらを

表2.1 弾性限耐力と終局耐力の比較

	弾性限耐力 P_E(kN)	終局耐力 P_{max} (kN)	P_{max}/P_E	耐力が P_E に達したときの層間変形角 (rad.)
3階	123.48	183.26	1.48 以上	1/233
2階	117.60		1.56	1/156
1階	134.26		1.36 以上	1/159

表2.2 頂部水平変形と耐力の関係

(単位／耐力：kN，変形角：×10^{-2} rad.)

	1/300	1/150	1/60	P_{max}	γ_{max}	備考
実験(1)	109.76	152.88	209.72	220.50	3.21	南，中，北構面の耐力の和
実験(2)	89.18	124.46	163.66	163.66	1.62	
実験(3)	97.02	133.28	174.44	183.26	2.63	

表2.2の実験(3)におけるP_{max}と比較すると，この建物の終局耐力は，上のようにして求めた弾性限耐力の1.56倍である。なお，実験(3)において，作用水平力がP_Eに達したときの各階の層間変形角は表2.1に示したように1/233 rad. ないし 1/156 rad. である。なお，実験(3)における最大耐力時の2階部分の変形角は平均約 1/20 rad. であり，これは弾性限耐力時の層間変形角の8倍以上である。

(3) 水平力に対する変形性状

図2.20 および図2.21 は，実験(2)と(3)における試験建物頂部の水平変形角が 1/300 rad.，1/200 rad. および 1/60 rad. のときの各階床面の変位および変形状況を示している。

実験(2)では，加力方向と直交する方向に耐力壁が配置されていないため，各階の床面は建物が変形するにしたがって，大きく回転していることがわかる。これに対して実験(3)では，加力方向に直交する方向に耐力壁が配置されているため，各階床面の回転は小さく，直交壁が建物の回転防止に有効に働いていることがわかる。また，実験(2)，実験(3)とも床面はほぼ元の形を保っており，床面が水平力を耐力壁に伝えるのに十分な剛性を有していることがわかる。

なお，実験(3)において測定したこの建物の1次固有周期は，水平加力する前の状態で0.18秒，試験によって破壊した後の状態で0.36秒であった。昭55建告第1793号に定める木造の耐震設計用1次固有周期は，この建物の場合，

$$T = 0.03 \times 9.9 = 0.30 \text{ 秒}$$

であり，実験に供した建物が内外装材，屋根葺き材および積載荷重等を含んでいないため，実際より軽いことを考慮すると，告示によって推定される固有周期が，おおむね妥当な値であることがわかる。

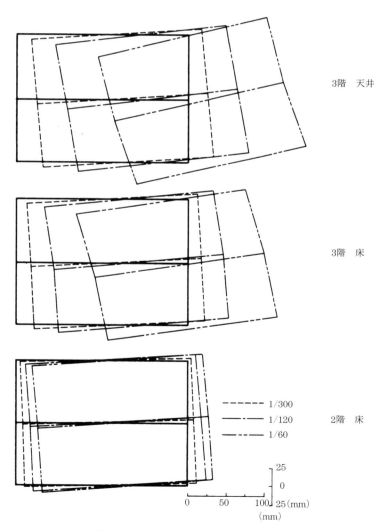

図2.20 実験(2)における各階床面の変形

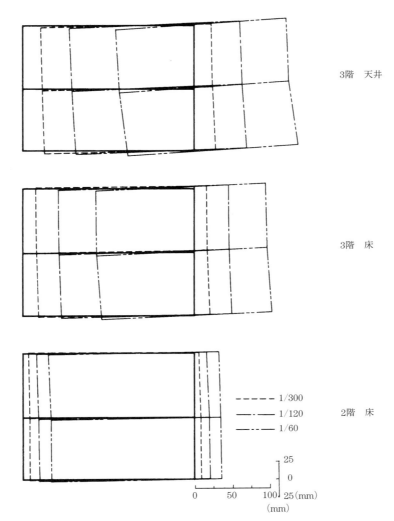

図 2.21 実験(3)における各階床面の変形

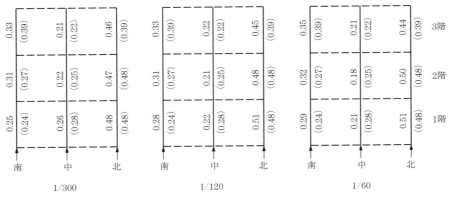

図 2.22 水平力の分担率と壁長比（( ) 内の数値）の比較

（4） 壁構面の水平力分担

図 2.22 は，実験(1)の結果を用いて実験(3)における南側，北側および中通り構面の水平力分担率を求めたものである。この図には（　）内に各構面の壁量の比を参考のため併記してある。これを見ると，各構面の水平力分担率は各構面の壁量の比とよく一致しており，耐震設計あるいは耐風設計における各階各構面の水平力分担の割合が壁量に比例すると考えればよいことがわかる。

（5） 上下階間の引張力

図 2.23 は，実験(3)において，頂部水平変形角が 1/300 rad.，1/120 rad. および 1/60 rad. のときの南側構面の耐力壁の脚部の鉛直方向変位を示したものである。

この試験においては，耐力壁脚部は東西の外壁面に浮き上がり防止のためのホールダウン金物（図 2.24 参照）が取り付けてあるのみで，内側の耐力壁の脚部は特別の補強をしていない。したがって，図 2.25 に見られるように，耐力壁脚部は水平変形の増加とともに浮き上がりと沈み込みが生じる。このような現象が生じても，

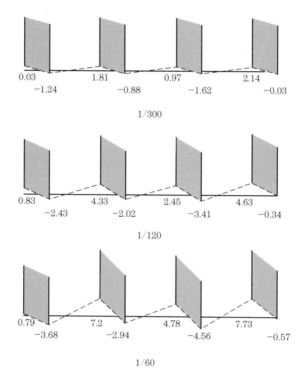

図 2.23　実験(3)における1階南側構面耐力壁の鉛直変位（単位：mm）

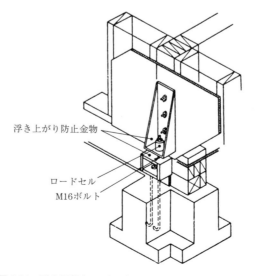

図 2.24　耐力壁端部の浮き上がり防止金物とロードセル

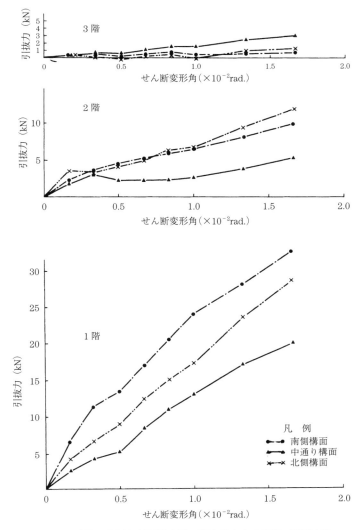

図 2.25 建物の変形と外壁耐力壁の引き抜き力の関係（実験(3)）

架構全体の挙動は大変形にいたるまで安定しており，また各耐力壁は総じて告示の壁倍率に見合う耐力を保持している。図 2.25 は，実験 (3) における建物の頂部水平変形と外壁耐力壁脚部の引き抜き力の関係を示したものである。この図からわかるように，耐力壁脚部の引き抜き力は最上階でもっとも小さく，下階へいくにつれて大きくなる。

耐力壁脚部の引き抜き力は，応力解析によって算出することができる。図 2.26 は，実験 (3) における南側構面の 1 階の各耐力壁の脚部引き抜き力および圧縮力を，頂部変形角が 1/120 rad. の場合について計算したものである。同図の下にある表の最下欄が，耐力壁脚部の応力である。この表で耐力壁 (1) の脚部の引き抜き力の計算値は 31.26 kN であるが，これに対応する実測値は 20.58 kN である。実測値は計算値の約 2/3 であり，このように実測値が計算値よりかなり低いという傾向は，中通り構面や北側構面においても同様に見られた。これは，計算値が直交構面の存在，および告示で要求される耐力壁の下枠と土台を結合するくぎ等，引張りに対する抵抗要素の存在を無視しているからである。

2.5.2 耐力壁の振動実験

平成 8 年に，(国研)建築研究所と日本ツーバイフォー建築協会との共同研究により，耐力壁の振動実験が行われた。

この実験は枠組壁工法耐力壁の地震時における挙動を求め，耐震性能評価法の検討を行うとともに，各種面材による耐力壁の振動特性，じん性の異なる仕様の組み合わされた場合の挙動について把握することを目的とした。

振動実験の概要として，試験体は平面寸法が 2,730 mm × 2,730 mm，高さ 2,790 mm の単層箱型試験体とし，

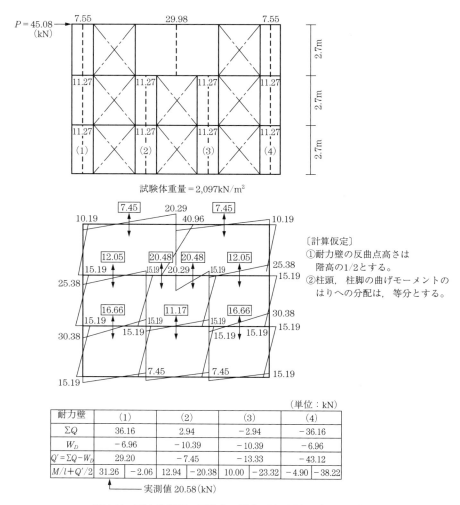

図 2.26 耐力壁脚部の引抜力の計算（実験(3)の南側構面）

表 2.3 試験体仕様一覧

	耐力壁仕様	くぎ仕様	くぎピッチ（mm）	積載荷重（kN）
①	構造用合板 9 mm	CN 50	外周@100 内部@200	41.98
②	せっこうボード 12.5 mm	GN 40	外周@100 内部@200	13.62
③	①＋②の両面張り	CN 50 + GN 40	外周@100 内部@200	54.64

加振方向と直交する壁については，構造用合板を全面張りし（CN 50 を面材の外周部には 100 mm 間隔，中央部には 200 mm 間隔でくぎ打ちする），加振方向の壁については，中央部の 910 mm 部分に表 2.3 に示すようなくぎ種類，くぎピッチの耐力壁を取り付けた。床は設けず，壁下材を土台とくぎ打ちし，土台と H 形鋼の架台をボルトにより緊結した。天井については表 2.3 に示す積載荷重に耐えうるよう集成材を加振方向に流し，その上に構造用合板をくぎ打ちし，天井構面とした。なお，試験体は表 2.3 の①，②，③の仕様ごとに準備し，地震波入力を行うものとした。

柱脚部はホールダウン金物（HD-B 20）で固定する。表 2.3 の積載荷重の算出根拠としては，計算により降伏せん断耐力を算出し，その数値に構造用合板は 1.5 を，せっこうボードは 1.2 を乗じたものを終局耐力とし，標準せん断力係数 $C_0 = 1.0$，構造特性係数 $D_s = 0.3$ の条件で 20 ％の余裕を有するものとした（構造用合板＋せっこうボードはそれぞれを加算した数値とする）。

振動台は，テーブル寸法 3 m × 4 m，最大積載重量 196 kN，最大振幅 ±100 mm，最大速度 ±75 cm/sec，最大加速度 ±1 G の 1 軸柱型振動台を使用し，計測点は必要箇所に加速度計，変位計を設置し，加速度，変位をそれぞれ計測した（図 2.27 参照）。地震波の入力スケジュールは，まず人力による自由振動を行って，加振前の試験体の固有振動数を把握し，神戸海洋気象台 NS 波の速度 5 kine，55 kine の順に入力し，各地震波入力後に試験体特性を把握するためランダム波を入力した。

第 2 章 部位の力学的機能と性能　**129**

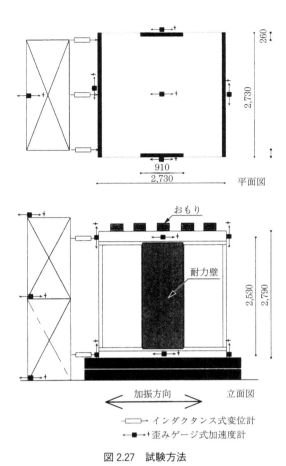

図 2.27　試験方法

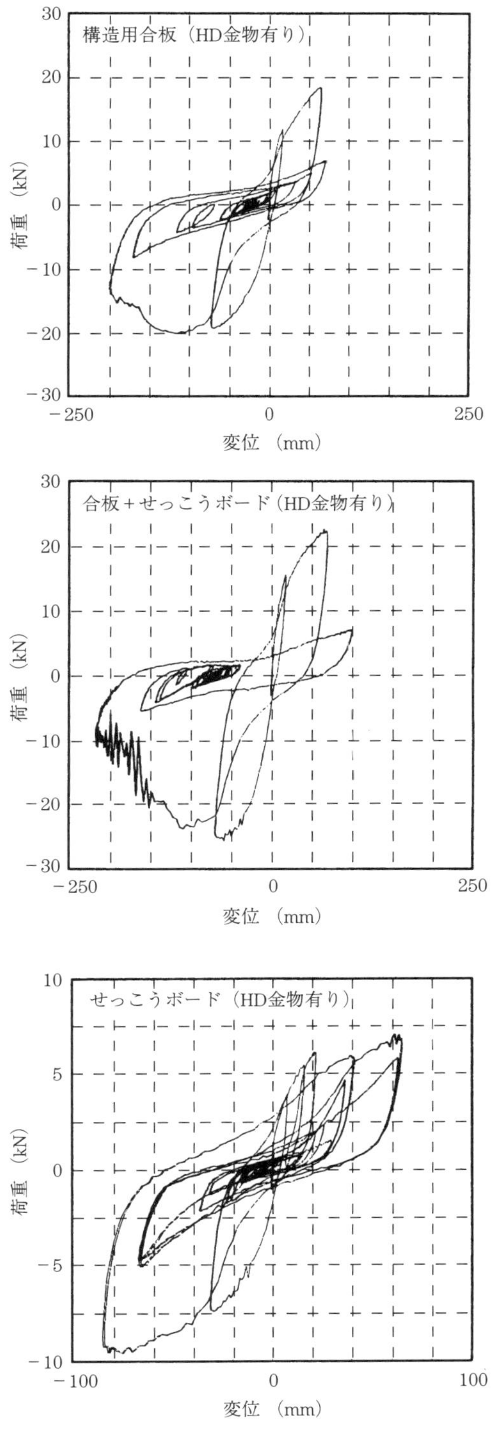

図 2.28　神戸海洋気象台 NS 波入力時の荷重-変位関係

表 2.4 試験結果一覧

試験体仕様	脚部仕様	自由振動実験		ランダム波 (固有振動数) (Hz)	神戸 55 kine	
		固有振動数 (Hz)	減衰定数 (%)		最大応答加速度 (gal)	最大応答変位 (mm)
構造用合板	HD 有り	3.0	9.0	3.0	462	199
構造用合板＋せっこうボード	HD 有り	3.1	8.6	3.0	453	216
せっこうボード	HD 有り	5.8	3.8	5.8	680	84

主な試験体の実験結果（固有振動数，減衰，応答加速度，応答変位）を**表 2.4**に示す。

3種類の耐力壁（構造用合板，せっこうボード，および構造用合板＋せっこうボード）についての実験結果は，前述の荷重条件で最大速度 55 kine の神戸海洋気象台 NS 波により，構造用合板で 199 mm，せっこうボードで 84 mm，構造用合板＋せっこうボードで 216 mm の最大応答変位が生じた。これらの最大応答変位は，せっこうボード単独のものを除き，通常の計算において想定する終局限界変位を上回るものと考えられる。

せっこうボード単体で最大応答変位が小さかった理由としては，せっこうボードは耐力が小さいが，初期剛性が大きいため，前述の質量設定によると固有振動数が大きくなり，入力波との関係で擬似共振が生じにくかったことが考えられる。しかしながら，現実の建物では構造用合板等の木質系面材が使用されることから，せっこうボードについては，構造用合板と併用された場合の効果を重視する必要がある。

構造用合板とせっこうボードを併用した耐力壁においては，構造用合板の場合と比較して，設定した条件下において最大応答変形がほぼ同等であった。この結果は上記に基づく設計を行うことの妥当性を示唆する結果といえる。

2.6 非耐力要素

実大加力実験等の結果から，枠組壁工法建築物は設計値以上の耐力を有することが確認されている。実際に耐力要素として考慮されていない，いわゆる非耐力要素が耐力を増加させていることが考えられる。非耐力要素には，間仕切り壁，垂れ壁，腰壁，外壁仕上げ材等の効果が考えられるが，ここでは，間仕切り壁，仕上げ材の水平せん断について述べ，その効果について検討を加える。

なお，告示に示される必要壁量は，固定荷重等についての想定を行った上で定められており，建築物によっては危険側となる場合も考えられる。したがって，外壁の仕様等で重量が特に大きな場合，間仕切り壁や腰壁等非耐力要素のきわめて少ない設計を行う場合等にあっては，必要壁量に対して余裕をもった設計壁量とすることが望ましい。

2.6.1 間仕切り壁の効果

枠組壁工法では，耐力壁線上にある壁で，壁の下部に基礎または下部の壁があるものを耐力壁として扱ってい

表 2.5 間仕切り壁の試験一覧

	床		天井		変形角			P_{max}		比較値1		比較値2	
	メンバー	スパン	メンバー	スパン	1/300	1/150	1/100	(N)	(rad)		平均		平均
①	204	0	210	0	1,166	1,627	1,833	3,234	0.024	—	0.48	—	0.82
②		0		3,640	2,058	1,842	2,646	2,950	0.016	0.66		1.13	
③		910		0	706	1,225	1,460	2,822	0.033	0.44		0.75	
④		910		3,640	980	1,627	2,048	3,107	0.025	0.58		1.00	
⑤		1,820		0	696	1,088	1,323	2,362	0.032	0.39		0.67	
⑥		1,820		3,640	882	1,205	1,450	2,626	0.033	0.43		0.74	
⑦	210	0	204	0	941	1,352	1,480	2,813	0.033	—		—	
⑧		0		3,640	1,088	1,294	1,294	1,294	0.008	0.46		0.80	
⑨		3,640		0	970	1,333	1,529	2,558	0.033	0.48		0.82	
⑩		3,640		3,640	745	1,068	1,264	1,343	0.032	0.38		0.66	
タイロッド式せん断試験					1,901	2,793	3,028	3,410	0.010	—		—	

※比較値1はタイロッド式と，比較値2は試験体番号①と変形角 1/150 rad. の荷重を比較した値。

る。前述のように，耐力壁以外の壁で壁を床根太等に支持された間仕切り壁についても，風圧力および地震力による水平荷重を負担しているものと考えられるため，その効果を実験により確認した。

この試験は，平成8年に(国研)建築研究所と日本ツーバイフォー建築協会が共同で行ったものであり，試験体は表2.5のとおり天井パネルに構造用合板張りの1階想定，合板無しの2階想定それぞれの床，天井スパンの組み合わせにより10種類10体とした（床，天井スパン0mm（試験体番号①および⑦）とは，H鋼フレームを可能な限り近づけたものを呼ぶ。実際の支持点間距離は床で800mm，天井で400mmある）。

試験体装置を図2.29，図2.30に示す。試験は見かけの変形角で制御し，同サイクル3回の繰り返し加力とした。

間仕切り壁試験の実験結果として（床と天井スパンが0mmの2体を除く8体について），この試験方法において耐力壁とみなせる（床天井スパンともに0mmの）試験体番号①と，また昭和63年に日本ツーバイフォー建築協会で行われた同仕様のせっこうボード張り耐力壁タイロッド式せん断試験と，それぞれ比較すると，見か

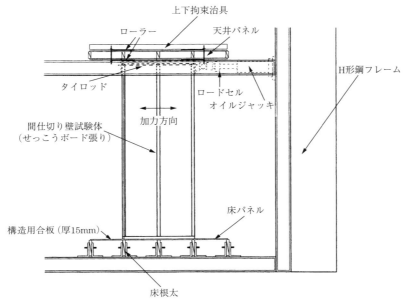

図2.29 試験装置

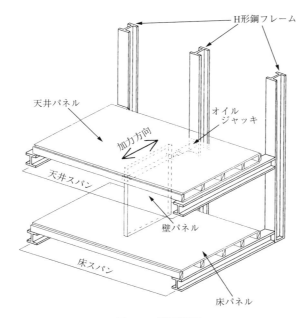

図2.30 試験装置

けの変形角 1/150 rad. における荷重で，表 2.5 のように①との比較で 68～113 %，タイロッド式との比較で 38～66 % の耐力を有し，平均的にはタイロッド式との比較で 50 % 程度の耐力を有することが確認された。

タイロッド式試験では，上下方向の変位を拘束し，純粋に水平方向に加力するため耐力が高く測定される傾向があるが，これとの比較によっても 50 % 程度の耐力を有すると考えられる。

ここでは，間仕切り壁の効果を耐力壁と比較し，その耐力の数値評価を行ったが，その結果は，間仕切り壁の耐力を見込んで耐力壁量を低減させることを認めるものではなく，間仕切り壁は余力として認識し，設計上は，耐力壁により地震力，風圧力を負担させなければならない。

2.6.2 外壁仕上げ材の影響

建物全体の耐力に非耐力要素として外壁仕上げ材の影響も考えられるが，前述の間仕切り壁同様，外壁仕上げ材の耐力についても耐力壁に加算することを認めるのではなく，単に余力として認識するものとする。ここでは外壁仕上げ材がどの程度耐力に影響を及ぼしているかを，平成 3 年に日本ツーバイフォー建築協会により行われた，合板張りの耐力壁と合板張りの上にサイディングを張った耐力壁の加力試験から考察する。図 2.31 に脚長

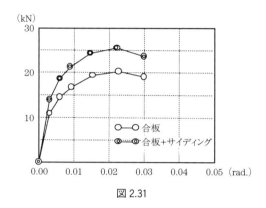

図 2.31

表 2.6

	$P_{1/300}$(kN)	P_{max}(kN)
a：合板	10.91	19.82
b：合板＋サイディング	14.05	24.92
比率（b/a）	1.29	1.26

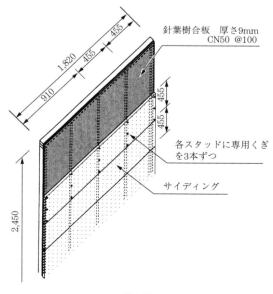

図 2.32

1,820 mm，高さ 2,450 mm の合板張りの耐力壁と合板の上にサイディングを直接張った耐力壁の加力試験結果を示す（試験体の図を図 2.32 に示す）。両者の包絡線の形状はほとんど同じであり，サイディングを張ったことにより，各変形時において一様に耐力が増加している様子がわかる。耐力増加の比率を表 2.6 に示す。真の変形角 1/300 rad. 時で 1.29 倍，最大荷重時で 1.26 倍の耐力増加がある。この結果，外壁仕上げ材によりおおむね 25 % の耐力増加が認められたが，この耐力増加分を外壁仕上げ材がそのまま負担できるということではなく，あくまでも余力として評価するものとする。

2.6.3 実例分析

阪神大震災を経験した住宅 32 棟（2 階建て 26 棟，3 階建て 6 棟）を対象に 2.6.1 項および 2.6.2 項で述べた試験結果に基づき非耐力要素の評価を行った。

間仕切り壁・外壁仕上げ材の効果を以下のように壁倍率換算を行った。ただし外壁材の耐力壁効果は，サイディング仕上げのみとし，モルタル仕上げは壁倍率評価を行わない。

　　　間仕切り壁の壁倍率換算　　せっこうボード両面張り　　3 倍耐力壁×0.5 = 1.50 倍
　　　外壁仕上げ材の壁倍率換算　構造用合板張り　　　　　　3 倍耐力壁×0.25 = 0.75 倍

腰壁・垂れ壁の壁長換算は，構造計算指針における小開口を含む耐力壁の評価法を基に以下の式により行った。指針では耐力壁とみなすことのできる開口部の大きさに制限があるが，ここでは，開口部すべてに関して評価した。

$$\text{開口比} = \frac{1-\alpha}{1-\alpha+\alpha\beta} \quad \alpha = \frac{L_w}{L} \quad \beta = \frac{h_w}{H}$$

$$\text{換算耐力壁長} = L(1-\text{開口比}) \times \text{壁倍率}$$

H：耐力壁の高さ（cm）　　　　　L：耐力壁の長さ（開口を含む）（cm）
h_w：開口部の高さの最大（cm）　L_w：開口部の長さの合計（cm）

以上の条件により，建物の設計壁量を 100 としたときの非耐力要素それぞれの比率を算出したものが図 2.33 である（32 棟分の平均）。これにより，非耐力要素を含んだすべての壁量に対し，非耐力要素は 30 % 程度の割合で存在することがわかった。しかし，ここでも非耐力要素は余力として評価し耐力壁に加算することや，耐力壁の代わりに耐力を負担させるときの扱いを可能にするものではない。

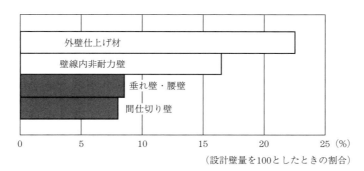

図 2.33　設計壁量に対する各非耐力要素の場合

2.7 三次元振動台試験

2.7.1 3階建て枠組壁工法建築物振動台実験

(1) 実験概要

平成18年4月に，住宅を想定した実大規模の枠組壁工法3階建て建築物の振動実験を実施した。その結果の概略を以下に示す。なお，本実験は(一財)建材試験センターの「木質構造建築物の振動試験研究会」により(国研)土木研究所の三次元大型振動台で行われたものである。

図2.35および図2.36に試験体の全景を示す。平面形状は7.28 m×7.28 mで，階高は1, 2階が2.7 m, 3階が

図2.35　A試験体

図2.36　B試験体

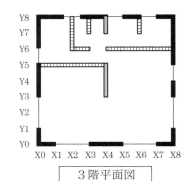

図2.37　試験体各階平面図

2.45 m である。構造躯体のみで構成された A 試験体と，屋根と外装仕上げ等を施した B 試験体の 2 体を用いた。耐力壁の仕様は**図 2.37** に示すとおりであり，すべての耐力壁脚部にホールダウン金物（以下「HD 金物」という）を設けた。**表 2.8** に建物重量と地震荷重，**表 2.9** に耐力壁量等，**表 2.10** に壁倍率から算出した短期せん断耐力，**表 2.11** に加振スケジュールをそれぞれ示す。

表 2.7　A 試験体の仕様

STAGE1	1 階部分の壁組について，耐力壁のみに面材貼付
STAGE2	1 階部分の面材をすべて張替
STAGE3	耐力壁と垂れ壁・腰壁に面材貼付
STAGE4	雑壁を含むすべての壁組に面材貼付

表 2.8　建物重量および地震荷重

階	W_i (kN)	ΣW_i (kN)	α_i	A_i	C_i	ΣQ_i (kN)
3	54.6 (82.6)	54.6 (82.6)	0.23 (0.26)	1.52 (1.48)	0.30 (0.30)	16.6 (24.4)
2	89.9 (116.3)	144.5 (198.8)	0.61 (0.62)	1.19 (1.18)	0.24 (0.24)	34.3 (47.0)
1	92.0 (121.4)	236.5 (320.2)	1.00 (1.00)	1.00 (1.00)	0.20 (0.20)	47.3 (64.0)

上段が A 試験体，下段（　）内が B 試験体を示す。

表 2.9　存在耐力壁のせん断剛性および短期せん断耐力

階	方向	A 試験体			B 試験体		
		せん断剛性 ΣK (kN/mm²)	短期せん断耐力 ΣQ_a (kN)	余裕率	せん断剛性 ΣK (kN/mm²)	短期せん断耐力 ΣQ_a (kN)	余裕率
3	X	4.61	67.3	4.05 (2.76)	4.61	67.3	4.05 (2.76)
3	Y	5.79	83.4	5.02 (3.42)	5.79	83.4	5.02 (3.42)
2	X	4.61	67.3	1.96 (1.43)	5.95	84.6	2.47 (1.80)
2	Y	5.61	80.3	2.34 (1.71)	5.61	80.3	2.34 (1.71)
1	X	6.26	89.0	1.88 (1.39)	7.23	108.7	2.30 (1.70)
1	Y	6.69	94.8	2.00 (1.48)	7.91	119.4	2.52 (1.87)

（注）表中の余裕率は，$C_0=0.2$ 時の地震荷重に対する値を示す。なお（　）内の数値は，設計荷重による値を示す。

表 2.10　壁倍率により算出した存在耐力壁の短期せん断耐力

階	方向	A 試験体 短期せん断耐力		B 試験体 短期せん断耐力	
		ΣQ_{a1} (kN)	ΣQ_{a2} (kN)	ΣQ_{a1} (kN)	ΣQ_{a2} (kN)
3	X	64.2	71.3	64.2	71.3
3	Y	78.5	92.0	78.5	92.0
2	X	64.2	71.3	78.5	107.0
2	Y	74.9	90.6	74.9	90.6
1	X	82.8	93.9	97.0	108.1
1	Y	87.7	101.7	105.6	119.6

（注）表中の ΣQ_{a1} は，壁倍率換算による値を示す。
　　　ただし，ΣQ_{a2} は，垂れ壁および腰壁の壁量も考慮した値を示す。

表2.11 加振スケジュール

試験体記号	加振記号	加振波形	入力 レベル（%）	入力 方向	入力 加振軸
A試験体	STAGE1	加振1	試験開始前	—	—	—
A試験体	STAGE1	加振2	BCJ波レベル1	33	X・Y	1軸
A試験体	STAGE1	加振2	JMA神戸海洋波	10	X・Y・Z	3軸
A試験体	STAGE1	加振3	JMA神戸海洋波	50		
A試験体	STAGE1	加振3	JMA神戸海洋波	60		
A試験体	STAGE2	加振4	試験開始前	—	—	—
A試験体	STAGE2	加振4	JMA神戸海洋波	10		
A試験体	STAGE3	加振5	BCJ波レベル1	33	X・Y	1軸
A試験体	STAGE3	加振6	JMA神戸海洋波	10	X・Y・Z	3軸
A試験体	STAGE4	加振7	試験開始前	—	—	—
A試験体	STAGE4	加振8	BCJ波レベル1	33	X・Y	1軸
A試験体	STAGE4	加振9	JMA神戸海洋波	10	X・Y・Z	3軸
A試験体	STAGE4	加振10	JMA神戸海洋波	100	X・Y・Z	3軸
A試験体	STAGE4	加振11	JMA川口波（余震）	100		
A試験体	STAGE4	加振11	JMA神戸海洋波	100	Y	1軸
B試験体		加振1	試験開始前	—	—	—
B試験体		加振2	JMA神戸海洋波	10	X・Y・Z	3軸
B試験体		加振3	JMA神戸海洋波	100	X・Y・Z	3軸
B試験体		加振4	JMA川口波（余震）	100	X・Y・Z	3軸
B試験体		加振5	JMA神戸海洋波	120	X・Y・Z	3軸

・BCJ波レベル1：(財)日本建築センター模擬地震波レベル1
・JMA神戸海洋波：1995年兵庫県南部地震による神戸海洋気象台観測波
・JMA川口波（余震）：2004年新潟県中越地震による川口町川口気象台観測余震波

（2）振動特性

　主要な加振および試験体の仕様変更の前後に，最大入力加速度50gal（振幅±1mmの矩形波）による自由振動試験，および最大入力加速度30galのホワイトノイズ（0.1〜50Hz）を用いたランダム波加振を行った。固有振動数および減衰定数の推移を図2.38〜2.41に示す。また，図2.42に試験開始前およびJMA神戸海洋波10%加振後の固有振動数および減衰定数の比較を示す。

　A試験体STAGE1の中地震を想定した加振においては，目視観察上の目立った損傷はなかったが，振動特性は若干変化していた。また，A試験体STAGE2〜4，およびB試験体の加振前後の固有振動数の変化から，垂れ壁・腰壁および間仕切り壁には固有振動数の低下抑制効果があることがわかった。

　また，A，B試験体の中地震および大地震を想定した加振前後の固有振動数の比較により，外装仕上げ材には建物の固有振動数を高くする効果があることが示された。

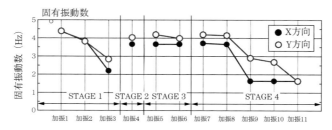

図2.38　固有振動数の変遷（A試験体）

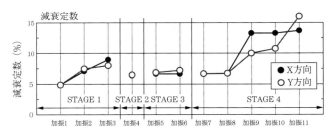

図 2.39　減衰定数の変遷（A 試験体）

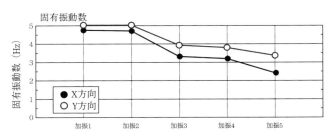

図 2.40　固有振動数の変遷（B 試験体）

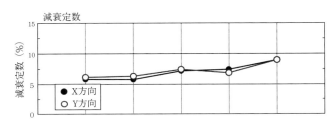

図 2.41　減衰定数の変遷（B 試験体）

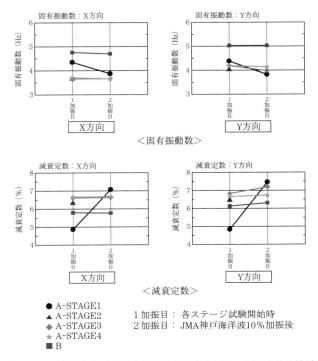

● A-STAGE1
▲ A-STAGE2
◆ A-STAGE3
★ A-STAGE4
■ B

1 加振目：各ステージ試験開始時
2 加振目：JMA神戸海洋波10％加振後

図 2.42　A 試験体の STAGE ごとの比較および A，B 試験体の比較

(3) 中地震時の挙動

A試験体STAGE 1, 3, 4におけるBCJ波レベル1の1/3縮小波加振, およびSTAGE 1～4におけるJMA神戸波10％縮小波加振の結果から中地震時の挙動を検証した。図2.43および図2.44に1層および2層のX方向の層せん断力―層間変形角曲線（履歴曲線）を示す。

BCJ波レベル1の1/3縮小波およびJMA神戸海洋波10％縮小波の何れの履歴曲線も直線的であり, 残留変位もないことから, 基準法で想定する中地震に対して, 本試験体は弾性範囲内にあったことがわかる。最大層せん断力には, STAGEによる違いはほとんど見られず, X方向およびY方向共に約30 kNであった。最大層せん断力は, 存在耐力壁の短期せん断耐力（ΣQ_a）に対して約30％程度であり, これを層せん断力係数（C_0）に換算すると約0.13となる。この値は, 基準法が定める層せん断力係数$C_0=0.2$に対して小さい応答であったことを示している。なお, 履歴曲線の特性から等価剛性に着目すると, 垂れ壁・腰壁による一定の効果があることがわかる。

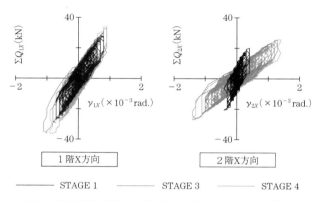

図2.43 最大層間変形角の変遷（BCJ波レベル1の1/3縮小波）

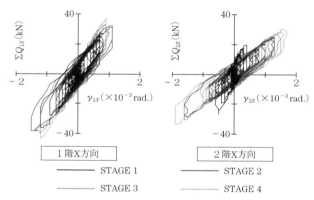

図2.44 最大層間変形角の変遷（JMA神戸海洋波10％）

(4) 大地震時の挙動

A, B試験体について, JMA神戸海洋波100％加振およびJMA川口波（余震）100％加振の結果から大地震時の挙動を検証した。図2.45および図2.46に層せん断力―層間変形角曲線（履歴曲線）を示す。

A試験体では, 地震波による履歴曲線形状の違いが見られた。JMA神戸海洋波100％加振は, 大きく3つの繰り返しループがあり, 2回目のループにおいて最大荷重に到達し, その後の形状によりエネルギー吸収能力が大きいことがわかる。一方, JMA川口波（余震）100％加振は, 層せん断力がほぼ直線的に増加しながら最大層せん断力を得た後, JMA神戸海洋波100％加振の3回目のループを辿った。これは, JMA神戸海洋波100％加振による損傷により剛性が著しく低下し, エネルギー吸収能力が小さくなったことによるものと考えられる。

B試験体の履歴曲線を見ると, 地震波の違いによらず, 各層において層せん断力がほぼ直線的に増加し, 小屋レベルの応答加速度が最大のときに最大層せん断力が得られたことがわかる。

最大層せん断力は, JMA神戸海洋波100％加振ではA：230 kN(1.0), B：289 kN(1.2), JMA川口波（余震）100％加振ではA：119 kN(0.5), B：321 kN(1.4)であった。なお, 数値後ろの（ ）内は層せん断力係数の換

算値である。A 試験体よりも B 試験体の方が高い値となったが，これは主に外装仕上げ材の効果によるものと考えられる。なお，JMA 神戸海洋波 100 % 加振の最大層せん断力は許容せん断耐力 ΣQ_a（A 試験体 89 kN，B 試験体 108.7 kN）の約 2.6 倍であった。

最大層間変形角の高さ方向分布を図 2.47 に示す。A，B 試験体共に，X 方向で最大層間変形角が得られ，A 試験体では JMA 神戸海洋波 100 % 加振時に 1/26 rad.（1 階），B 試験体では JMA 川口波（余震）100% 加振時に 1/37 rad.（2 階）であった。A 試験体では JMA 神戸海洋波 100 % 加振による損傷が激しかったため，直後の JMA 川口波（余震）100 % 加振では応答が小さく，変形の進展も小さくなったものと考えられる。

B 試験体では，JMA 神戸海洋波 100 % 加振でも損傷の程度は小さく，弾性状態を保っていたが，入力加速度の大きな JMA 川口波（余震）100 % 加振で変形が若干進展した。なお，他の加振ではおおむね 1 階の変形に比べて 2 階の変形が小さい傾向を示したが，JMA 川口波（余震）100 % 加振時については 1 階の変形より，2 階の変形が大きくなった。

Y 方向の最大層間変形角は，X 方向同様 1 階で得られた。試験体，地震波に関係なく 1/68～1/256 rad. の範囲で

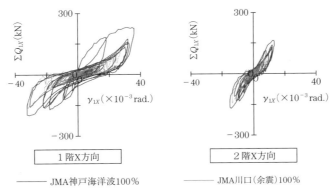

図 2.45 層せん断力―層間変形角曲線（A 試験体）

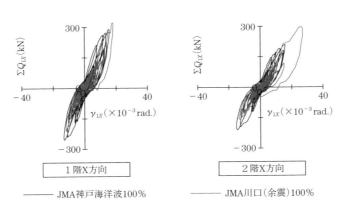

図 2.46 層せん断力―層間変形角曲線（B 試験体）

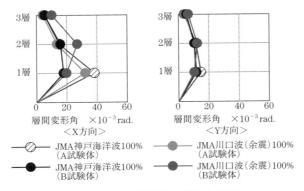

図 2.47 最大層間変形角の高さ方向分布

推移した。また，各階の最大層間変形角についても試験体，および地震波の違いによる影響は顕著ではなかった。

（5） 静的試験データとの比較

振動実験の層せん断力—層間変形角曲線の包絡線と静的面内せん断試験データを基に作成した包絡線との比較を行った結果を図 2.48 に示す。同図より，初期剛性は一致するが，最大層せん断力は静的データによる値の方が小さいことがわかる。

さらに図 2.49 に，同一変形角時における包絡線の層せん断力の振動実験結果と静的データによる値の比（$\Sigma Q/\Sigma P$）と変形角の関係を 1 階 X 方向について示す。同図より，A 試験体の ΣQ は，ΣP に対しほぼ一定であり，その比はおおむね 0.97〜1.27（平均 1.11）の範囲にあった。これらから，枠組材，垂れ壁・腰壁および間仕切り壁の負担せん断力，その他，直交壁効果等は約 1 割程度と推定される。同様に，B 試験体は 1.36〜1.70（平均 1.58）であり，B 試験体に対する A 試験体の比（1.58/1.11）から，外装仕上げ材の効果は約 4 割であったと推定される。

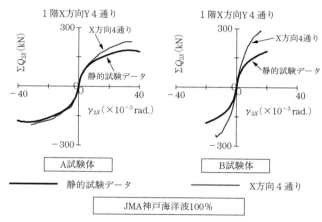

図 2.48 包絡線と静的試験データとの比較

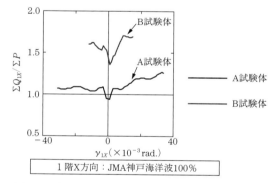

図 2.49 包絡線と静的試験データとの比と変形の関係

（6） 耐力壁脚部浮き上がり力について

実験ではすべての HD 金物の軸ボルトの歪みを測定し，浮き上がり力を算定した。中地震を想定した加振時の値は非常に小さく，大地震を想定した地震波でも，ボルトの降伏耐力と比較して軸力は小さく，HD 金物への損傷も見られなかった。すなわち本実験では HD 金物に大きな損傷を与えるほどの浮き上がり力は生じなかったと言える。

なおここでは，中地震相当の加振である A 試験体 STAGE 3 による BCJ 波レベル 1 の 1/3 縮小波加振（1 方向加振）の計測値と，簡易ラーメンモデル（反曲点高比 0.5）による計算値を比較した結果を以下に示す。

図 2.50 は 1 階耐力壁脚部浮き上がり力の計算値を示したものである。計算値は方向別に計算された値を同一図上に記載している。

計算結果が実際の挙動を的確に捉えているとは言い難いが，出隅部では比較的大きい数値を示す等，計測値と

計算値で同様の傾向も見られたため，この点に着目する。1階出隅部耐力壁脚部浮き上がり力の計測値を図2.51に示す。

実験では出隅部において構面壁と直交壁の浮き上がり力の最大値がほぼ同時刻に発現されており，当該部位が一体挙動していることが確認された。したがって，構面壁と直交壁の出隅部側の数値の合計を当該部位の浮き上がり力とした。

これに対して計算値は，方向別の計算値の各出隅部における最大値とした。これは，方向別の算定値が両方向同時に発生しないという考え方に基づき，片側の耐力壁のみにHD金物を設置することを想定しており，実際の設計時の一般的な考え方によるものである。

図2.52に，各出隅部の「計測値/計算値」の比較結果（以下「比較値」という）を示す。実験では2階床の応答値から求めた層せん断力係数に相当する値（以下「C_o相当値」という）が0.2に満たなかったため，浮き上がり力の計測値に（0.2/C_o相当値）を乗じることにより，C_o＝0.2相当の入力時に生じる浮き上がり力に補正し，これを比較用の計測値とした。

比較値はすべての出隅部で計算値以内であり，最大でも0.85であった。したがって，現行の設計法は，浮き上がり力が比較的大きくなる建物出隅部において，おおむね安全側の値を示すことが，本実験で確かめられた。

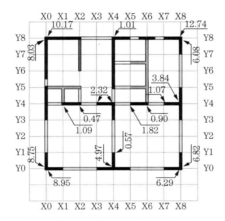

図2.50　1階耐力壁脚部浮き上がり力の計算値

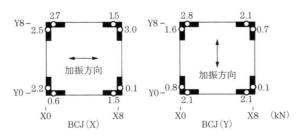

図2.51　1階耐力壁脚部浮き上がり力の計測値（補正前）

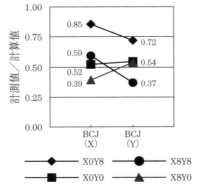

図2.52　耐力壁脚部浮き上がり力の比較

防耐火設計指針

第1章　枠組壁工法建築物の防耐火基準　　145
第2章　防耐火性能による技術基準　　171
第3章　階数・用途による技術基準　　207
第4章　大規模建築物の技術基準　　251

第1章
枠組壁工法建築物の防耐火基準

Ⅳ編においては平成30年4月1日の法令に基づいた解説書である。(平成30年6月27日の法改正は含まれない)

　枠組壁工法建築物の防耐火設計をするうえで，建築基準法（以下，法という）により，用途，規模（延べ面積・階数・高さ），防火地域・準防火地域・法22条区域等の地域（以下，地域区分という）に応じてそれぞれ異なる内容が要求されるが，その中で最も厳しいものが適用される。例えば，規模と地域区分から準耐火建築物が要求されても，用途から耐火建築物が要求されれば，耐火建築物とする必要がある。また，これ以外の条件も含めて法の要求を満たすため，計画する建築物に対して，耐火建築物が要求されるのか，あるいは，外壁を防火構造にすることが要求されるのかといった規準については，建築物の基本的な計画に影響することから，設計の早い段階で確認しておく必要がある。

1.1 枠組壁工法建築物の防耐火設計の概要

1.1.1 建築物に要求される防耐火性能

建築基準法等関連法令により，建築物に求められる主な防火性能は，次のとおりである。
① 出火を容易にさせない性能（出火防止性能）
② 火災の初期に早く火災が拡大し延焼することを抑制する性能（出火室内燃焼拡大抑制性能）
③ 安全に避難ができる性能（避難安全性能）
④ 火災の範囲を局限化し，倒壊を防止する性能（防耐火性能）
⑤ 市街地火災を抑制する性能（市街地火災抑制性能）
⑥ 消防活動を支援する性能（消防活動支援性能）

以上の防火性能を満たすように，用途，規模，地域区分に応じて耐火建築物等，建築物全体に関する要求，部位に関する防耐火性能の要求，あるいは，防火区画，内装制限，避難施設等に関する要求を確認して，設計を進める必要がある。

1.1.2 木造建築物に関連する防火性能の技術的基準

　木造建築物を建築する場合，法令によって建物の部位別に必要な防耐火性能が要求される。木造建築物に関連した防火上の必要な技術的基準に従うと，木造建築物は次のように分類できる。

（1） 耐火建築物

　耐火建築物は，法第2条第9号の2に定義され，主要構造部が耐火構造であるもの，または耐火性能検証法等により火災が終了するまで耐えられることが確認されたもので，外壁の開口部で延焼のおそれのある部分に防火設備を設けた建築物である。法第2条第9号の2イ(1)で示す主要構造部の技術的基準は，建築基準法施行令（以下，令という）第107条第1～3号に定められ，イ(2)で示す技術的基準は，令第108条の3に定められている。
①**主要構造部を耐火構造とした耐火建築物**（令第107条：仕様ルートA）
　主要構造部に要求される「耐火構造」は，法第2条第7号に定義され，令第107条に定める耐火性能の技術的

146 第Ⅵ編 防耐火設計指針

基準に適合する構造で、屋内および周囲で火災が発生した際に、火災の加熱に対する非損傷性、遮熱性、および遮炎性の3つの防火性能が求められている。

主要構造部の構造方式には、平12建告第1399号において国土交通大臣が定めた構造方法を用いるもの（告示の例示仕様）と国土交通大臣の認定を受けたものに分類される。（耐火構造の防火性能の詳細については、1.3.1 耐火構造を参照）

②耐火性能検証法による耐火建築物（令第108条の3第1項、第2項：性能ルートB）

耐火性能検証法は、法第2条第9号の2イ(2)に基づき、当該建築物の構造、建築設備、および用途に応じて屋内において発生が予測される火災による火熱に火災が終了するまで耐えること、および当該建築物の周囲において発生する通常の火災による火熱に火災が終了するまで耐えることを検証する方法である。耐火性能検証法の技術的基準は、令第108条の3第1項第1号と第2項に定められ、具体的な検証方法は平12建告第1433号に規定されている。耐火性能検証法により主要構造部の耐火性能が検証され、開口部に設ける防火設備が仕様規定によるものか防火区画検証法により遮炎性が検証され、かつ、外壁の開口部で延焼のおそれのある部分に防火戸その他の防火設備を有する建築物が、ルートBによる耐火建築物となる。

耐火性能検証法では、現しにできる木造の柱・はりに対する検証対象が部材小径20 cm以上とされているため、枠組壁工法建築物は対象外となるが、外壁や間仕切壁等耐火構造の例示仕様や大臣認定を取得した枠組壁工法による認定耐火構造は、耐火時間を火災温度上昇係数に応じて変換し、屋内火災継続時間を算定することは可能であり、具体的な屋内火災継続時間の算定方法等は、耐火性能検証法の解説書 2001年版 耐火性能検証法の解説及び計算例とその解説 （一財）日本建築センターを参照のこと。

③高度な検証法による耐火建築物（令第108条の3第1項：性能ルートC）

令第108条の3第1項第2号に基づき、高度な専門的知識に基づく検証法により、耐火建築物とすることも可能である。指定性能評価機関で耐火性能に関する性能評価を受けたうえで、大臣認定を受けることが必要となる。この場合においても、外壁の開口部で延焼のおそれのある部分に防火戸その他の防火設備を有していることが必要である。

④耐火建築物の必要条件である外壁開口部の防火設備

建築物を耐火建築物とするためには、上記①～③のいずれの場合においても、外壁の開口部で延焼のおそれのある部分に防火戸その他の防火設備を有していることが必要である。防火設備に必要とされる遮炎性能は、令第109条の2に技術的基準が定められており、防火設備に通常の火災による火熱が加えられた場合に、加熱開始後

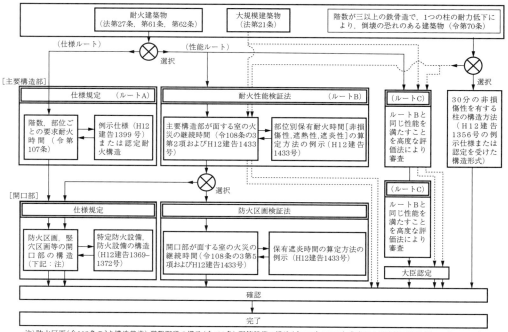

図4.1.1 耐火設計の適合ルート

20分間当該加熱面以外の面に火炎を出さないものであることが必要とされる。令第109条の2の基準を満たす防火設備は，国土交通大臣が定めた構造方法を用いるもの（平12建告第1360号）と，国土交通大臣の認定を受けたものの2種類がある。

以上述べたように，耐火建築物に対して主要構造部とそれに設ける開口部のそれぞれについて，A～Cの3つの適合ルートが用意されている。耐火設計の適合ルートを整理し，図4.1.1に示す。主要構造部は仕様ルート（A），または性能ルート（B，C）のいずれかを選択できるが，主要構造部に仕様ルート（A）を選択した場合は，開口部に設ける防火設備も仕様ルート（A）を選択する必要がある。主要構造部に性能ルート（B）を選択した場合は，開口部に設ける防火設備は仕様ルート（A）もしくは性能ルート（B），主要構造部に仕様ルート（C）を選択した場合は，開口部に設ける防火設備は仕様ルート（A）もしくは性能ルート（C）を選択する必要がある。

（2）準耐火建築物

準耐火建築物は，法第2条第9号の3に定義されており，主要構造部を準耐火構造としたもの（イ準耐），またはそれと同等の準耐火性能を有するものとして政令で定める技術基準に適合するもの（ロ準耐）で，外壁の開口部で延焼のおそれのある部分に防火設備を設けた建築物のことをいう。

①主要構造部を準耐火構造とした準耐火建築物（イ準耐火建築物）

主要構造部が45分準耐火構造の準耐火建築物と1時間準耐火構造の準耐火建築物に分類される。45分準耐火建築物の主要構造部の構造方式は，令第107条の2第1～3号に定められ，国土交通大臣が定めた構造方法を用いるもの（平12建告第1358号）と国土交通大臣の認定を受けたものに分類される。（準耐火構造の防火性能の詳細については，1.3.2 準耐火構造を参照）

②1時間準耐火建築物（令第129条の2の3）

高さが13m，または軒の高さが9mを超える木造建築物として，法第21条第1項で示す技術的基準が令第129条の2の3に定められている。主要構造部を1時間準耐火基準に適合する準耐火構造とし，建築物周囲に3m以上の通路を設け，外壁の開口部から上階の開口部へ延焼するおそれがある場合にひさし等を設けること等が求められる。

③政令で定める技術的基準に適合する準耐火建築物（ロ準耐火建築物）

法第2条第9号の3ロに規定する準耐火建築物で，イ準耐火建築物（45分準耐火構造）と同等の準耐火性能を有するものとして，政令（令第109条の3）で定める技術的基準に適合する建築物である。ロ準耐火建築物には，外壁を耐火構造とするもの（ロ準耐火建築物一号）と主要構造部を不燃材料等とするもの（ロ準耐火建築物二号）があり，いずれの場合も，外壁の開口部で延焼のおそれのある部分に防火戸その他の防火設備を有することが必要である。ロ準耐火建築物一号では，外壁をRC造や枠組壁工法による外壁耐火構造とすることにより，屋根架構など建築物内部は防火規制がかからず木造とすることも可能であるが，主要構造部が不燃材料のロ準耐火建築物二号の場合，可燃材料の木材を構造部材として用いる枠組壁工法建築物では設計できない。枠組壁工法の外壁耐火構造を用いたロ準耐火建築物一号の場合は，外壁耐火構造と内部間仕切壁との取り合い部からが外壁枠組材への燃え込みが起こらないような防火措置や木造屋根架構との取り合い部である外壁上部（頭つなぎ）を強化石こうボードにより被覆するなどの防火措置が必要である。

（3）特定避難時間倒壊等防止建築物

法第27条第1項で示す技術的基準について，主要構造部が令第110条に，延焼するおそれがある外壁の開口部が令第110条の2に，その開口部に設ける防火設備が令第110条の3に定められている。主要構造部に要求される準耐火性能など，平27国交告第255号で用途別に主要構造部と開口部に係わる構造方式が示されている。告示仕様では，準耐火構造の「45分」を「特定避難時間」としたもので，木造3階建て共同住宅と木造3階建て学校は，「特定避難時間」を「1時間」としたものである。

（4）その他の建築物

（1）～（3）以外の建築物で，令第136条の2に規定する準防地域に建築する木造3階戸建て住宅，令第115条の2に規定する防火壁の設置を要しない建築物，およびその他の建築物である。

1.2 建築物の規模・用途・地域区分による防耐火性能の要求

1.2.1 規模による規制（法第21条）

（1） 高さによる規制（第1項）

高さ13mまたは軒の高さが9mを超える木造建築物の主要構造部（床，屋根および階段を除く）は，耐火構造としなければならない。ただし，政令に定める構造方式や防火措置などの技術的基準に適合する場合は，高さ制限が緩和される。具体的な技術的基準は，令第129条の2の3に定められ，主要構造部は1時間準耐火構造とした準耐火建築物（地階を除く階数が3以下），および柱・はりについて燃えしろ設計を行った集成材等建築物（地階を除く階数が2以下）は高さ制限が緩和される。従って，枠組壁工法建築物で高さ13mまたは軒の高さが9mを超える場合，主要構造部を1時間の準耐火構造とする等の技術的基準に従って設計する必要がある。

（2） 延べ面積による規制

延べ面積が3,000 m²を超える木造建築物の主要構造部（床，屋根および階段を除く）は，耐火構造としなければならないが，延べ面積が3,000 m²を超える場合であっても，「壁等」によって有効に区画し，各区画の床面積の合計がそれぞれ3,000 m²以内とすることで主要構造部を耐火構造としなくとも建設できる。

具体的には，3階建て以下，屋根の仕上げを不燃材料でした建築物（倉庫その他の物品（不燃性の物品を除く。）を保管する用途に供する建築物を除く。）で，壁，柱，床その他の建築物の部分または防火戸その他の政令で定める防火設備（「壁等」）のうち，通常の火災による延焼を防止するために必要とされる性能に関して政令で定める技術的基準に適合し，大臣が定めた構造方法を用いる「壁等」，または大臣の認定を受けた「壁等」によって有効に区画し，かつ，各区画の床面積の合計をそれぞれ3,000 m²以内とする。

「壁等」の構造は，平27国交告第250号により，**表4.1.1**に示す壁タイプ2種類とコアタイプの3タイプが定められ，それぞれについて「壁等」の構造，防火設備の構造，「壁等」の倒壊防止，屋外を通じた延焼防止（壁等の突出等）等の基準が定められている。

① 耐力壁である間仕切壁および防火設備で区画する「壁タイプ①」
② 間仕切壁，柱およびはりならびに防火設備で区画する「壁タイプ②」
③ 令第129条の2第2項に規定する「火災の発生のおそれの少ない室（開口部（床の開口部を除く。）に防火設備を設けたものに限る。）を構成する壁」等により区画する「コアタイプ」

なお，「火災の発生のおそれの少ない室」は，避難安全検証法に関連した告示（平12建告第1440号）に示されている。告示に示された火災発生のおそれのない室とその空間の特徴およびその他これに類するものを**表4.1.2**に示す。

（延べ面積が3,000 m²を超える木造建築物で，「壁等」により有効に区画する詳細は，第4章4.3を参照）

延べ面積が3,000 m²を超える木造建築物の場合，「壁等」によって各区画面積を3,000 m²以下に有効に区画す

表4.1.1 壁等の構造

	「壁等」	
	①壁タイプ	②コアタイプ（階段や廊下等の火災が発生しにくい室）
主要構造部の構造	RC造等	RC造等
形状	建築物の外壁面，屋根面から2m以上突出	幅3m以上耐火構造 2階・3階の外壁および屋根がそれぞれ幅6.5m以上にわたって防火構造
相互の接合	エキスパンションジョイントで接合（壁等が自立していること）	
仕上げ	屋根：不燃材料	
	外壁：—	外壁：不燃材料（防火構造部分の仕上げ：準不燃材料）
	防火扉の周辺：木造側の内装は床・壁・天井を不燃化	

※建築物の条件は，階数3階建て以下，屋根の仕上げを不燃材料とすること。

表 4.1.2 火災の発生のおそれの少ない室（平12建告第1440号）

	告示に示された室	その他これに類するもの	備考（室の特徴）
第1号	①昇降機その他の建築設備の機械室	→ 空調機械室，水槽室，ポンプ室	可燃物がきわめて少ない
	②不燃性の物品を保管する室	→ 冷蔵室，冷凍室，機械式駐車場	基本的に在室者がいない
第2号	①廊下，階段その他の通路	→ 玄関，エントランスホール，EVホール，階段附室，風除室，車路，エスカレーター	可燃物がきわめて少ない
	②便所	→ 浴室，化粧室，湯沸室（規模が小，裸火使用しないものに限る），金庫室	在室者が長時間，継続的に使用しない

[『2001年版 避難安全検証法の解説及び計算例とその解説』日本建築センター（平成13年）]

るほかに，建物の一部を耐火構造とすることにより別棟解釈により建設することも可能である。建築防災課長通達（住防発第14号昭和26年3月6日）では，主要構造部を耐火構造とした建築物の部分と主要構造部の全部または一部を木造とした建築物の部分とが相接して一連になっている場合（上下に接続する場合を除く）は，別棟とみなすことができ，建築物の一棟の延べ面積の規模に応じて適用される規定の運用にあたり，それぞれの建築物の部分を別棟のものと解釈できる。なお，この通達は廃止の手続きは行われておらず，技術的な助言として引き続き有効であると，住宅局建築指導課長より各都道府県建築主務部長宛に通知されている。（国住指第2391号平成20年9月30日）

　建築物の高さ，階数および延べ面積など規模による構造制限（防・耐火性能の要求）の概要を，表4.1.3に示す。なお，表4.1.3の延べ面積3,000 m² 以下で高さ13 m 超もしくは軒高9 m 超の場合，階数が1，2階の「30分の加熱に耐える措置等（表4.1.3の※2）」は集成材等建築物に対する緩和措置であり，枠組壁工法建築物には適用できない。

表 4.1.3 建築物の規模による構造制限

高さ・軒高	階数	延べ面積	
		3,000 m² 以下	3,000 m² 超
高さ13 m 超もしくは軒高9 m 超	4階以上	耐火構造	耐火構造
	3階建て	1時間準耐火構造等（※1）	
	2階建て	1時間準耐火構造等 または 30分の加熱に耐える措置等（※2）	
	1階建て		
高さ13 m 以下かつ軒高9 m 以下		その他	

※1 ①主要構造部が1時間準耐火構造，②周囲に幅員3 m 以上の通路
※2 ①柱・横架材への一定の品質の木材使用・柱脚部の緊結，②外壁・軒裏を防火構造とし，1階・2階の床を一定の構造，③地階の主要構造部は耐火構造または不燃材料，④火気使用室はその他の部分と耐火構造・特定防火設備で区画，⑤各室・各通路の壁・天井の内装は難燃材料とし，またはスプリンクラー設備等・排煙設備を設置，⑥柱・はりを接合する継ぎ手・仕口は一定の構造方法，⑦一定の構造計算により通常の火災により容易に倒壊するおそれがないことを確認
※3 延べ面積3,000 m² 超の場合，壁等により有効に区画することにより耐火構造以外で建築可能
※4 階数が4階以上の場合，階高を考慮すると高さ制限を超え耐火構造となる

1.2.2 用途による規制（法第27条）

　不特定多数の者が利用する建築物や就寝用途に供する建築物など通常よりも高い防火安全性を確保する必要がある建築物（特殊建築物）に対して，用途別に設置される階や床面積などの条件ごとに，主要構造部の構造制限等が設けられている。平成27年6月施行の建築基準法改正では，特定避難時間（特殊建築物の構造，建築設備および用途に応じて当該特殊建築物に存する者の全てが当該特殊建築物から地上までの避難を終了するまでに要する時間）が導入され，避難時間に応じた性能設計が可能になった。第1項では特定避難時間倒壊・延焼を防止する準耐火建築物（特定準耐火建築物）が定められ，法改正前から建築できた木造3階建て共同住宅に加え，木造3階建て学校なども特定準耐火建築物で建築できることになった。

　特定避難時間により主要構造部と開口部に一定の防火性能が要求される具体的な建築物の用途は，次の4種類

である。
① 不特定多数の者が一時に高密度に利用する用途の劇場，映画館，演芸場，観覧場，公会堂，集会場
② 多数の者が就寝に利用する用途の病院，患者を収容する施設のある診療所，ホテル，旅館，下宿，共同住宅，寄宿舎，児童福祉施設等
③ 多数の者が利用する用途の学校，体育館，博物館，美術館，図書館，ボーリング場，スキー場，スケート場，水泳場，スポーツの練習場
④ 不特定多数の者が利用し，かつ，収納可燃物量が多い用途の百貨店，マーケット，展示場，遊技場，公衆浴場，待合，料理店，飲食店，物品販売業を含む店舗（床面積が10 m²を超えるもの）

なお，収容可燃物量が多い用途である倉庫，および自動車車庫，自動車修理工場，映画スタジオ，テレビスタジオは，建築物周囲への被害防止の観点から，従来どおり階数や規模により「耐火建築物としなければならないもの」または「耐火建築物としなければならないもの，または準耐火建築物としなければならないもの」が要求される。

令110条1項に適合する建築物は，令109条の2の2において特定避難時間倒壊等防止建築物（特定準耐火建築物）と定義され，および令110条2項に適合する建築物は，施行規則2号様式（確認申請書）において耐火構造建築物と定義されている。特定準耐火建築物と耐火構造建築物の主要構造部の技術的基準は令110条に，外壁の開口部の技術的基準は令110条の2と令110条の3に定められている。主要構造部と外壁の開口部の具体的な仕様は平27国交告第255号に示され，いずれも告示仕様の場合は，特定準耐火建築物は準耐火建築物，耐火構造建築物は耐火建築物になる。

表4.1.4に特定避難時間倒壊等防止建築物と準耐火建築物の関係，表4.1.5に耐火構造建築物と耐火建築物の関係を示す。法27条第1項で耐火要求のある建築物，例えば木造3階建て学校等は，「特定避難時間倒壊等防止建築物」にも該当し，「準耐火建築物」にも該当するが，法27条第1項で耐火要求のない建築物で準耐火建築物としたもの，例えば防火壁の設置を緩和する為に準耐火建築物としたものは，「準耐火建築物」のみ該当することになる。

特定避難時間について：
　特殊建築物の構造，建築設備及び用途に応じて特殊建築物に存する者の全てが地上までの避難を終了するまでに要する時間で，当該建築物の在館者密度や歩行速度等をもとにして，在館者が自力で避難する場合だけでなく逃げ遅れた者が他者の援助により避難する場合も含め算定される。「全館避難安全検証法」（令第129条の2の2）の避難時間は，「当該建築物の全ての在館者が自ら当該建築物から地上までの避難を終了するまでの時間」で，避難上支障のある煙又はガスの降下が生じないか検証を行う規定で，在館者が自ら避難する時間であり，救助活動の前提となる主要構造部の耐火性能を考える際の「特定避難時間」とは異なる概念である。
　尚，特定避難時間の算定方法は，現状では告示などが定められておらず，特定避難時間倒壊等防止構造（特定準耐火構造）は告示仕様（平27国交告第255号）によるものか，個別の大臣認定を受ける必要がある。

表4.1.4　特定避難時間倒壊等防止建築物と準耐火建築部の関係

対象建築物		特定避難時間倒壊等防止建築物（特定準耐火建築物）			準耐火建築物
		告示第1第1項1号（法27条1項2号）	告示第1第1項2号（3階建共同住宅）	告示第1第1項3号（3階建学校）	
主要構造部等の制限		準耐火構造（イ準耐）または準ずる構造（ロ準耐）	1時間の準耐火構造および敷地内通路等の基準		準耐火構造（イ準耐）または準ずる構造（ロ準耐）
外壁の開口部	延焼のおそれのある部分	屋内への片面20分の遮炎性能（告示第255号第2では両面20分の遮炎性能）			屋内および屋外への両面20分の遮炎性能
	他の開口部から火炎が到達するおそれのある部分	（規定なし）	（規定なし）	屋内への片面20分の遮炎性能	（規定なし）
備考（建築物の定義）		令第109条の2の2			法第2条第9号の三

表 4.1.5 耐火構造建築物と耐火建築物の関係

		耐火構造建築物	耐火建築物
主要構造部		耐火構造または令第108条の3の基準に適合（耐火性能検証法）	耐火構造または令第108条の3の基準に適合（耐火性能検証法）
外壁の開口部	延焼のおそれのある部分	屋内への片面20分の遮炎性能（告示第255号第二では両面20分の遮炎性能）	屋内および屋外への両面20分の遮炎性能
	他の開口部から火炎が到達するおそれのある部分	屋内への片面20分の遮炎性能（対象の建築物を定める規定なし）	（規定なし）
備考（建築物の定義）		施行規則2号様式4	法第2条第9号の二

用途別特殊建築物の主要構造部と開口部に係わる構造方式の告示仕様（平27国交告第255号）の一覧を表4.1.6に示す。

表 4.1.6 用途別特殊建築物の主要構造部と外壁の開口部に係わる告示仕様

用途	規模	主要構造部		外壁の開口部	
		特定準耐火構造[*1]	耐火構造等[*2]	延焼のおそれのある部分	延焼するおそれのある部分（特定開口部）
劇場，映画館，演芸場，観覧場，公会堂，集会場	・3階以上の階を用途に供するもの ・客席の床面積の合計が200 m² 以上 ・主階が1階にないもの（劇場，映画館，演芸場）	―	・耐火構造等	・法第2条第九号の二ロに規定する防火設備（両面遮炎性能[*3]）	[*4]　―
病院，診療所（患者の収容施設があるものに限る。），ホテル，旅館，下宿，共同住宅，寄宿舎，児童福祉施設等	・3階以上の階を用途に供するもの	―	・耐火構造等	・法第2条第九号の二ロに規定する防火設備（両面遮炎性能[*3]）	[*4]
	・3階建ての3階を用途に供するもの（下宿，共同住宅，寄宿舎）	・1時間準耐火構造（バルコニー設置等一定の要件に該当するもの）	・耐火構造等		―
	・用途に供する部分の床面積 300 m² 以上（2階かつ病院・診療所については患者の収容施設に限る）	・準耐火構造等	・耐火構造等		―
学校，体育館，博物館，美術館，図書館，ボーリング場，スキー場，スケート場，水泳場，スポーツの練習場	・3階以上の階を用途に供するもの ・4階建て以上の3階を用途に供するもの	―	・耐火構造等	・法第2条第九号の二ロに規定する防火設備（両面遮炎性能[*3]）	[*4]　―
	・3階建ての3階を用途に供するもの	・1時間準耐火構造（周囲の一定部分に幅員3 m の通路を設ける）	・耐火構造等		・法第2条第九号の二ロに規定する防火設備，または開口部のある室の天井の不燃化
	・用途に供する部分（2階以下）の床面積 2,000 m² 以上	・準耐火構造等	・耐火構造等		―
百貨店，マーケット，展示場，キャバレー，カフェー，ナイトクラブ，バー，ダンスホール，遊技場，公衆浴場，待合，料理店，飲食店，物品販売店を含む店舗	・3階以上の階を用途に供するもの ・用途に供する床面積の合計が3,000 m² 以上	―	・耐火構造等	・法第2条第九号の二ロに規定する防火設備（両面遮炎性能[*3]）	[*4]　―
	・用途に供する部分（2階以下）の床面積が500 m² 以上	・準耐火構造等	・耐火構造等		―

[*1]：特定避難時間倒壊等防止構造（令110条第1号）
[*2]：耐火構造等は，主要構造部が耐火構造または耐火性能検証法で耐火性能を確認されたもの（令110条第2号）
[*3]：両面遮炎性能は，両面より加熱後20分間の遮炎性能を有する防火設備
[*4]：3階以上の階を用途に供する場合，主要構造部を告示仕様によらず大臣認定を受けて建築する場合には，法第2条第九号の二ロに規定する防火設備，もしくは室内への遮炎性能を有するものとして大臣が認定した防火設備，または他の外壁の開口部のある室の天井の不燃化などが必要

告示仕様（平27国交告第255号）による特殊建築物も含み，建築物の用途，規模，立地に応じた建築制限の一覧を，表4.1.7～表4.1.12に，戸建住宅，事務所等の特殊建築物以外の建築制限の一覧を表4.1.13に示す。なお，

表 4.1.7 劇場, 映画館, 演芸場の建築制限

		防火地域	準防火地域	その他
耐火建築物[*1]	階数制限	最上階から4階以内	最上階から4階以内	最上階から4階以内
	面積制限	なし	なし	なし
	関連する制限	—	—	—
準耐火建築物[*2]	階数制限	2階以下	2階以下	2階以下
	面積制限	延べ面積 100 m² 以下	延べ面積 1,500 m² 以下	延べ面積 3,000 m² 以下
	関連する制限	主階が1階にあるもの	客席床面積 200 m² 未満 主階が1階にあるもの	客席床面積 200 m² 未満 主階が1階にあるもの
その他の木造建築物	階数制限	建築不可	2階以下	2階以下
	面積制限		延べ面積 500 m² 以下	延べ面積 3000 m² 以下
	関連する制限		客席床面積 200 m² 未満 主階が1階にあるもの	客席床面積 200 m² 未満 主階が1階にあるもの

表 4.1.8 観覧場, 公会堂, 集会場の建築制限

		防火地域	準防火地域	その他
耐火建築物[*1]	階数制限	最上階から4階以内	最上階から4階以内	最上階から4階以内
	面積制限	なし	なし	なし
	関連する制限	—	—	—
準耐火建築物[*2]	階数制限	2階以下	3階以下	3階以下
	面積制限	延べ面積 100 m² 以下	延べ面積 1,500 m² 以下	延べ面積 3,000 m² 以下
	関連する制限	—	客席床面積 200 m² 未満	客席床面積 200 m² 未満
その他の木造建築物	階数制限	建築不可	2階以下	2階以下
	面積制限		延べ面積 500 m² 以下	延べ面積 3000 m² 以下
	関連する制限		客席床面積 200 m² 未満	客席床面積 200 m² 未満

表 4.1.9 病院, 診療所 (患者収容施設を含むもの), ホテル, 旅館, 児童福祉施設の建築制限

		防火地域	準防火地域	その他
耐火建築物[*1]	階数制限	最上階から4階以内	最上階から4階以内	最上階から4階以内
	面積制限	なし	なし	なし
	関連する制限	—	—	—
準耐火建築物[*2]	階数制限	2階以下	2階以下	2階以下
	面積制限	延べ面積 100 m² 以下	延べ面積 1,500 m² 以下	延べ面積 3,000 m² 以下
	関連する制限	—	—	—
その他の木造建築物	階数制限	建築不可	2階以下	2階以下
	面積制限		延べ面積 1,500 m² 以下	延べ面積 3,000 m² 以下
	関連する制限		2階部分の床面積が 300 m² 未満	2階部分の床面積が 300 m² 未満

表 4.1.10 下宿, 共同住宅, 寄宿舎の建築制限

		防火地域	準防火地域	その他
耐火建築物[*1]	階数制限	最上階から4階以内	最上階から4階以内	最上階から4階以内
	面積制限	なし	なし	なし
	関連する制限	—	—	—
準耐火建築物[*2]	階数制限	2階以下	3階以下	3階以下
	面積制限	延べ面積 100 m² 以下	延べ面積 1,500 m² 以下	延べ面積 3,000 m² 以下
	関連する制限	—	3階建は木三共の措置[注]	3階建は木三共の措置[注]
その他の木造建築物	階数制限	建築不可	2階以下	2階以下
	面積制限		延べ面積 500 m² 以下	延べ面積 3,000 m² 以下
	関連する制限		2階部分の床面積が 300 m² 未満	2階部分の床面積が 300 m² 未満

注) 木造3階建て共同住宅の詳細については, 第3章3.1を参照

*1, *2: 表中の耐火建築物には告示仕様の耐火構造建築物, 準耐火建築物には告示仕様の特定準耐火建築物を含む

表 4.1.11 学校, 体育館, 博物館, 図書館, ボーリング場, スキー場, スケート場, 水泳場, スポーツ施設の練習場の建築制限

		防火地域	準防火地域	その他
耐火建築物[*1]	階数制限	最上階から4階以内	最上階から4階以内	最上階から4階以内
	面積制限	なし	なし	なし
	関連する制限	—	—	—
準耐火建築物[*2]	階数制限	2階以下	3階以下	3階以下
	面積制限	延べ面積 100 m^2 以下	延べ面積 1,500 m^2 以下	延べ面積 3,000 m^2 以下
	関連する制限	—	3階建は木三学の措置	3階建は木三学の措置
その他の木造建築物	階数制限	建築不可	2階以下	2階以下
	面積制限		延べ面積 500 m^2 以下	延べ面積 2,000 m^2 以下
	関連する制限		—	—

注) 木造3階建て学校等の詳細については, 第3章3.2を参照

表 4.1.12 百貨店, マーケット, 遊技場, 公衆浴場, 待合, 料理店, 飲食店, 物品販売業を営む店舗 (床面積 10 m^2 以内のものを除く) の建築制限

		防火地域	準防火地域	その他
耐火建築物[*1]	階数制限	最上階から4階以内	最上階から4階以内	最上階から4階以内
	面積制限	なし	なし	なし
	関連する制限	—	—	—
準耐火建築物[*2]	階数制限	2階以下	2階以下	2階以下
	面積制限	延べ面積 100 m^2 以下	延べ面積 1,500 m^2 以下	延べ面積 3,000 m^2 以下
	関連する制限	—	客席床面積 200 m^2 未満	客席床面積 200 m^2 未満
その他の木造建築物	階数制限	建築不可	2階以下	2階以下
	面積制限		延べ面積 500 m^2 以下	延べ面積 3,000 m^2 以下
	関連する制限		—	2階部分の床面積が 500 m^2 未満

表 4.1.13 戸建住宅, 事務所等の特殊建築物以外の建築制限

		防火地域	準防火地域	その他
耐火建築物	階数制限	最上階から4階以内	最上階から4階以内	最上階から4階以内
	面積制限	なし	なし	なし
	関連する制限	—	—	—
準耐火建築物	階数制限	2階以下	3階以下	なし
	面積制限	延べ面積 100 m^2 以下	延べ面積 1,500 m^2 以下	延べ面積 3,000 m^2 以下
	関連する制限	—	—	—
その他の木造建築物	階数制限	平屋建の付属建築物	3階以下	なし (高さ制限から3階以下)
	面積制限	延べ面積 50 m^2 未満	延べ面積 500 m^2 未満	延べ面積 3,000 m^2 以下
	関連する制限	—	3階建は準防3階仕様のみ	—

[*1], [*2]: 表中の耐火建築物には告示仕様の耐火構造建築物, 準耐火建築物には告示仕様の特定準耐火建築物を含む

表 4.1.7〜表 4.1.12 の耐火建築物には告示仕様 (平 27 国交告第 255 号) による耐火構造建築物, 準耐火建築物には告示仕様による特定準耐火建築物も含まれる。

1.2.3 地域区分による規制 (法第 22 条, 法第 61 条, 法第 62 条)

建物が集合している市街地における火災の延焼と拡大を防止する目的で, 防火地域と準防火地域内の集団的な防火規制として一定の耐火性能をもつ建築物を建築することを規定している。また, 防火地域と準防火地域以外の市街地についても, 22 条区域 (屋根不燃地域) に指定された地域では, 屋根や外壁の防火性能が要求される。

①**防火地域内の構造制限 (法第 61 条)**

都市中心部の商業地などの防火地域では, 階数が地下部分を含み 3 以上ある建築物と階数が 2 以下であっても延べ面積が 100 m^2 を超える建築物は, 耐火建築物としなければならない。階数が 2 以下で, かつ, 延べ面積が

100 m² 以下の建築物は，準耐火建築物でも建築可能で，物置などの付属建築物は平屋で延べ面積が 50 m² 以内の場合は，外壁と軒裏を防火構造とすれば木造でも建築できる。

②準防火地域内の構造制限（法第 62 条）

準防火地域内の建築物は，階数 4 以上の建築物と延べ面積が 1,500 m² を超える建築物は，耐火建築物としなければならない。延べ面積が 500 m² を超え，1,500 m² 以下の場合は準耐火建築物としなければならないが，階数が 2 以下，かつ延べ面積が 500 m² 以下の場合は，外壁や軒裏など防火構造とすることにより木造でも建築できる。防火地域，および準防火地域内の構造制限の概要を表 4.1.14 に示す。

表 4.1.14 立地による構造制限

階数	防火地域内の制限		準防火地域内の制限		
	延べ面積		延べ面積		
	100 m² 以下	100 m² 超	500 m² 以下	500 m² 超 1,500 m² 以下	1,500 m² 超
4 階以上	耐火建築物	耐火建築物		耐火建築物	
3 階建て			一定の防火措置(※)等	準耐火建築物	
2 階建て	準耐火建築物		その他		
1 階建て					

※①隣地境界線等から 1 m 以内の外壁の開口部に防火設備，②外壁の開口部の面積は隣地境界線等からの距離に応じた数値以下，③外壁を防火構造とし屋内側から燃え抜けが生じない構造，④軒裏を防火構造，⑤柱・はりが一定以上の小径，または防火上有効に被覆，⑥床・床の直下の天井は燃え抜けが生じない構造，⑦屋根・屋根の直下の天井は燃え抜けが生じない構造，⑧ 3 階の室の部分とそれ以外の部分とを間仕切壁または戸で区画

③防火地域または準防火地域内における建築物の屋根

法第 63 条の規定により，防火地域または準防火地域内における建築物の屋根の構造は，法第 63 条の規定により市街地における火災を想定した火の粉による建築物の火災の発生を防止するために必要とされる性能に関して，政令で定める技術的基準に適合するもので，国土交通大臣が定めた構造方法（平 12 建告第 1365 号）を用いるもの，または国土交通大臣の認定を受けたものとしなければならない。

④防火地域または準防火地域内における外壁の開口部

延焼のおそれのある部分の外壁の開口部についても，法第 63 条の規定により，防火戸その他の政令で定める防火設備に関して政令で定める技術的基準に適合するもので，国土交通大臣が定めた構造方法（平 12 建告第 1366 号）を用いるもの，または国土交通大臣の認定を受けたものとしなければならない。

⑤法 22 条区域内の木造建築物の規制（法第 22 条第 1 項）

屋根の不燃化等によって延焼を抑えるために特定行政庁が指定した区域（22 条区域）では，屋根は飛び火に対して燃え広がらないことや燃え抜けないことが必要となり，一般的には，瓦など不燃材料の屋根材が用いられている。

1.2.4　防火設計のフローチャート

建築物の立地，用途，規模から要求される耐火性能のを判定するフローチャートを，図 4.1.2 に防火地域と準防火地域，図 4.1.3 に法 22 条区域・その他の地域を示す。このフローチャートで判定される建築物の耐火性能は最低限のものであるから，上位の耐火性能をもつ建築物で建設することはできる。

第1章 枠組壁工法建築物の防耐火基準　**155**

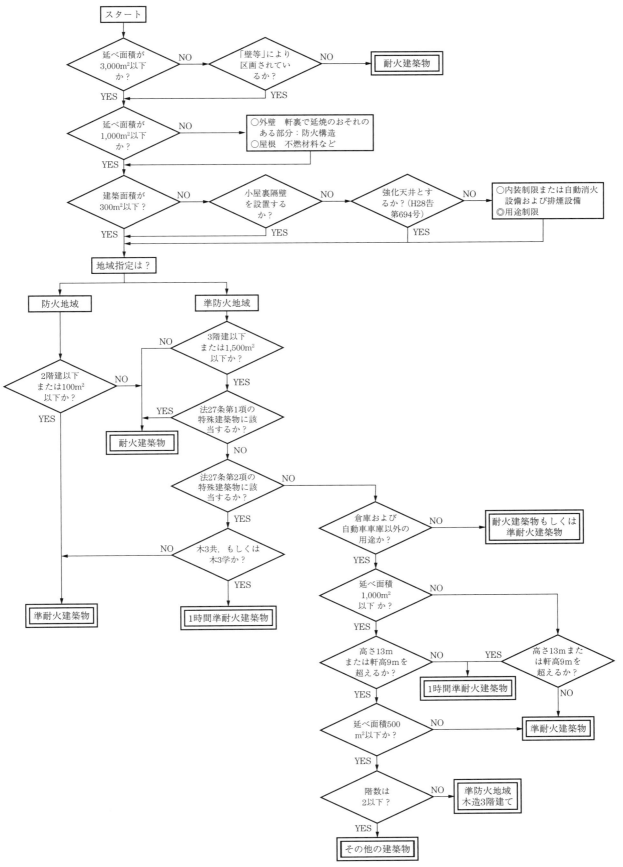

図 4.1.2　枠組壁工法建築物の防火設計フローチャート①（防火地域・準防火地域）

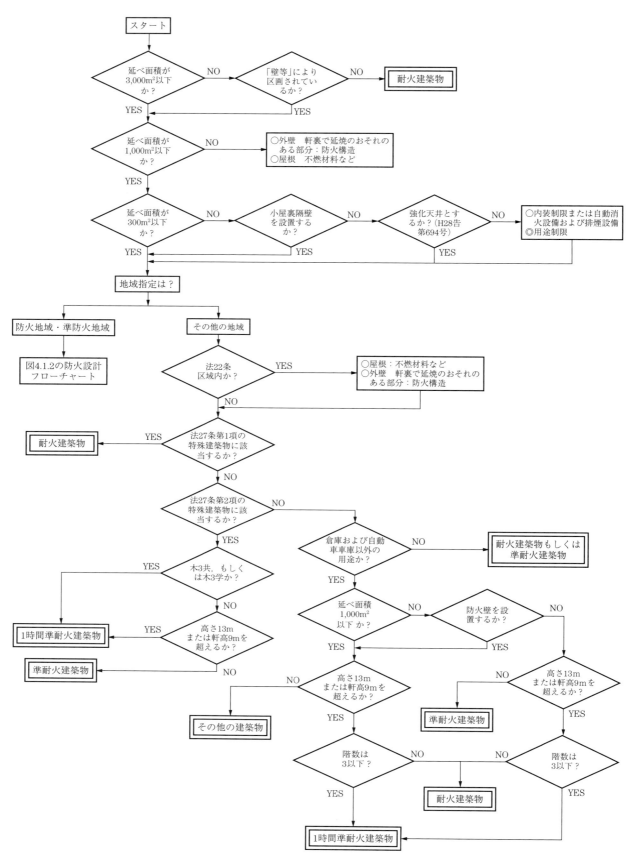

図 4.1.3 枠組壁工法建築物の防火設計②（22条区域・その他の地域）能時間

1.3 主要構造部の防耐火性能

1.3.1 耐火構造（法第2条第七号，令第107条，平12建告第1399号）

耐火構造は，法第2条第七号で「通常の火災が終了するまでの間，当該火災による建築物の倒壊及び延焼を防止するために当該建築物の部分に必要とされる性能」と定義され，令第107条に定める耐火性能の技術的基準に適合する構造で，屋内および周囲で火災が発生した際に，火災の加熱に対する次の3つの防火性能が要求される。
(イ)非損傷性：構造耐力上支障のある変形，溶融，破壊その他の損傷を生じないこと
(ロ)遮熱性：非加熱面の温度が，可燃物が燃焼する危険のある一定温度以上に上昇しないこと
(ハ)遮炎性：非加熱面に火炎を出す亀裂等の損傷を生じないこと

耐火建築物の主要構造部に要求される耐火性能を，**表 4.1.15** に示す。（令第107条）

表 4.1.15 耐火建築物の主要構造部に要求される耐火性能の一覧

建築物の部分			非損傷性			遮熱性	遮炎性
			最上階・最上階から 2～4の階	最上階から 5～14の階	最上階から 15以上の階		
壁	間仕切壁	耐力壁	1時間	2時間	2時間	1時間	—
		非耐力壁	—			1時間	—
	外壁	耐力壁	1時間	2時間	2時間	1時間	1時間
		非耐力壁（延焼のおそれのある部分）	—			1時間	1時間
		非耐力壁（延焼のおそれのある部分以外）	—			30分間	30分間
柱			1時間	2時間	3時間	—	—
床			1時間	2時間	2時間	1時間	—
はり			1時間	2時間	3時間	—	—
屋根			30分間			—	30分間
階段			30分間			—	—

平成28年3月および平成30年3月に改正された耐火構造の例示仕様（平12建告第1399号）で，外壁と間仕切壁に木材下地の仕様が追加され，枠組壁工法による外壁と間仕切壁の耐火構造では，従来からの大臣認定仕様に加え，告示の例示仕様も可能になった。耐火構造の例示仕様と認定仕様，および部位別防火設計法などは，第2章 2.1, 2.2 を参照のこと。

1.3.2 準耐火構造（法第2条第七号の二，令第107条の2，令第129条の2の3，平12建告第1358号，平12建告第1380号）

準耐火性能は法第2条第七号の二で「通常の火災による延焼を抑制するために当該建築物の部分に必要とされる性能」と規定されている。準耐火構造には技術的基準が令第107条の2に規定されたもの（45分準耐火構造）と令第115条の2の2に規定されたもの（1時間準耐火構造）の2種類がある。前者は一般的な準耐火建築物に適用され，後者は木造3階建共同住宅等に適用される。

令第107条の2に規定された準耐火構造の耐火性能と令第129条の2の3に規定された1時間準耐火構造の耐火性能を**表 4.1.16** に示す。準耐火構造の例示仕様や部位別の防火設計法などは，詳細は第2章 2.3を参照のこと。

表 4.1.16 準耐火建築物（イ準耐）の主要構造部に要求される準耐火性能

建築物の部分			非損傷性		遮熱性		遮炎性	
			45分準耐火構造	1時間準耐火構造	45分準耐火構造	1時間準耐火構造	45分準耐火構造	1時間準耐火構造
壁	間仕切壁	耐力壁	45分間	1時間	45分間	1時間	—	—
		非耐力壁	—	—			—	—
	外壁	耐力壁	45分間	1時間			—	—
		非耐力壁（延焼のおそれのある部分）	—	—			45分間	1時間
		非耐力壁（延焼のおそれのある部分以外）	—	—	30分間		30分間	
柱			45分間	1時間	—	—	—	—
床			45分間	1時間	45分間	1時間	—	—
はり			45分間	1時間	—	—	—	—
屋根	屋根		30分間		—		30分間	
	軒裏※)	延焼のおそれのある部分	—	—	45分間	1時間	—	—
		上記以外	—	—	30分間		—	—
階段			30分間		—	—	—	—

※）外壁で小屋裏などが遮られている場合を除く。

1.3.3 防火構造（法第2条第八号，令第108条，平12建告第1359号）

防火構造の防火性能は，法第2条八で「建築物の周囲において発生する通常の火災による延焼を抑制するために当該外壁又は軒裏に必要とされる性能」と規定され，技術的基準として耐力壁である外壁については30分間の非損傷性，また非耐力壁を含めた外壁と軒裏については30分間の遮熱性が求められている。

令第108条に規定された防火構造の耐火性能を，表4.1.17に示す。

表 4.1.17 防火構造に要求される防火性能

建築物の部分		非損傷性	遮熱性	遮炎性
外 壁	耐力壁	30分	30分	—
	非耐力壁	—	30分	—
軒 裏		—	30分	—

防火構造の例示仕様は，平12建告第1359号「防火構造の構造方法に定める件」に間柱および下地を不燃材料で造る場合と不燃材料以外で造る場合に分けて規定されている。外壁については，屋内側と屋外側の被覆仕様が例示され，軒裏については間柱および下地を不燃材以外の材料で造った場合（厚さが12 mm以上の下見板は除く）の外壁と同じ被覆仕様が示されている。

1.3.4 準防火性能を有する構造（法第23条，令第109条の6，平12建告第1362号）

準防火性能を有する構造（以下「準防火構造」という）は，平成12年以前は「土塗り壁同等構造」といわれていたものに該当する。準防火性能は法第23条で「建築物の周囲において発生する通常の火災による延焼の抑制に一定の効果を発揮するために外壁に必要とされる性能」と規定され，技術的基準として耐力壁である外壁については20分間の非損傷性，また非耐力壁を含めた外壁全体については20分間の遮熱性が求められている。令第109条の6に規定された準防火性能を有する構造の耐火性能を，表4.1.18に示す。

表 4.1.18 準防火性能を有する構造に要求される防火性能

建築物の部分		非損傷性	遮熱性	遮炎性
外 壁	耐力壁	20分	20分	—
	非耐力壁	—	20分	—

準防火性能が要求される部材は外壁のみである。準防火構造の例示仕様は，平12建告第1362号「木造建築物等の外壁の延焼の恐れのある部分の構造方法を定める件」に規定され，屋内側から屋外側まで一体の壁として仕

様が示されている。

以上の「1.3.1 耐火構造」から「1.3.4 準防火性能を有する構造」まで主要構造部に求められる構造には，上位の性能を有する構造などは，下位の構造などに包含されるものとして整理されている（**図4.1.4**参照）。

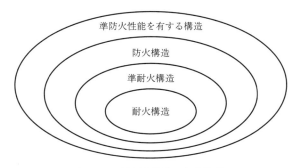

図 4.1.4 防耐火性能の包含関係

すなわち，準防火構造は，防火構造，準耐火構造，耐火構造を含み，防火構造は準耐火構造と耐火構造を含み，準耐火構造は耐火構造を含んでおり，部位の一部を上位性能の構造で代替できる。従って，例えば部分的に耐火構造を用いて準耐火建築物とすることも可能である。ただし，耐火建築物と準耐火建築物は包含関係にない。

1.4 木造建築物の防耐火に関連するその他の技術的基準

1.4.1 防火壁・防火区画等に関する技術的基準

（1） 防火壁（法第26条，令第113条，令第115条の2）

延べ面積が $1,000\ m^2$ を超える木造建築物は，防火上有効な構造の防火壁を設けて $1,000\ m^2$ 以内ごとに有効に区画しなければならない。ただし，耐火建築物もしくは準耐火建築物とした場合，および体育館など火災の発生のおそれが少ない用途に供する集成材等建築物で主要構造部の構造方法など防火上必要な政令で定める技術基準に適合する場合は防火壁の設置が緩和できる。具体的な防火壁の構造は，令第113条に規定され，自立する耐火構造と開口部を設ける場合は幅および高さを $2.5\ m$ 以下とし，特定防火設備を設ける等定められている。

（2） 防火区画（令第112条）

耐火建築物と準耐火建築物に対して，大規模な建築物で火災が発生した場合，火災を局部的なものにとどめ，火災の拡大を防止する目的で，一定の面積ごとに防火区画を設ける「面積区画」（第1項〜第3項），吹抜きや階段室など建築物内の垂直方向に通じている空間とその他の部分とを区画する「たて穴区画」（第9項），異なる用途で相互に防火区画する「異種用途区画」（第12項，第13項），および11階以上の階で $100\ m^2$ 以内ごとに区画する「高層区画」（第5項）が義務づけられている。さらに，令第112条では，外壁のスパンドレル（腰壁）やひさし等による外部延焼の防止（令第112条第10項），防火区画を構成する防火設備等の構造（令第112条第14項），防火区画貫通部の措置（令第112条第15項，16項）等が規定されている。

防火区画の構造は，主要構造部が耐火性能を要求されている場合は耐火構造とするなど，それぞれの建築物が要求されている耐火性能が必要である。枠組壁工法建築物に関連した主な防火区画を，**表4.1.19**に示す。

表 4.1.19 枠組壁工法建築物に関連した防火区画の一覧

種別	対象建築物	区画基準	区画の構造基準	適用除外その他の特例
面積区画	主要構造部を耐火構造とした建築物（耐火建築物） 主要構造部を法第2条9号の3イまたはロとした建築物（準耐火建築物〔イ準耐，ロ準耐〕）	床面積 1,500 m² 以内に区画	令第129条の2の3 第1項第1号の準耐火構造（耐火構造，または1時間準耐火構造） 特定防火設備	①劇場，体育館，工場などで用途場上やむをえない部分は適用除外 ②防火区画された階段室，エレベーター昇降路（ロビーを含む）部分は適用除外
	法第27条2項，第62条1項に基づく準耐火建築物（イ準耐〔45分〕，ロ準耐〔ロ-1〕）	床面積 500 m² 以内に区画	同上	①内装仕上げを準不燃でした階段室区画，エレベーター昇降路（ロビーを含む）部分は適用除外 ②内装仕上げを準不燃でした体育館，工場などは部分は適用除外
		防火上主要な間仕切壁	準耐火構造	
	法第21条1項ただし書，第27条1項ただし書，第27条2項，第62条1項に基づく準耐火建築物（イ準耐〔1時間〕） 法第27条2項，第62条1項に基づく準耐火建築物（イ準耐〔1時間〕，ロ準耐〔ロ-1〕）	床面積 1,000 m² 以内に区画	令第129条の2の3 第1項第1号の準耐火構造（耐火構造，または1時間準耐火構造） 特定防火設備	
たて穴区画	主要構造部が準耐火構造で，地階または3階以上に居室のある建築物	メゾネット住戸，吹抜き，階段，エレベーター昇降路，ダクトスペースその他のたて穴を形成する部分の周囲を区画	準耐火構造 防火設備	①内装仕上げ，下地とも不燃とした避難階からその直上階，または避難階からその直下階のみに通ずるたて穴部分は適用除外 ②階数3以下の独立住宅，または長屋もしくは共同住宅の住戸（1戸≦200 m²）内のたて穴部分は適用除外
異種用途区画	一部が法第24条各号のいずれかに該当する建築物	該当用途部分相互間，およびその他の部分との間を区画	準耐火構造 防火設備	―
	一部が法第27条1項各号または2項各号のいずれかに該当する建築物		令第129条の2の3 第1項第1号の準耐火構造（耐火構造，または1時間準耐火構造） 特定防火設備	

※スプリンクラー設備，噴霧消火設備などの自動消火設備を設けた場合は，その設備を設置した部分の床面積の1/2を区画面積から除くことができる。

（3） 界壁・防火上主要な間仕切壁・隔壁（令第114条）

①界壁・防火上主要な間仕切壁（第1項）

長屋または共同住宅の各戸の界壁は，小屋裏および天井裏に達する準耐火構造としなければならない。界壁の防火被覆は，小屋裏および天井裏においても連続して設けることが原則であるが，枠組壁工法など防火被覆が連続しない場合は十分なファイヤーストップを設ける（準耐火建築物の防火設計指針 1994 2.5.(4)，（一財）日本建築センター編）。

長屋または共同住宅の各戸の界壁は，法第30条の規定に基づき，令第22条の3の技術的基準を満足する遮音性能を有する構造（昭45建告第1827号）とすることが必要である。

②小屋裏隔壁（第3項及び第4項，平28国告第694号）

小屋組が木造で建築面積が300 m²を超える建築物は，けた行間隔12 m以内ごとに小屋裏に準耐火構造の隔壁を設けなければならない。ただし，耐火建築物，建築物の各室および各通路の壁および天井の室内に面する部分の仕上げを難燃材料で行うか，スプリンクラー設備などで自動式のものおよび排煙設備を設けた場合（令第115条の2第1項第7号），もしくは直下の天井を強化天井とした場合は設置する必要はない。また，延べ面積がそれぞれ200 m²を超える木造建築物を連結する渡り廊下の場合，小屋組が木造であり，かつ，けた行が4 mを超えるものは，小屋裏に準耐火構造の隔壁を設けなければならない。

（4） 木造建築物に対するその他の防火規制

①木造建築物等の外壁（法第23条）

22条区域内にある木造建築物は，その外壁で延焼のおそれのある部分の構造を，準防火性能に関して政令で定める技術的基準に適合した土塗壁その他の構造としなければならない。

②**大規模の木造建築物等の外壁（法第 25 条）**

延べ面積（同一敷地内に 2 以上の木造建築物等がある場合は，その延べ面積の合計）が 1,000 m² を超える木造建築物等は，その外壁および軒裏で延焼のおそれのある部分を防火構造とし，その屋根の構造を法第 22 条第 1 項に規定する構造としなければならない。

1.4.2　避難及び消火に関する技術的基準（法第 35 条，令第 116 条の 2〜令第 128 条の 3）

建築物の避難計画は，火災時における在館者の人命安全を大きく左右するきわめて重要なものであり，廊下，階段，出入口等の配置計画等，建築計画全体にも関連することから，設計当初から十分に念頭に置いておくことが必要である。

建築基準法では，法第 35 条の規定に基づいて令第 5 章「避難施設等」では，①特殊建築物，②階数が 3 以上である建築物，③窓その他の開口部を有しない居室（令第 116 条の 2），および④延べ面積が 1,000 m² を超える建築物，に適用される避難階段，排煙設備，非常用照明装置，非常用進入口，避難上・消火上必要な敷地内通路について技術的基準を定めている。

本項では，令第 5 章に規定されている基準のうち，準耐火建築物に関連するものについて解説することとする。しかし，本来，避難計画は最低限の基準としての法規定のみにとらわれず，在館者の特性（不特定多数，就寝用途，災害弱者等），建築物の規模（階数，床面積），平面計画，使用形態（常時居住，夜間無人化等）の実態を十分配慮しながら決定するように心掛けなければならない。この場合，避難計画の原則として，次の項目が掲げられる。

・二方向避難経路の確保
・明解な平面計画

さらに，防火区画する手法として避難行動特性に基づくシミュレーション手法や避難安全検証法等も開発されているので，これを補足的に設計の参考とすることも有効である。

（1）　廊下，避難階段及び出入口（令第 118 条〜第 121 条，令第 125 条）

次の①〜④の何れかに該当する場合は，廊下，避難階段および出入口について以下の(イ)〜(ニ)の設置基準に適合しなければならない。

廊下，避難階段及び出入口の設置基準が適用される建築物
①　法別表第 1　(い)欄　(1)項〜(4)項に掲げる用途に供する特殊建築物
②　階数が 3 以上の建築物
③　無窓の居室（令第 116 条の 2 第 1 項第一号に規定する採光上有効な開口部を有しないもの。すなわち，採光上有効な開口面積が床面 1/20 未満のもの）
④　延べ面積が 1,000 m² を超える建築物

ここで，建築物が開口部のない耐火構造の床または壁で区画されている場合は，その区画された部分はそれぞれ別の建築物とみなして，次の設置基準が適用される。

(イ)　客席からの出口の戸（令第 118 条），屋外への出口（令第 125 条）

劇場，映画館，演芸場，観覧場，公会堂または集会場における客席からの出口，客用に供する屋外への出口の戸は内開きとしてはならない。

(ロ)　廊下の幅（令第 119 条）

学校，病院，共同住宅，居室の床面積の合計が規定の値を超える階については，廊下の最小幅を両側にある居室の中廊下とその他の廊下に分けて規定している。この場合，共同住宅で住戸の階数が 2 または 3 であり，出入口が 1 の階のみにあるものの当該出入口のある階以外の階は，その居室の各部分から避難階または地上に準ずる直通階段の一に至る歩行距離が 40 m 以下である場合には，当該出入口のある階にあるものとみなす。

表 4.1.20　廊下の幅と配置

廊下の用途	廊下の配置 両側に居室がある廊下における場合	その他の廊下における場合
小学校，中学校または高等学校における児童用または生徒用のもの	2.3 m	1.8 m
・病院における患者用のもの ・共同住宅の住戸もしくは住室の床面積の合計が 100 m² を超える階における共用のもの ・3室以下の専用のものを除き居室の床面積の合計が 200 m²（地階にあっては 100 m²）を超える階におけるもの	1.6 m	1.2 m

(ハ) 直通階段の設置（令第 120 条）

　建築物の避難階以外の階においては，避難階または地上に通ずる直通階段（傾斜路を含む。以下同じ）が居室の各部分からその一に至る歩行距離が，表 4.1.20 の数値以下となるように設けられていること。ただし，当該居室およびこれから地上に通ずる主たる廊下，階段その他の通路（以下「廊下等」という）の壁（床面から高さ 1.2 m 以下の部分を除く）および天井の室内に面する部分の仕上げを不燃材料，または準不燃材料でしたものについては，表 4.1.20 の数値に 10 を加えた数値を同表の数値とする。ただし，この規定は，共同住宅で住戸の階数が 2 または 3 であり，出入口が 1 の階のみにあるものの当該出入口のある階以外の階については，その居室の各部分から避難階または地上に通ずる直通階段の一に至る歩行距離が 40 m 以下である場合には適用しない。

　なお，直通階段を屋外に設ける場合は，木造（準耐火構造のうち有効な防腐措置を講じたものを除く。）としてはならない。（令第 121 条の 2）

表 4.1.21　直通階段に至る歩行距離

	居室の種類	数値
(1)	・令第 116 条の 2 第 1 項第一号に該当する窓，その他の開口部を有しない居室 ・法別表 1 （い）欄 (4) 項に掲げる用途に供する特殊建築物の主たる用途に供する居室	30 m
(2)	(1) に掲げる居室以外の居室	50 m

(ニ) 2 以上の直通階段を設ける場合（令 121 条）

　劇場，百貨店，病院，ホテル等の用途に使用する居室のある階については，その階にある居室の床面積の合計が規定の値を超えると，2 つ以上の直通階段を設けなければならない。この場合，共同住宅において住戸の階数が 2 または 3 であり，出入口が 1 の階のみにあるものの当該出入口のある階以外の階は，その居室の各部分から避難階または地上に通ずる直通階段の一に至る歩行距離が 40 m 以下である場合には，当該出入口のある階にあるものとみなす。また，各直通階段への歩行距離が重複する区間（図 4.1.5）の長さは，表 4.1.21 に示した歩行距離の 1/2 を超えてはならないが，当該重複区間を経由しないで，バルコニー，屋外通路その他これらに類するもので避難上有効なもの（以下，「避難上有効なバルコニー等」という）に避難することができる場合には，この限りではない。

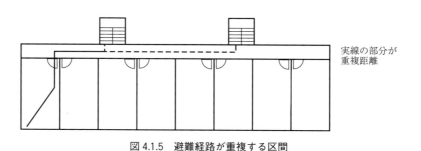

図 4.1.5　避難経路が重複する区間

表 4.1.22 直通階段を 2 つ以上設けなければならない場合

建築物の用途等	対象階	適用条件
①劇場，映画館，演芸場，観覧場，公会堂，集会場，床面積 1,500 m² 超の物販店舗	客室，集会室，売場などがある階	全部
②キャバレー，カフェー，ナイトクラブ，バー	客席のある階	原則全部(注1)
③病院，診療所，児童福祉施設等	病室，主たる居室のある階	居室等の床面積 100 m² 超
④ホテル，旅館，下宿，共同住宅，寄宿舎	宿泊室，居室，寝室のある階	居室等の床面積 200 m² 超
⑤その他		
6 階以上の階	居室のある階	原則全部(注2)
5 階以上の階		居室の床面積 200 m² 超(注3)

注1) 5 階以下の避難上有効なバルコニー等および屋外，または特別避難階段を設けた階，ならびに避難階の直下階の居室で床面積の合計が 100 m² 以下のものを除く。
注2) ①，②以外の用途に供する階で避難上有効なバルコニー等，および屋外または特別避難階段を設けられている場合，その階の居室の床面積の合計が 100 m² 以下のものは除く。
注3) 避難階の直下階の場合は，居室の床面積は 400 m² を超える場合に適用となる。

（2） 排煙設備の設置（令第 126 条の 2，第 126 条の 3）

原則として次の①〜④のいずれかに該当する場合には，排煙設備を設置しなければならない。

排煙設備を設置しなければならない場合
① 法別表 1(い)欄 (1)項から(4)項までに掲げる用途に供する特殊建築物で延べ面積が 500 m² を超えるもの
② 階数が 3 以上で延べ面積が 500 m² を超える建築物（高さ 31 m 以下にある居室で床面積 100 m² 以内毎に，不燃材料で造られたか又は覆われた間仕切壁，垂れ壁（天井から 50 cm 以上下方に突出したもの）等で区画（防煙区画）されたものは除かれる。）
③ 無窓の居室（令第 116 条の 2 第 1 項第二号に規定する排煙上有効な開口部を有しないもの，すなわち，排煙上有効な開口面積が床面積の 1/50 未満のもの）
④ 延べ面積が 1,000 m² を超える建築物の居室で，床面積が 200 m² を超えるもの（高さ 31 m 以下にある居室で床面積 100 m² 以内毎に防煙区画されたものは除かれる。）

ただし，次の①〜⑤のいずれかに該当する場合には，排煙上支障ないもの，または排煙設備の設置が不適当なものとして，排煙設備の設置を要しないこととされている。

排煙設備の設置を要しないもの
① 法別表 1(い)欄 (2)項に掲げる用途に供する特殊建築物のうち，耐火構造若しくは準耐火構造の床若しくは壁又は防火戸で 100 m²（高さ 31 m 以下にある共同住宅の場合は 100 m²）以内に区画された部分
② 学校，体育館，ボーリング場，スキー場，水泳場又はスポーツの練習場
③ 階段，昇降機の昇降路（乗降ロビーの部分を含む。）その他これらに類する部分
④ 機械製作工場，不燃性の物品を保管する倉庫，その他これらに類する用途に供する建築物で主要構造部が不燃材料で造られたもの，その他これらと同等以上に火災の発生のおそれの少ない構造のもの。
⑤ 火災が発生した場合に避難上支障のある高さまで煙又はガスの降下が生じない建築物の部分として，天井の高さ，壁及び天井の仕上げに用いる材料の種類等を考慮して国土交通大臣が定めるもの。（平 12 建告第 1436 号）

排煙設備の構造については令第 126 条の 3 に規定されているが，詳細については　新・排煙設備技術指針 1987 年度版　(一財)日本建築センター発行　を参考にされたい。

（3） 非常用の照明装置の設置（令第126条の4, 第126条の5）

原則として次の①～⑤のいずれかに該当する場合には，非常用の照明装置を設置しなければならない。

> 非常用の照明装置を設置しなければならない場合
> ① 法別表1(い)欄 (1)項から(4)項までに掲げる用途に供する特殊建築物の居室
> ② 階数が3以上で延べ面積が500 m²を超える建築物の居室
> ③ 窓の居室（令第116条の2第1項第一号に規定する採光上有効な開口部を有しないもの，すなわち，採光上有効な開口面積が床面積の1/20未満のもの）
> ④ 延べ面積が1,000 m²を超える建築物の居室
> ⑤ 上記①～④の居室から地上に通ずる通路等（採光上有効に直接外気に開放された通路を除く。）

ただし，次のいずれかに該当する場合には設置が免除される。

> 非常用の照明装置の設置を要しないもの
> ・戸建住宅，又は長屋若しくは共同住宅の住戸
> ・病院の病室，下宿の宿泊室，寄宿舎の寝室等
> ・学校，スポーツ施設等

また，これ以外に平12建告第1411号「非常用の照明設備を設けることを要しない避難階又は避難階の直上階若しくは直下階の居室で避難上支障がないものその他これらに類するものを定める件」に該当する場合にも非常用の照明装置の設置は免除される。

（4） 非常用進入口の設置（令第126条の6, 第126条の7）

高さ31 m以下の部分にある3階以上の階には，道または道に通ずる幅員4 m以上の通路，その他の空き地に面する各階の外壁面に非常用進入口，またはこれに代替する開口部を設けなければならない。ただし，以下の①～③の場合には非常用進入口の設置は免除される。

> 非常用進入口の設置が免除される場合
> ① 不燃性の物品の保管その他これと同等以上に火災の発生のおそれの少ない用途に供する階又は国土交通大臣が定める理由（平12建告第1438号）により屋外からの進入を防止する必要がある階で，その直上階又は直下階から進入することができるもの
> ② 非常用エレベーター（令第129条の3）を設置している場合
> ③ 道又は道に通ずる幅員4 m以上の通路，その他の空地に面する各階の外壁面に窓その他の開口部（直径1 m以上の円が内接することができるもの，又はその幅が75 cm以上，及び高さが1.2 m以上のもので，格子その他の屋外からの進入を妨げる構造を有しないものに限る）を当該壁面の長さ10 m以内毎に設けている場合

非常用進入口または代替開口部の大きさ，設置箇所，構造等については消防活動上有効であるための基準が令第126条の7等に規定されている。なお，木造3階建共同住宅等については令第115条の2等，別途消防活動上の外壁開口部の設置が技術的基準として定められているので，この規定は適用されない。

（5） 敷地内の避難上及び消火活動上必要な通路（令第127条，令第128条，令第128条の2）

1） 敷地内の通路

火災時に建物外へ出た避難者が，道路や空地へ安全に避難するために必要な通路，あるいは消防隊が消火・救助作業を行うために必要な通路を確保するために，敷地内の通路について規定が設けられている。法第35条に掲げる特殊建築物等の敷地内には，屋外避難階段（令第123条第2項）および屋外への出口（令第125条第1項）から道または公園，広場その他の空地に直通する幅員1.5 m以上の通路を設けなければならない。

2) 大規模木造建築物の敷地内における通路

大規模木造建築物の敷地内における通路の説明図を，図4.1.6(a)〜(c)に示す。大規模な建築物が火災になった場合には，一般的な木造建築物よりも危険性が高くなるため，建物からの避難者の安全性の確保，消防隊の消火・救助作業のために必要な敷地内通路の確保について，より厳しい規定がなされている。

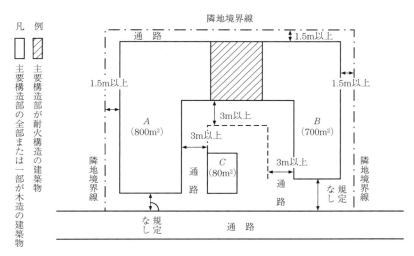

図4.1.6(a) 大規模木造建築物の敷地内における通路の説明（敷地内に建築物が1つの場合）

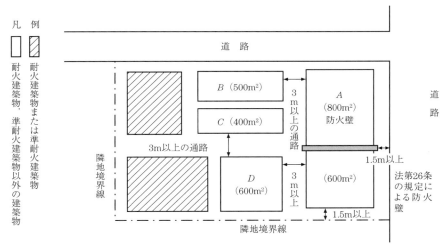

図4.1.6(b) 大規模木造建築物の敷地内における通路の説明（同一敷地内に建築物が2つ以上の場合）

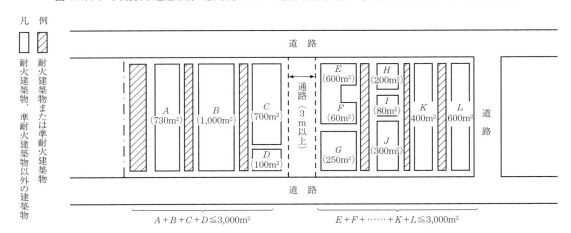

図4.1.6(c) 大規模木造建築物の敷地内における通路の説明（同一敷地内に建築物が2つ以上で，延べ面積の合計が3,000 m² を超える場合）

以下のア．およびイ．の場合にはその周囲（道に接する部分を除く）に幅員が 3 m 以上の通路を設けなければならない（図 4.1.6(a)）。

> 周囲に幅員 3 m 以上の通路を設置しなければならない場合
> ア．主要構造部の全部が木造の建築物でその延べ面積が 1,000 m² を超える場合
> イ．主要構造部の一部が木造の建築物で，その延べ面積（主要構造部が耐火構造の部分を含む場合で，その部分とその他の部分とが耐火構造とした壁または特定防火設備で区画されているときは，その部分の床面積を除く。）が 1,000 m² を超える場合

さらに同一敷地内に耐火建築物，準耐火建築物および延べ面積が 1,000 m² を超えるものを除く 2 以上の建築物がある場合で，その延べ面積の合計が 1,000 m² を超えるときは，延べ面積の合計 1,000 m² 以内ごとに区画し，その周囲（道または隣地境界線に接する部分を除く）に幅員 3 m 以上の通路を設けなければならない（図 4.1.6(b)）。

なお，耐火建築物または準耐火建築物で面積の合計が 1,000 m² 以内ごとに区画された建築物を相互に防火上有効に遮っている場合には，これらの建築物については，上記の規定は適用されない。ただし，これらの建築物の延べ面積の合計が 3,000 m² を超える場合においては，その延べ面積の合計 3,000 m² 以内ごとに，その周囲（道または隣地境界線に接する部分を除く）に幅員 3 m 以上の通路を設けなければならない（図 4.1.6(c)）。

これらの通路は道まで達することが必要である。したがって，1 つの敷地が 2 つの敷地に挟まれている場合，2 つの隣地境界線に接する部分の通路が，1.5 m 以上を要求されても，木造建築物の周囲に 3 m 以上を要求されている場合には，この 3 m の通路を道まで通じなければならないので，隣地境界線に接する部分の通路のうち 1 つは 3 m 以上の幅員としなければならない（図 4.1.7 参照）。

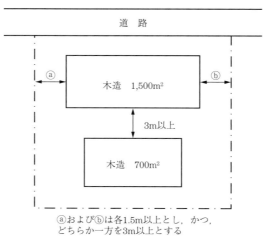

図 4.1.7　隣地境界線に接する部分の通路の注意

1.4.3　内装制限（法第 35 条の 2，令第 128 条の 3 の 2～令第 128 条の 5）

（1）　内装制限の概要

法第 35 条の 2 および令第 128 条の 3 の 2～第 128 条の 5 により，建築物の用途，規模等により，内装制限の規定が定められている。内装制限とは，建築物の居室，通路等の壁および天井（天井のない場合においては屋根。以下，内装制限の項において同じ。）の室内に面する部分の仕上げを防火上支障がないようにしなければならないものである。

内装制限の対象となる建築物は，特殊建築物，大規模建築物，火気を使用する室，無窓の居室の 4 種類に分類され，内装制限の部位は，居室および通路，廊下，階段の天井と壁が対象となっている。また，特殊建築物でも学校，体育館，スポーツ施設の用途に供する建築物については，一定の管理下にあり，比較的短時間に避難が可能なので内装制限の適用除外となっている。

内装制限を受ける枠組壁工法建築物の用途，部位，内装制限の内容を表 4.1.23 に示す。

表 4.1.23 内装制限を受ける建築物の用途，部位と制限内容

用途など	内装制限の対象となる構造・用途に供する面積			内装材料（天井・壁）	
	耐火建築物または法 27 条第 1 項の規定に適合する特殊建築物（特定避難時間が 1 時間未満である特定避難時間倒壊等防止建築物を除く）	準耐火建築物または特定避難時間が 45 分以上 1 時間未満である特定避難時間倒壊等防止建築物	その他の建築物	居室	通路等
①劇場，集会場等	客席≧400 m²	客席≧100 m²		難燃材料（3 階以上の階に居室のある建築物の天井は準不燃材料）	準不燃材料
②病院，共同住宅等（※2）	3 階以上の合計≧300 m²（※1）	2 階部分の合計≧200 m²（※1）	床面積合計≧200 m²		
③百貨店，展示場等	3 階以上の合計≧1000 m²	2 階部分の合計≧500 m²			
④自動車車庫等	すべて適用			準不燃材料	
⑤地階で上記①～③の用途に供するもの	すべて適用				
⑥大規模建築物（※3）	階数 3 以上で延べ面積＞500 m² 階数 2 以上で延べ面積＞1,000 m² 階数 1 で延べ面積＞3,000 m²			難燃材料	
⑦住宅および併用住宅の調理室等	階数 2 以上の建築物の最上階以外の階				
⑧住宅以外のボイラー室等	すべて適用			準不燃材料	
⑨無窓の居室（※4）	床面積＞50 m²				
⑩法第 28 条第 1 項ただし書きの居室（※5）	すべて適用				

〔表中の記載について〕
1. 居室ついては，1.2 m 以下の腰壁には内装制限はかからない。
2. スプリンクラー設備，水噴霧消火設備，泡消火設備等で自動式のものと，令 126 条の 3 の排煙設備を併せて設けた部分には内装制限はかからない。
（※1）100 m² 以内（共同住宅の住戸は 200 m²）ごとに，準耐火構造の床，壁または防火設備で区画されたものを除く。
（※2）1 時間準耐火構造の技術的基準に適合する共同住宅等の用途に供する部分は，耐火建築物の部分とみなす。
（※3）学校等および高さ 31 m 以下の②の項の建築物の居室部分で，100 m² 以内ごとに防火区画されたものを除く。
（※4）天井または天井から下方へ 80 cm 以内にある部分の開放できる開口部が居室の床面積 50 分の 1 未満のもの。ただし，天井の高さが 6 m を超えるものを除く。
（※5）温室度調整を要する作業室等。

（2）防火材料（不燃材料，準不燃材料，難燃材料）

建築材料の不燃性能と技術的基準は，令第 108 条の 2 において規定され，通常の火災による火熱が加えられた場合，次の 3 要件を満足することが必要である。
①燃焼しない。（火災の拡大に影響しない程度の少量の有機物は許される。）
②防火上有害な変形，溶融，き裂その他の損傷を生じない。（燃え抜けない。）
③避難上有害な煙またはガスを発生しない。（大量の煙やガスを発生しない。）

火熱に耐える時間の長さに対して，20 分間のものを不燃材料，10 分間のものを準不燃材料，5 分間のものを難燃材料と定義している。国土交通大臣が不燃材料，準不燃材料，あるいは難燃材料として定めた例示仕様は告示で指定され，また告示に指定されていない材料でも指定性能評価機関が実施する性能評価試験に合格し，国土交通大臣の認定を受ければ，その性能に応じて不燃材料，準不燃材料，あるいは難燃材料として用いることができる。

防火材料に関する告示の例示仕様概要は次のとおりである。

(a) 不燃材料（平 12 建告第 1400 号）
一般的には無機系の材料であるが，成型するためや表面の化粧などに少量の有機物が含まれているもので，コンクリート，陶磁器タイル，鉄鋼等 17 種類の材料が指定されている。

(b) 準不燃材料（平 12 建告第 1401 号）
一般的には無機質材料と有機質材料との混合物であるが，有機質材料は不燃材料に比べて多くなり，石膏ボード，硬質木片セメント板等 5 種類が指定されている。なお，準不燃材料には不燃材料も含まれる。

(c) 難燃材料（平 12 建告第 1402 号）

一般的には有機質材料に難燃薬剤を含浸や塗布したもの，有機質材料の表面に不燃材料を積層して性能を確保したもので，難燃合板と石膏ボードが指定されている。なお，難燃材料には準不燃材料も含まれる。

防火材料に関する告示の例示仕様では，難燃材料には準不燃材料と不燃材料が含まれ，準不燃材料には不燃材料が含まれ，図 4.1.8 に示すとおり上位の性能を有する防火材料は，下位の防火材料に包含されるものとして整理されている。従って，難燃材料を用いることが必要とされる部分に準不燃材料や不燃材料を用いることができる。

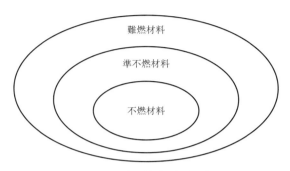

図 4.1.8　防火材料の包含関係

（3） 内装制限の適用除外

①スプリンクラー設備等と排煙設備の設置による適用除外（令第 128 条の 5 第 7 項）

スプリンクラー等を設置し，排煙設備を設けた部分は，表 4.1.23 の①から⑨の内装制限は適用されない。排煙設備の構造概要は，不燃材料で造るか覆われたもので天井面から 50 cm 以上下方に突出した垂れ壁等の防煙壁で，建築物の床面積 500 m² 以内に区画し，排煙設備の排煙口，風道および煙に接する部分を不燃材料で造ったものである。（令第 126 条の 2，令第 126 条の 3）

②避難安全検証法による適用除外（令第 129 条，令第 129 条の 2）

階避難安全検証法と全館避難安全検証法の 2 種類の避難安全検証法により，各階ならびに当該建物の在館者が安全に避難できることを証明することにより，内装に木材等の可燃材料を用いることが可能となった。

避難安全検証法による設計では，天井が高い室内空間や窓を大きくとる等の措置を行った大きな室内空間の防火設計に使われている。避難安全検証法には告示（平 12 建告第 1441 号，1442 号）に基づく方法と国土交通大臣の認定を得る高度な検証法の 2 種類がある。

（4） その他内装制限に関連した事項

①内装制限を受ける居室において木質内装材を認める件（平 12 建告第 1439 号）

特殊建築物や大規模建築物の居室においては，天井および壁（1.2 m 以下の腰壁を除く。）を難燃材料とすることが必要であるが，平 12 建告第 1439 号により難燃材料でした内装の仕上げに準ずる仕上げが定められており，天井を準不燃材料とすれば，壁の仕上げ材として木材等を使うことができる。ただし，仕上げ材の木材表面に火炎伝播を著しく助長するような溝を設けてはならない。

②露出した柱や竿縁などの扱い（昭 45 住指発第 35 号）

内装制限が適用される壁や天井の室内に面する部分で，柱やはり等の木部が露出する場合は，これらを壁または天井の一部としてみなし，内装制限の対象として取り扱われる。ただし，柱やはり等の室内に面する部分の見付面積が，壁または天井の各面の面積の 1/10 以下の場合は，柱やはり等の部分を内装制限の対象としないで取り扱える。

③その他内装制限に関連した事項

（a）火気使用室（ボイラー室等）（令第 128 条の 4 第 4 項）

主要構造部が耐火構造である耐火建築物では火気使用室の内装制限は適用されない。準耐火建築物等では，台所とその他の部分とが一体となっている室で，天井から 50 cm 以上に突き出して不燃材料で造るかまたは被覆

した垂れ壁等によって相互に区画されている場合は，区画の外側の部分は火気使用室とみなされず内装制限は適用されない。

(b) ストーブ等の取り扱い（令第128条の3の2，令第129条の5第5項）

季節的なストーブを使用する等の場合は，火気使用室としての制限はない。ただし，50 m^{2}を超える居室で開口部として開放できる部分（天井または天井から下方80 cm以内の距離にある場合）の面積の合計が居室面積の1/50未満の場合は無窓の居室としての制限を受けるために，内装は準不燃材料とすることが必要となる。

第2章

防耐火性能による技術基準

2.1　耐火建築物の技術基準　平成12年5月30日　建設省告示第1399号（改正30年3月27日）

2.1.1　耐火建築物の概要

　平成12年の建築基準法改正により、耐火建築物の性能規定化がなされたことから、木造耐火建築物に関する技術開発が総合技術開発プロジェクト「木質複合建築構造技術の開発」と並行して関係団体等との共同研究により、積極的に進められてきた。その成果として、枠組壁工法などの木質構造において、壁や床の裏側（またはその直下の天井）のせっこうボードなどの不燃材料等が、木質構造部材の耐火被覆を兼ねる構造方式で、耐火性能に関する技術的基準に適合したメンブレン（membrane）型の耐火構造が開発された。

　(一社)日本ツーバイフォー建築協会（以下(一社)は省く）とカナダ林産業審議会は共同で、枠組壁工法による外壁など主要構造部の耐火構造の大臣認定を平成16年に取得することにより「木造耐火建築物」として建設が可能となった。さらに、平成28年3月に改正された耐火構造の例示仕様（平12建告第1399号）で外壁と間仕切壁に木材下地の仕様が、平成30年3月に改正された耐火構造の例示仕様では屋根、床と階段に木材下地の仕様が追加されたため、従来の大臣認定仕様に加え、告示の例示仕様での建設も可能となった。

　本章では、仕様ルートAにおける枠組壁工法によるメンブレン（membrane）型木質耐火構造を用いた建築物の耐火設計に適用する。

　また、枠組壁工法による木質耐火建築物の概要や、基本的な耐火建築物の設計を解説するが、木造耐火建築物は都市防災や良好な建築物のストックとしての観点から、実際の設計にあたっては、日本ツーバイフォー建築協会が開催する講習会を受講し、協会の運用基準に従い、十分理解したうえで慎重に対応して頂きたい。

　具体的な防火措置は、枠組壁工法　耐火建築物設計・施工の手引　日本ツーバイフォー建築協会編に解説されており、これらの手引等を参照のこと。

　協会ホームページにおいても、大臣認定書の使用承諾依頼など耐火建築物の設計に必要な資料が掲載しているため確認頂きたい。

（本書巻末掲載の「ホームページのご案内」を参照のこと）

2.1.2　メンブレン型木質耐火構造

　メンブレン木質耐火構造とは枠組壁工法においては可燃材料である木材で造られた長期の荷重を支える壁、床などの各部位を、耐火被覆材により壁面や床・天井面で覆うことにより、所定の耐火性能を満足させたものである。

（1）　メンブレン木質耐火構造の耐火被覆の基本

　法令で定められた各主要構造部がメンブレン木質耐火構造である、木質系耐火建築物における耐火被覆の基本は次による。

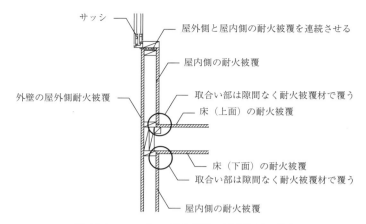

図 4.2.1　メンブレン耐火構造の耐火被覆の基本

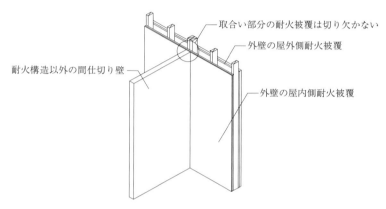

図 4.2.2　耐火構造以外の間仕切壁との取合い

① 各部位が隙間なく耐火被覆材で被われていること。（図 4.2.1 参照）
② 異種工法のメンブレン耐火構造同士を接合する場合も，各々の部位所定の耐火被覆材で隙間なく覆われていること。
③ 耐火構造の壁と耐火構造以外の間仕切壁の交差部は，耐火構造の耐火被覆材勝ちとし，耐火構造以外の間仕切壁は後施工とする。（図 4.2.2 参照）
④ メンブレン木質耐火構造と鉄造階段を組み合わせる場合，壁および床の耐火被覆材の上から鉄造階段を取り付け荷重を支持するものについては，平 12 建告第 1399 号第 6 に例示されている鉄造階段とみなすことができる。

2.1.3　耐火設計の基本的な考え方

建築基準法では，「耐火性能に関して政令で定める基準に適合する鉄筋コンクリート造，れんが造等などで大臣が定めたものまたは大臣の認定を受けたもの」を耐火構造と定義している。具体的には，通常の火災が終了するまでの間，建築物の荷重をささえる柱などが当該火災はよる火熱により崩壊せず，形状を保持するために必要な性能をいい，建築物の部位別，階数別にその耐火性能が定められている。

これに対して準耐火構造は，荷重を支える部材である壁，床，柱，はりなどの主要構造部が，一定時間以上荷重を支持することが必要であるとともに，屋内の他の部分への延焼および屋外からの延焼を抑制するための性能を建築物にもたせようとするのが目的であり，建築物の部分に応じて構造耐力上支障のある変形，溶融などが生じない加熱時間を定めている。従って，準耐火構造は特定の時間まで非損傷性を確保する構造方式であるのに比べ，耐火構造は火災後も建物が崩壊しないことが求められている。

大臣認定を取得したメンブレン型耐火構造である枠組壁工法耐火構造でも，壁の枠材や床根太などの木質構造部材に対して火災後に燃焼が終了するまで放置しても崩壊しない設計が求められ，耐火性能の評価試験法では，加熱終了後，加熱時間の 3 倍の時間，温度等の測定を行い，再燃焼等により，試験体の再温度上昇，それに伴う

崩壊等の危険性がないかを確かめることが規定されている。

耐火建築物は，法第2条第9号の2に定義され，主要構造部が耐火構造であるもの，または耐火性能検証法等により火災が終了するまで耐えられることが確認されたもので，外壁の開口部で延焼のおそれのある部分に防火設備を有する建築物である。法第2条第9号の2イ(1)で示す主要構造部の技術的基準は，令第107条第1〜3号に定められ，イ(2)で示す技術的基準は，令108条に定められている。

この法適合ルートに関しては，第1章 枠組壁工法建築物の防耐火基準の耐火建築物において解説したが，主要構造部を耐火構造とし延焼のおそれのある部分の外壁開口部に防火設備を設けたルートA，比較的収納可燃物が少なく，天井が高い用途（体育館など）の屋根を木造化する際に有効なルートB，ルートCの3種類がある。（前章図4.1.1）

2.2 耐火建築物の設計（ルートA）

2.2.1　1時間耐火構造

最上階および最上階から数えた階数が2〜4の範囲の壁（外壁，間仕切壁）および床，柱，はりについては1時間耐火構造による設計が可能である。また，屋根および階段については，階によらず30分耐火構造とする。すなわち4階建て以下の建物であれば建物全体について，5階建て以上の建物であれば最上階から4階以内の範囲について，屋根・階段以外の主要構造部を1時間耐火構造のみで計画することができる（図4.2.3-1）。

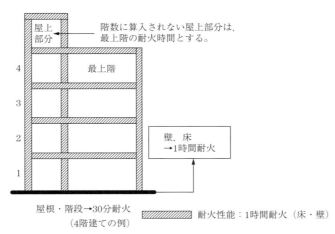

図4.2.3-1　耐火建築物の部位に要求される耐火性能時間

2.2.2　2時間耐火構造

2時間耐火構造では，壁（外壁・間仕切壁）および床については，階数の規制はなく，柱およびはりについては最上階および最上階から数えた階数が14以下の範囲で設計が可能となる。また，5階建て以上の建物であれば最上階から4階以内の範囲について，主要構造部を1時間耐火構造により設計が可能であり，屋根および階段については，階によらず30分耐火構造とする。すなわち14階建て以下の建物であれば建物全体について，屋根・階段以外の主要構造部を枠組壁工法による1時間耐火構造および2時間耐火構造で計画することができる（図4.2.3-2）。

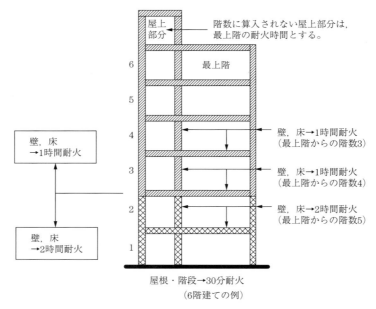

図 4.2.3-2 耐火建築物の部位に要求される耐火性能時間

2.2.3 耐火建築物に関連する主な防火法規

(1) 防火設備と特定防火設備

防火設備は令109条で,「防火戸,ドレンチャーその他火炎を遮る設備」として定義され,遮炎性能と準遮炎性能が定められている。防火設備には,20分の遮炎性能もしくは準遮炎性能をもつ防火設備と1時間以上の遮炎性能をもつ特定防火設備の2種類に分類され,設置する場所ごとに防火設備の種類と求められる性能が規定されている。(表 4.2.1)

防火設備の構造方法は,従来からの仕様規定は「大臣が定めた構造方法」として平12建告第1360号に示され,新たな性能規定による防火設備は,令第112条第14項の防火設備の構造を満たすものとして「国土交通大臣の認定を受けたもの」としなければならない。平12建告第1360号では,延焼のおそれのある部分にある防火設備を,①耐火建築物などの外壁の開口部に設ける遮炎性能(両面20分)をもつ防火設備と,②防火・準防火地域内の外壁の開口部に設ける準遮炎性能(片面20分)をもつ防火設備の2つに分けそれぞれの構造方式が示されている。

特定防火設備の例示仕様は,平12建告第1369号に示され,これら以外のものを使う場合は,防火設備と同様

表 4.2.1 防火設備・特定防火設備の種類と性能

名称	準拠法令	防火設備の設置場所	性能	火災の種類	時間	要件
特定防火設備	法36条 令112条1項	防火区画に用いる防火設備	遮炎性能	通常の火災	1時間	加熱面以外の面に火炎を出さない
	法36条 令112条16項	冷暖房などの風道貫通などに用いる防火設備				
防火設備	法2条9号の2ロ 令109条の2	耐火建築物の外壁の開口部に設ける防火設備	準遮炎性能	周囲において発生する通常の火災	20分(両面遮炎)	
	法64条 令136条の2の3	防火・準防火地域内建築物の外壁の開口部に設ける防火設備			20分(外部→屋内の片面遮炎)	
	法27条 令110条の2, 3	延焼するおそれがある外部の開口部				
	法36条 令114条5項	界壁の風道貫通部などに用いる防火設備	遮炎性能	通常の火災	45分	

に令第112条第14項の防火設備の構造を満たすものとして国土交通大臣の認定を受けたものとしなければならない。

(2) 防火区画

建築基準法では，火災を局部的なものにとどめ，火災の拡大を防止するために防火区画の設置を義務づけている。防火区画は，次の3種類に分類される。

① 水平方向の火災拡大防止を目的に，耐火建築物または準耐火建築物を一定面積ごとに区画する面積区画
② 建築物の鉛直方向の火災拡大することを防止することを目的に，たて穴部分とその他の部分を区画するたて穴区画
③ 火災の危険度の高い用途部分とその他の部分を区画する異種用途区画

防火区画の構造は，面積区画，たて穴区画，異種用途区画の規定ごとにそれぞれ決められており，耐火構造や準耐火構造の床，壁と防火設備や特定防火設備で区画することが規定されている。表4.1.19の防火区画に関する規定の一覧を参照されたい。

(i) 面積区画

水平方向の火災拡大を防止し火災の規模を限定することを目的に，床面積が1,500 m^{2}を超える耐火建築物または準耐火建築物に対して，原則1,500 m^{2}以内ごとに区画することが規定されている。面積区画は，1時間以上火災に耐える性能を有する準耐火構造の床や壁，または，特定防火設備などで区画するもの。

区画する面積に対する緩和規定として，スプリンクラー設備，水噴霧消火設備，泡消火設備などの自動消火設備が設けられている部分については，その床面積の2分の1に相当する床面積を除くことができ，例えば自動消火設備を設けた場合は，最大3,000 m^{2}以内ごとに面積区画を行えばよいことになる。

また，延べ面積が1,500 m^{2}を超える建築物でも用途上やむをえない場合については，防火区画が免除される規定が設けられている。免除される建築物の部分は，次のとおりである。

a) 劇場，映画館，観覧場などの客席部分や工場，体育館など区画することによりその目的が達成できない形態となる建築物の部分。ただし，この規定は用途上やむをえない建築物の部分すべてが免除されるのではなく，例えば，体育館では内部の付属室など区画することが可能である部分は区画する必要がある。
b) 高層建築物の階段室の部分または昇降機の昇降路の部分
c) 床面積に算入される倉庫や工場のひさし下で十分外気に開放されている部分

(ii) たて穴区画

建築物内の垂直方向に連続する空間を通り，火災が急速に拡大することを防止することを目的に，吹抜き，階段，昇降機の昇降路，ダクトスペースなどの部分と，その他の部分とを準耐火構造の床や壁または防火戸で区画するものである。たて穴区画は，主要構造部を準耐火構造とし，かつ，地階または，3階以上の階に居室を有する建築物が対象となる。

たて穴区画を設けなければならない箇所は，1) 2以上の階にまたがる住戸の部分（住宅の場合は緩和あり），2) 吹抜き，3) 階段，4) 昇降機（エレベーターなど）の昇路，5) ダクトスペースおよび6) その他たて穴を形成する部分である。また，たて穴区画に対する緩和規定は，次の項目がある。

a) 避難階から，その直上階または直下階のみに通ずる吹き抜きとなっている部分および階段の部分等で，その内装（壁および天井の室内に面する部分）を，仕上げ，下地とも不燃材料で造った場合は，たて穴区画の設置は免除される。ここで避難階からその直上階または直下階のみに通ずる場合とは，2層のみに通ずる場合であって，避難階をはさんで上下3階にわたる空間や2つ以上の避難階を介して3層以上の階にまたがる空間までは緩和されない。
b) 地上，地下を含んで階数が3以下で延べ面積が200 m^{2}以内の一戸建住宅や長屋または共同住宅については，その住戸内の吹抜き部分，階段部分，昇降機の昇降路の部分などはたて穴区画する必要はない。
c) 映画館などの客席，体育館，工場などで，その用途上やむをえない場合は，たて穴区画は免除される。ただし，そで壁（床面からの高さが1.2 m以下の部分を除く。）および天井の室内に面する部分の仕上げは，下地ともに準不燃材料で造らなければならない。
d) たて穴部分と「その他の部分」とを区画する場合，例えば，共同住宅の開放片廊下に接続する屋内階段など

直接外気に開放されている廊下やバルコニーなどは「その他の部分」から除かれる。

(ⅲ) 異種用途区画

多数の人が利用する用途，火災荷重（単位面積あたりの可燃物量）の大きな用途，および就寝用途などに使用する特殊建築物について，それぞれの用途の安全を図るため，相互に防火区画しなければならない。この区画を，異種用途区画といい，具体的には次の場合に設置することが規定されている。

a) 建築物の部分が，次のいずれかに該当する場合，その部分と「その他の部分」とを，準耐火構造とした壁または防火設備で区画する。

イ) 学校，劇場，映画館，演芸場，観覧場，公会堂，集会場，マーケットまたは公衆浴場の用途に使用する部分

ロ) 自動車車庫の用途に使用する部分で，床面積の合計が50 m²を超えるもの

ハ) 百貨店，共同住宅，寄宿舎，病院および倉庫の用途に使用する部分で，階数が2であり床面積の合計が200 m²を超えるもの

b) 建築基準法27条の規定により，耐火建築物または準耐火建築物としなければならない特殊建築物の用途部分は，その部分と「その他の部分」とを，火災に対して1時間以上耐える性能を有する構造とした壁または特定防火設備で区画する。

(ⅳ) 防火区画に用いる防火設備

防火区画に用いる防火設備は，確実に火災の拡大を防止・抑制するとともに，避難上の支障をきたさないために，①火災時に閉鎖等できること，②通行することができること，③自動的に閉鎖できること，および④遮煙性を有すること，を必要な性能として規定し，その性能を有する構造方法を告示で定めている。

具体的には，常時閉鎖式と普段は開放しているが火災時には自動的に閉鎖する常時開放式がある。常時開放式には，煙により自動的に閉鎖する煙感知器連動式と，温度が急激に上昇した場合に自動的に閉鎖する熱感知器連動式がある。熱感知器連動式は，たて穴区画など防火区画の種類によっては，使用できない場合がある。

(ⅴ) 防火区画に接するの外壁

防火区画に接する外壁部分など，防火区画を構成する上で弱点となりやすく，火災時に外部から他の区画に延焼するおそれがある。そこで，防火区画となっている床や壁，または防火設備などに接する外壁については，その接する部分を含み，幅90 cm以上の外壁を準耐火構造とするか，または外壁面から50 cm以上突出した準耐火構造のひさし，床，そで壁などを設けることが規定されている。また，準耐火構造とした部分に開口部を設けるときは，その開口部に防火設備を設けなければならない。

(3) 防火区画の貫通部

建築物で火災が発生した場合，被害の拡大を防ぐため大規模な建築物には，防火壁または防火区画を設けなければならない。開口部の全くない耐火構造の壁，または床で区画すれば問題はないが，実際の建物では設備を設置するために配管またはダクトなど防火区画を貫通させる必要がある。このような防火区画の貫通部は防火上の弱点となるため，防火措置が必要となる。

防火区画を設備配管が貫通する場合の防火措置は，令第112条第15項で「給水管，配電管その他の管が耐火構造等の防火区画を貫通する場合においては，当該管と耐火構造等の防火区画とのすき間をモルタルその他の不燃材料で埋めなければならない」と規定されている。

令第129条の2の5第1項第7号では，配管類が防火区画部分を貫通する場合は，両側1 mの部分を含んで不燃材料とするか，または大臣の定める基準とすることを定め，配管に対する基準は平12建告第1422号で，防火区画を貫通することができる給水管等の外径の限度を，その用途，覆いの有無，材質，肉厚および貫通部分の耐火時間から規定している（表4.2.2）。

風道（ダクト）類については，令第129条の2の5第1項第6号で「地階を除く階数が3以上である建築物，地階に居室を有する建築物又は延べ面積が3,000 m²を超える建築物に設ける換気，暖房又は冷房の設備の風道及びダストシュート，メールシュート，リネンシュートその他これらに類するもの（屋内に面する部分に限る。）は，不燃材料で造ること」と規定されている。

ダクトが防火区画を貫通する場合は，令第112条第16項の規定および昭48建告第2565号により，貫通する部分または近接する部分に防火ダンパーを設けることが規定されている。また，防火ダンパーの開閉機構は，貫

通する防火区画の種類によりたて穴区画もしくは異種用途区画の場合は煙感知器連動防火ダンパー，面積区画の場合は，熱感知器または煙感知器連動防火ダンパーを使用しなければならない。

耐火被覆材を貫通する設備配管の取り合いなど，区画貫通部の防火措置の考え方は，4.2.2 による。

表 4.2.2 防火区画を貫通することができる給水管，配電管等の外径

給水管などの用途	覆いの有無	材質	肉厚（単位 mm）	給水管などの外径（単位 mm）			
				給水管などが貫通する床，壁，柱またははりなどの構造区分			
				防火構造	30分耐火構造	1時間耐火構造	2時間耐火構造
給水管		難燃材料または硬質塩化ビニル	5.5 以上	90	90	90	90
			6.6 以上	115	115	115	90
配電管			5.5 以上	90	90	90	90
排水管・付属通気管	覆いのない場合		4.1 以上	61	61	61	61
			5.5 以上	90	90	90	61
			6.6 以上	115	115	90	61
	厚さ 0.5 mm の鉄板で覆われている場合		5.5 以上	90	90	90	90
			6.6 以上	115	115	115	90
			7.0 以上	141	141	115	90

（4） 界壁・防火上主要な間仕切壁・隔壁等

令第 114 条では，就寝用途を有する長屋や病院など多数の人々が出入りする特殊建築物に対して，火災時の延焼拡大防止と安全に避難できるように，内壁に界壁などを設けることが規定されている。

① 壁

長屋または共同住宅は各戸ごとに管理主体が異なるため，各戸間の延焼防止を目的に，令第 114 条第 1 項で界壁を設けることが義務づけられている。界壁は，耐火建築物にあっては耐火構造とし，小屋裏または天井裏に達するようにしなければならない。

② 防火上主要な間仕切壁

多数の人々が出入りし利用する，学校，病院，診療所（患者の収容施設を有しないものを除く。），児童福祉施設等，ホテル，旅館，下宿，寄宿舎またはマーケットなどの建築物では，火災が発生した場合火災の成長を遅らせ，建物内の人々が安全に避難できるように，防火上主要な間仕切壁（自動スプリンクラー設備等設置部分その他防火上支障がないものとして国土交通大臣が定める部分の間仕切壁を除く。）を準耐火構造とし，令第 112 条第 2 項各号のいずれかに該当する部分を除き，小屋裏または天井裏に達するようにしなければならない。

③ 隔壁

小屋組が木造の場合小屋裏を通って火災成長が早くなることから，建築面積 300 m² を超える場合には，小屋裏直下の天井の全部を強化天井とするか，または桁行間隔 12 m 以内ごとに小屋裏（準耐火構造の隔壁で区画されている小屋裏の部分で，当該部分の直下の天井が強化天井であるものを除く。）に準耐火構造の隔壁を設けなければならない。ただし，次のいずれかに該当する建築物については隔壁を設ける必要はない。

(i) 主要構造部が耐火構造または令 108 条の 3 による火熱に耐えることの性能基準に適合する建築物（耐火建築物）

(ii) 建築物の各室および各通路について，壁および天井の室内に面する部分の仕上げが難燃材料でされ，またはスプリンクラー設備などで自動式のものおよび排煙設備が設けられているもの

(iii) 周辺地域が農業上の利用に供され，避難上および延焼防止上支障がないものとして建設大臣が定める基準に適合する畜舎など

（5） 避難上有効なバルコニー

令第 121 条第 1 項の規定により 2 以上の直通階段が必要な場合であっても，一定の用途，階数，居室の床面積が基準に適合していれば，令第 123 条第 2 項による屋外避難階段または同条第 3 項による特別避難階段と避難上有効なバルコニーなどを設けることによって，当該避難階段のみ設置すればよい。また，避難上有効なバルコニーと同様に適用できるものとして屋外通路の他に，下階の屋根，耐火構造のひさし，避難橋など避難上同等以上に有効な「その他これらに類するもの」として認められている。なお，避難上有効なバルコニーなどは，令121

2.2.4 主要構造部の防火設計

2.2.4.1 告示仕様

ルートAの耐火構造は，令第107条の基準を満たす構造方式で国土交通大臣が定めたものと，令第107条の性能を満たすものとして認めたものの2種類があり，耐火設計ではこれらのうちのいずれかの構造方式を選択することになる。

平成28年3月に改正された耐火構造の例示仕様（平12建告第1399号）で，外壁と間仕切壁に木材下地の仕様が，平成30年3月に改正された耐火構造の例示仕様で屋根，床と階段に木材下地の仕様も追加されたため，従来の大臣認定仕様に加え告示の例示仕様も選択可能となった（**表4.2.3**）。

表4.2.3 1時間耐火構造告示仕様

建築物の部位			通常火災に基づく加熱時間	構造方法	
壁	間仕切壁の両面（耐力壁・非耐力壁）		下地を木材・鉄材	1時間	(1) 強化せっこうボード（ボード用原紙を除いた部分のせっこうの含有率を95%以上，ガラス繊維の含有率を0.4%以上とし，かつ，ひる石の含有率を2.5%以上としたものに限る。以下同じ。）を2枚以上張ったもので，その厚さの合計が42mm以上のもの (2) 強化せっこうボードを2枚以上張ったもので，その厚さの合計が36mm以上のものの上に厚さが8mm以上の繊維強化セメント板（けい酸カルシウム板に限る。）を張ったもの (3) 厚さが15mm以上の強化せっこうボードの上に厚さが50mm以上の軽量気泡コンクリートパネルを張ったもの
	外壁（耐力壁・非耐力壁）		下地を木材・鉄材	1時間	屋外側	(1) 平成12年建設省告示第1399号第1第二号ヘ(1)から(3)までのいずれかに該当する防火被覆の上に金属板，軽量気泡コンクリートもしくは窯業系サイディングを張ったもの，またはモルタルもしくは漆喰を塗ったもの （防火被覆は上記間仕切壁の構造方法に同じ，総厚42mm以上の強化せっこうボード2枚張りなどの防火被覆）
					屋内側	(1) 平成12年建設省告示第1399号第1第二号ヘ(1)から(3)までのいずれかに該当する防火被覆 （防火被覆は上記間仕切壁の構造方式に同じ，総厚42mm以上の強化せっこうボード2枚張りなどの防火被覆）
柱			木材	1時間	(1) 強化せっこうボードを2枚以上張ったもので，その厚さの合計が46mm以上のもの	
床	表側（床上側）		根太および下地を木材・鉄材	1時間	(1) 強化せっこうボードを2枚以上張ったもので，その厚さの合計が42mm以上のもの	
	裏側（天井側）				(1) 強化せっこうボードを2枚以上張ったもので，その厚さの合計が46mm以上のもの	
はり			木材	1時間	(1) 強化せっこうボードを2枚以上張ったもので，その厚さの合計が46mm以上のもの	
屋根	室内側または直下の天井		下地を木材・鉄材	30分	(1) 強化せっこうボードを2枚以上張ったもので，その厚さの合計が27mm以上のもの	
階段	表側		桁および下地を木材	30分	(1) 強化せっこうボードを2枚以上張ったもので，その厚さの合計が27mm以上のもの	
	裏側				(1) 強化せっこうボードを2枚以上張ったもので，その厚さの合計が27mm以上のもの	

注1）強化せっこうボードは，ボード用原紙を除いた部分のせっこうの含有率を95%以上，ガラス繊維の含有率を0.4%以上とし，かつ，ひる石の含有率を2.5%以上としたものに限る。

注2）防火被覆の取合いの部分，目地の部分その他これらに類する部分（以下「取合い等の部分」という。）を，当該取合い等の部分の裏面に当て木を設ける等当該建築物の内部への炎の侵入を有効に防止することができる構造とする。

2.2.4.2 大臣認定仕様

日本ツーバイフォー建設協会とカナダ林産業審議会が共同で大臣認定を取得した耐火認定の一覧（**表4.2.4**および**表4.2.5**）を以下に示すが，詳細に関しては本協会が開催する講習会テキストの「枠組壁工法　耐火建築物設計・施工の手引」に記載解説されており，実際に設計する場合はこれらの手引類を参照して頂きたい。

第 2 章 防耐火性能による技術基準　**179**

表 4.2.4　1 時間耐火構造認定の一覧

部位	耐火時間	認定番号	認定年月日	構造方法の名称
間仕切壁 （耐力壁）	1 時間	FP060BP—0006	平成 15 年 5 月 23 日	両面強化せっこうボード重張／木製枠組造間仕切壁
		FP060BP—0005	平成 15 年 5 月 23 日	ロックウール充てん／両面強化せっこうボード重張／木製枠組造間仕切壁
間仕切壁 （耐力壁，千鳥 界壁）	1 時間	FP060BP—0038	平成 20 年 11 月 4 日	ロックウール断熱材充てん／両面強化せっこうボード・アルミニウムはく・強化せっこうボード・木質系ボード張／木製枠組造間仕切壁
間仕切壁 （耐力壁）	1 時間	FP060BP—0051	平成 25 年 3 月 26 日	両面強化せっこうボード重張・木質系ボード張／木製枠組造間仕切壁
外壁 （耐力壁）	1 時間	FP060BE—0006	平成 15 年 5 月 23 日	ロックウール充てん／窯業系サイディング・軽量気泡コンクリート板・構造用合板表張／強化せっこうボード重裏張／木製枠組造外壁
外壁 （耐力壁）	1 時間	FP060BE—0056	平成 22 年 5 月 26 日	ロックウール充てん／塗装けい酸カルシウム板重・木質系パネル表張／強化せっこうボード重裏張／木製枠組造外壁
外壁 （耐力壁）	1 時間	FP060BE—0057	平成 22 年 5 月 26 日	ロックウール充てん／陶器質タイル・けい酸カルシウム板重・木質系パネル表張／強化せっこうボード重裏張／木製枠組造外壁
外壁 （耐力壁）	1 時間	FP060BE—0058	平成 22 年 5 月 26 日	ロックウール充てん／窯業系サイディング・けい酸カルシウム板重・木質系パネル表張／強化せっこうボード重裏張／木製枠組造外壁
外壁 （耐力壁）	1 時間	FP060BE—0059	平成 22 年 5 月 26 日	ロックウール充てん／複合金属サイディング・けい酸カルシウム板重・木質系パネル表張／強化せっこうボード重裏張／木製枠組造外壁
外壁 （耐力壁）	1 時間	FP060BE—0060	平成 22 年 5 月 26 日	ロックウール充てん／既調合セメントモルタル・けい酸カルシウム板重・木質系パネル表張／強化せっこうボード重裏張／木製枠組造外壁
外壁 （耐力壁）	1 時間	FP060BE—0061	平成 22 年 5 月 26 日	ロックウール充てん／金属板・けい酸カルシウム板重・木質系パネル表張／強化せっこうボード重裏張／木製枠組造外壁
外壁 （耐力壁）	1 時間	FP060BE—0062	平成 22 年 5 月 26 日	ロックウール充てん／住宅屋根用化粧スレート・けい酸カルシウム板重・木質系パネル表張／強化せっこうボード重裏張／木製枠組造外壁
外壁 （耐力壁）	1 時間	FP060BE—0063	平成 22 年 5 月 26 日	ロックウール充てん／塗装けい酸カルシウム板重・木質系パネル表張／強化せっこうボード重・木質系パネル裏張／木製枠組造外壁
外壁 （耐力壁）	1 時間	FP060BE—0064	平成 22 年 5 月 26 日	ロックウール充てん／陶器質タイル・けい酸カルシウム板重・木質系パネル表張／強化せっこうボード重・木質系パネル裏張／木製枠組造外壁
外壁 （耐力壁）	1 時間	FP060BE—0065	平成 22 年 5 月 26 日	ロックウール充てん／窯業系サイディング・けい酸カルシウム板重・木質系パネル表張／強化せっこうボード重・木質系パネル裏張／木製枠組造外壁
外壁 （耐力壁）	1 時間	FP060BE—0066	平成 22 年 5 月 26 日	ロックウール充てん／複合金属サイディング・けい酸カルシウム板重・木質系パネル表張／強化せっこうボード重・木質系パネル裏張／木製枠組造外壁
外壁 （耐力壁）	1 時間	FP060BE—0067	平成 22 年 5 月 26 日	ロックウール充てん／既調合セメントモルタル・けい酸カルシウム板重・木質系パネル表張／強化せっこうボード重・木質系パネル裏張／木製枠組造外壁
外壁 （耐力壁）	1 時間	FP060BE—0068	平成 22 年 5 月 26 日	ロックウール充てん／金属板・けい酸カルシウム板重・木質系パネル表張／強化せっこうボード重・木質系パネル裏張／木製枠組造外壁
外壁 （耐力壁）	1 時間	FP060BE—0069	平成 22 年 5 月 26 日	ロックウール充てん／住宅屋根用化粧スレート・けい酸カルシウム板重・木質系パネル表張／強化せっこうボード重・木質系パネル裏張／木製枠組造外壁
外壁 （耐力壁）	1 時間	FP060BE—0098	平成 24 年 7 月 18 日	ロックウール充てん／木材・両面薬剤処理ボード用原紙せっこう板重・木質系ボード表張／強化せっこうボード重・木質系ボード裏張／木製枠組造外壁
床	1 時間	FP060FL—0016	平成 16 年 3 月 13 日	強化せっこうボード・強化せっこうボード・構造用合板上張／強化せっこうボード重下張／木製枠組造床
床 （平行弦トラス）	1 時間	FP060FL—0112	平成 24 年 6 月 12 日	強化せっこうボード・強化せっこうボード・木質系ボード上張／強化せっこうボード重下張／木製枠組造床
床	1 時間	FP060FL—0113	平成 24 年 6 月 12 日	ロックウール充てん／強化せっこうボード・強化せっこうボード・構造用合板上張／強化せっこうボード重上張／木製枠組造床
床	1 時間	FP060FL—0129	平成 26 年 8 月 27 日	両面薬剤処理ボード用原紙張せっこう板重・木質系ボード上張両／面薬剤処理ボード用原紙張せっこう板重・木質系ボード下張／木製枠組造床
屋根	30 分	FP030RF—0054	平成 15 年 11 月 17 日	グラスウール断熱材充てん／構造用合板表張／強化せっこうボード重裏張／木製枠組造屋根
屋根	30 分	FP030RF—1807(2)	平成 26 年 11 月 13 日	ロックウール充てん／合成高分子系ルーフィングシート・木質系ボード表張／強化せっこうボード重裏張／木製枠組造屋根
屋根	30 分	FP030RF—1807(3)	平成 26 年 11 月 13 日	ロックウール充てん／FRP 防水・木質系ボード表張／強化せっこうボード重裏張／木製枠組造屋根
階段	30 分	FP030ST—0002	平成 16 年 4 月 20 日	両面強化せっこうボード重張／構造用合板製段板／枠組壁工法構造用製材製階段
階段	30 分	FP030ST—0013	平成 24 年 7 月 12 日	両面強化せっこうボード重張／木製階段

表 4.2.5　2 時間耐火構造認定の一覧

間仕切壁 (耐力壁)	2 時間	FP120BP—0066	平成 27 年 12 月 9 日	両面強化せっこうボード 3 枚重・木質系ボード張／木製枠組造間仕切壁
間仕切壁 (耐力壁)	2 時間	FP120BP—0067	平成 27 年 12 月 9 日	中間部木質系ボード 2 枚張／両面強化せっこうボード 3 枚重張／木製枠組造間仕切壁
間仕切壁 (耐力壁)	2 時間	FP120BP—0072	平成 28 年 9 月 6 日	ロックウール充てん／両面強化せっこうボード 3 枚重張・木質系ボード張／木製枠組造間仕切壁
外壁 (耐力壁)	2 時間	FP120BE—0166	平成 28 年 9 月 6 日	ロックウール充てん／軽量気泡コンクリートパネル・両面薬剤処理ボード用原紙張せっこう板重・木質系ボード表張／強化せっこうボード 3 枚重・木質系ボード裏張／木製枠組造外壁
床	2 時間	FP120FL—0136	平成 27 年 12 月 9 日	強化せっこうボード 3 枚重・木質系ボード張／強化せっこうボード 3 枚重下張／木製枠組造床

2.2.5　その他の部分の防火設計

　枠組壁工法による耐火建築物を設計する場合，要求される耐火性能が適正に発揮されるよう，耐火性能を要求されていない主要構造部以外のなどの防火設計も必要となる。

　最下階の床や軒裏など主要構造部に含まれていない部分は，法令では耐火性能を要求されていないが，それらの部分を通して壁体内や天井裏等への延焼防止措置を講じる必要がある。例えば，最下階の床では床が焼け落ちた場合を想定し，床下から土台，壁体内等への延焼を防止する対策として，最下階の床上面に告示の例示仕様もしくは認定仕様の耐火構造と同等以上の性能を有する耐火被覆材行う等の防火措置が考えられる。同様に，法令上は耐火性能を要求されていない軒裏やバルコニーに対しても小屋裏，天井裏および壁体内への延焼防止対策を講ずる必要がある。

　また，防火区画に設けられる開口部には，適切な防火設備または特定防火設備を設置するほか，給水管，配電管，風道等が防火区画を貫通する場合は，その貫通のために防火区画の実効性が損なわれ，火災拡大の経路となることがないように適切な貫通部の防火措置を講ずる必要がある。

　防火区画を除くその他の部分についても，耐火建築物に要求される耐火性能が適正に発揮されるように，防火措置が必要である。

　以上のように，主要構造部以外においても建物の耐火性能を損なわない事が重要であるため，具体的な防火措置は，日本ツーバイフォー建築協会が開催する講習会テキストの「枠組壁工法による木質複合建築物　設計の手引」，や協会発行の「枠組壁工法　耐火建築物設計・施工の手引」に解説されているので，実際に設計する場合はこれらの手引類を参照して頂きたい。

2.3　準耐火建築物の技術基準

2.3.1　準耐火建築物の範囲

　本章では，平 13 国交告第 1540 号に規定する枠組壁工法（建築物の主要構造部および平 12 建告第 1444 号に規定する安全上または防火上重要である建築物の部分に使用する材料に，法第 37 条に規定する指定建築材料を用いるものを除く）による法第 2 条第九号の三のイに規定する準耐火建築物について取扱う。

2.3.2　防火設計の基本的考え方

（1）　準耐火構造の防火性能上の位置づけ

　準耐火構造とは，耐火構造に準ずる耐火性能を有する構造として，法第 2 条第七号の二に規定されている。耐火構造と準耐火構造の違いの 1 つは，前者が主として鉄筋コンクリート造や鉄骨造等であるのに対して，後者は基本的に木造であるか，または木材を多用していることである。耐火構造では，構造材料がコンクリートや鋼材等の不燃材料が主体で，構造材が可燃性の小径木材を用いた木造建築物の場合は，強化せっこうボードなどの不燃材料を防火被覆材として用いられている。一方，準耐火構造の中心は，木造軸組工法，枠組壁工法そして木質系のプレハブ工法等の木造である。また，鉄骨造あるいは鉄鋼系プレハブ工法による構造も準耐火構造に含まれ

るが，この場合も，防火被覆材の取付け下地は木製であることが多い。このように可燃性の木材で構成される構造が，耐火構造に準ずる構造として位置づけられた背景には，木造あるいは木造建築物の防火に関する研究の蓄積があり，構造材料として小径の木材を使用しても適切な防火被覆を設けることにより，一定の耐火性能を具備させることが可能であることが明らかになったためである。

（2） 主要構造部に要求される防火性能

準耐火建築物には，万一火災にあっても人命と財産の安全を確保するために，延焼拡大を抑制し，火災時の避難と消防活動の安全を確保することが要求される。そのため，その主要構造部である準耐火構造には，次のような防火性能が要求される。

① 非損傷性（荷重支持能力）：柱，はり等の耐力部材は，火災時に常時の垂直荷重を支持し，構造耐力上支障のある変形，破壊その他の損傷を生じないことすること。
② 遮熱性：隣接区画への延焼を防止するとともに，避難経路の安全を確保するために，壁および床などの区画部材は火災時に裏側の温度が過度に上昇しないこと。
③ 遮炎性：隣接区画への延焼や隣棟への類焼を防止するとともに，避難経路の安全を確保するために壁，床外壁および屋根に対しては，屋内の火災時にき裂その他の損傷により，屋外に火炎，高温ガス・煙を裏側（非火災側）へ通さないこと。

ところで，火災の規模（火災温度や火災継続時間）は個々の建築物によって異なるため，準耐火構造に要求される性能（一般には，構造部材が火災に対して前記の3つの性能を保持できる時間，すなわち耐火時間で表される）も，実際にはそれぞれ異なることになる。しかし，一般的に個々の建築物について可燃物量や室空間の諸条件に基づいて計算により火災の規模を予測することは，種々の仮定条件が入り，複雑な手順を要する。そこで，令第107条の2（準耐火性能）は，通常の火災に対する準耐火構造の要求耐火時間を部位別に30分，45分と定めている。この通常の火災に対応する温度と時間の関係は，ISO834-1に規定される標準加熱温度曲線で表される。

（3） 防火設計の基本手順

準耐火構造の主要構造部における防火設計の基本手順は，図 4.2.4 に示すフローチャートのとおりである。まず最初に，準耐火建築物に対して定められている部位別要求耐火時間を満足するように，主要構造部すなわち準耐火構造の防火被覆を設計する。この場合，防火被覆の仕様（材質，厚さ，構成等）は，平12建告第1358号において部位別，耐火時間別に掲げられているもの，または令第107条の2で定める技術的基準に適合することが

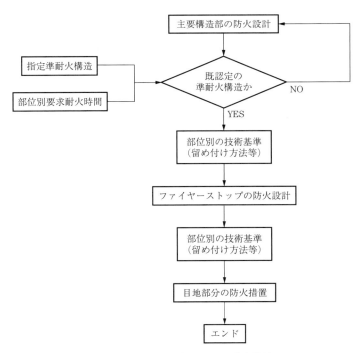

図 4.2.4 準耐火建築物の主要構造部における防火設計フローチャート

耐火性能試験により確認され，準耐火構造として国土交通大臣の認定を受けたものを用いなければならない。これらの防火被覆における防火被覆材の留め付け方法等については，部位別に規定している技術基準に従って設計する。

次に，壁体中空部，壁と床の接合部等における延焼を防止するために，ファイヤーストップの設置を計画する。設置方法は，各部位，構法ごとにさまざまなパターンが考えられるが，具体例を2.3.5において解説する。また，本来，防火被覆に開口部を設けることは好ましくないが，照明器具，換気口等をやむをえず設ける場合は，2.3.6において解説するように，その開口面積に応じて一定の防火措置を構ずる必要がある。さらに，防火被覆に設ける目地部分についても，それが防火上の弱点とならないような措置が必要であり，これについては2.3.7において解説する。

2.3.3 防火設計技術的基準

準耐火構造の主要構造部に要求される防火性能は耐火時間で表され，令第107条の2（準耐火性能）は，部位別の要求耐火時間を**表4.2.6**に示すように定めている。また平12建告第1358号では，これらの要求耐火時間を確保するために必要な防火被覆等の一般的な仕様を規定している。枠組壁工法建築物に関連した告示の例示仕様を，**表4.2.7**-①〜⑤に示す。

表4.2.6 準耐火建築物の主要構造部に要求される準耐火性能（令107条の2）

建築物の部分			通常の火災		屋内側からの通常の火災
			非損傷性	遮熱性	遮炎性
壁	間仕切壁	耐力壁	45分間	45分間	—
		非耐力壁	—		—
	外壁	耐力壁	45分間		45分間
		非耐力壁 延焼のおそれのある部分	—		
		上記以外	—	30分間	30分間
柱			45分間	—	—
床			45分間	45分間	—
はり			45分間	—	—
屋根	屋根		30分間	—	30分間
	軒裏※)	延焼のおそれのある部分		45分間	
		上記以外		30分間	
階段			30分間	—	—

※）外壁で小屋裏などが遮られている場合を除く。

表 4.2.7-① 準耐火構造の防火被覆等の仕様（間仕切壁・外壁）

建築物の部位			通常火災に基づく加熱時間	構造方式	備考
間仕切壁	耐力壁・非耐力壁（両面同一仕様）	間柱および下地を木材	45分	(1)-① 平成12年建設省告示第1399号第1第二号ヘ(1)から(3)までのいずれかに該当するもの	1時間耐火構造
				(1)-② 平成27年国土交通省告示第253号第1第一号ハ(1),(3)または(7)のいずれかに該当するもの	1時間準耐火構造
				(2) 厚さが15mm以上のせっこうボード (3) 厚さが12mm以上のせっこうボードの上に厚さが9mm以上のせっこうボードまたは難燃合板を張ったもの (4) 厚さが9mm以上のせっこうボードまたは難燃合板の上に厚さが12mm以上のせっこうボードを張ったもの (5) 厚さが7mm以上のせっこうラスボードの上に厚さ8mm以上せっこうプラスターを塗ったもの	―
		間柱および下地を不燃材料以外	45分	(1) 塗厚さが20mm以上の鉄網モルタルまたは木ずりしっくい (2) 木毛セメント板またはせっこうボードの上に厚さ15mm以上モルタルまたはしっくいを塗ったもの (3) モルタルの上にタイルを張ったものでその厚さの合計が25mm以上のもの (4) セメント板または瓦の上にタイルを張ったものでその厚さの合計が25mm以上のもの (5) 土蔵造 (6) 土塗真壁造で裏返塗りをしたもの (7) 厚さが12mm以上のせっこうボードの上に亜鉛鉄板を張ったもの (8) 厚さが25mm以上のロックウール保温板の上に亜鉛鉄板を張ったもの	―
外壁（耐力壁・延焼のおそれのある部分の非耐力壁）	屋外側	間柱および下地を木材	45分	(1)-① 平成12年建設省告示第1399号第1第二号ヘ(1)から(3)までのいずれかに該当する防火被覆（当該防火被覆の上に金属板、軽量気泡コンクリートもしくは窯業系サイディングを張ったもの、またはモルタルもしくは漆喰を塗った場合に限る）	1時間耐火構造
				(1)-② 平成27年国土交通省告示第253号第1第三号ハ(2)から(6)までのいずれかに該当するもの	1時間準耐火構造
				(2) 厚さが12mm以上のせっこうボードの上に金属板を張ったもの (3) 木毛セメント板またはせっこうボードの上に厚さ15mm以上モルタルまたはしっくいを塗ったもの (4) モルタルの上にタイルを張ったものでその厚さの合計が25mm以上のもの (5) セメント板または瓦の上にモルタルを塗ったものでその厚さの合計が25mm以上のもの (6) 厚さが25mm以上のロックウール保温板の上に金属板を張ったもの	―
	屋内側	間柱および下地を木材	45分	(1) 上記間仕切壁の耐力壁・延焼のおそれのある部分（45分加熱時間）の構造方式に同じ（間柱および下地を木材とした場合の構造方式）	―
外壁（非耐力壁）延焼のおそれのある部分以外の部分		間柱および下地を木材	30分	(1) 屋外側および屋内側を上記の耐力壁・延焼のおそれのある部分の非耐力壁（45分加熱時間）の構造方式に同じ (2) 屋外側を上記の耐力壁・延焼のおそれのある部分の非耐力壁（45分加熱時間）の構造方式とし、屋内側を次のいずれかに該当するもの イ 厚さが8mm以上のスラグせっこう系セメント板を張ったもの ロ 厚さが12mm以上のせっこうボードを張ったもの	―

注1) せっこうボードには強化せっこうボードを含む。
注2) 防火被覆の取合いの部分、目地の部分その他これらに類する部分（以下「取合い等の部分」という。）を、当該取合い等の部分の裏面に当て木を設ける等当該建築物の内部への炎の侵入を有効に防止することができる構造とする。

表 4.2.7-② 準耐火構造の防火被覆等の仕様（柱・はり）

建築物の部位	通常火災に基づく加熱時間	構造方式	備考
柱	45分	(1) 厚さが15mm以上のせっこうボード (2) 厚さが12mm以上のせっこうボードの上に厚さが9mm以上のせっこうボードまたは難燃合板を張ったもの (3) 厚さが9mm以上のせっこうボードまたは難燃合板の上に厚さが12mm以上のせっこうボードを張ったもの (4) 厚さが7mm以上のせっこうラスボードの上に厚さ8mm以上せっこうプラスターを塗ったもの	―
はり	45分	(1) 厚さが15mm以上の強化せっこうボード (2) 厚さが12mm以上の強化せっこうボードの上に厚さが50mm以上のロックウール（かさ比重が0.024以上のものに限る。以下同じ。）またはグラスウール（かさ比重が0.024以上のものに限る。以下同じ。）を張ったもの	―

注) せっこうボードには強化せっこうボードを含む。

表 4.2.7-③　準耐火構造の防火被覆等の仕様（床）

建築物の部位			通常火災に基づく加熱時間	構造方式	備考
床	表側（床上側）	根太および下地を木材	45分	(1) 厚さが12 mm以上の構造用合板，構造用パネル，パーティクルボード，デッキプレートその他これらに類するもの（以下「合板等」という。）の上に厚さが9 mm以上のせっこうボードもしくは軽量気泡コンクリートまたは厚さが8 mm以上の硬質木片セメント板を張ったもの (2) 厚さが12 mm以上の合板等の上に厚さ9 mm以上モルタル，コンクリート（軽量コンクリートおよびシンダーコンクリートを含む。以下同じ。）またはせっこうを塗ったもの (3) 厚さが30 mm以上の木材 (4) 畳（ポリスチレンフォームの畳床を用いたものを除く。）	—
床	裏側（天井側）	根太および下地を木材	45分	(1) 平成12年建設省告示第1399号第3第三号ロ(1)，(2)または(4)のいずれかに該当するもの	1時間準耐火構造
				(2) 厚さが15 mm以上の強化せっこうボード (3) 厚さが12 mm以上の強化せっこうボードの上に厚さが50 mm以上のロックウール（かさ比重が0.024以上のものに限る。以下同じ。）またはグラスウール（かさ比重が0.024以上のものに限る。以下同じ。）を張ったもの	—
	直交集成板の床版		45分	燃えしろ設計を行った日本農林規格による直交集成板（接着剤の使用環境は，AもしくはB） 　燃えしろの寸法：レゾルシノール樹脂接着剤，レゾルシノール・フェノール樹脂接着剤 35 mm（ラミナの厚さ12 mm以上） 　　　　　　　　：上記以外の接着剤 45 mm（ラミナの厚さ21 mm以上）	—

注1）せっこうボードには強化せっこうボードを含む。
注2）防火被覆の取合いの部分，目地の部分その他これらに類する部分（以下「取合い等の部分」という。）を，当該取合い等の部分の裏面に当て木を設ける等当該建築物の内部への炎の侵入を有効に防止することができる構造とする。
注3）燃えしろ設計を行う場合，接合部のボルト等は防火上有効に被覆されていること，および接合部に用いる鋼板添え板は埋め込まれているか，挟み込まれている等，防火上有効に被覆されていること。

表 4.2.7-④　準耐火構造の防火被覆等の仕様（屋根・軒天）

建築物の部位			通常火災に基づく加熱時間	構造方式	備考
屋根	屋根を不燃材料で造るか葺く（軒裏を除く）	屋内側または直下の天井	30分	(1) 厚さが12 mm以上の強化せっこうボード (2) 厚さが9 mm以上のせっこうボードを2枚以上張ったもの (3) 厚さが12 mm以上のせっこうボード（その裏側に厚さが50 mm以上のロックウールまたはグラスウールを設けたものに限る。） (4) 厚さが12 mm以上の硬質木片セメント板	—
				(5) 平成12年建設省告示第1358号第1第三号ハ(2)から(6)までのいずれかに該当するもの（外壁の屋外側の防火被覆）	45分準耐火構造
				(6) 塗厚さが20 mm以上の鉄網モルタル (7) 繊維強化セメント板（けい酸カルシウム板に限る。）を2枚以上張ったもので，その厚さの合計が16 mm以上のもの	—
	屋根葺き材の規定なし（屋根を不燃材料以外の材料で造るか葺く）（軒裏を除く）	屋内側または直下の天井	30分	(1) 平成12年建設省告示第1358号第1第三号ロ(2)または(3)に該当するもの（床の裏側の部分または直下の天井の防火被覆）	45分準耐火構造
				(2) せっこうボードを2枚以上張ったもので，その厚さの合計が21 mm以上のもの (3) 厚さが12 mm以上のせっこうボードの上に厚さが9 mm以上のロックウール吸音板を張ったもの	—
		野地板屋内側の部分または直下の天井		(4) 野地板に厚さ9 mm以上の構造用合板，構造用パネル，パーティクルボード，硬質木片セメント板その他これに類するもので厚さ9 mm以上のものを使用し，かつ，屋内側の部分または天井に厚さ12 mm以上の防火被覆を設けられた構造	—
		直交集成板の床版	30分	燃えしろ設計を行った日本農林規格による直交集成板（接着剤の使用環境は，AもしくはB） 　燃えしろの寸法：レゾルシノール樹脂接着剤，レゾルシノール・フェノール樹脂接着剤 25 mm（ラミナの厚さ12 mm以上） 　　　　　　　　：上記以外の接着剤 30 mm（ラミナの厚さ21 mm以上）	—
軒裏	外壁によって小屋裏または天井裏と防火上有効に遮られているものを除く	延焼のおそれのある部分	45分	(1) 厚さが12 mm以上の硬質木片セメント板	—
				(2) 平成12年建設省告示第1358号第1第三号ハ(2)から(6)までのいずれかに該当するもの（外壁の屋外側の防火被覆）	45分準耐火構造

表 4.2.7-④　準耐火構造の防火被覆等の仕様（屋根・軒天）つづき

建築物の部位		通常火災に基づく加熱時間	構造方式	備考
軒裏	外壁によって小屋裏または天井裏と防火上有効に遮られているものを除く	延焼のおそれのある部分　45分	(3) 野地板（厚さが30 mm以上のものに限る。）およびたるきを木材で造り，これらと外壁（軒桁を含む。）とのすき間に厚さが45 mm以上の木材の面戸板を設け，かつ，たるきと軒桁との取合い等の部分を，当該取合い等の部分にたるき欠きを設ける等当該建築物の内部への炎の侵入を有効に防止することができる構造	―
		延焼のおそれのある部分以外の部分　30分	(1) 上記の延焼のおそれのある部分（45分加熱時間）の構造方式に同じ	

注1) せっこうボードには強化せっこうボードを含む。
注2) 防火被覆の取合いの部分，目地の部分その他これらに類する部分（以下「取合い等の部分」という。）を，当該取合い等の部分の裏面に当て木を設ける等当該建築物の内部への炎の侵入を有効に防止することができる構造とする。
注3) 燃えしろ設計を行う場合，接合部のボルト等は防火上有効に被覆されていること，および接合部に用いる鋼板添え板は埋め込まれているか，挟み込まれている等，防火上有効に被覆されていること。

表 4.2.7-⑤　準耐火構造の防火被覆等の仕様（階段）

建築物の部位			通常火災に基づく加熱時間	構造方式	備考
階段	段板およびけたの厚さ6.0 cm以上の木材			防火被覆無し	―
	段板およびけたの厚さ3.5 cm以上の木材	段板　裏面	30分	(1) 厚さが12 mm以上の強化せっこうボード (2) 厚さが9 mm以上のせっこうボードを2枚以上張ったもの (3) 厚さが12 mm以上のせっこうボード（その裏側に厚さが50 mm以上のロックウールまたはグラスウールを設けたものに限る。） (4) 厚さが12 mm以上の硬質木片セメント板	―
				(5) 平成12年建設省告示第1358号第1第三号ハ(2)から(6)までのいずれかに該当するもの（外壁の屋外側の防火被覆）	45分準耐火構造
		けた　外側		(1) 厚さが8 mm以上のスラグせっこう系セメント板 (2) 厚さが12 mm以上のせっこうボード	―
		けた　屋外側		(1) 平成12年建設省告示第1358号第1第三号ハ(2)から(6)までのいずれかに該当するもの（外壁の屋外側の防火被覆）	45分準耐火構造
	その他	段板　裏面	30分	(1) 平成27年国土交通省告示第253号第3第三号ロ(1), (2)または(4)のいずれかに該当するもの（床の裏側の部分または直下の天井の防火被覆）	1時間準耐火構造
				(2) 厚さが12 mm以上の強化せっこうボード（その裏側に厚さが50 mm以上のロックウール（かさ比重が0.024以上のものに限る。以下同じ。）またはグラスウール（かさ比重が0.024以上のものに限る。以下同じ。）を設けたものに限る。）	―
		けた　外側		(1) 平成12年建設省告示第1358号第1第一号ハ(1)(ii)から(v)までのいずれか（間仕切壁の防火被覆）	45分準耐火構造
		けた　屋外側		(1) 平成12年建設省告示第1358号第1第三号ハ(2)から(6)までのいずれか（外壁の屋外側の防火被覆）	45分準耐火構造

注1) せっこうボードには強化せっこうボードを含む。
注2) 防火被覆の取合いの部分，目地の部分その他これらに類する部分（以下「取合い等の部分」という。）を，当該取合い等の部分の裏面に当て木を設ける等当該建築物の内部への炎の侵入を有効に防止することができる構造とする。

以上の要求耐火時間と防火被覆等の仕様について，防火設計上の留意点を挙げると次のとおりである。

① 壁（外壁および間仕切壁）には，常時の垂直荷重を支持する壁（ここでは耐力壁という）と，このような荷重を支持する機能を要しない壁（ここでは非耐力壁という）の2つがある。表4.2.7-①に示した間仕切壁および外壁の防火被覆の仕様は，耐力壁と非耐力壁の両方を対象としている。

② 平12建告第1358号が定める壁の防火被覆の仕様は，間仕切壁についてはその両面に告示で定める間仕切壁のいずれかの防火被覆を設け，外壁については屋外側の部分は告示で定めるいずれかの屋外側防火被覆，屋内側の部分は告示で定める間仕切壁のいずれかの防火被覆の組合せとなる。また，1時間準耐火の屋外側の仕様と45分準耐火の屋内側の仕様を組み合わせたもの等は，45分準耐火として認められる。

③ 軒裏は延焼のおそれのある部分にあっては45分それ以外は30分の防火被覆が要求される。なお，軒先お

および屋根開口部（トップライト等）については屋根や軒裏のように30分耐火の性能は要求されないが，これらの防火被覆の詳細については2.3.5，および2.3.6を参照のこと。

④　外気に開放されているピロティ，階段室等の壁は外壁とみなし，その防火被覆は，外壁の屋外側のもの（45分）と同じ仕様とすることができる。

⑤　外気に開放されている階段室の木造階段の段板を支えるけたの外側の防火被覆は，45分準耐火の外壁の屋外側のものと同じ仕様とすることができる。

以上のような防火設計上の留意点および要求耐火時間をまとめると，図4.2.5に示すようになる。

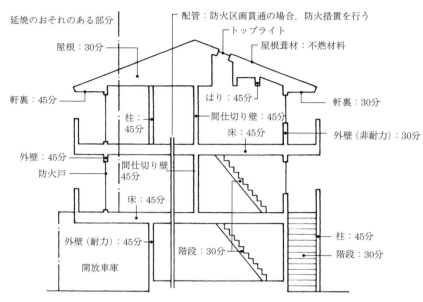

図4.2.5　準耐火建築物（45分準耐火構造）

2.3.4　部位別防火設計法

(1)　外壁，間仕切壁

①　外壁，間仕切壁の防火被覆材

外壁については，平12建告第1358号に定められたとおり，屋内側から屋外側まで，一体の壁として例示仕様が示されている。また屋内側の防火被覆材は，間仕切壁の仕様と同様であり，防火設計にあっては，屋外側，屋

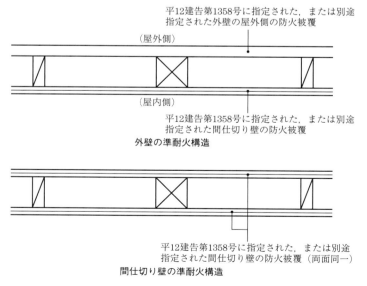

図4.2.6　外壁・間仕切壁の構成

内側それぞれに要求される性能に適合する防火被覆材を選択することとなる。この他，準耐火構造として国土交通大臣の認定を取得した仕様については，壁の両面を認定条件に基づき防火被覆しなければならない。間仕切壁については，その両面に平12建告第1358号で定める間仕切壁のいずれかの防火被覆を設けるか，または準耐火構造として国土交通大臣の認定を取得した仕様については，壁の両面を認定条件に基づき防火被覆しなければならない（図4.2.6参照）。

なお，準耐火構造の告示仕様においては，防火被覆の留め付けや目地処理が適切に行われていることが前提であり，具体的には以下に示すマニュアルなどを参考にされたい。

「木造建築物の防・耐火設計マニュアル」（一財）日本建築センター

② 乾式材料による防火被覆材の留め付け法の基本

防火被覆材の留め付けは，被覆材の目地部が間柱や胴縁の上となるように施工する。2枚重ね張りする場合は，下張り材と上張り材の目地が揃わないように施工し，被覆材の目地処理は継目処理工法または突き付け工法によるものとする。防火被覆材の留め付けはGN釘，ステープル，タッピングビスなどを用い，これらの長さは防火被覆材が下地に十分に留め付けられる寸法のものを用いる。留め付け間隔は，防火被覆材が堕落しないように間隔寸法を決める（図4.2.7の施工例参照）。

防火被覆材が3枚以上になる場合は，火災時の目地からの熱侵入を抑制するために，上張材の目地はT字目地とする。なお，大臣認定などで安全性が確認された場合はこの限りではない。

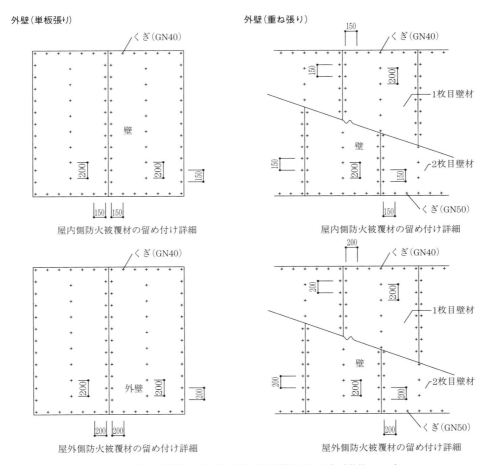

図4.2.7 防火被覆材の留め付け例（防火被覆ボード）（単位：mm）

以上述べたとおり，準耐火構造の告示仕様においては，防火被覆の留付や目地の処理が適切に行われていることが前提で，具体的には，前述の「木造建築物の防・耐火設計マニュアル」のほか，次のハンドブックなどを参考にされたい。

「石膏ボードハンドブック」（一財）石膏ボード工業会

「準耐火建築物の防火設計指針」（一財）日本建築センター

また，外壁の屋外側において，縦胴縁に窯業系サイディングを横張りとする場合の施工例を図 4.2.8 に示す。なお，大臣認定を受けた準耐火構造では，金具による防火被覆材の留め付け方法等，上記以外の留め付け法が認められているものもあり，例えば図 4.2.9 に示す(特非)住宅外装テクニカルセンターが大臣認定を取得している留め付け方法などは，認定条件に係わる仕様書に従って施工する必要がある。

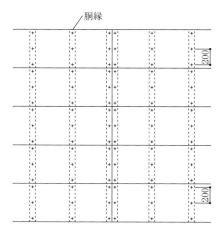

図 4.2.8　窯業系サイディング（横張り）の留め付け例（単位：mm）

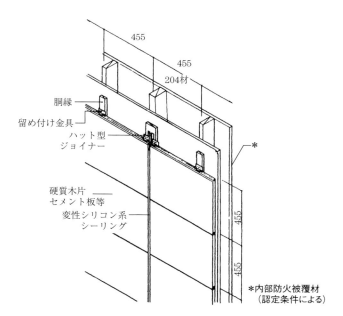

図 4.2.9　金具による窯業系サイディングの留め付け例（単位：mm）
（特非)住宅外装テクニカルセンターの大臣認定仕様

③　湿式材料（モルタル等）による防火被覆工法の基本

外壁のモルタルは，施工現場で主にセメントと砂を調合するモルタル（一般に砂モルタルともいう）と，生産工場でさらに軽量骨材，繊維等を既調合した軽量セメントモルタル，繊維混入セメントモルタル等の特殊なモルタルとに大別される。前者を用いる場合は平 12 建告第 1358 号または国土交通大臣の認定を取得した仕様によるが，後者の場合は大臣認定を取得した仕様によらなければならない。

モルタル塗りの工法には，下地に直塗りする工法（一般にノンラス工法という）と鉄網を取り付けて塗り付ける工法（一般にラス工法という）とがある。何れも大臣認定の場合は，下地材の取り付けからモルタル塗りまでの工程において，大臣認定の条件に係わる仕様書に従って施工する。ラス工法による軽量セメントモルタル塗り外壁については，大臣認定を取得している湿式仕上技術センターの仕様書を参考されたい。

（2） 床

① 床の表側の防火被覆

木造の床は，従来の耐火構造の床と異なり，火災時にその表側が燃え抜けて下階へ延焼するおそれがある。このため，準耐火構造の床では，その裏側（天井側）だけでなく表側にも防火被覆を設けることになっている。床の表側の防火被覆の一般的な仕様は平12建告第1358号に定められており，厚さ12mm以上の合板，パーティクルボード，木材等の上に厚さ9mm以上のせっこうボード，モルタル，硬質木片セメント板，せっこう等を張ったり，または流したりしたもの等がある。また，木材荒床の上にたたみを敷けば，準耐火構造床の表側防火被覆となる。ただし，ポリスチレンフォームの畳床は，火災時に溶融するので使用できない。さらに，厚さが30mmの木材（いずれも木材荒床の厚さを含む）を張っても，準耐火構造床の表側の防火被覆となる。この場合，合板，木材等を何枚か重ねて，その総厚が30mm以上であればよい[*1]。例えば，床下地材として厚さ18mmの構造用合板を使用した場合，厚さ12mm以上の木質系仕上げ材を用いることにより45分準耐火構造（床）の床上側の防火被覆仕様となる。

以上のような防火被覆と，同等以上の性能を有すると認められるものについては，別途，大臣認定を取得し，使用することができる。

② 床の裏側の防火被覆

床の裏側の防火被覆としては，平12建告第1358号に定められているように，根太，はり等に直接，またはその直下の天井にせっこうボードを張り，場合によりその裏側に不燃性断熱材を充てんすることが一般的である（図4.2.10～図4.2.12参照）。

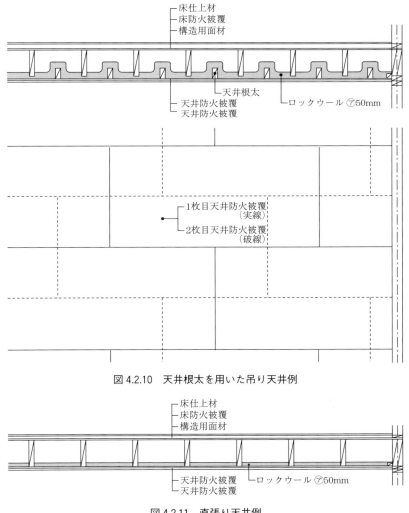

図4.2.10 天井根太を用いた吊り天井例

図4.2.11 直張り天井例

---

*1) 平成12年6月1日施行「改正建築基準法・施行令の解説」講習会における質問と回答
　　第2章防火に関する基準の　見直し，質問15の回答，ビルディングレター 2001年2月

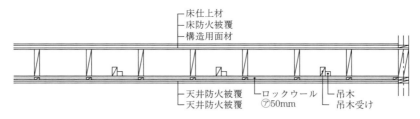

図4.2.12 野縁天井例

　防火被覆材の留め付けは，①外壁，間仕切壁 2）項に述べた防火被覆材の留め付け方法に準じて行う。すなわち，防火被覆材の留め付けには，タッピングビス，ステープルビスなどを用い，これらの長さは防火被覆材が下地に十分に留め付けられる寸法のものを用いる。留め付け間隔は，防火被覆材が堕落しないように間隔寸法を決める。2枚重ね張りする場合は，下張り材と上張り材の目地が揃わないように施工する。

（3）　壁または床の内部もしくは外部にある柱・はり
①　壁または床の内部にある柱・はり
　壁面の防火被覆や床の裏側（またはその直下の天井）の防火被覆が，壁または床の内部にある柱やはり（合わせばりも含む）の防火被覆を兼ねる，いわゆるメンブレン工法による防火被覆であり，柱やはりには個々の防火被覆を設ける必要はない。表4.2.7-②に示すように，防火被覆の仕様は，柱については間仕切壁の被覆仕様と，はりについては床の裏側または直下の天井の被覆仕様と同じ仕様である。また防火被覆材の留め付けも，壁または床に対するものと同じ方法で行う。図4.2.13に，床の内部にあるはりの防火被覆例を示す。なお，枠組壁工法における合わせ柱や合わせばり，および屋根ばりなどの施工法は，㊆住宅金融支援機構編　枠組壁工法住宅工事仕様書（以下，支援機構仕様書という）を参照されたい。

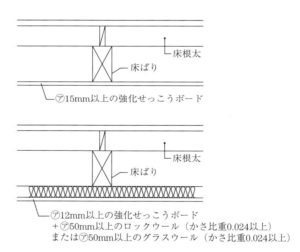

図4.2.13　床の内部にあるはりの防火被覆例

②　壁または床の外部にある独立柱・はり
　壁または床の外部にある独立柱（合わせ柱含む）やはりの防火被覆は，これらの四周全面に個別に設ける。この場合の防火被覆は，柱の場合は表4.2.7-①に示した間仕切壁の防火被覆，はりの場合は表4.2.7-③に示した床の裏側または直下の天井の防火被覆によるほか，国土交通大臣の認定を受けた仕様による。
　防火被覆材の留め付けは，柱については壁の場合と，またはりについては床の裏側または直下の天井の場合と同じ施工方法で行うことが基本で，枠組壁工法の場合は防火被覆材を直張りすることが多い。
　図4.2.14に床の外部にあるはりの被覆例を示し，独立柱の大臣認定の例として，図4.2.15に(特非)住宅外装テクニカルセンターが大臣認定を取得した乾式防火被覆による合わせ柱，図4.2.16に(特非)湿式仕上技術センターが大臣認定を取得した湿式防火被覆による合わせ柱を示す。

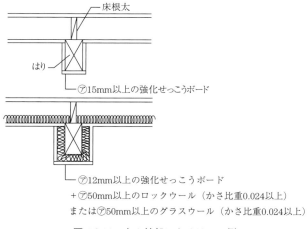

図 4.2.14　床の外部にあるはりの例

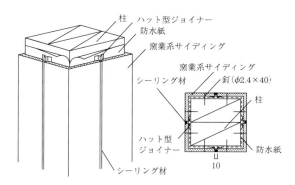

図 4.2.15　乾式防火被覆による木造合わせ柱の例（単位：mm）
（特非）住宅外装テクニカルセンター認定仕様

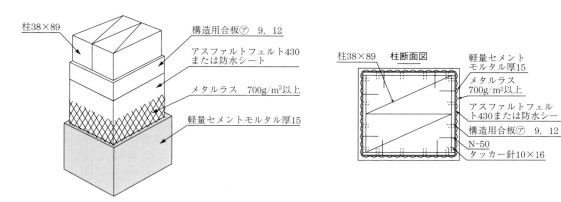

図 4.2.16　湿式防火被覆による木造合わせ柱の例（単位：mm）（特非）湿式仕上技術センター認定仕様

（4）屋根・軒裏

① 屋根を不燃材料で造るか葺く場合

屋根の裏側（屋内側）または直下の天井には，30分準耐火の防火被覆を設ける。軒裏は，延焼のおそれのある部分については45分準耐火の防火被覆を設け，延焼のおそれのある部分以外の部分については30分準耐火の防火被覆を設ける。平12建告第1358号第5第一号ハでは，屋根の表側（屋外側）は不燃材料で造り，または葺き，屋根の裏側（屋内側），または直下の天井，および軒裏には，厚さが12 mm以上の強化せっこうボードや45分耐火の外壁の屋外側防火被覆等を設けること等が示されている。

軒先については，屋根内部へ火が入らないようにするため，厚さ30 mm以上の木材を張り，その上を鋼板等の不燃材で覆う防火措置が必要である。図 4.2.17〜図 4.2.21 に屋根・軒裏の防火措置を示す。なお，屋根の裏側（屋内側）または直下の天井の防火被覆材の留め付けは床の裏側の場合に準じて行う。

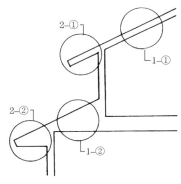

図 4.2.17　屋根・軒裏の防火措置（屋根の種類）

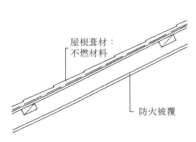

図 4.2.18　直張り天井の施工例

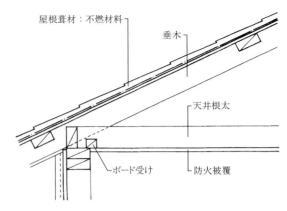

図 4.2.19　天井根太による施工例

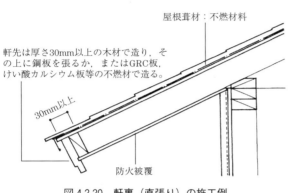

図 4.2.20　軒裏（直張り）の施工例

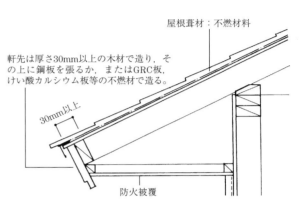

図 4.2.21　軒裏（天井根太）の施工例

② 屋根を不燃材料以外で造るか葺く場合

平 12 建告第 1358 号第 5 第一号二では，屋根の表側（屋外側）を不燃材料以外で造り，または葺く場合の屋根の裏側（屋内側），または直下の天井には，せっこうボードを 2 枚以上張ったものでその厚さの合計が 21 mm 以上のもの，45 分準耐火構造床の裏側（天井側）の防火被覆等を設けること等が示されている（表 4.2.7-④参照）。

（5）階段

木造階段では，階段を構成する段板，ささら桁等の構造上主要な部材の厚さが 60 mm 以上であれば防火被覆は不要であるが（**図 4.2.22** 参照），これらの部材が厚さ 60 mm 未満の木材で造られている場合は，その厚さに応じて次のような防火被覆を設けなければならない（**図 4.2.23** 参照）。

図 4.2.22　オープン階段例
（構造上主要な木材の厚さが 60 mm 以上の場合）

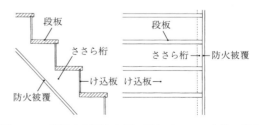

図 4.2.23　構造上主要な木材の厚さが 60 mm 未満の場合

① 木材の厚さが 35 mm 以上，60 mm 未満の場合

1）段板の裏側

屋根の裏側または直下の天井および軒裏（30 分準耐火）に設けるものと同じ防火被覆（厚さ 12 mm の強化せ

っこうボード等)
　2) ささら桁の外側
＊屋内側：30分準耐火の外壁屋内側に設けるものと同じ防火被覆（厚さ12mmのせっこうボード等）
＊屋外側：45分準耐火の外壁屋外側に設けるものと同じ被覆（防火構造の外壁屋外側仕様等）
② 木材の厚さが35mm未満の場合
　1) 段板の裏側
45分耐火の床の裏側または直下の天井に設けるものと同じ防火被覆（厚さ15mmの強化せっこうボード等）
　2) ささら桁の外側
＊屋内側：45分準耐火の間仕切壁に設けるものと同じ防火被覆（厚さ15mmのせっこうボード等）
＊屋外側：45分準耐火の外壁屋外側に設けるものと同じ防火被覆（防火構造の外壁屋外側仕様等）
ささら桁と壁の取合部では，ささら桁の取付強度を確保するために壁の防火被覆の一部を切り欠き，その部分に調整材を入れて，この調整材を介してささら桁を壁体内の軸組へ取り付ける必要がある。この調整材としては木材や合板が用いられることが一般的であるが，準耐火構造の壁では，その防火被覆としても機能させるために，図4.2.24に示すように，外壁の屋内側防火被覆材もしくは間仕切壁の防火被覆材の厚さに合わせて厚さを調整した硬質木片セメント板等を用いたり，図4.2.25に示すように，木材によるあて木とささら桁の総厚を60mm以上とすることなどが考えられる。

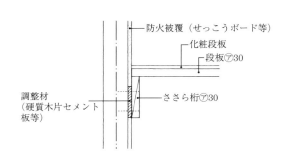

図4.2.24　ささら桁の取り付け例(1)
（単位：mm）

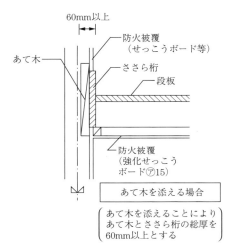

図4.2.25　ささら桁の取り付け例(2)
（単位：mm）

(6) 直交集成板（CLT）による床と屋根の燃えしろ設計
① 燃えしろ設計について

枠組壁工法建築物の主要構造部の準耐火性能を確保するには，主要構造部を構成する枠組壁工法用構造製材等を防火被覆し，木質系材料の炭化を抑制する方法（メンブレン型防火被覆）と構造部材の必要断面に加え火災時に荷重負担を期待しない木材部分（炭化層）を確保する方法（燃えしろ設計）が用いられている。メンブレン型防火被覆は，被覆材により木材の温度上昇を緩やかにし，所定の時間，炭化を抑制するものである。メンブレン型防火被覆は，被覆材で覆われるため，構造部材の木質系材料そのものを現しで仕上げることが難しい。一方，燃えしろ設計では，木材を現しとすることが可能となるが，火災時に炭化する部分（燃えしろ）を考慮した構造設計が必要となる。

構造用集成材や構造用製材，直交集成板などの木質系材料は，火災時に火炎や火熱を受けると着火し，加熱を受けた表面から炭化層を形成する。加熱を受けると，木材表面に炭化層が形成され，炭化層自体の熱伝導率が低く，断熱に優れているために，燃焼の進行が緩やかになる。部材断面が比較的大きな木質系材料では，一定時間火災が継続しても，未炭化の木材自体も断熱性が高いため，部材の内部温度や裏面温度が低温に保たれ，残存断面の荷重支持能力に期待することができる。燃えしろ設計では，このような木材の燃焼特性と残存断面の性能を生かして，部材や接合部の防耐火設計を行うことが可能である。

② 木質構造材の防火性能（燃えしろの値）

接着剤を用いた木質系材料では，接着剤の防火性能も考慮しなければならない。レゾルシノール樹脂接着剤やレゾルシノール・フェノール樹脂接着剤等を用いた場合，それ以外の接着剤を用いる場合に比べて炭化速度が遅く，燃えしろ設計上は有利に働き，防火関連の告示では，これらの性質を踏まえて，「直交集成板（CLT）」，「構造用集成材」，「構造用単板積層材（LVL）」の3種類の日本農林規格に適合した木質構造材（以下，CLTパネルなどと記す）を用いた柱，はり，壁，床，および屋根の燃えしろ設計が規定されている。

燃えしろ設計で利用するCLTパネルなどは，火災時においても高度の接着性能を要求される環境として，日本農林規格で定める使用環境AまたはBに適合した木質系材料であることが求められる。また，壁，床，屋根に用いられるCLTパネルや集成材パネルについては，接着剤の種類に応じて，最低のラミナ厚さも規定されている。レゾルシノール系樹脂接着剤など以外のその他の接着剤（API系樹脂接着剤等）を用いたCLTパネルなどを燃えしろ設計に利用する場合には，関連する日本農林規格に基づき，使用環境AまたはBに規定されている接着剤と同等以上の火災時の接着性能を有することが確かめられた接着剤である必要がある。

枠組壁工法の構造方式に関する技術的基準を定めた平13国交告第1540号では，使用できる構造材料が規定されているが，平成29年9月26日に公布された改正告示により，直交集成材を枠組壁工法建築物の床版，または屋根版に用いることができるように改正された。準耐火構造の例示仕様を定めている平12建告第1358号，1時間準耐火構造の例示仕様を定めている平27国交告第253号では，**表4.2.8**に示すように接着剤別に燃えしろの値を規定している。

表4.2.8 準耐火性能（非損傷性）に応じた床・および屋根の燃えしろの値と条件

直交集成板（CLT）による床版・屋根版		通常火災に基づく加熱時間			条件
		30分（屋根に限る）	45分	1時間	日本農林規格適合品に限る 使用環境：AまたはBに限る
接着剤の種類	フェノール樹脂等	2.5 cm	3.5 cm	4.5 cm	ラミナ厚さ：12 mm以上に限る
	上記以外の接着剤	3 cm	4.5 cm	6 cm	ラミナ厚さ：21 mm以上に限る

③ 燃えしろ設計の手順

直交集成板（CLT）の燃えしろ設計の具体的な手順は，次に順による。

1）直交集成板（CLT）の加熱を受ける表面から，表4.2.8に示す燃えしろの値の部分が欠損した断面を残存断面とする。

2）断面欠損のない直交集成板（CLT）について，令第82条第2項の表に掲げる長期の組合せによる各応力の合計により，長期応力度を計算する。

3）2）より計算した長期応力度が，残存断面について令第94条の規定に基づき計算した，短期許容応力度を超えないことを確かめる。なお，直交集成板（CLT）の残存断面に対する短期許容応力度の算定方法などは，2016年版 CLTを用いた建築物の設計施工マニュアル （公財）日本住宅・木材技術センター（以下，CLT設計マニュアルという）を参照されたい。

燃えしろ設計では，通常の火災時の加熱に対して接合部耐力の低下を有効に防止することができる構造としなければならない。具体的には，接合部のうち木材で造られた部分の表面から内側に，表4.2.8に示す燃えしろの値の部分が除かれたときの残りの部分が，当該接合部の存在応力を伝えることができる構造とすることや，鋼材添板などの接合部は，鋼板が埋め込まれるか，または挟み込まれていること，もしくは木材その他の材料で防火上有効に被覆されていることが必要である。

④ 燃えしろ設計に関する注意事項

1）残存断面の厚さと断面構成

直交集成板の場合は，3 cm以上の残存断面が存在すること，および互いに接着された平行層と直交層が存在する必要がある。これには，炭化が進み平行層や直交層が1層のみ残存する状況ではパネルとして構造面を構成することが期待できなくことを防止するためである。

2）直交集成板の加熱面について

図4.2.26は，防火区画内において発生した火災による水平部材の加熱面を示している。防火区画を構成する床は，最下階の床を除き，上面または下面からの加熱を受ける。防火区画ごとに加熱面を想定し，その表面から燃えしろの値を減じて，残存断面を設定する。吹き抜けの一部に床を設置する場合は，三方向からの加熱を想定し

て,残存断面を設定する必要がある。

非歩行の屋根の加熱面にあっては,屋内火災のみを想定し,30分の燃えしろの値を減ずればよいが,建築計画上,屋根を歩行することを想定した屋根や屋上として利用する場合のように床としての機能を必要とする場合にあっては,床と同じ燃えしろとすることが防火設計上は望ましい。

加熱面の取り方の詳細は,CLT設計マニュアルを参照されたい。

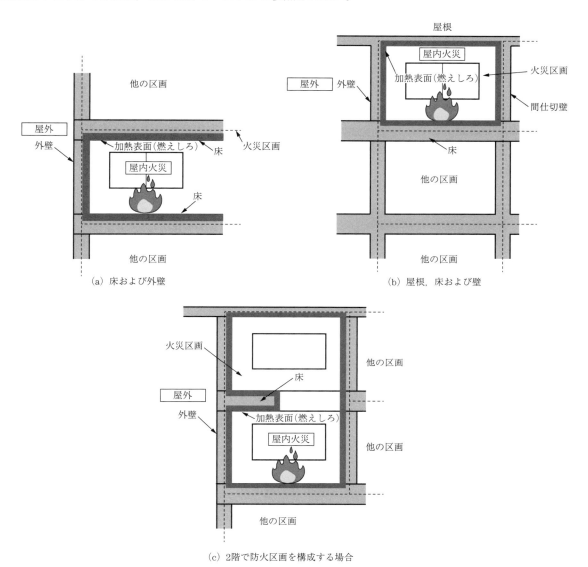

図4.2.26 屋内火災における燃えしろの想定図(防火区画内)

3)床版と壁の接合部

燃えしろ設計を行った直交集成板と壁の取り合い部に,隙間が生じて空気が通り抜けると火炎貫通が助長されるため,取り合い等の部分は隙間が生じないように施工する必要がある。日本ツーバイフォー建築協会が防火性能を確認した,具体的な取り合い部の設計例を,図4.2.27に示す。

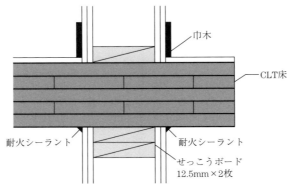

図 4.2.27　CLT 床と間仕切壁との接合部例

2.3.5　ファイヤーストップの防火設計

火災時に防火被覆が万一突破されたことを想定し，部材内部を経由する火災拡大を最小限に抑えるために，部材内部や部材間を区画するための材をファイヤーストップという。したがって，ファイヤーストップは，図 4.2.28 に示すように壁体中空部や壁と床，壁と小屋裏等の接合部に設ける。特に外壁では，上層階の延焼を防止するために 3 m 以内の間隔で（一般には各階桁部分に）水平にファイヤーストップを設ける。ファイヤーストップとしては，小径 30 mm 以上の木材，厚さ 12 mm 以上のせっこうボード，厚さ 50 mm 以上の不燃性ロックウール断熱材（密度 24 kg/m³ 以上）およびのロックウール，グラスウール断熱材（密度 24 kg/m³ 以上のグラスウール）等が考えられる。

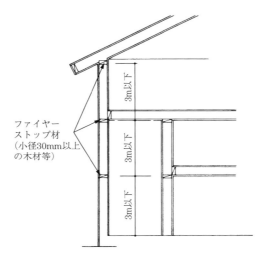

図 4.2.28　ファイヤーストップの基本

（1）　壁-床・天井接合部

火災時に壁の防火被覆の一部が破壊して壁体内に火が入っても，それが天井裏または床の裏側へ延焼しないように，壁と床または天井との接合部のファイヤーストップを設ける。図 4.2.29 に外壁および間仕切壁と床，天井との接合部のファイヤーストップの例を示す。枠組壁工法においては，各階の壁頂部に小径 38 mm の上枠が設けられており，これがファイヤーストップの役割を果たしている。天井の防火被覆を壁高より下げて張るような場合，壁のせっこうボード等を壁頂部に達する位置まで張るか，あるいは，天井の防火被覆の一部であるロックウール断熱材等の不燃性の断熱材を張り伸ばして，壁を被覆することにより，ファイヤーストップの部分を補強する必要がある。ロックウール断熱材等の不燃性の断熱材による補強は比較的簡単であるので，他に十分なファイヤーストップが設けられている場合でも，できるだけこの補強を行うことが望ましい。

第 2 章　防耐火性能による技術基準　**197**

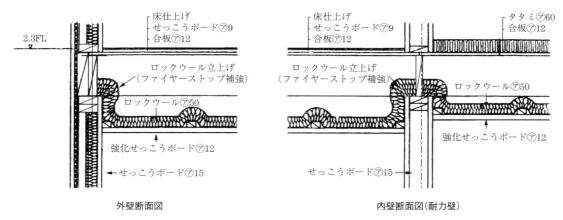

図 4.2.29　壁−床・天井接合部のファイヤーストップ（単位：mm）

（2）　壁−小屋裏接合部

壁と小屋裏との接合部のファイヤーストップも，図 4.2.30 に示すように，基本的には（1）項の壁−床・天井接合部に述べた方法に準じて設ける。図 4.2.31 に示すような下り天井の場合は，壁の防火被覆を小屋裏内のファイヤーストップまで十分に立ち上げる。

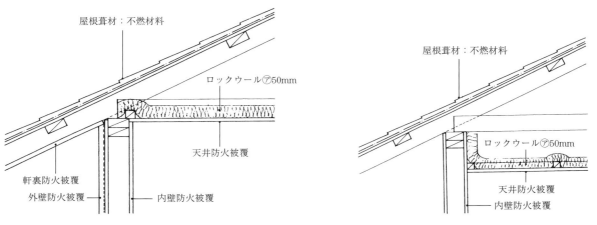

図 4.2.30　壁−小屋裏接合部のファイヤーストップ　　　　図 4.2.31　壁−小屋裏接合部のファイヤーストップ（下り天井）

（3）　階段−床接合部

階段の段板や蹴込み，または段板の裏側の防火被覆が火災時に燃え抜けると，壁の上端から床の裏側へ延焼す

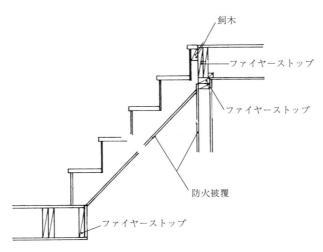

図 4.2.32　階段−床接合部のファイヤーストップの施工例

るおそれがある。このため，階段，壁および床の3つの部材が取り合う部分に図4.2.32に示すようなファイヤーストップを設ける必要がある。

（4） 外壁の通気構法

寒冷地では，外装材の凍害や壁体内の結露を防止するために，外装材と下地材，または軸組・断熱材との間に空間（いわゆる通気層）を設けて，外装材裏面において土台部分から軒裏へ通気を図ることが多い。このような通気構法においては，通気層内のファイヤーストップが各階ごとに完結していないことが一般的である。このため，火災時に外装材裏面の下地面材等が万一着火した場合，通気層を通して火災が上層階へ拡大するおそれがあ

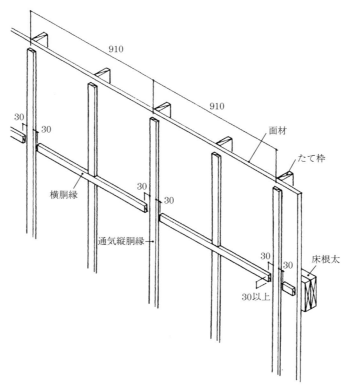

図4.2.33　横胴縁を用いたファイヤーストップ

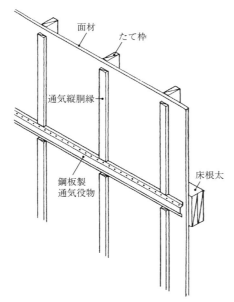

図4.2.34　鋼板製通気金物を用いたファイヤーストップ

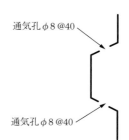

図4.2.35　鋼板製通気金物の垂直断面図（単位mm）

る。このような延焼を防止するため，常時の通気は確保しつつ，火災時には延焼防止の機能を果たすようなファイヤーストップを通気層内に設けることが望ましい。

通気層内に設けるファイヤーストップとしては，図 4.2.33 と図 4.2.34 に示すように，通気孔を設けた鋼板製通気役物や，通気用の部分的な切欠きがある木製横胴縁が考えられる。鋼板を折り曲げて作った通気役物によるファイヤーストップの例を図 4.2.35 に示す。この通気役物には，通気用の孔が一定間隔で開けられており，火炎や熱気を通りにくくするために，水平に取付けた際の上下の孔は重ならないようにずらしてある。通気役物は 3 m 以内の間隔で（一般には各階けた部分に）設けるが，土台水切り部分と軒先部分にも設けると，それだけ火災時の通気が制限されるため，延焼防止により効果がある。

2.3.6　壁，天井，屋根等の開口部の防火設計

（1）　外部サッシ廻り，内部建具枠廻り

窓，戸等を取り付けるサッシや建具枠の廻りは，防火被覆材を張ることが望ましいが，これが困難な場合はできるだけ断面の大きな木枠等で外壁や間仕切壁の木口部分を密閉して，火災時に火熱が壁体内に入らないようにする。もちろん，壁体端部に設ける間柱，枠材等の断面も大きいことが望ましい（図 4.2.36〜図 4.2.38 参照）。

これらの開口部廻りの被覆としては，厚さ 30 mm 以上の木材，厚さ 50 mm 以上の不燃性断熱材（密度 24 kg/m³ 以上のロックウール断熱材，密度 24 kg/m³ 以上のグラスウール断熱材）等が考えられる。また，鋼材，木材，不燃性断熱材等を組合せて，上記と同等以上の防火性能を有する被覆としてもよい。

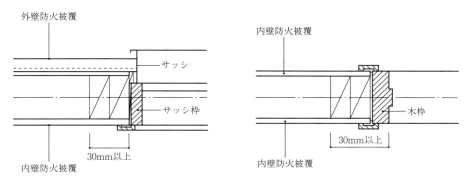

図 4.2.36　垂直断面図（外部サッシ廻り，内部建具廻り）

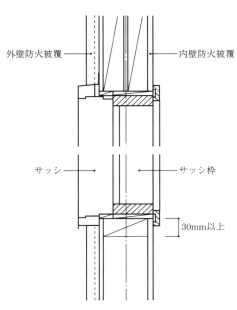

図 4.2.37　水平断面図（外部サッシ廻り）

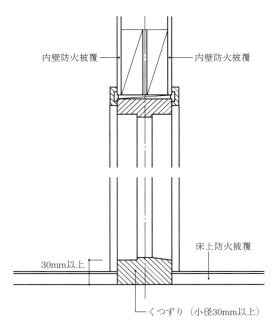

図 4.2.38　水平断面図（内部建具廻り）

(2) 軒裏換気口，換気扇，天井換気口（ダクト）

1) 軒裏換気口

軒裏換気口については，換気口を取り付けた軒裏が，準耐火構造の軒裏として，令第107条の2で定める技術的基準に適合することを耐火試験により確認し，国土交通大臣の認定を受けることができる。すでに認定を取得した軒裏構造もあり，このような仕様を用いることも考えられる。

2) 換気扇

外壁に設ける換気扇の周囲は，(1) 項の外部サッシ廻り，内部建具枠廻りに述べた方法に準じて，防火被覆材を張るか，または総厚 30 mm 以上の木材，厚さ 50 mm 以上の不燃性断熱材（密度 24 kg/m³ 以上のロックウール断熱材，密度 24 kg/m³ のグラスウール断熱材等）等を取り付けて外壁の小口部分を密閉する（図 4.2.39 参照）。なお，延焼のおそれのある部分に設ける換気扇については，令第109条の2に定める遮炎性能を有する防火ダンパー付きのものとする。

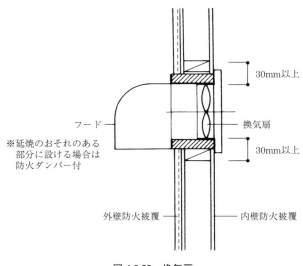

図 4.2.39 換気扇

3) 天井換気口（ダクト）

天井換気口に用いるダクトは，その開口面積に応じて次のような防火被覆を設ける（図 4.2.40 参照）。

① 開口面積が 200 cm² 未満の場合は，厚さが 50 mm 以上の不燃性の断熱材（密度 24 kg/m³ 以上のロックウール断熱材，密度 24 kg/m³ のグラスウール断熱材等）でダクトの外側を被覆する。

② 開口面積が 200 cm² 以上の場合は，天井に設けるものと同等以上の防火性能を有する防火被覆をダクトの外側に設ける。

③ ダクト内に防火ダンパーを設けた場合，ダンパーを取り付けた部分以降のダクトは裏面側の防火被覆は省略できる。

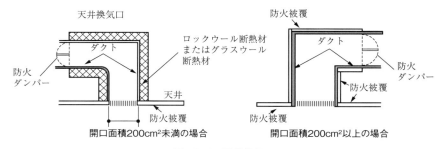

図 4.2.40 天井換気口

(3) 照明器具

天井埋込み型の照明器具は，その開口面積に応じて次のような防火被覆を設ける（図 4.2.41 参照）。

① 開口面積が 100 cm² 未満の場合は，厚さが 30 mm 以上の不燃性断熱材（密度 24 kg/m³ 以上のロックウー

ル断熱材，密度 24 kg/m³ のグラスウール断熱材等）で照明器具の外側を被覆する。
② 開口面積が 200 cm² 未満の場合は，厚さが 50 mm 以上の不燃性断熱材（密度 24 kg/m³ 以上のロックウール断熱材，密度 24 kg/m³ のグラスウール断熱材等）で照明器具の外側を被覆する。
③ 開口面積が 200 cm² 以上の場合は，天井に設けるものと同等以上の防火性能を有する防火被覆を照明器具の外側に設ける。

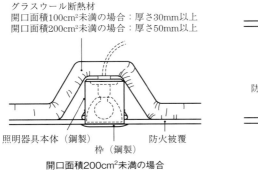
開口面積200cm²未満の場合

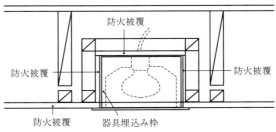
開口面積200cm²以上の場合

図 4.2.41　埋込み照明器具の防火被覆

（4）　コンセントボックス，スイッチボックス

壁埋込み型のコンセントボックス，スイッチボックス等は鋼製（溶融亜鉛めっき鋼板製およびステンレス鋼板製を含む）とし，その開口面積に応じて次のような防火被覆を設ける（図 4.2.42 参照）。
① 開口面積が 100 cm² 未満の場合は，防火被覆は必要ない。
② 開口面積が 200 cm² 未満未満の場合は，厚さが 30 mm 以上の不燃性ロックウール断熱材，（密度 24 kg/m³ 以上のロックウール断熱材，密度 24 kg/m³ のグラスウール断熱材等）でボックスの外側を被覆する。
③ 開口面積が 200 cm² 以上の場合は，壁に設けるものと同等以上の防火性能を有する防火被覆をボックスの外側に設ける。

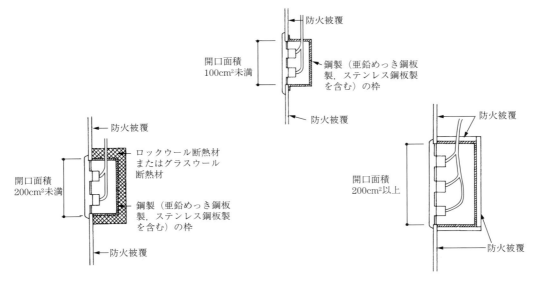

図 4.2.42　コンセントボックスの防火被覆

（5）　トップライト（屋根開口部）

トップライトは，天井と屋根における防火上の弱点となりやすいので，その屋内側は，屋根の裏側の部分または直下の天井と同等以上の防火性能を確保する必要がある。木造建築物の防・耐火設計マニュアル　（一財）日本建築センターでは一般には，図 4.2.43 に示すように，天井に用いたものと同じ防火被覆材をトップライト本体に至るまで張り上げる防火被覆例が示されている。

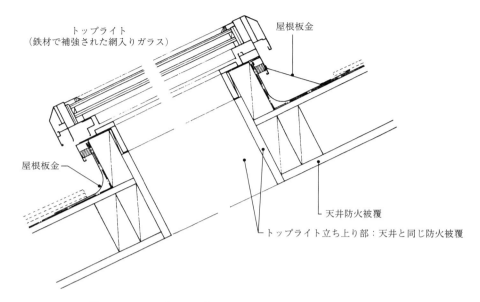

図 4.2.43　トップライト立ち上り部の防火被覆（準耐火構造の例）

2.3.7　目地部分の防火設計

① 基本的な考え方

防火被覆には，屋内・屋外ともに種々の目地が生ずるが，いずれの目地も防火上の弱点となるおそれがあるので，火災時に火炎や熱が裏側へ入らないように十分な措置を行う必要がある。基本的に，目地部分の裏側には間柱，胴縁，野縁，合板等の受け材を設けて，防火被覆材はこれにくぎ，ビス等で留め付ける。この受け材は，防火被覆材と同等以上の遮炎・遮熱性を有する材料とすることが望ましいが，木造とする場合は，ある程度焼損しても目地部分の防火被覆材が堅固に留め付けられているようにするために，断面が十分大きなものを用いる。なお，意匠上から防火被覆材を目透しで張る場合は，木造の受け材と防火被覆材の間に不燃性の敷目板を入れる等の措置により，目地部分を被覆する。

② 各種目地の防火措置

1）突き付け目地（図 4.2.44 参照）

目地の裏側に設けた間柱，胴縁，合板等の受け材に防火被覆材をくぎ，ビス等で留め付ける。防火被覆材端部からくぎ，ビス等までの距離（へりあき）は 20 mm を標準とする。

2）合じゃくり目地（図 4.2.45 参照）

目地部分における防火被覆材相互の重ねしろは，被覆材の厚さが 15 mm 未満の場合は 6 mm 以上，厚さが

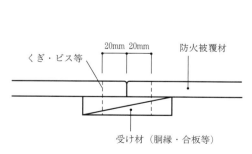

図 4.2.44　突き付け目地の例
（特非）住宅外装テクニカルセンターの大臣認定仕様

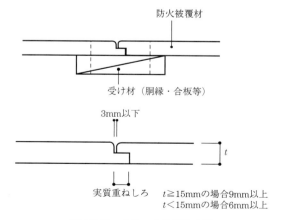

図 4.2.45　合じゃくり目地の例
（特非）住宅外装テクニカルセンターの大臣認定仕様

15 mm以上の場合は9 mm以上を標準とする。また，防火被覆材の端部相互のクリアランスは厚さが15 mm未満の場合は7 mm以下，15 mm以上の場合は9 mm以下とする。なお，詳細については大臣認定を取得した住宅外装テクニカルセンターの認定仕様を参照のこと。

3）シーリング目地

目地部分における防火被覆材の留め付け方法は突き目地に同じ。目地幅は12 mm以下とし，シリコン系，変成シリコン系等のシーリング材を充填する。1時間準耐火構造の壁においては，これらのシーリング材のバックアップ材として，目地の裏側に溶融亜鉛めっき鋼板，ステンレス鋼板等の鋼板製ハット型ジョイナーを入れる。ジョイナーは受け材にくぎ，ビス等で留め付け，防火被覆材とは20 mm以上の重ねしろをとる。図4.2.46に，住宅外装テクニカルセンターが大臣認定を取得したシーリング目地の仕様例を示す。

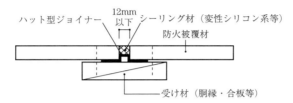

図4.2.46　シーリング目地の例（特非）住宅外装テクニカルセンターの大臣認定仕様

4）水切り目地（図4.2.47参照）

目地部分における防火被覆材の留め付け方法は突き付け目地に同じ。目地幅は10 mm以下とし，水切りは溶融亜鉛めっき鋼板，ステンレス鋼板等の鋼板製のものとする。また水切りは，防火被覆材の裏側にある部分を受け材にくぎ，ビス等で留め付けるとともに，防火被覆材とは20 mm以上の重ねしろをとる。

5）重ね目地（図4.2.48参照）

ラップサイディングの重ね目地においては，上下の防火被覆材を一部重ねて受け材にくぎ，ビス等で留め付け，防火被覆材相互の重ねしろは20 mm以上とする。なお，詳細については大臣認定を取得した住宅外装テクニカルセンターの認定仕様を参照のこと。

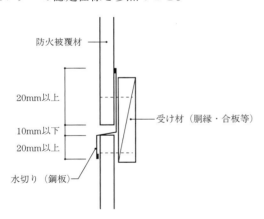
図4.2.47　水切り目地の例
（特非）住宅外装テクニカルセンターの大臣認定仕様

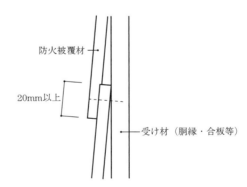
図4.2.48　重ね目地の例
（特非）住宅外装テクニカルセンターの大臣認定仕様

2.3.8　その他の部分の防火設計

①　シャッターボックス

鋼製のシャッターボックスを外壁に取り付ける場合は，ボックス裏側部分の外壁屋外側に防火被覆を設ける必要はない。ただし，ボックス裏側外壁部分は厚さ30 mm以上の木材，厚さ50 mm以上の不燃性ロックウール断熱材（密度24 kg/m³以上のロックウール断熱材，密度24 kg/m³のグラスウール断熱材等）等で造る。なお，シャッターボックスが鋼製でない（アルミニウム製等）場合は，ボックスの裏側に外壁の屋外側の防火被覆と同等以上の防火性能を有する防火被覆を設ける（図4.2.49参照）。

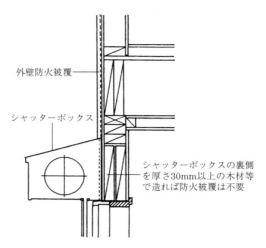

図 4.2.49 鋼製シャッターボックスの施工例

② ひさし

ひさしが準耐火構造の屋根である場合は，ひさしの裏側にある外壁の屋外側防火被覆は不要である（図 4.50-①参照）。ひさしが準耐火構造でなく，令第 115 条の 2 の 2，第 1 項第四号ハに規定する外壁開口部の上部ひさしでない場合，図 4.2.50-② に示すように，その裏側にある外壁の屋外側は厚さ 30 mm 以上の木材等で造るか，または外壁の屋外側のものと同等以上の防火性能を有する防火被覆を設ける。

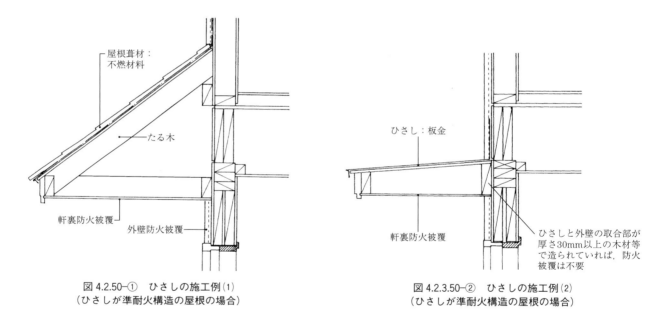

図 4.2.50-① ひさしの施工例(1)
（ひさしが準耐火構造の屋根の場合）

図 4.2.3.50-② ひさしの施工例(2)
（ひさしが準耐火構造の屋根の場合）

③ 幕板（付けばり），付け柱（外部化粧柱）

幕板，付け柱が外壁の屋外側防火被覆と同等以上の防火性能を有する場合は，その裏側の防火被覆は不要である。幕板，付け柱が鋼製，アルミニウム製等で上記以外のものの場合は，図 4.2.51 と図 4.2.52 に示すように，その裏側にある外壁の屋外側は厚さ 30 mm 以上の木材等で造るか，または外壁の屋外側のものと同等以上の防火性能を有する防火被覆を設ける。また，木材などの可燃材料の幕板，付け柱を取り付ける場合は，その裏面側は外壁の屋外側の防火被覆を設ける。

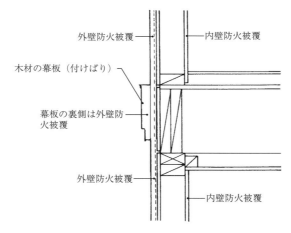

図 4.2.51　木材の幕板施工例

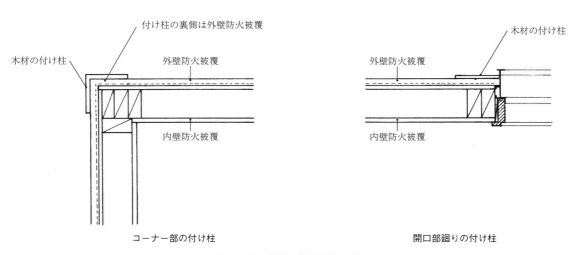

図 4.2.52　木材の付け柱施工例

2.3.9　主要構造部を準耐火構造等とした建築物の層間変形角

　準耐火構造に用いられる防火被覆は，地震時に想定される変形により，防火上有害な変形，破壊，脱落等を生ずるおそれがあり，そうした場合，各構造部分について，所要の耐火性能を確保できなくなることから，令第109条の2の2の規定により，主要構造部を準耐火構造等とした建築物，および法第27条第一項の規定に適合する特殊建築物（令第110条第二号に掲げる基準に適合するものを除く）は，令第88条に規定する地震力による層間変形角が 1/150 以内でなければならない。

　ただし，防火被覆の構造体への取付け方法によっては，より大きな建築物構造体の変形に対しても，防火上有害な変形，破壊，脱落等を生じずに，十分な耐火性能を確保できることが考えられるため，防火被覆を設けた架構について，水平加力実験，耐火実験等あるいは計算により，その安全性が確認されている場合は，これによることができることとしている。

　なお，令第82条の2における層間変形角の規定は，構造耐力上の観点から，木造では高さ13 m を超えるものまたは軒高9 m を超えるもの等，高さ，階数などに関して一定の規模を超える木造建築物について適用しているが，令第109条の2の2における層間変形角の規定は，上記のように防火上の観点から設けられたものであり，その目的とするところが異なる基準である。

第3章

階数・用途による技術基準

3.1 木造3階建て共同住宅の技術基準

3.1.1 本節で扱う木造3階建て共同住宅等の範囲

本節では，平13国交告第1540号に規定する枠組壁工法による建築物で，法第27条1項に規定し平27国交告第255号第1第1項二号に適合する3階建て共同住宅等のうち，防火地域，準防火地域以外の区域内の木造3階建て共同住宅等を3.1.4で，準防火地域内の木造3階建て共同住宅等を3.1.7で取扱うこととする。

3.1.2 概要

特殊建築物の用途のうち下宿，共同住宅または寄宿舎については，
① 在館者が特定の者で建築物の構造（避難経路）を充分に理解しており，円滑な避難が期待できる。
② 建築物が各住戸等ごとに小規模に区画されており，火災の拡大が比較的遅い等の防火上，避難上他の特殊建築物に比べ有利な条件を有している。

このことから，平成5年6月より市街地の防災環境を悪化させない範囲内として，かつ防火上および避難上の一定の技術基準に適合する準耐火建築物とすることにより，建設可能な区域を防火地域および準防火地域以外の区域に限り建設可能になった。また，平成10年6月に建築基準法が改正され，3階の宿泊室等の外壁開口部に防火戸を設ける等の追加措置をすることにより，平成11年6月から準防火地域内でも木造3階建て共同住宅等の建設が可能になった。

この場合，他の特殊建築物との複合的な建築物とすることも認められており，例えば，1階を物販店舗，自動車車庫などとし，2階および3階を共同住宅とすることも可能である。ただし，3階を下宿，共同住宅，または

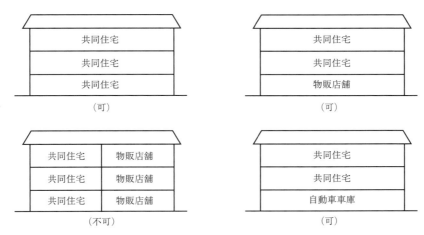

図 4.3.1 他の特殊建築物との複合例

3.1.3 防火地域，準防火地域以外の区域内の木造3階建て共同住宅等の技術基準

① 主たる主要構造部の耐火性能が1時間以上であること。
② 避難上有効なバルコニーの設置等により十分な避難安全性が確保されていること。
③ 通常の進入経路以外に十分な幅員の通路に面する開口部を設けることにより，消防活動（救助活動を含む）の円滑性が確保されていること。
④ 建物の周囲に十分な空地を設け，避難活動・消防活動の円滑性を確保するとともに，倒壊による隣地への加害防止を図ること。

3.1.4 主要構造部の耐火性能

従来，3階建て共同住宅等については，耐火建築物とすることが要求されていたことから，耐火建築物とほぼ同等の耐火性能を確保するため，主要構造部を構成する準耐火構造については，1時間以上の耐火性能を有するものとする。なお，1時間以上の耐火性能を有するものとしての具体的な仕様については，建設大臣が指定することとしており，平27国交告第253号においては，木造または鉄材の軸組に一定の厚さのせっこうボード等を張ったもの等の一般的に用いられる仕様を指定している。また，告示に指定されていない防火被覆もこれと同等以上の防火性能があるとして，大臣認定を取得し，使用することができる。

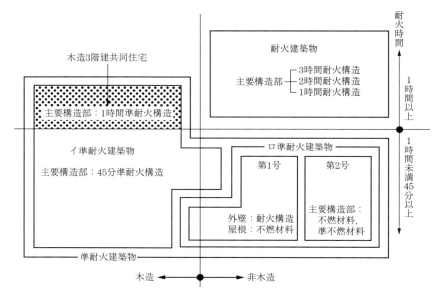

図4.3.2　耐火建築物と準耐火建築物（法第2条第九号の三イおよびロ，令第129条の2の3）の関係

（1）部位別要求耐火性能

部位別要求耐火性能は，第1章のとおりであるが，図にまとめると図4.3.3に示すとおりになる。

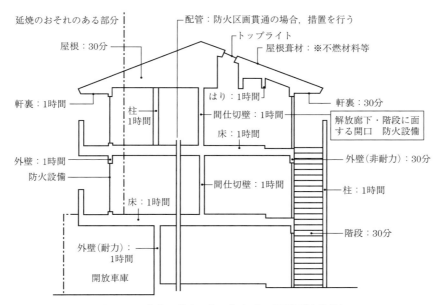

図 4.3.3 木造 3 階建て共同住宅（1 時間準耐火構造）

（2） 1時間準耐火構造建築物の主要構造部の例示仕様について

表 4.3.1-1 1時間準耐火構造の構造方式（その1 間仕切壁・外壁）

建築物の部位			通常火災に基づく加熱時間	構造方式	備考
間仕切壁	耐力壁・非耐力壁（両面同一仕様）	間柱および下地を木材	1時間	(1) 平12建告第1399号第1第二号ヘ(1)から(3)までのいずれかに該当するもの (2) 厚さが12 mm以上のせっこうボード（強化せっこうボードを含む。以下同じ。）の上に厚さが12 mm以上のせっこうボードを張ったもの (3) 厚さが8 mm以上のスラグせっこう系セメント板の上に厚さが12 mm以上のせっこうボードを張ったもの (4) 厚さが16 mm以上の強化せっこうボード (5) 厚さが12 mm以上の強化せっこうボードの上に厚さが9 mm以上のせっこうボードまたは難燃合板を張ったもの (6) 厚さが9 mm以上のせっこうボードまたは難燃合板の上に厚さが12 mm以上の強化せっこうボードを張ったもの (7) 厚さが35 mm以上の軽量気泡コンクリートパネル	(1)は1時間耐火構造
外壁（耐力壁・延焼のおそれのある部分の非耐力壁）	屋外側	間柱および下地を木材	1時間	(1) 平12建告第1399号第1第二号ヘ(1)から(3)までのいずれかに該当する防火被覆（当該防火被覆の上に金属板，軽量気泡コンクリートもしくは窯業系サイディングを張ったもの，またはモルタルもしくは漆喰を塗った場合に限る） (2) 厚さが18 mmの硬質木片セメント板 (3) 塗厚さが20 mm以上の鉄鋼モルタル (4) 塗厚さが20 mm以上の鉄鋼軽量モルタル（モルタル部分に含まれる有機物の量が当該部分の重量の8％以下のものに限る。以下同じ。） (5) 厚さが35 mm以上の軽量気泡コンクリートパネル (6) 厚さが12 mm以上の硬質木片セメント板の上に厚さが10 mm以上の鉄鋼軽量モルタルを塗ったもの	(1)は1時間耐火構造
	屋内側	間柱および下地を木材		(1) 平12建告第1399号第1第二号ヘ(1)から(3)までのいずれかに該当するもの (2) 厚さが12 mm以上のせっこうボード（強化せっこうボードを含む。以下同じ。）の上に厚さが12 mm以上のせっこうボードを張ったもの (3) 厚さが8 mm以上のスラグせっこう系セメント板の上に厚さが12 mm以上のせっこうボードを張ったもの (4) 厚さが16 mm以上の強化せっこうボード (5) 厚さが12 mm以上の強化せっこうボードの上に厚さが9 mm以上のせっこうボードまたは難燃合板を張ったもの (6) 厚さが9 mm以上のせっこうボードまたは難燃合板の上に厚さが12 mm以上の強化せっこうボードを張ったもの (7) 厚さが35 mm以上の軽量気泡コンクリートパネル	(1)は1時間耐火構造

注1) せっこうボードには強化せっこうボードを含む。
注2) 防火被覆の取合いの部分，目地の部分その他これらに類する部分（以下「取合い等の部分」という。）を，当該取合い等の部分の裏面に当て木を設ける等当該建築物の内部への炎の侵入を有効に防止することができる構造とする。

表 4.3.1-2　準耐火構造の構造方式（その 2　柱・はり）

建築物の部位	通常火災に基づく加熱時間	構造方式	備考
柱	1 時間	(1) 厚さが 12 mm 以上のせっこうボード（強化せっこうボードを含む。以下同じ。）の上に厚さが 12 mm 以上のせっこうボードを張ったもの (2) 厚さが 8 mm 以上のスラグせっこう系セメント板の上に厚さが 12 mm 以上のせっこうボードを張ったもの (3) 厚さが 16 mm 以上の強化せっこうボード (4) 厚さが 12 mm 以上の強化せっこうボードの上に厚さが 9 mm 以上のせっこうボードまたは難燃合板を張ったもの (5) 厚さが 9 mm 以上のせっこうボードまたは難燃合板の上に厚さが 12 mm 以上の強化せっこうボードを張ったもの	—
はり	1 時間	(1) 厚さが 12 mm 以上のせっこうボードの上に厚さが 12 mm 以上のせっこうボードを張り，その上に厚さが 50 mm 以上のロックウール（かさ比重が 0.024 以上のものに限る。以下同じ。）またはグラスウール（かさ比重が 0.024 以上のものに限る。以下同じ。）を張ったもの (2) 厚さが 12 mm 以上の強化せっこうボードの上に厚さが 12 mm 以上の強化せっこうボードを張ったもの (3) 厚さが 15 mm 以上の強化せっこうボードの上に厚さが 50 mm 以上のロックウールまたはグラスウールを張ったもの (4) 厚さが 12 mm 以上の強化せっこうボードの上に厚さが 9 mm 以上のロックウール吸音板を張ったもの	—

注 1）せっこうボードには強化せっこうボードを含む。

表 4.3.1-3　1 時間準耐火構造の構造方式（その 3　床）

建築物の部位		通常火災に基づく加熱時間	構造方式	備考
床	表側（床上側）根太および下地を木材	1 時間	(1) 厚さが 12 mm 以上の構造用合板，構造用パネル，パーティクルボード，デッキプレートその他これらに類するもの（以下「合板等」という。）の上に厚さが 12 mm 以上のせっこうボード，硬質木片セメント板または軽量気泡コンクリート板を張ったもの (2) 厚さが 12 mm 以上の合板等の上に厚さ 12 mm 以上モルタル，コンクリート（軽量コンクリートおよびシンダーコンクリートを含む。以下同じ。）またはせっこうを塗ったもの (3) 厚さが 40 mm 以上の木材 (4) 畳（ポリスチレンフォームの畳床を用いたものを除く。）	—
	裏側（天井側）根太および下地を木材		(1) 厚さが 12 mm 以上のせっこうボードの上に厚さが 12 mm 以上のせっこうボードを張り，その上に厚さが 50 mm 以上のロックウール（かさ比重が 0.024 以上のものに限る。以下同じ。）またはグラスウール（かさ比重が 0.024 以上のものに限る。以下同じ）を張ったもの (2) 厚さが 12 mm 以上の強化せっこうボードの上に厚さが 12 mm 以上の強化せっこうボーを張ったもの (3) 厚さが 15 mm 以上の強化せっこうボードの上に厚さが 50 mm 以上のロックウールまたはグラスウールを張ったもの (4) 厚さが 12 mm 以上の強化せっこうボードの上に厚さが 9 mm 以上のロックウール吸音板を張ったもの	—
	直交集成板の床版		燃えしろ設計を行った日本農林規格による直交集成板（接着剤の使用環境は，A もしくは B） 　燃えしろの寸法：レゾルシノール樹脂接着剤，レゾルシノール・フェノール樹脂接着剤 45 mm（ラミナの厚さ 12 mm 以上） 　　　　　　　　：上記以外の接着剤 60 mm（ラミナの厚さ 21 mm 以上）	床に使用した場合に限る

注 1）せっこうボードには強化せっこうボードを含む。
注 2）防火被覆の取合いの部分，目地の部分その他これらに類する部分（以下「取合い等の部分」という。）を，当該取合い等の部分の裏面に当て木を設ける等当該建築物の内部への炎の侵入を有効に防止することができる構造とする。

表 4.3.1-4　1時間準耐火構造の構造方式（その4　軒裏）

建築物の部位		通常火災に基づく加熱時間	構造方式	備考
軒裏	外壁によって小屋裏または天井裏と防火上有効に遮られているものを除く	延焼のおそれのある部分	1時間	(1) 厚さが15mm以上の強化せっこうボードの上に金属板を張ったもの (2) 繊維強化セメント板（珪酸カルシウム板を含む）を2枚貼ったものその厚さの合計が16mm以上 (3) 厚さが18mmの硬質木片セメント板 (4) 塗厚さが20mm以上の鉄鋼モルタル (5) 野地板（厚さ30mm以上のものに限る）およびたるきを木材で造り，外壁（軒桁を含む）との隙間に次の防火被覆を設け，かつ，たるきと軒桁の取り合い部など，当該建築物の内部への炎の侵入を要項に防止できる構造とする イ) 厚さ12mm以上の木材の面戸板の屋内側に厚さが40mm以上のしっくいなどを塗ったもの ロ) 厚さ30mm以上の木材の面戸板の屋内側または屋内側に厚さが20mm以上のしっくいなどを塗ったもの （室内側にしっくい等を塗ったものにあっては，当該しっくい等が自立する構造とするものに限る）	—

（3）部位別防火設計法

「1時間準耐火構造」の防火被覆材の留め付け方法，構造用大断面集成材等を用いた柱・はり等については，耐火性能（耐火時間）を除き原則として第2章「2.3.4　部位別防火設計法」に記述してある「45分準耐火構造」のものと同一なので，第2章の当該部分を参照されたい。以下は，45分準耐火構造と異なる部分のみを記述する。

1）柱・はり

防火被覆の考え方，留め付け方法等は同じであるが，1時間準耐火の場合のはりの防火被覆の例を図4.3.4に示すので参考にされたい。小屋裏の中にある柱・はりについては防火被覆しなくてよい。

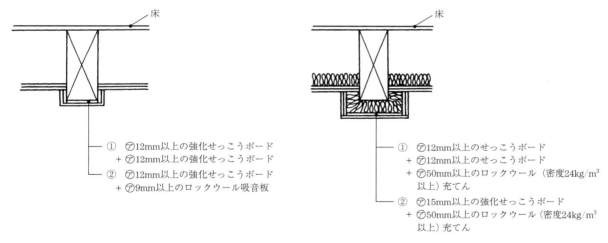

図4.3.4　床の外部にあるはりの防火被覆例

2）構造用集成材等

直交集成板等を床，屋根に用いる場合は，燃えしろ設計を行うことにより，防火被覆を省略することができる。1時間準耐火の場合の燃えしろは，2.3.4を参照されたい。

（4）通気構法の留意点（ファイヤーストップ）

通気構法においては，通気層内のファイヤーストップが各階ごとに完結していないことが一般的であり，火災時に外装材裏面の下地面材などが万一着火した場合，通気層を通して火災が上層階へ拡大するおそれがある。このような延焼を防止するため，1時間準耐火構造の壁においては，常時の通気は確保しつつ，火災時には延焼防止の機能を果すようなファイヤーストップを通気層内に設ける必要があることが望ましい。通気層内に設けるファイヤーストップの例としては，第2章2.3.5を参照されたい。なお，個別に国土交通省大臣認定を取得している外壁を使用する場合は，認定内容に添って確実に施工する。

3.1.5 避難上有効なバルコニーの設置等

木造3階建て共同住宅等にあっては

イ）就寝の用途に供されるため，発生率の高い夜間の火災時に逃げ遅れの可能性が高い。

ロ）3階から飛び降りて避難することはきわめて困難であり，3階に取り残され犠牲になった火災事例が多い。

ハ）一定時間火災が継続した場合，主たる構造躯体である木材に着火，燃焼し，最終的には倒壊に至るおそれがある。

などの理由から，避難安全性について，耐火建築物の有する性能と同等のものを確保するため，原則として，各住戸ごとに避難上有効なバルコニー等を設置し，各住戸それぞれに2方向の避難経路を確保することとする。

避難上有効なバルコニーとは，居室内の在館者が滞留しうるだけの大きさを有するとともに，連続バルコニー，避難はしご等を経て安全な場所へ避難できるものをいうが，次のような基準に適合していることが一つの目安となろう。

> ㋑ バルコニーから容易に地上の安全な場所に到達することができるよう，次に掲げる基準に適合していること。
> （ⅰ）屋内からバルコニーに通じる出入口の幅，高さ及び下端の床面からの高さが，それぞれ，75センチメートル以上，1.2メートル以上及び15センチメートル以下であること。
> （ⅱ）バルコニーの奥行きが75センチメートル以上であること。
> （ⅲ）階段，斜路，避難はしご等が設置されているか，又は連続したバルコニーで他の直通階段等へ安全に避難できるものであること。
> ㋺ バルコニーの床面積は屋内の在館者が有効に滞留し得る大きさとして，各居室等の床面積の100分の3以上，かつ，2平方メートル以上を有すること。
> ㋩ バルコニー部分の床が耐火構造，準耐火構造その他これらと同等以上の防火性能を有する構造であること。

なお，バルコニーの住戸間に隔板があっても，薄物の大平板等のように容易に破壊できるものであれば，バルコニーを経由して他の避難階段へ避難できるものと考えられるが，その場合，隔板にステッカー等を貼りその旨を表示することが必要である。

ただし，片廊下型または階段室型のもので，廊下等が常時十分に外気に開放されており，かつ，廊下等と住戸の間にある開口部に防火設備（防火戸）が設けられている場合にあっては，通常の避難経路が十分に避難上有効なものとなっていることから，避難上有効なバルコニー等を設置しなくてもよい。ただし，3.1.6により設置を要する場合もある。

常時十分に外気に開放されている廊下または階段とは，火災時における煙の滞留がないことを観点として，個々の設計に応じて判断すべきものであるが，次のような基準に適合していることが一つの目安となろう。

> ㋑ 廊下にあっては，外壁面に直接外気が流通する高さ1メートル以上の開口部が火災時の煙を有効に排出できるように適切に設けられているもの
> ㋺ 階段にあっては，階段の各階の中間部分に設ける直接外気に開放された排煙上有効な開口部で，次に掲げる基準に適合するもの
> （ⅰ）開口面積が2平方メートル以上であること。
> （ⅱ）開口部の上端が，当該階段の部分の天井の高さの位置にあること。ただし，階段の部分の最上部における当該階段の天井の高さの位置に500平方センチメートル以上の直接外気に開放された排煙上有効な換気口がある場合は，この限りでない。

改正前の令第115条の2の2第1項第三号の規定では，宿泊室ごとに非常用の進入口に相当する外壁の開口部の設置を義務づけて，同条第2項の規定により，令第5章第5節（非常用の進入口）の規定を適用しないものとしていたが，平成27年の改正において合理化を図り，宿泊室ごとに非常用の進入口に相当する開口部を設ける

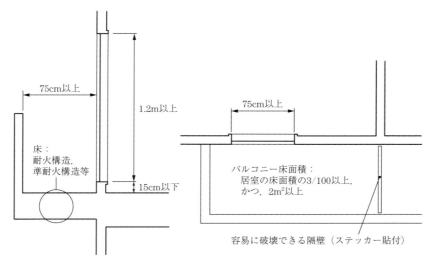

図4.3.5　避難上有効なバルコニーの基準

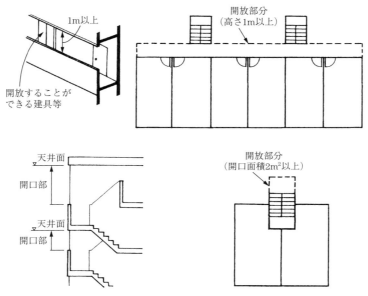

図4.3.6　排煙上有効な廊下，階段の開口

ことは求めず，他の建築物と同様に令第5章第5節を満たせばよい。

なお，改正前の令第115条の2の2第1項第三号の規定の適用に関しては，「都市計画法および建築基準法の一部を改正する法律等の施行について」（平5住指発第225号）の第1の4(3)において，避難上有効なバルコニーが各宿泊室等（1階を含む。）に設置される場合，木造3階建で共同住宅等であれば，消防車の接車ではなく，はしご等を用いた進入を想定していることから，道等に通ずる通路の幅員の測り方については，バルコニーの外側ではなく外壁面からの幅員としてよいこととしていたが，今後，平27国交告第255号第1第1項第二号の規定に基づいて木造3階建て共同住宅等を建築する場合も，令第5章第5節の適用において，同様の考え方でよい。

また，外壁の開口部に設ける防火設備については(2)2)の技術的基準（屋内への20分間の遮炎性能）に適合するものとして法第2条第九号の二ロに規定する防火設備の構造方法を定めたが，国土交通大臣認定により，告示による例示仕様によらない防火設備を設置することも可能である。

3.1.6　建築物周囲の通路の確保

従来，令第128条の2第1項の規定により，1,000 m²を超える木造建築物については，建築物の周囲に1.5 mの通路を設けることとされているが，前述のとおり，一建築物内に多数の世帯が居住し，就寝の用途に供し，一定の時間火災が継続した場合においては，最終的には倒壊に至るおそれがある共同住宅等については，特に避難

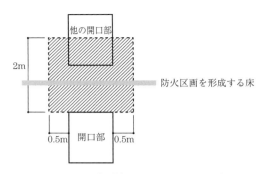

図 4.3.7　上階延焼のおそれのある開口部

	(パターン1)	(パターン2)	(パターン3)
避難上有効なバルコニーの設置等	避難上有効なバルコニーの設置	廊下等の開放性の確保廊下等に面する開口部の措置	
建築物周囲の通路の確保	3mのセットバック	3mのセットバック	避難上有効なバルコニーの設置 廊下等の開放性の確保 廊下等に面する開口部の措置 上階延焼防止のための措置
設置基準	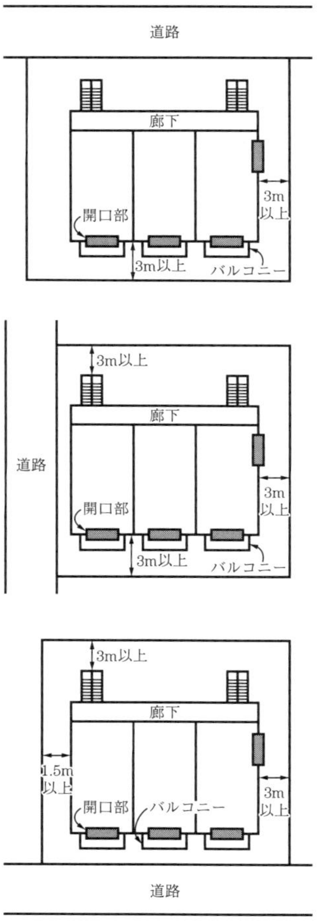	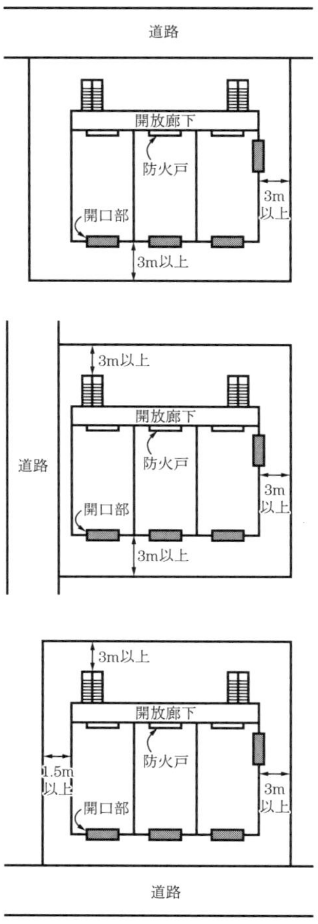	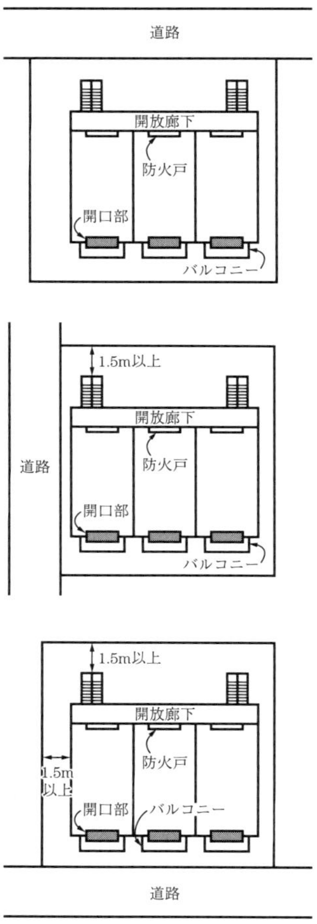

図 4.3.8　木3共に関する避難上有効なバルコニーの設置・建築物周囲の通路の確保等　［木造建築物の防・耐火マニュアル　p.63 から］

安全性および救助・消火活動の円滑性を高めておく必要がある。このため，木造3階建共同住宅等については，建物の周囲（開口部（居室に設けられたものに限る。）がある外壁に面する部分に限り，道に接する部分を除く。）に幅員3m以上の通路の設置を義務づける。

ただし，次の防火上および避難上，有効な措置が講じられている場合には，十分な避難安全性が確保されていることから，かならずしも幅員3m以上の通路を設けなくてもよいが，この場合においても，延べ面積が1,000 m²を超える場合には，令第128条の2第1項の規定により，1.5mの通路を設ける必要があるので注意されたい。

- (イ) 各住戸ごとの避難上有効なバルコニー等の設置
- (ロ) 廊下等の開放性の確保及び廊下等と住戸の区画
- (ハ) 上階への延焼のおそれのある開口部の上部における延焼防止上有効なひさし，バルコニー等の設置（平27国交告第254号）

(ハ)におけるひさしは，外壁面から40 cm以上突出していることが必要である。幅は大きいほど延焼防止上有効であるが，最低限，開口幅を覆っていればよい。

3.1.7　準防火地域内の木造3階建て共同住宅等の技術基準

(1)　主要構造部の準耐火性能　　　　　（防火地域，準防火地域以外の区域の木3共と同じ）
(2)　避難上有効なバルコニーなどの設置（防火地域，準防火地域以外の区域の木3共と同じ）
(3)　建築物周囲の通路の確保　　　　　（防火地域，準防火地域以外の区域の木3共と同じ）
(4)　火災時の延焼拡大防止および避難上の安全性確保

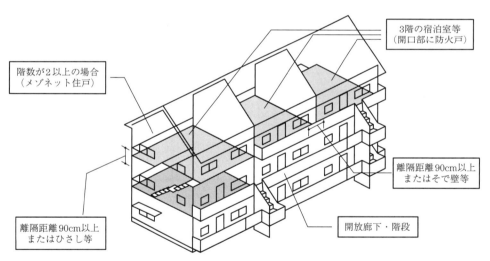

図4.3.9　火災時の延焼防止および避難上の安全性確保

準防火地域内における木造3階建共同住宅の技術基準においては，従来の防火・準防火地域以外の区域における基準に加え，市街地における火災時に十分な避難・消防活動の安全性を確保するため，3階の各宿泊室等（下宿の各宿泊室，共同住宅の各住戸または寄宿舎の各寝室）の外壁の開口部および廊下などに面する部分の開口部に原則として，防火設備（防火戸）を設けなければならない。

3.1.8　木造3階建て共同住宅の設計例

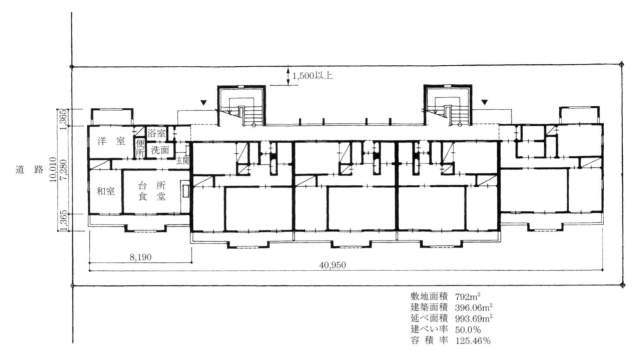

敷地面積　792m²
建築面積　396.06m²
延べ面積　993.69m²
建ぺい率　50.0%
容 積 率　125.46%

図4.3.10　配置図・1階平面図

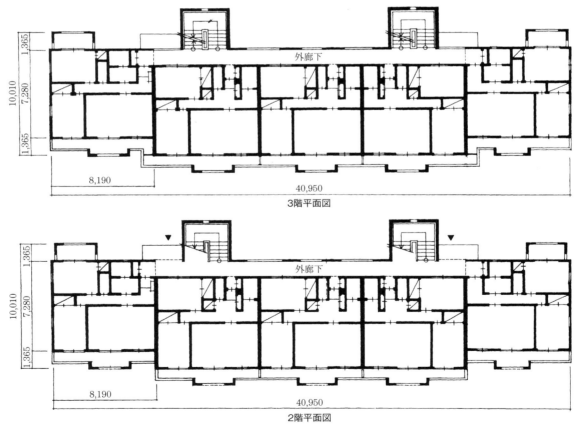

図4.3.11　2階，3階平面図

第 3 章　階数・用途による技術基準　217

立 面 図

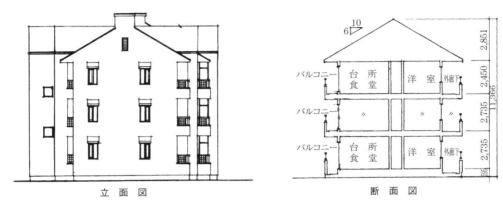

立 面 図　　　　　　　断 面 図

図 4.3.12　立面図，断面図

3.1.8.1 矩形図・詳細図の設計例

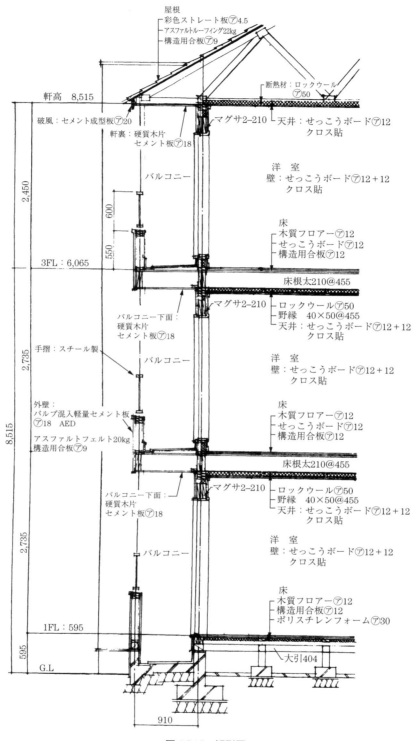

図 4.3.13　矩形図

第 3 章　階数・用途による技術基準

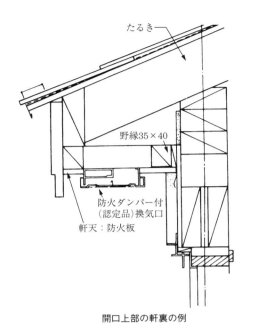

開口上部の軒裏の例

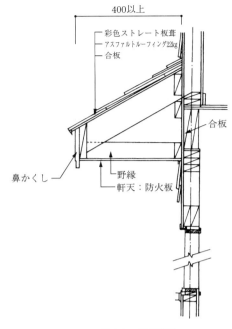

付け庇の断面詳細

ひさしその他これに類するものの構造方法を定める
平27国交告第254号
①準耐火構造の床または壁に用いる構造方法
②防火構造に用いる構造方法
③令109条の3第2号ハまたは115条の2
　第1項第4号に規定する構造に用いる構造方法
④不燃材料で造ること。

図 4.3.14　木造 3 階建て共同住宅の部分詳細図

3.1.8.2 界壁等の設計例

（1） 界壁は令22条の3に規定された遮音性能と，準耐火建築物の主要構造部としての耐火性能が要求される。両方の性能を満足させた設計例を図4.3.15と図4.3.16に示す。

また，令114条1項の規定により，小屋裏または天井裏を介した隣接する住戸への延焼を防止する観点から，2・3階床の内部における界壁部位においては，両面に厚さ30 mm以上の木材をファイヤーストップ材として設けることとしている。さらに図4.3.16に示す二重壁(1)の例では，二重壁間のすき間を介して火熱が上層の壁内に

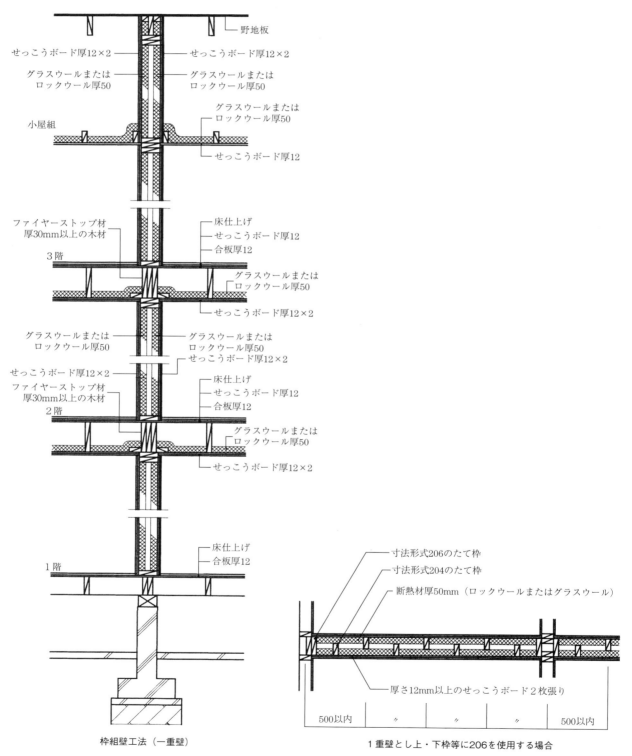

図4.3.15　界壁・界床の例(1)

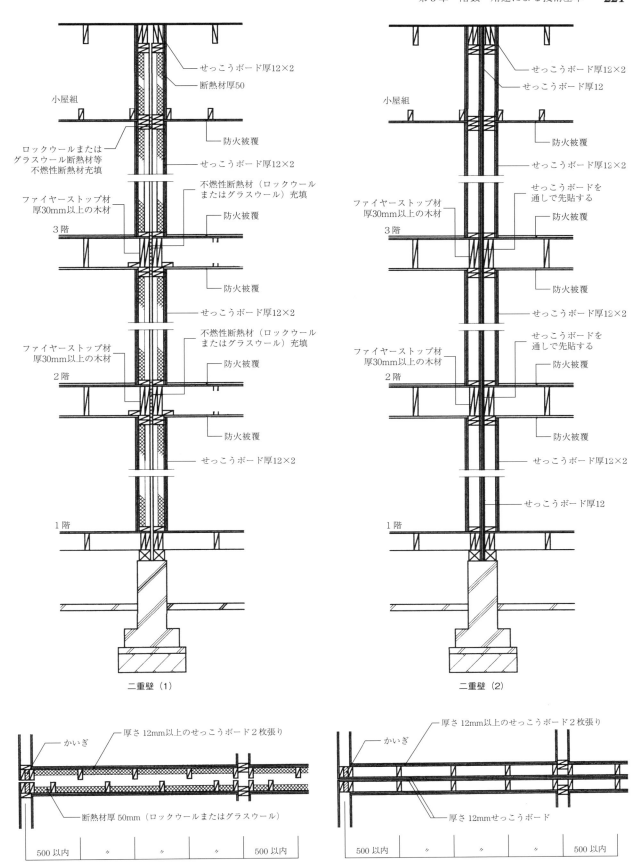

図 4.3.16　界壁の例(2)

伝わり，延焼することを防ぐために，床部位のすき間にファイヤーストップ材として不燃性断熱材（ロックウールまたはグラスウール）を充填する。小屋裏まで達せしめるとは野地板面まで界壁を施工することで令114条2項の防火上主要な間仕切壁においても同様である。

（2） 区画貫通部の措置

防火区画を構成する床や壁に給水管，配電管等の管や換気，暖房または冷房の設備の風道を貫通させることは，当該貫通部が延焼防止上の弱点となることから極力避けるべきであるが，設備計画上やむをえず区画を貫通させる場合，次に掲げる措置を講じなければならない。

1）給水管，配電管その他の管が防火区画を構成する床，壁または1.4.1に規定する外壁のスパンドレル等を貫通する場合には，貫通部分およびその両側1m以内の距離にある部分は不燃材料とし，管と区画とのすき間はモルタル等の不燃材料で埋めなければならない。

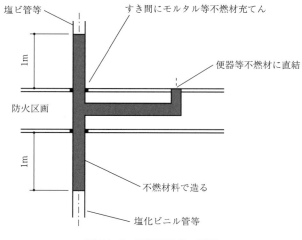

図4.3.17　区画貫通部の措置

なお，令第129条の2の5第1項第七号ロの規定に基づく，平12建告第1422号により定められた基準（管の外径，用途，材質等）については2.2.3防火区画の貫通部を参照願いたい。

2）耐火二層管

令第129条の2の5第1項第七号ハの規定に基づく，硬質塩化ビニルで造られた内管と繊維モルタルで造られた外管の2層構造としたもの（以下，耐火二層管という。）を使用する場合は，図4.3.18～図4.3.20のような施工とすることができる。

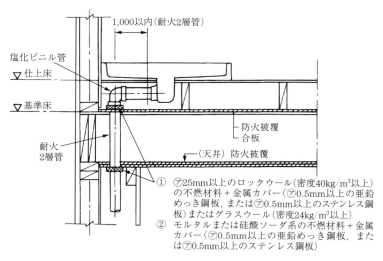

図4.3.18　洗濯パン配管床上ころがし方式

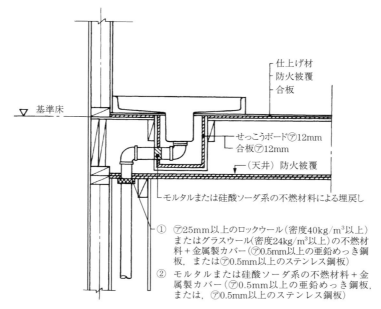

図 4.3.19　洗濯パン配管床貫通方式(1)

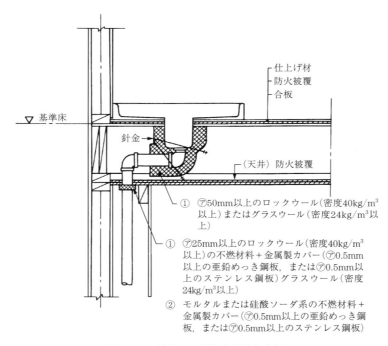

図 4.3.20　洗濯パン配管床貫通方式(2)

3）防火区画を貫通する風道等の防火設備設置例

　換気，暖房，冷房設備等の風道が準耐火構造の防火区画を貫通する場合には令112条第16項の規定により貫通する部分に近接する部分に防火ダンパー等の防火設備を設け，防火区画と防火設備との間の風道は厚さ1.5 mm 以上の鉄板で造り，または鉄網モルタル塗その他不燃材料で被覆しなければならない（平12建告第1376号）。区画貫通部の防火被覆材の隙間は，モルタル等の不燃材料で充てんする。

　防火ダンパー等の防火設備は昭48建告第2565号に規定された基準に適合し，同告示に規定された漏煙試験に合格した構造のものとしなければならない。

　ただし，昭49建告第1579号に適合する場合はダンパーを設ける必要はない。

　また，令第129条の2の5第1項第六号の規定により3階建て建築物の風道は原則として不燃材料で造らなければならないとされているが，防火上支障がないとして平12建告第1412号の基準に従えば，火気使用室に設け

られる換気設備を除き，住戸内や各宿泊室から直接屋外にのみ通ずる風道等には使用材料の制限がない。

〈風道等に不燃材料を用いなくても防火上支障がないとされる基準〉

① 対象となる部分

宿泊室等	各宿泊室等	下宿の各宿泊室	―
		住宅の各住戸	
		寄宿舎の各寝室	
	各居室		法別表第一（い）欄（二）項に掲げる用途の特殊建築物以外の特殊建築物の居室を除く
	便所，浴室，洗面所その他これらに類するもの		

② 対象となる設備
- 換気，暖房または冷房の設備（令第20条の3第2項に規定する換気設備を除く）の風道

③ 設置条件
- 各宿泊室等（各居室等が2以上の階を有する場合は，当該各宿泊室等の各階）または各居室等の当該部分ごとに設けるもの。
- 各宿泊室等または各居室等以外の居室を経由せずに外気に開放されるもの。
- 次のイまたはロのどちらかに該当するもの
  イ．延焼のおそれのある外壁の当該風道の開口部から1m以内の距離にある部分を不燃材料または耐火二層管としたもので，別表に掲げる寸法に適合するもの
  ロ．延焼のおそれのある外壁の当該風道の開口部に令第109条に規定する防火設備または令第112条第16項に規定する特定防火設備を設けたもの

別表

| 呼称寸法 | 内　管 | | 外　管 | |
	外径（単位 mm）	肉厚（単位 mm）	外径（単位 mm）	肉厚（単位 mm）
50 mm	60 以下	1.8 以上	73 以上	6.0 以上
65 mm	76 以下	2.2 以上	89 以上	6.0 以上
75 mm	89 以下	2.7 以上	102 以上	6.0 以上
100 mm	114 以下	3.1 以上	129 以上	6.5 以上
125 mm	140 以下	4.1（管の内部を均等に分割する隔壁を設けたものは3.2）以上	156 以上	7.0 以上

「風道の耐火構造等の防火区画を貫通する部分等にダンパーを設けないことにつき防火上支障がないと認める場合を指定する件」

昭和49年12月28日建設省告示第1579号（改正平成5年6月25日）

建築基準法施行令（昭和25年政令第338号。以下「令」という。）第112条第16項の規定に基づき，風道の耐火構造等の防火区画を貫通する部分等にダンパーを設けないことにつき防火上支障がないと認める場合を次のように指定し，昭和50年1月1日から施行する。

第1 令第20条の4第1項第一号に規定する設備又は器具（以下「密閉式燃焼設備」という。）の換気の設備の風道がダクトスペースに貫通し，かつ，当該風道及びダクトスペースが次に該当するものである場合
　一　風道は，次に定めるものであること。
　　イ　鉄製で鉄板の厚さが0.6ミリメートル以上のもの又は建設大臣がこれと同等以上の耐火性能を有すると認めるものであること。
　　ロ　主要構造部に堅固に取り付けるものであること。
　　ハ　当該貫通する部分と耐火構造等の防火区画とのすき間をモルタルその他の不燃材料で埋めるものであること。
　二　ダクトスペースは，次に定めるものであること。

イ　密閉式燃焼設備等の換気以外の用に供しないものであること。
ロ　頂部を直接外気に開放するものであること。
第2　密閉式燃焼設備等の換気の設備の風道以外の換気の設備の風道がダクトスペースに貫通し，かつ，当該風道及びダクトスペースが次に該当するものである場合
一　風道は，次に定めるものであること。
イ　鉄製で鉄板の厚さが0.8ミリメートル以上のもの又は建設大臣がこれと同等以上の耐火性能を有すると認めるものであること。
ロ　第1の1のロ及びハに定めるものであること。
ハ　ダクトスペース内において2メートル以上の立上り部分を有し，かつ，当該立上り部分と耐火構造等の防火区画に堅固に取り付けるものであること。ただし，有効な煙の逆流防止のための措置を講ずる場合は，この限りでない。
ニ　他の設備の風道に連結しないものであること。
ホ　当該貫通する部分の断面積が250平方センチメートル以下のものであること。
二　ダクトスペースは，次に定めるものであること。
イ　換気（密閉式燃焼設備等の換気を除く。）以外の用に供しないものであること。
ロ　第1の2のロに定めるものであること。ただし，頂部に換気上有効な排気機を設ける場合には，この限りでない。
第3　密閉式燃焼設備等の換気の設備の風道が令第112条第10項本文の規定による耐火構造又は準耐火構造の外壁（以下「耐火構造等の外壁」という。）を貫通し，かつ，当該風道が次に定めるものである場合
イ　第1の1のイからハまでに定めるものであること。
ロ　当該貫通する部分の断面積が1500平方センチメートル以下のものであること。
第4　密閉式燃焼設備等の換気の設備の風道以外の換気の設備の風道が耐火構造等の外壁を貫通し，かつ，当該風道が次に定めるものである場合
イ　第2の1のイ，ロ及びホに定めるものであること。
ロ　直接外気に開放された開口部に第2の1のイに規定する構造を有し，かつ，随時閉鎖することができる設備を設けるものであること。

3.2　木造3階建て学校等の技術基準

3.2.1　本節で扱う木造3階建て学校等の範囲

本節では平13国交告第1540号に規定する枠組壁工法による建築物で，法27条第一項および施行令第110条から110条の3に規定し，平27国交告第255号第1に適合する，防火地域以外の3階建て学校等を取り扱う。また準防火地域は1,500 m²以下まで，それ以外の地域は「壁等」による3,000 m²区画を設けることで延床面積の制限はない。

3.2.2　概　要

平成23年度から3カ年にわたり実施した実大火災実験や部材単位での火災実験等の木造建築物の耐火性の検証により，主要構造部を準耐火構造とした建築物等については，天井の不燃化やバルコニー・ひさしの設置などの措置を講じることで，区画を超えた早期の延焼を防止できることなど，当該建築物の在館者が安全に避難できるための一定の技術的知見が得られた。

そのため，平成27年の法27条改正により新たに位置づけされた木造3階建て学校等では，その主要構造部は1時間準耐火構造でよいとされた。

また外壁の開口部については，耐火建築物で建てる場合，「延焼のおそれのある部分」には一律に防火設備が要求されるが，今回の改定では，外部からの火炎だけでなく，上階延焼など自らが噴出した火炎が他の開口部に侵入することも想定して「外壁の開口部で建築物の他の部分から当該開口部へ延焼するおそれがあるもの」を令

3.2.3 防火地域以外の木造3階建て学校等の技術基準

① 主たる主要構造部の準耐火性能が1時間以上であること。
② 建築物の周囲に十分な空地を設け，避難活動・消防活動の円滑性を確保するとともに，倒壊による隣地への加害防止を図ること。（法27条，平27国交告第255号）
③ 火災が発生しても一定時間室内から外部へ火を出さない，また火が室内から出ても上階等への延焼を遅らせる措置（上階延焼抑制措置）をとること。（法27条，平27国交告第255号第3）上階延焼防止措置には主に3種あり，その選択に当たっては学校の使い方や地域の条件，コスト等を考慮して検討することが有効。一棟の建物に組合わせて設置することも可能である。
　A．天井の不燃化，B．バルコニーの設置，C．窓の防火措置

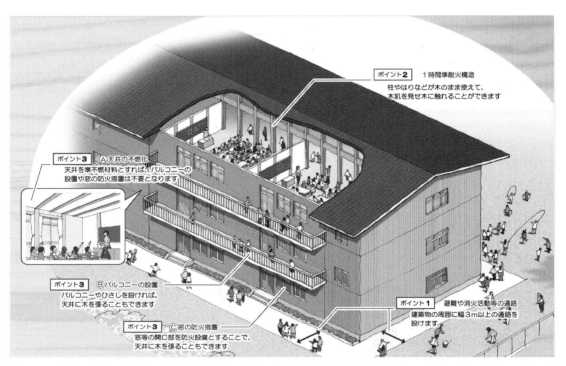

図 4.3.21　木造3階建て学校等の技術基準の概要（出典：文部科学省「木の学校づくり―木造3階建て校舎の手引―」）

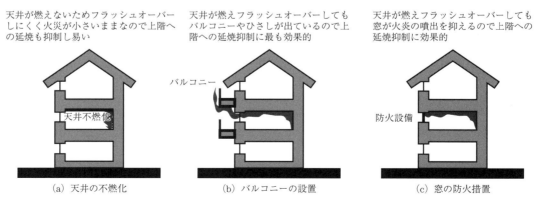

図 4.3.22　上階延焼抑制措置（出典：文部科学省「木の学校づくり―木造3階建て校舎の手引―」）

3.2.4 主要構造部の耐火性能

従来，3階を学校等の用途に供する建築物については耐火建築とすることが要求されていたが，平成27年の法27条改正により，木造3階建て共同住宅同様，1時間準耐火基準に適合する構造でよいことが示された（3.1.4参照）。

3.2.5 建築物周囲の通路の確保

木造3階建て共同住宅と同様，建物の周囲に3m以上の通路の設置を義務付けることとする（居室が設けられた開口部に限り，道に接する部分を除く）。

《通路確保時の留意事項》
木造3階建て共同住宅のように避難上有効なバルコニーを設置しても通路設置しなくてもよいとする，ただし書きの緩和規定はないので注意が必要。

3.2.6 他の開口部から延焼するおそれがある開口部の技術基準

1）他の外壁の開口部から延焼するおそれがある外壁の開口部（以下，特定開口部という）

避難上問題となる外部を経由した上階延焼を抑制することを想定し，他の外壁の開口部から一定の範囲内にある開口部については防火設備としなければならない（**図4.3.23**）。

また，**図4.3.24**に示すように，他の外壁の開口部の周囲の表面が木材等で仕上られている場合は，延焼のおそれが増すことから木材等の仕上げの部分を含んで開口部とする。一定の範囲は，告示の**表1**および**表2**に示された水平移動距離および垂直移動距離の計算式に基づいて算出する。
（計算例を参照）

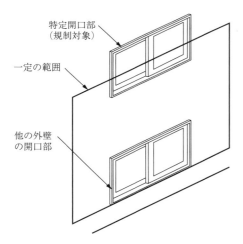 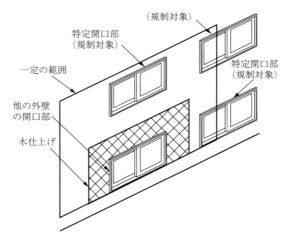

図4.3.23　規制対象となる特定開口部　　図4.3.24　他の外壁開口部の周囲が木材仕上げの場合の特定開口部

出典：図解 木造住宅・建築物の防・耐火設計の手引き（公財）日本住宅・木材技術センター

告示表1　水平移動距離

水平移動距離（単位 m）	$2/3 \cdot Y(1-0.5L) + 1/2 \cdot B$
最大水平移動距離（単位 m）	$3 + 1/2 \cdot B$
一　この表において，Y，B及びLはそれぞれの数値を表すものとする。 　　Y　表2に掲げる式により計算した垂直移動距離又は最大垂直移動距離のいずれか短い距離（単位 m） 　　B　他の外壁の開口部の幅（単位 m） 　　L　他の外壁の開口部の側部に袖壁等が防火上有効に設けられている場合における当該袖壁等が外壁面から突出している距離（単位 m） 二　他の外壁の開口部の周囲の外壁面の仕上げを木材その他の可燃材料による仕上げとした場合においては当該外壁面部分の幅を当該開口部の幅に含めるものとする。	

告示表2　垂直移動距離

垂直移動距離（単位 m）	B/H＜2	(H＋1.1B)(1－0.5L)＋H
	B/H≧2	3.2H(1－0.5L)＋H
最大垂直移動距離（単位 m）		6.2＋H

一　この表において、Y、B及びLはそれぞれの数値を表すものとする。
B　他の外壁の開口部の幅（単位 m）
H　他の外壁の開口部の高さ（単位 m）
L　他の外壁の開口部の側部にひさし等が防火上有効に設けられている場合における当該袖壁等が外壁面から突出している距離（単位 m）
二　他の外壁の開口部の周囲の外壁面の仕上げを木材その他の可燃材料による仕上げとした場合においては当該外壁面部分の幅を当該開口部の幅に含めるものとする。

計算は平27国交告第255号に規定されている表1および表2に基づいて、開口部下端の中央部からの水平移動距離、垂直移動距離を算出し、水平移動距離および垂直移動距離に囲まれた範囲内に特定開口部が含まれる場合は規制対象となり、防火設備としなければならないが、この範囲内に周囲の開口部が含まれない場合は上階ならびに隣接する特定開口部は規制対象外となる。

《外装を木質化する場合の留意事項》

前述のとおり、外壁の仕上げに木材を使用した場合は木材仕上げの範囲を開口部としてみなされるので範囲の算定に注意が必要だが、さらにバルコニー・ひさしを外壁の途中で止めると火炎が木材仕上げをつたって上階に燃え広がるため、上階の開口部を防火設備とする必要がある。バルコニー・ひさしを外壁面の全体に設ければ、防火設備は不要となる。

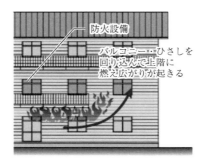

図4.3.25　外装を木質化した場合の留意事項（出典：文部科学省「木の学校づくり―木造3階建て校舎の手引―」）

【上記告示表1および表2に基づいた計算例】

外壁の開口部の寸法が、幅2.0 m(B)×高さ1.6 m(H)としたときの水平方向および垂直方向の距離を計算した（**図4.3.26**を参照）

・垂直移動距離（表2）
　B/H＝2.0/1.6＝1.3（＜2）よって、Y＝(H＋1.1B)(1－0.5L)＋Hを用いる。
　Y＝(1.6＋1.1・2.0)(1－0.5L)＋1.6＝<u>5.4 m</u>（ひさし、バルコニー等の出幅　L＝0）
・水平移動距離（表1）
　2/3・Y(1－0.5L)＋1/2・B＝<u>4.6 m</u>（袖壁の出幅　L＝0）

よって、開口部下端中央位置から水平方向4.6 m以内、垂直方向5.4 m以内にある特定開口部は防火としなければいけない。

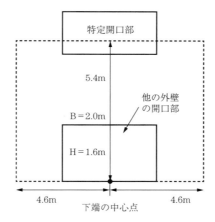

図 4.3.26　外壁の他の開口部からの規制対象距離範囲
出典：図解 木造住宅・建築物の防・耐火設計の手引き（公財）日本住宅・木材技術センター

２）規制対象外となる特定開口部
　他の外壁の開口部が設けられている室が下記の（i）から(vii)に該当する場合は，上階延焼を抑制する効果が期待されることから，防火設備を設置することが不要となる。
　（i）　スプリンクラー設備や水噴霧消火設備，泡消火設備等で自動式のものを設けた室の開口部
　（ii）　天井（天井がない場合は屋根）の室内の仕上げを準不燃材料とした床面積 40 m² より大きな室の開口部
　(iii)　昇降機等の機械室，不燃性の物品を保管する室，便所その他これらに類する室で壁および天井（天井がない場合は屋根）の仕上げを令第 129 条第 1 項第二号に掲げる仕上げ（準不燃材料）とした室の開口部
　(iv)　（i）から(iii)までに規定する室にのみ隣接する通路その他防火上支障のない通路に設けられた開口部
　(v)　法第 2 条第九号の二ロに規定する防火設備を設けた開口部
　(vi)　開口部の高さが 0.3 m 以下の開口部
　(vii)　開口面積が 0.2 m2 以内の開口部

　図 4.3.27 に示すように，他の外壁の開口部が防火設備である場合は，上階の特定開口部は規制対象外となり防火設備とする必要がない。また図 4.3.28 に示すように他の外壁の開口部のある室の天井仕上が準不燃材料である場合や，機械室や不燃材の物品を保管する室等で室内の仕上げが準不燃材料（令第 129 条第 1 項第 2 号）である場合は，当該特定開口部は規制対象外となる。
　また，他の外壁の開口部と特定開口部との間に図 4.3.29 に示すようなひさし，バルコニー等が設けられている場合や隣接して袖壁が設けられている場合は，出幅等に応じて計算式による数値以下であれば規制対象外となる。

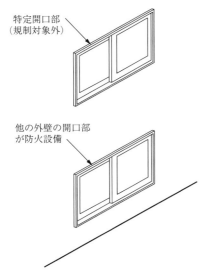

図 4.3.27　他の外壁の開口部が防火設備の場合

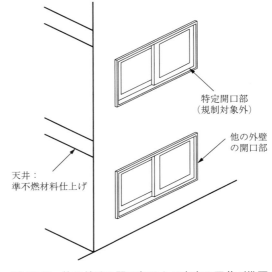

図 4.3.28　他の外壁の開口部のある室内の天井が準不燃材料仕上の場合

出典：図解 木造住宅・建築物の防・耐火設計の手引き（公財）日本住宅・木材技術センター

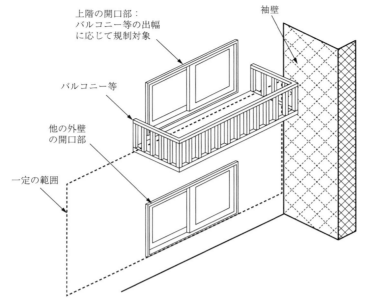

図 4.3.29　バルコニーや袖壁による緩和措置例

出典：図解 木造住宅・建築物の防・耐火設計の手引き（公財）日本住宅・木材技術センター

《規制対象外となる特定開口部の留意事項》

ただし，開口同士を近接して設けた場合は，高さ 30 cm 或いは面積 0.2 m² を超えた開口部として取り扱われる場合があるので注意が必要。

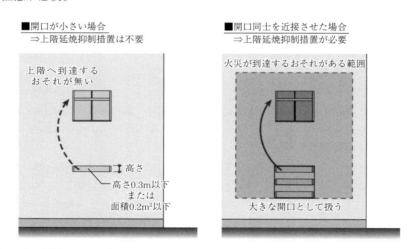

図 4.3.30　開口同士を近接させた場合の取扱い（出典：文部科学省「木の学校づくり―木造3階建て校舎の手引―」）

【ひさし，バルコニー等および袖壁がある場合の一定の範囲の計算例】

計算は平 27 国交告第 255 号に規定されている表1および表2に基づいて，開口部下端の中央部からの水平移動距離，垂直移動距離を上記と同様に算出する。

外壁の開口部の寸法が，幅 2.0 m(B)×高さ 1.6 m(H)，バルコニー等の出が 1.8 m，袖壁の突出が 1.5 m の場合は，上記告示表1および表2の計算式に基づいた計算結果例は以下のとおりである（図 4.3.31）。

・垂直移動距離

$B/H = 2.0/1.6 = 1.3$ （<2），よって $Y = (H+1.1B)(1-0.5L) + H$ を用いる。

$Y = (1.6 + 1.1 \times 2.0)(1 - 0.5 \times 1.8) + 1.6 = \underline{1.98}$ （バルコニー等の出幅　$L = \underline{1.8\ m}$）

・水平移動距離

（ⅰ）袖壁がある側　$2/3 \cdot Y(1-0.5L) + 1/2 \times B = \underline{1.33\ m}$ （袖壁の出幅　$L = 1.5\ m$）

(ii) 袖壁がない側　$2/3 \cdot Y(1-0.5L) + 1/2 \times B = \underline{2.32\,\mathrm{m}}$（袖壁の出幅　$L = 0\,\mathrm{m}$）

よって、開口部の下端中央位置からの水平方向は袖壁側が1.33 m以内、袖壁がない側が2.32 m、垂直方向が1.98 m以内の範囲に設けられている特定開口部は防火設備としなければならないが、この範囲外の特定開口部は規制の対象外となる

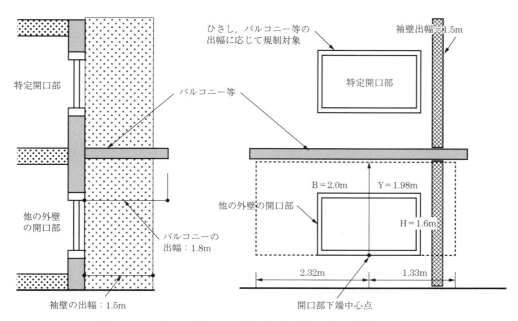

図4.3.31　ひさし、バルコニー等や袖壁の出幅に応じた規制の範囲例
出典：図解 木造住宅・建築物の防・耐火設計の手引き（公財）日本住宅・木材技術センター

3.3 準防火地域の3階建て技術基準

3.3.1 準防火地域の3階建て技術基準

準防火地域内に木造3階建てを建てる場合は、準耐火建築物（第3章による）とするか、もしくは、外壁等に令第136条の2に定められた防火上必要な技術基準を満たすことが求められる（法62条第1項）。

令第136条の2に定められた防火上必要な技術基準の内容は、次のとおりである。

(1) 外壁の開口部の構造および面積

1) 隣地境界線等からの水平距離が1 m以下の部分にある外壁の開口部には、換気孔または便所、浴室等（居室および火気使用室を除く）に設ける換気用の窓で、開口面積が0.2 m²以内のものを除き、常時閉鎖式または作動式、煙・熱感知・温度ヒューズ連動閉鎖式または作動式の防火設備（令112条第14項第一号イ、ハ）、または防火設備であるはめごろし戸を設ける。

2) 隣地境界線または道路中心線からの水平距離が5 m以下の部分にある外壁の開口部は、隣地境界線または道路中心線からの水平距離に応じて、開口部の面積を制限する。

(2) 外壁の構造

防火構造とするとともに、次のような措置により、屋内側からの加熱に対して燃え抜けが生じないような構造とする。

1) 外壁の屋内側に厚さが12 mm以上のせっこうボード等の防火被覆を設ける。

2) 防火被覆の取合い等の部分を、外壁の内部へ炎が入らないような構造とする。

(3) 軒裏の構造

防火構造とする。

(4) 主要構造部である耐力壁、柱およびはり等の構造

1) 主要構造部である柱およびはりは、12 cm以上とする。

ただし，厚さが 12 mm 以上のせっこうボード等の防火被覆を有効に設けた壁または床の内部，天井裏等にあるものは，この限りではない。
　2）　枠組壁工法を用いた建築物の床（最下階の床を除く），耐力壁および小屋トラスは，上記 1）のただし書と同様に防火被覆を有効に設ける。
　3）　防火被覆の取合い等の部分を，耐力壁等の内部へ炎が入らないような構造とする。
(5)　床またはその直下の天井の構造
　床（最下階の床を除く）またはその直下の天井は，次のような措置により，容易に燃え抜けが生じないような構造とする。
　1）　床の構造
　　①　床の裏側に厚さが 12 mm 以上のせっこうボード等の防火被覆を設ける。
　　②　防火被覆の取合い等の部分を，床の内部へ炎が入らないような構造とする。
　2）　床の直下の天井の構造
　　①　天井に 1）①に挙げる防火被覆を設ける。
　　②　防火被覆の取合い等の部分を，天井裏へ炎が入らないような構造とする。
(6)　屋根またはその直下の天井の構造
　屋根またはその直下の天井は，次のような措置により，容易に燃え抜けが生じないような構造とする。
　1）　屋根の構造
　　①　屋根の裏側に厚さが 12 mm＋9 mm 以上のせっこうボード等の防火被覆を設ける。
　　②　防火被覆の取合い等の部分を，屋根の内部へ炎が入らないような構造とする。
　2）　屋根の直下の天井の構造
　　①　天井に 1）①に挙げる防火被覆を設ける。
　　②　防火被覆の取合い等の部分を，天井裏へ炎が入らないような構造とする。
(7)　3 階部分の部分区画
　3 階の室の部分とその他の部分とは，壁または戸（ふすま，障子等を除く）で区画する。

3.3.2　技術基準の考え方

　従来，3 階建て木造建築物は，準防火地域で建築することが認められていなかった。この理由は，3 階建て木造建築物は，2 階建てのものに比べて収納可燃物量が増加することから，建築物全体としての可燃量が多くなり，従来の木造建築技術では，火災時に急激な燃焼が生じ，外壁や屋根から大きな炎が噴出すること等により，周囲に延焼することを防止できなかったためである。
　しかしながら，近年の木造建築物の工法は大きく変化してきており，また，多数の火災実験等により火災に関する研究も進展してきている。現在，木造建築物の延焼防止に関する性能について得られている技術的知見として，次のような事項を指摘することができる。
(1)　外壁を防火構造としたり，せっこうボード等を用いて壁，床等を燃え抜けにくくする等，各部に防火措置を講じた木造建築物は，従来の木造建築物とは異なり，比較的緩慢な火災の性状を示す。
(2)　放射による熱伝達に関する理論等に基づき，外壁の開口部の構造および面積を制限すれば，火災時に周囲への延焼の大きな要因となる開口部からの放射熱等を抑制することができる。
　以上のような技術的知見を踏まえて，延焼防止に関する性能の高い 3 階建て木造建築物について，準防火地域内で建築することができることとするとともに，そのための技術基準を定めたものである。対象になる建築物としては，所要の防火措置を講じた在来軸組工法や，枠組壁工法を用いた木造住宅等が該当する。
　技術基準の考え方は，次のとおりである。
　1）　急激な燃焼の抑制措置
　火災時に外壁や屋根のような建築物の外側の部分が燃え抜けると，新鮮な外気の流入により急激な燃焼が生じ，大きな炎が噴出して周囲に延焼する危険性が高まるため，このような部分については，特に高い防火性能を確保することが必要となる。すなわち，外壁および軒裏の全周を防火構造として外周部の損傷を防ぐとともに，外壁および屋根は，屋内側からの加熱に対して燃え抜けを生じない構造とする。
　また，建築物内部の部分についても，火災の拡大を遅延させ，急激な燃焼が生じないようにするため，床を容

易に燃え抜けを生じない構造とするとともに，3階の室とその他の部分とを区画する。

なお，屋根および床については，その直下に防火上有効な天井を設けて燃え抜けを防止する工法も考えられるので，これについても技術基準に位置づけられている。

外壁，屋根および床の燃え抜けを防止するための措置で現在の木造建築物の工法として一般的なものは，外壁の屋内側や屋根および床の裏側にせっこうボード等による防火被覆を設けるか，または屋根および床の直下の天井に同様の防火被覆を設けることである。これらの具体的な仕様等については，告示により基準が定められている。

2） 開口部から噴出する炎の抑制措置

3階建て木造建築物は可燃物量が多く火勢が強いため，火災時に外壁や屋根から炎が噴出することを防止した場合においても，外壁の開口部から噴出する炎により周囲に延焼するおそれがある。このため，隣地境界線等からの距離に応じて外壁の開口部の構造および面積が制限されている。

すなわち，隣地境界線等からの水平距離が1m以下の部分については，開口部から噴出する炎が接することにより隣地建築物へ延焼するおそれが大きいため，開口部を設ける場合には，原則として，火災時に炎を噴出するおそれのない構造とすることが必要となる。また，隣地境界線等または道路中心線からの水平距離が5m以下の部分については，開口部から発生する放射熱等により隣地建築物へ延焼するおそれがあるため，放射による熱伝達に関する理論に基づき，開口部の隣地境界線等または道路中心線からの水平距離に応じてその面積が制限される。なお，開口部の面積の制限の技術的細目については，告示により基準が定められている。

3） 倒壊防止の措置

3階建て木造建築物が火災継続中に倒壊した場合には，大量の火の粉の発生等周囲に大きな影響を及ぼすため，主要構造部である柱およびはりに太い部材を用いるか，または防火上有効に被覆することが必要となる。

また，枠組壁工法を用いた建築物の床，耐力壁および小屋トラスのように，その耐力の低下により建築物全体が倒壊するおそれのある部分についても，主要構造部である柱およびはりと同様に重要と考えられるため，防火上有効に防火被覆することとされている。なお，これらの技術的細目についても告示により基準等が定められている。

3.3.3　準防火地域の3階建て防火設計

3.3.3.1　概要

(1) 外壁の開口部の構造および面積の制限
　　1） 隣地境界線等から水平距離が1m以下の外壁の開口部の構造
　　2） 隣地境界線等から水平距離が5m以下の外壁の開口部の構造および面積の制限
(2) 外壁の構造
　　1） 外壁の室内側の防火被覆
　　2） 防火被覆の取合い等の部分の構造
(3) 軒裏の構造
(4) 主要構造部である耐力壁，柱およびはりの構造
　　1） 主要構造部の防火被覆
　　　ただし，小径12cm以上の柱およびはりを除く
　　2） 防火被覆の取合い等の部分の構造
(5) 床またはその直下の天井の構造
　　1） 床の裏側または床の直下の天井の防火被覆
　　2） 防火被覆の取合い等の部分の構造
(6) 屋根またはその直下の天井の構造
　　1） 屋根の屋内側のまたは屋根トラスの直下の天井の防火被覆
　　2） 防火被覆の取合い等の部分の構造
(7) 3階部分の防火措置
　　1） 3階の室の部分と他の部分との区画の防火措置
　　2） 防火措置の構造および仕様
(8) その他
　　（図 4.3.32〜図 4.3.34 参照）

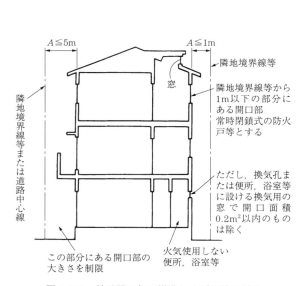

図 4.3.32 外壁開口部の構造および面積の制限

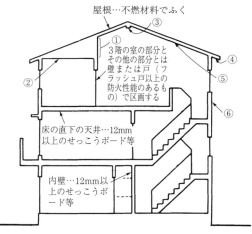

① この部分は12mm＋9mm以上のせっこうボード等
② 屋根の屋内側天井…12mm＋9mm以上のせっこうボード等
③ 屋根梁…小径が12cm以上あれば防火被覆の必要なし
④ 軒裏…防火構造
⑤ 屋根の直下の天井…12mm＋9mm以上のせっこうボード等
⑥ 外壁…防火構造

図 4.3.33 外壁，床，天井の概要

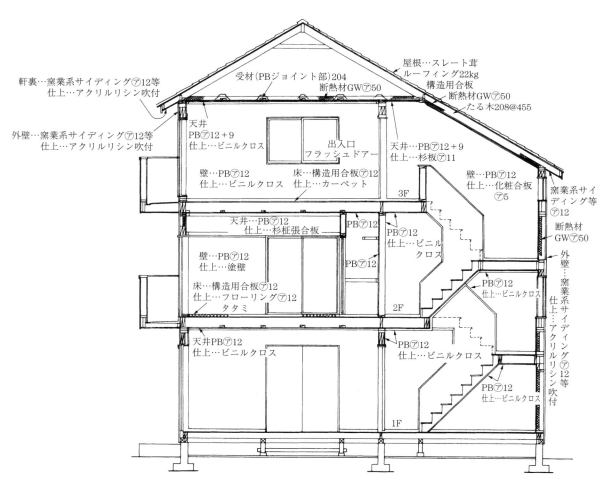

図 4.3.34 防火設計例

3.3.3.2　外壁の開口部の構造及び面積の制限（令第136条の2第1項第一号）

(1)　隣地境界線等[*1]からの水平距離[*2]が1m以下の外壁開口部（図4.3.35）

[*1]　隣地境界線等：隣地境界線または同一敷地内の他の建物との外壁間の中心線
[*2]　水平距離：当該開口部から見わたせる範囲内の隣地境界線等からの最短水平距離

隣地境界線等からの水平距離が1m以下の外壁開口部は，以下のいずれかの構造とする．

1）　常時閉鎖または作動した状態にある防火設備
2）　随時閉鎖もしくは作動でき，かつ火災時に自動的に閉鎖または作動する構造の防火設備（煙・熱感知・温度ヒューズ連動閉鎖式等）
3）　防火設備であるはめごろし戸

ただし，換気孔で開口面積が0.2m²以内のものおよび居室以外の室（火気使用室を除く便所，洗面所等）の換気用の窓で開口面積が0.2m²以内のものについては，この制限は適用されない（図4.3.36）。

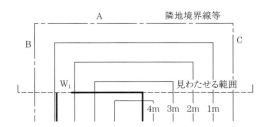

図4.3.35　当該開口部から見わたせる範囲内の隣地境界線等

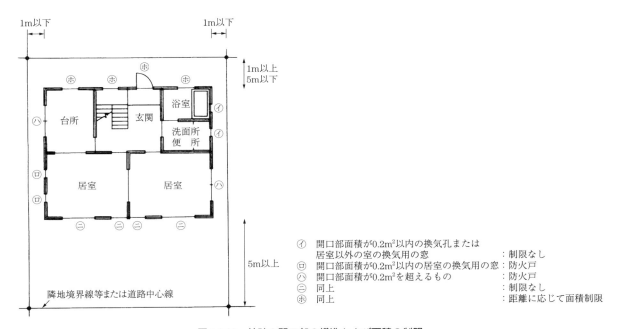

図4.3.36　外壁の開口部の構造および面積の制限

(2)　隣地境界線等または道路中心線からの水平距離が5m以下の外壁の開口部

外壁の開口部で，隣地境界線等または道路中心線からの水平距離が5m以下の部分にあるものは，距離区分に応じて開口部の面積が制限される．

その概要は，各開口部の面積と隣地境界線等または道路中心線からの距離を求め，4面の立面ごとに所定の計算をし，開口部の面積を制限内に納めるというものである．

ただし，延焼のおそれのある部分については，防火設備とする必要がある．

通常の検討手順は，以下の1）～5）の順で開口部の面積が制限内かどうか検討し，制限を超えている場合には，開口面積を小さくする等の調整をする．

1） 基準面の設定

張間方面・桁行方面と直交し，建築物の面する平面（基準面）を建築物の4周に設定する（図 4.3.37 参照）。

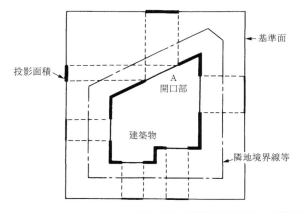

隣地境界線等 からの水平距離	開口部の 許容面積
1m以下	9m²
1mを超え2m以下	16m²
2mを超え3m以下	25m²
3mを超え4m以下	36m²
4mを超え5m以下	49m²

図 4.3.37　基準面の設定および各開口部の基準面への投影

なお，以下の 2）〜5）手順は，四つの基準面ごとに行う。

2） 開口部の基準面への投影

外壁の開口部を基準面へ鉛直に投影する（図 4.3.37）。図中の開口部 A のように基準面に対して傾斜した外壁の開口部は，2つの基準面に投影することになる。なお，1）および 2）は，基準面に平行な4面の立面図を作成すると解釈してよい。

3） 隣地境界線等または道路中心線からの水平距離による各開口部の区分

各開口部の，隣地境界線等または道路中心線からの水平距離が図 4.3.37 の左欄のどの区分に入るかを確認する（図 4.3.38）。

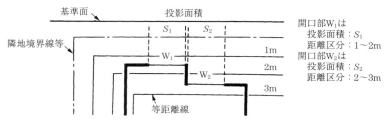

図 4.3.38　隣地境界線等からの水平距離による区分

方法としては，各階平面ごとの配置図を作成し，その上に隣地境界線等に平行な線（等距離線）を 1m 間隔に引くと確認しやすい。

なお，1つの開口部が 2 以上の距離区分にまたがる場合は，各距離区分に分割して計算をする（図 4.3.39）。

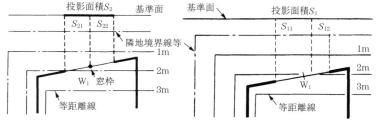

図 4.3.39　一つの開口部が 2 以上の距離区分にまたがる場合

4） 各開口部の投影面積とみなし投影面積の算定

各開口部（距離区分により分割されている場合は，それごと）の投影面積およびみなし投影面積[*1)]を算定する。

5） 基準面ごとの面積制限の計算および調整

以上の結果を外壁の開口部の制限に関する計算表により，4つの基準面ごとに整理し，数値（C/D）の合計が1以下になるように調整する。

これは，みなし投影面積の合計が隣地境界線等から水平距離に応じて求められている基準面積を超えないようにするためである。

6） 外壁面の基準面への投影長さが10mを超える場合は，投影長さを10m以下ごと随意に区分し，各区分ごとに，2）〜5）の手順で検討する。

7） 道路の幅員等が6mを超える場合の緩和

道路の幅員または同一敷地の他の建築物と，外壁との水平距離が6mを超える場合は，（前面道路の幅員または外壁間の距離／2）−3mだけ水平距離の取り方が緩和される（図4.3.40）。

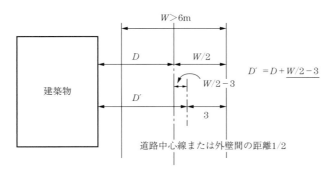

図4.3.40　道路の幅員等が6mを超える場合の緩和

＊同一敷地内の建築物の延べ面積の合計が500m²を超える場合（500m²以内の場合は一つの建築物とみなす）

〔計算の手順〕

- ㋑　外壁開口部を投影した基準面を◁等で示し，各基準面ごとに判定を行う。
- ㋺　各開口部を示す記号をA_1等で示す。（例　A_1：開口部記号A・1階）
- ㋩　外壁開口部の種類を記入する。
    防火戸の場合は該当する記号をイ．〜ハ．で示し，その他は×印で示す。
- ㋥　各開口部における隣地境界線等または道路中心線からの最短水平距離（A）を記入する。ただし，2以上の距離区分にまたがる場合は各距離区分ごとに分割する。
- ㋭　各開口部を基準面へ鉛直に投影した面積（B）を記入する。ただし，2以上の距離区分にまたがる場合は各距離区分ごとに分割する。
- ㋬　開口部の投影面積（B）に対応するみなし投影面積（C）を記入する。
- ㋣　各開口部における距離（A）に対応する投影面積を除する数値（D）を記入する。
- ㋠　みなし投影面積（C）を投影面積を除する数値（D）で除した数値を記入する。
- ㋷　各基準面ごとに（C/D）の数値を合計し，1以下であるかどうかを判定する。

（表4.3.2）

＊1）　みなし投影面積：開口部が，（1）1）〜3）に該当する場合は投影面積に等しく，それ以外の場合は投影面積に1.5を乗じたものである。

表 4.3.2 外壁の開口部の制限に関する計算表例

㈤	㈨	㈩	㈻	㈲	㈻	㈻	㈹	㈹
外壁の開口部の制限に関する計算表									
イ	ロ	ハ	ニ	ホ	ヘ	ト	チ	リ
基準面	開口部の区分	*1 防火戸	隣地境界線等または道路中心線からの距離 A (m)	開口部の投影面積 B (m²)	*2 みなし投影面積 C (m²)	*3 投影面積を除する数値 D	C/D	判定 (≤ 1)

*1 防火戸は (1) 1) ～3) による構造とする。
　イ：常時閉鎖または動作した状態にある防火設備
　ロ：随時閉鎖もしくは作動でき，かつ火災時に自動的に閉鎖または作動する構造の防火設備
　ハ：防火設備であるはめごろし戸

*2 みなし投影面積は次のいずれかによる。
　イ：開口部が防火戸の場合
　　みなし投影面積＝投影面積
　ロ：開口部が防火戸以外の場合
　　みなし投影面積＝投影面積×1.5

*3 投影面積を除する数値は次の表による

隣地境界線等または道路中心線からの距離 A (m)	投影面積を除する数値 D
1 m 以下	9
1 m を超え 2 m 以下	16
2 m を超え 3 m 以下	25
3 m を超え 4 m 以下	36
4 m を超え 5 m 以下	49

3.3.3.3 外壁の構造（令第136条の2第1項第三号，昭62建告第1905号第1）

外壁は準耐火構造とするか，防火構造とするとともに，次に定める構造とする（図4.3.41，図4.3.42）。
ただし，国土交通大臣がこれと同等以上の防火性能を有すると認めるものについては，この限りではない。

(1) 外壁の屋内側の部分に，次のいずれかの防火被覆を設ける。
　ただし，5.1.1（5）の構造とした天井裏にある部分および床下にある部分は，防火被覆の必要はない。
　1) 厚さ12mm以上のせっこうボード張り
　2) 厚さ5.5ミリメートル以上の難燃合板＋厚さ9mm以上のせっこうボード張り
　3) 厚さ9mm以上のせっこうボード＋厚さ9mm以上のせっこうボード張り
　4) 厚さ7mm以上のせっこうラスボード＋厚さ8mm以上のせっこうプラスター塗り

　なお，防火構造は，屋外側だけなく屋内側の部分についても，次のいずれかの防火被覆を設ける旨の規定がある。
　ⅰ) 厚さ9.5mm以上のせっこうボード張り
　ⅱ) 厚さ75mm以上のグラスウールもしくはロックウールを充てんした上に厚さ4mm以上の合板，構造用パネル，パーティクルボードもしくは木材張り

　しかし，上記の1)から4)を施工することによりⅰ)，ⅱ)の規定も満たしているため，ⅰ)，ⅱ)を施工する必要はない。

(2) 防火被覆の取合い等の部分（防火被覆の取合い部分，目地部分，その他これに類する部分）の裏面に受け材を設ける等，外壁の内部へ炎が入らないような構造とする。

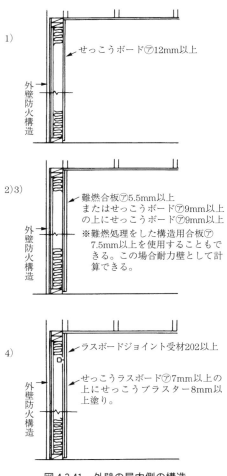

図4.3.41 外壁の屋内側の構造

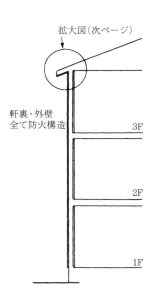

防火構造　例
外部側
　：鉄網モルタル⑦20mm以上
　：モルタル塗の上にタイルを張ったもので⑦合計25mm以上
　：窯業系サイディング⑦12等
屋内側
　：厚さ9.5mm以上のせっこうボード張り
　：厚さ75mm以上のグラスウールもしくはロックウールを充填した上に厚さ4mm以上の合板張り等

図4.3.42 外壁および軒裏の構造

3.3.3.4 軒裏の構造（令第136条の2第1項第四号）

軒裏は防火構造とする（図4.3.43）。

ただし，軒裏が外壁によって小屋裏または天井裏と防火上有効に遮られているものは，この限りではない。

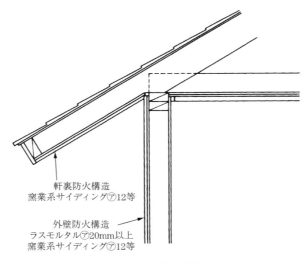

図4.3.43　軒裏の構造

3.3.3.5 主要構造部である耐力壁，柱及びはりの構造（令第136条の2第1項第五号，昭62建告第1905号第2，第7）

準耐火構造，または次に定める構造とすること。ただし，国土交通大臣が同等以上の防火性能を有すると認めるものについては，この限りではない。

(1) 主要構造部である耐力壁は，厚さが12 mm以上のせっこうボード等の防火被覆を有効に設ける（図4.3.44）。

(2) 主要構造部である柱およびはりは，小径を12 cm以上とする。

ただし，厚さが12 mm以上のせっこうボード等の防火被覆を有効に設けた壁，床の内部，天井裏にあるものまたは柱およびはりを厚さが12 mm以上のせっこうボード等で防火被覆をしたものは，この限りではない。

なお，この場合の主要構造である柱およびはりとは，当該部分が火災時に建物全体の倒壊を防止する上で重要な部分であるか否かを基準に判断することになるが，一般的に枠組壁工法による建築物では支持柱，床ばりおよび屋根ばり等が含まれる。

〔施工の留意点〕
- せっこうボード等のジョイントは，スタッド等構造材または受け材等の上で行い，すき間がないよう施工する。
- 天井防火被覆と壁防火被覆との取合いは，すき間のないようリフター等を用い壁材上部を天井面に突きつける。
- いずれの場合も天井防火被覆の施工を先行させる。

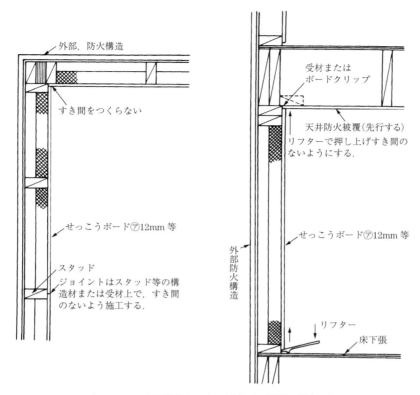

図 4.3.44　主要構造部である耐力壁の構造の詳細図

3.3.3.6　床またはその直下の天井の構造（令第 136 条の 2 第 1 項第六号，昭 62 建告第 1905 号第 3，第 4）

床（最下階の床を除く）またはその直下の天井は，次のいずれかの構造とする。

ただし，令第 109 条の 3 第 2 号ハ（ロ準耐の床）に規定する構造，または国土交通大臣が同等以上の防火性能を有すると認めるものについては，この限りではない（図 4.3.45～図 4.3.49）。

（1）　床を容易に燃え抜けが生じない構造とする場合
1）　床の裏側の部分に，次のいずれかの防火被覆を設ける。
　① 厚さ 12 mm 以上のせっこうボード
　② 厚さ 5.5 mm 以上の難燃合板＋厚さ 9 mm 以上のせっこうボード
　③ 厚さ 9 mm 以上のせっこうボード＋厚さ 9 mm 以上のせっこうボード
　④ 厚さ 5.5 mm 以上の難燃合板＋厚さ 9 mm 以上のロックウール吸音板
　⑤ 厚さ 9 mm 以上のせっこうボード＋厚さ 9 mm 以上のロックウール吸音板
2）　防火被覆の取合い等の部分の裏面に受材を設ける等，床の内部へ炎が入らないような構造とする。

（2）　床の直下の天井を容易に燃え抜けが生じない構造とする場合
1）　床の直下の天井部分に上記（1），1），①～⑤のいずれかの防火被覆を設ける。
2）　防火被覆の取合い等の部分の裏面に受材を設ける等，天井裏へ炎が入らないような構造とする。

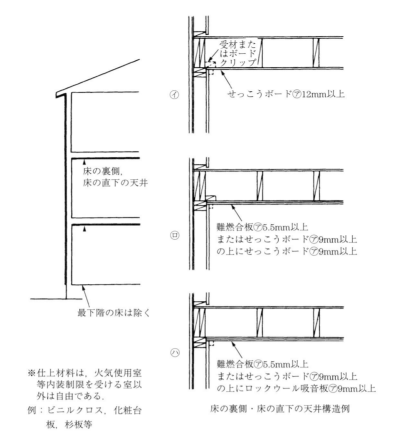

図 4.3.45 床またはその直下の天井の構造

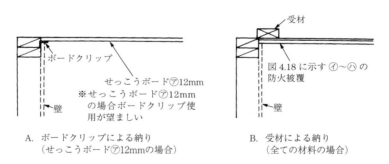

図 4.3.46 天井の構造の詳細図

第3章 階数・用途による技術基準　**243**

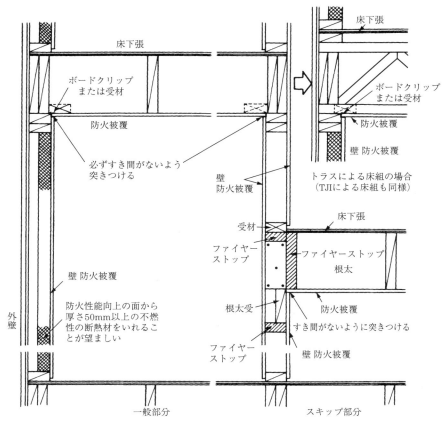

図 4.3.47　天井の構造の詳細図

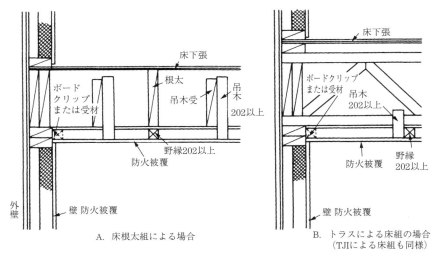

図 4.3.48(1)　吊り天井の構造の詳細図

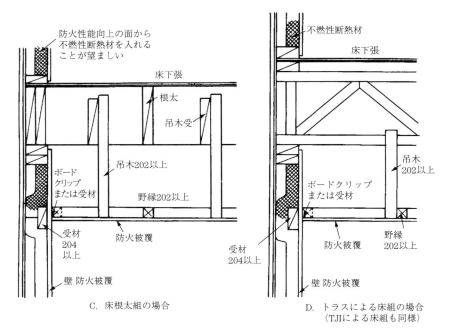

図 4.3.48(2)　吊り天井の構造の詳細図

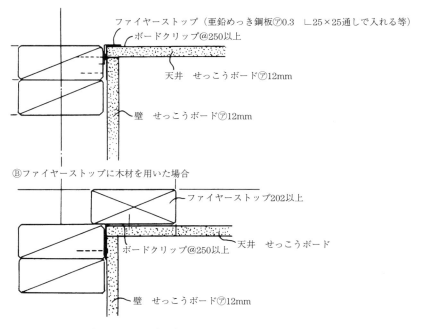

図 4.3.49　ボードクリップを使用した場合のファイヤーストップの入れ方例

3.3.3.7 屋根またはその直下の天井の構造（令第136条の2第1項第七号，昭62建告第1905号第5，第6，第7）

屋根または小屋組のトラスの直下の天井は，次のいずれかの構造とする。

なお，小屋組のトラスとは，いわゆるトラス方式のものをいい，垂木方式，屋根ばり方式または束建て方式のものは該当しない。ただし，トラス方式以外の小屋組については5.1.1（4）の規定が適用される。また，屋根のトップライトは鉄製の網入りガラスはめごろし戸等とする（図4.3.50～図4.3.55参照）。

（1） 屋根を燃え抜けが生じない構造とし，トラスが倒壊しない構造とする場合

1） 屋根の裏側に厚さが12mm＋9mm以上のせっこうボード等の防火被覆を設け，かつ，小屋組トラスの直下に12mm以上のせっこうボード等の防火被覆を設ける。

2） 防火被覆の取合い等の部分を屋根および天井裏内部へ炎が入らないような構造とする。

（2） 屋根および小屋組のトラスの直下の天井を燃え抜けが生じない構造とした場合

1） 天井に厚さが12mm＋9mm以上のせっこうボード等の防火被覆設を設ける。

2） 防火被覆の取合い等の部分を天井裏へ炎が入らないような構造とする。

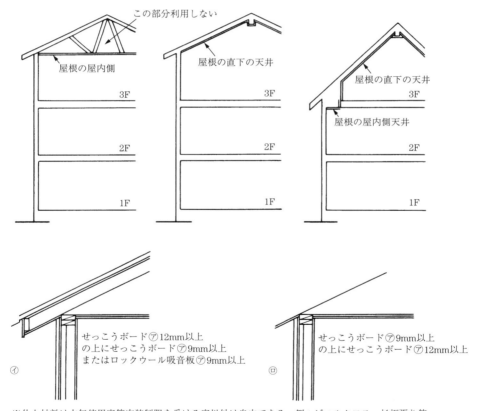

※仕上材料は火気使用室等内装制限を受ける室以外は自由である。例：ビニルクロス，杉板張り等
屋根の屋内側または屋根の直下の天井の構造
図4.3.50 屋根の屋内側または屋根，トラスの直下の天井の構造

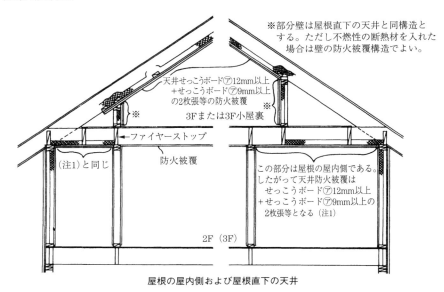

図 4.3.51　屋根の屋内側または屋根直下の天井の構造詳細

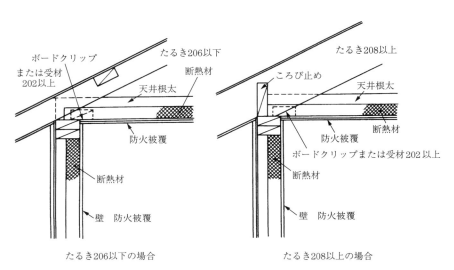

屋根の屋内側天井納り詳細図

図 4.3.52　屋根の屋内側天井の構造詳細

第3章　階数・用途による技術基準　**247**

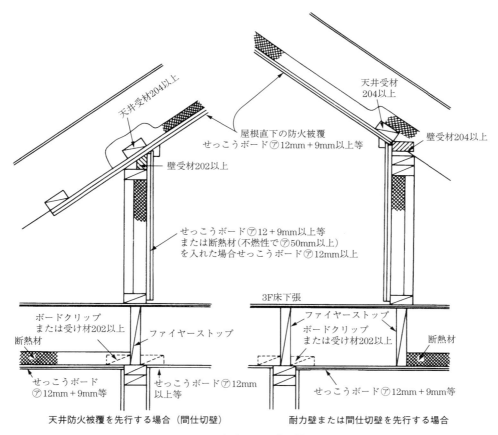

図 4.3.53　屋根直下の天井の構造詳細

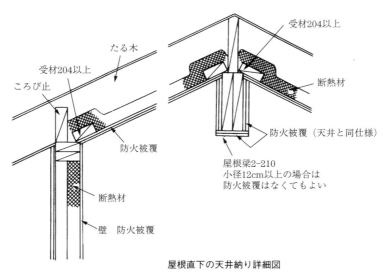

屋根直下の天井納り詳細図

図 4.3.54　屋根直下の天井の構造詳細

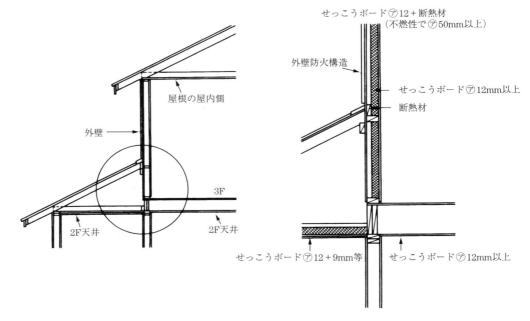

図 4.3.55　下屋屋根部分の構造詳細

3.3.3.8　3階部分の防火措置（令第136条の2第1項第八号）

3階の室の部分（居室，便所等）とその他の部分（廊下，階段，吹き抜け等）とは，壁または戸で区画する。この場合，戸とはフラッシュ戸，戸ぶすま，網入りガラス戸，線入りガラス戸とし，ふすま，障子，普通板ガラス戸等は除かれる（図 4.3.56）。

図 4.3.56　3階部分の防火措置

3.3.3.9 その他
（1）階段

せっこうボード等を後張り施工する場合は，ささら桁および踊り場等の下側に厚さ 12 mm のせっこうボード等の防火被覆を設けることが望ましい（図 4.3.57 参照）。

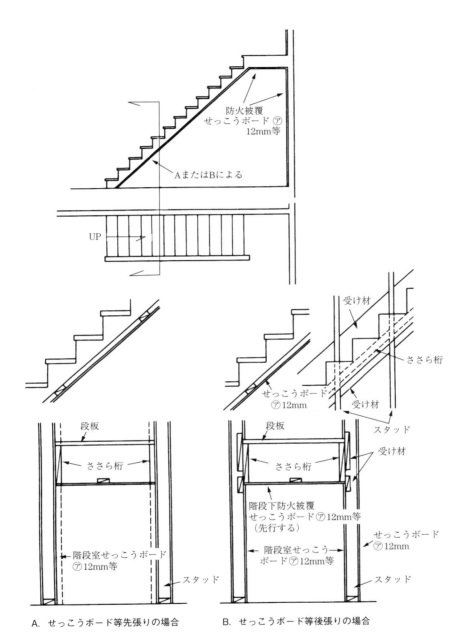

図 4.3.57 階段周りの構造詳細（参考）

（2） 界壁

住宅金融公庫融資住宅枠組壁工法住宅工事共通仕様書による仕様とする（図 4.3.58 参照）。

なお床内部の界壁部位は両面に厚さ 30 mm 以上のファイヤーストップ材が設けてあるためせっこうボードの被覆は不要である。

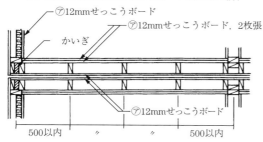

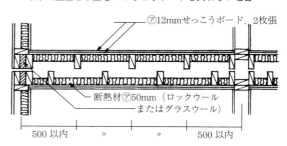

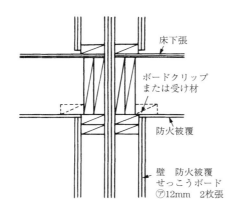

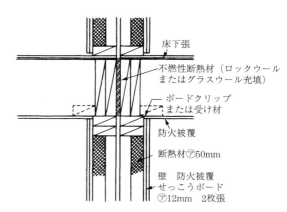

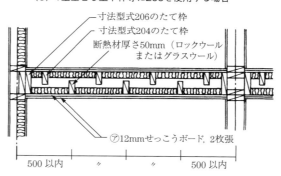

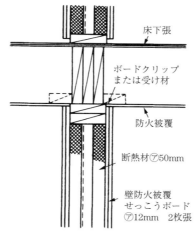

図 4.3.58　界壁の構造詳細

第4章
大規模建築物の技術基準

4.1 本章で扱う建物の範囲

4.1.1 枠組壁工法による大規模建築物

一般的な木造建築物には高さ制限（軒高9m以下，最高高さ13m以下）と面積制限（延床面積3000m²以下）の規定がある。木造でも耐火建築物にする道が開かれている現在では，耐火建築物にすれば，この制限を超える大規模建築物の建築は可能である。本章では平13国交告第1540号（枠組壁工法技術基準）に適合する枠組壁工法の建物を耐火建築物とはせずに大規模化する技術基準を解説する。防耐火関連法令で示されている木造大規模建築物の規定には木造軸組み工法等に係わる規定が含まれており，枠組壁工法には適用できない部分もあるため，この部分は省略もしくは項目の提示に留める。

4.2 高さ制限に係わる技術基準

背の高い木造建築が火災で倒壊すると周囲に甚大な影響を及ぼすため，これを防止する目的で軒高9m，最高高さ13mを超える建築物は一定の防耐火性能を有する木造建築物に限定している。（法第21条第1項）

表 4.4.1 高さ制限緩和に関する法体系

法第21条第1項（大規模木造（高さ））			
	令第129条の2の3 建築物の技術的基準		
		平27国交告第253号 大規模な建築物の主要構造部の構造方法	
		平27国交告第254号 ひさし等の構造方法	

令第129条の2の3第1項第一号の規定によって高さ制限を超える木造建築物の技術基準を以下のとおり定めている。

【建物の条件】
階数　地階を除く階数3以下
用途　車庫および自動車車庫以外
主要構造部　1時間準耐火構造（平成27国交告第253号に規定）
建物周囲　3m以上の通路確保（ただし，床面積200m²以内ごとに1時間準耐火構造の床，壁もしくは令第109条の2に適合する20分間の遮炎性を有する防火戸で区画し，かつ外部開口部経由で上階延焼するおそれがある場合，下階開口部の上部に20分間の遮炎性を有するひさし（平成27国交告第254号）を防火上有効に設置する場合は建物周囲の通路確保の規定が免除される。）

4.3 面積制限に係わる技術基準

　床面積が大きい大規模木造建築物で火災が発生し，建物全体に延焼すると在館者の避難と周囲に著しい危険を及ぼすと共に，通常の消防力では火災制御が困難であるため一定の防耐火性能を有する木造建築物に限定している。（法第21条第2項）

　延床面積が3000 m² を超える木造建築物を建てる場合，平成27年の法改正により防火上有効に延焼を防止する「壁等」によって3000 m² 以内ごとに区画することで建築が可能となる規制緩和が図られた（法第21条第2項）。また平成20年の9月30日国住指第2391号に従い，3000 m² 以内ごとに一定条件の耐火構造を挟むことで木造部分をそれぞれ別棟と解釈し建築することも可能である（昭26住防発第14号　改正昭和48年12月10日日住指発900号）。

表 4.4.2　壁等と別棟解釈の概要

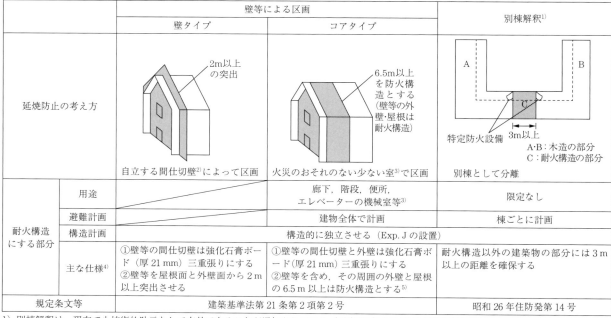

1) 別棟解釈は，現在でも技術的助言として有効であることが通知されている（平成20年9月30日国住指第2391号）
2) 間仕切壁を耐力壁とする場合と柱・梁と併用する場合の二つの方法がある
3) 平成12年建設省告示第1440号によって定められた室
4) 防火設備に関する仕様は省略した
5) 壁等の外壁が3 m 未満の場合は，その周囲の外壁を含めて3 m 以上を耐火構造にする

4.3.1　壁等による大規模建築物技術基準（法第21条第2項）

表 4.4.3　壁等による面積制限緩和に関する法体系

法第21条第2項（大規模木造（面積））		
	令第109条の5　壁等の技術的基準	
		平成27国交告第249号　壁等の加熱面以外の面で防火上支障がないもの
		平成27国交告第250号　壁等の構造方法

　まず「壁等」を用いて建築できる大規模木造建築物の条件として3階建て以下の建築物（倉庫その他の物品（不燃性の物品を除く）を保管する用途に供する建築物を除く）に限定されている（平27国交告第250号第1）。

　壁等には大規模木造建築物で発生する通常の火災に対して延焼を防止することが求められる。耐火構造ではない準耐火構造以下の木造建築物の火災では収納可燃物の燃焼のみならず主要構造部の構造躯体の燃焼が想定される。この火災が継続されることが予測される時間を「火災継続予測時間」（令第109条の5第一号）と定義し，倉庫などを除く一般的な建物の火災継続予測時間を90分に設定した（平27国住指発第555号）。壁等には「壁

タイプ」と火災の発生のおそれの少ない室による「コアタイプ」があり，火災時に火災区画から他の区画に火災継続予測時間，延焼を防止する耐火性能が求められる。延焼経路として建築物内部と外部を通じた，いずれの延焼防止性能も求められる。

このため壁等の間仕切壁に設置される開口部は一般的な特定防火設備に要求される遮炎性だけでなく，火災継続予測時間が終了するまでの間，壁等を通じて熱によって非火災側区画の可燃物に延焼しないように防火上有効な延焼防止措置を講ずることが必要となる。即ち特定防火設備に遮熱性を要求したり，特定防火設備周辺の室内に面する床および天井，壁に内装制限がかかる場合がある。一般に内装制限は床に適用されないが壁等の規定では床に適用されるので注意を要する。

図 4.4.1　大規模木造建築物における壁等による延焼防止の考え方

出典：木造建築物の防耐火設計マニュアル（一財）日本建築センター

図 4.4.2　壁等による大規模木造建築物のイメージ（出典：木の学校づくり―木造 3 階建て校舎の手引―　文部科学省）

壁等の性能に関する技術基準（令第 109 条の 5）

　火災継続予測時間，壁等が火災側区画からの通常の火災による火熱を受けても非火災側区画に延焼させないため壁等には以下の性能が求められる。

① 　壁等自体の倒壊や変形等の損傷がないこと。（非損傷性）
② 　壁等の非火災側温度が可燃物燃焼温度以上に上昇しないこと。（遮熱性）｝（壁等経由の延焼防止）
③ 　壁等から屋外へ火炎を出さないこと。（遮炎性）
④ 　壁等以外の建築物の部分の倒壊により，壁等が倒壊しないこと。（壁等の自立性）
⑤ 　火災側区画から屋外へ出た火炎による非火災側区画への延焼を防ぐこと。（外部経由の延焼防止）

平27国交告第250号「壁等の構造方法を定める件」

この告示では令第109条の5の壁等の技術的基準に適合する構造方法を，以下①～③のいずれかとすることが定められており，枠組壁工法ではこの中から①または③のうち壁・床・防火設備の場合によって対応することとなる。

① 耐力壁である間仕切壁および防火設備で区画する。（以下「壁タイプ1」という）（第2第一号）
② 間仕切壁，柱およびはりならびに防火設備により区画する。（以下「壁タイプ2」という）（第2第二号）
③ 火災の発生のおそれの少ない室により区画する。（以下「コアタイプ」という）（第2第三号）

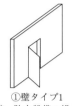

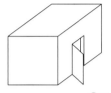

①壁タイプ1　　　　②壁タイプ2　　　　　　　　　　　③コアタイプ
（壁・防火設備の場合）（壁・柱・はり・防火設備の場合）（壁・床・防火設備の場合）（柱・はり・床・防火設備の場合）

図4.4.3　壁等のパターン
出典：木造建築物の防耐火設計マニュアル（一財）日本建築センター

4.3.1.1　壁タイプ（以下「壁タイプ1」を「壁タイプ」と呼ぶ）の技術基準

【壁タイプに求められる性能】

表4.4.4　壁タイプに求められる防耐火性能

	非損傷性	遮熱性 （屋内に面する面）	遮炎性 （屋内→屋外）
間仕切壁 （耐力壁）	90分	90分	90分
防火設備	—※1	90分※2	—※3

※1：非耐力部材であるため不要
※2：防火設備の両面が一定の不燃化措置を講じた廊下等に面する場合は90分の遮炎性でよい
※3：屋内の区画する部分に設けるものであるため

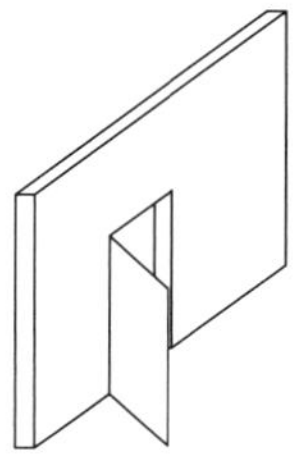

出典：木造建築物の防耐火設計マニュアル（一財）日本建築センター

壁タイプの間仕切壁は火災継続予測時間である90分の非損傷性，遮熱性，遮炎性を要求性能とし，間仕切壁に設けられる防火設備も原則90分の遮熱性が求められる。下地が木材で構成されている枠組壁工法間仕切壁の被覆は両面を強化せっこうボード（ボード用原紙を除いた部分のせっこうの含有率を95％以上，ガラス繊維の含有率を0.4％以上とし，かつ，ひる石の含有率を2.5％以上としたものに限る。）を3枚以上張り，その厚さの合計が63mm以上のもので覆ったものに限られている（平27国交告第250号第2第一号）。

また火災時に壁等以外の建築物の部分の倒壊による応力伝達の影響で壁等も倒壊しないことが求められ，間仕切壁は構造的に自立する必要がある。枠組壁工法で自立する間仕切壁とするためには壁厚方向の水平力に抵抗できる耐力壁を内包する厚さの間仕切壁にすることが考えられる。また壁等と隣接する区画の間の部分には延焼防止上支障のないエキスパンションジョイント等により相互に応力を伝えない方法で接続する必要がある。

壁タイプによる壁等の壁厚方向が水平力に抵抗できるためには構造検討による相応の壁厚が必要となる。さらに壁等の両面には前述の被覆を張らねばならないこと，また壁等と並行して隣接する区画の壁部分の両面にも所定の被覆が必要であるため施工等に必要なクリアランスにも注意する必要がある。

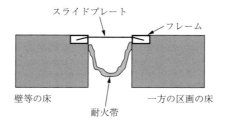

図 4.4.4　床のエキスパンションジョイントの例
出典：木造建築物の防耐火設計マニュアル（一財）日本建築センター

　壁タイプによる壁等によって区画する場合，壁等が外壁面および屋根面から突出した部分の突出幅（L）に応じて平成27国交告第250号第5第一号（**表 4.4.5**）に示す計算式によって耐火構造とする外壁と屋根の範囲および防火構造とする外壁の範囲（最下階を除く（一般的には2階以上の階））を求める。壁等を挟んで一定の幅の外壁と屋根の防耐火性能を強化することにより壁等を超える外部経由の延焼を防ぐ構造とする（**図 4.4.5**）。壁等の突出幅が大きいほど外部経由の延焼防止効果が大きくなるため2 m≦Lの場合は壁等の規定から必要となる外壁と屋根を耐火構造や防火構造で強化する範囲はなくなり，1 m≦L＜2 mの場合，外壁と屋根を耐火構造とする要求がなくなる（防火構造とする要求は存在する）。計算によって求められた耐火構造等とする範囲が3 mを超える場合は3 mとし，防火構造とする範囲が6.5 mを超える場合は6.5 mとする。また耐火構造の外壁に設けられる開口は，通常の火災に対する1時間の遮炎性を有する特定防火設備とし，防火構造の外壁の開口には20分間の遮炎性を有する防火設備を設けることが要求される。屋根に関しては，どの場合もその表面を不燃材料仕上げとする。耐火構造の外壁表面は不燃材料仕上げ，防火構造の外壁表面は準不燃材料仕上げとする。また軒やひさし，バルコニー等の水平突出部位が耐火構造等の部分に設置されると火炎が軒下等を伝わって非火災区画部分に延焼するおそれがあるため耐火構造等の部分に軒やひさしを設置してはならない。

表 4.4.5　壁等の突出幅と耐火構造等，防火構造別の範囲

耐火構造または防火構造の別	幅（単位：m）
耐火構造等	4.6（1－L）（3を超える場合は3）
防火構造	10（1－0.5L）（6.5を超える場合は6.5）
この表において，Lは壁等の両端または上端を建築物の外壁面または屋根面から突出させる幅（単位　m）を表すものとする。	

出典：図解　木造住宅・建築物の防・耐火設計の手引き（公財）日本住宅・木材技術センター

256　第Ⅳ編　防耐火設計指針

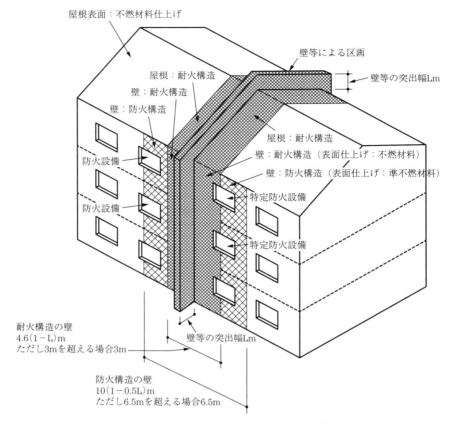

図4.4.5　壁タイプにおける屋根・外壁等の延焼防止措置

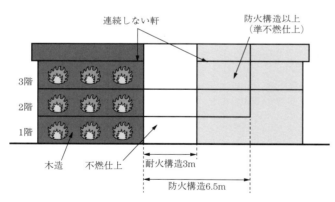

図4.4.6　突出のない壁等の構造（立面図）

出典：木造建築物の防耐火設計マニュアル（一財）日本建築センター

表4.4.6　突出幅と各構造幅の計算例

構造	防火構造（m）		耐火構造（m）	
L（m）	10（1−0.5L）	最大	4.6（1−L）	最大
2.0	0.0			
1.8	1.0			
1.6	2.0			
1.5	2.5			
1.2	4.0			
1.0	5.0		0.0	
0.8	6.0		0.9	
0.6	7.0	6.5	1.8	
0.5	7.5	6.5	2.3	
0.4	8.0	6.5	2.8	
0.3	8.5	6.5	3.2	3.0
0.2	9.0	6.5	3.7	3.0
0.1	9.5	6.5	4.1	3.0
0.0	10.0	6.5	4.6	3.0
	6.5超えは6.5		3.0超えは3.0	

第 4 章　大規模建築物の技術基準　**257**

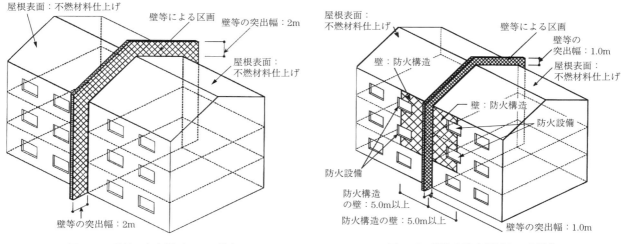

図 4.4.7　壁等の突出幅が 2 m の場合

図 4.4.8　壁等の突出幅が 1 m の場合

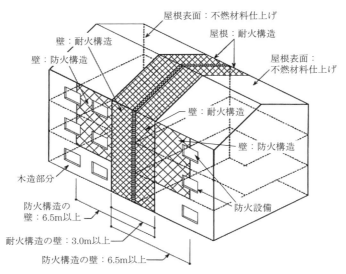

図 4.4.9　壁等の突出幅が 0 m の場合

出典：図解　木造住宅・建築物の防・耐火設計の手引き（公財）日本住宅・木材技術センター

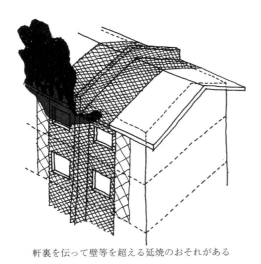

軒裏を伝って壁等を超える延焼のおそれがある

図 4.4.10　軒が耐火構造部分に設置されている場合
（基準不適合）

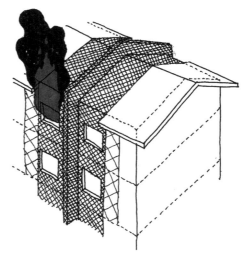

図 4.4.11　軒が耐火構造部分に設置されていない場合
（基準適合）

なお，従来より1000 m²を超える木造建築物は1,000 m²以下となるように防火壁で区画することが必要であるが図 4.4.12 に示すように 1,000 m² 以下の防火壁と壁等による区画を組み合わせて建築することが可能である。

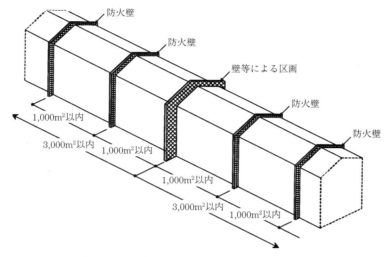

図 4.4.12　壁等による区画と 1,000 m² 以下の防火壁
出典：図解 木造住宅・建築物の防・耐火設計の手引き （公財）日本住宅・木材技術センター

　壁等によって区画する場合，建物のL字型の隅部に壁等を設けると出火側区画から入隅の外部経由で壁等を超える延焼拡大の危険が増す。このため隅部に壁等を設ける場合，入隅の角度が 90 度未満となる形態での設置は不可とし（平 27 国交告第 250 号第 6），90～135 度の範囲は以下の規定を満たせば可能となる。すなわち耐火構造部分から水平距離 5 m 以内の外壁部分は耐火構造とするとともに開口部がある場合は特定防火設備を設ける（平 27 国交告第 250 号第 6 第一号）。このとき，耐火構造の外壁面は不燃材料で仕上げる。また防火構造から 10 m 以内にある耐火構造以外の外壁部分は防火構造とするとともに開口部がある場合は防火設備（法 2 条第九号のニロに規定）を設ける。防火構造の外壁面は準不燃材料で仕上げる。ただし防火構造は最下階を除く部分に限られる。角度が 135 度以上の場合は外壁が直線となる一般部に設けられた壁等の周辺外壁の規定と同様に取り扱うことができる。

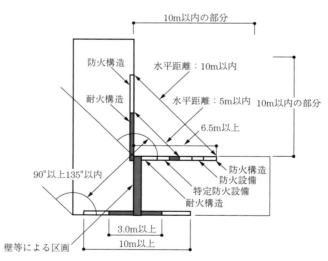

図 4.4.13　耐火構造および防火構造による延焼防止措置例（平面図）（防火構造は 2 階以上が適用）
出典：図解 木造住宅・建築物の防・耐火設計の手引き （公財）日本住宅・木材技術センター

建築物の階数が異なる部分がある場合の壁等の建築物外部を通じた延焼防止
　屋根が耐火構造でない場合，出火側区画は屋根が燃え抜け火炎が噴出することが予想される。壁等で区画された各々の区画の階数が異なる場合など低層部分の屋根の燃え抜けによって外部経由で壁等を超える延焼拡大が起こるおそれがある。建築物に高さが異なる部分がある場合で，壁等を建築物の低い部分に設ける場合，図 4.4.14

に示すとおり壁等から水平距離が5m以内で，かつ低い部分の屋根から垂直距離が7m以下の範囲にある高い部分の外壁は耐火構造（仕上げを不燃材料）とし，外壁の開口部には特定防火設備を設けなければならない（平27国交告第250号第7）。ただし低い部分の屋根が耐火構造で開口部が無い場合はこの規定は適用されない。

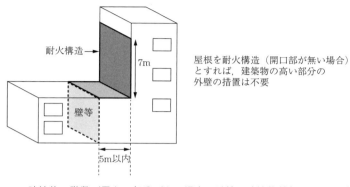

図4.4.14　建築物の階数が異なる部分がある場合の壁等の建築物外部を通じた延焼防止

出典：木造建築物の防耐火設計マニュアル（一財）日本建築センター

4.3.1.2　コアタイプの技術基準

【コアタイプに求められる性能】

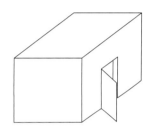

図4.4.15　壁・床・防火設備の場合

出典：木造建築物の防耐火設計マニュアル（一財）日本建築センター

表4.4.7　コアタイプ（火災の発生のおそれの少ない室である壁等により区画する場合）に求められる各部位性能

	非損傷性	遮熱性 （屋内に面する面）	遮炎性 （屋内→屋外）
間仕切壁（耐力壁）	90分	60分	—
外壁（耐力壁）	90分	60分	60分
床	90分[※1]	60分[※3]	—
屋根	30分	—	30分
防火設備（間仕切壁の開口部）	—	60分[※2]	—
防火設備（外壁の開口部）	—	—	60分

※1　間仕切壁で防火上有効に遮られている場合は60分
※2　一定の不燃化措置を講じた廊下等に面する場合は60分の遮炎性でよい
※3　間仕切壁によって防火上有効に遮られていない場合は90分の遮熱性が必要

コアタイプによる壁等によって区画する場合，隣接区画との間仕切壁は枠組壁工法では耐力壁を兼ねるため，その仕様は壁タイプと同様，両面を強化せっこうボード（ボード用原紙を除いた部分のせっこうの含有率を95％以上，ガラス繊維の含有率を0.4％以上とし，かつ，ひる石の含有率を2.5％以上としたものに限る。）を3枚以上張り，その厚さの合計が63mm以上のもので被覆する。コアタイプの床（最下階の床を除く）も間仕切壁と同様の被覆とし，最下階の床は不燃材料で造られたものまたは耐火構造とする（平27国交告第250号第2第三号）。またコアタイプの壁等をRC構造等による耐火構造で造ることも可能であるが耐力壁や床等の荷重支持部位に90分の非損傷性能が要求される場合があるので注意を要する。

コアタイプにおける，壁および屋根などの壁等の幅は3m以上確保し，最下階を除く階（一般的には2階以上の階）の外壁の防火構造部分は壁等の耐火構造部分を含み片側幅6.5m以上確保する。結果的に防火構造部分

の両端の幅は，耐火構造部分を含み 10 m 以上となる。耐火構造の外壁の開口には，通常の火災に対する 1 時間の遮炎性を有する特定防火設備を設け，防火構造の外壁の開口には 20 分間の遮炎性を有する防火設備を設ける。また屋根表面は不燃材料で仕上げる。軒やひさし，バルコニー等の水平突出部位がコア部分まで連続していると軒裏やひさし裏，バルコニー裏を火炎が伝わり隣の区画に延焼するおそれがあるためコア部分に接して軒，ひさし，バルコニー等を設けてはならない。コアに接する各区画の面積はコア部分を含みそれぞれ 3,000 m² 以下とする。また火災時に壁等以外の建築物の部分の倒壊による応力伝達の影響で壁等も倒壊しないことが求められる点では壁タイプと同様コアタイプも同じであり，コア部分，コアに隣接する各部分は各々構造的に縁を切って独立し，各々の間は延焼防止上支障のないエキスパンションジョイント等でふさぐ構造とする。

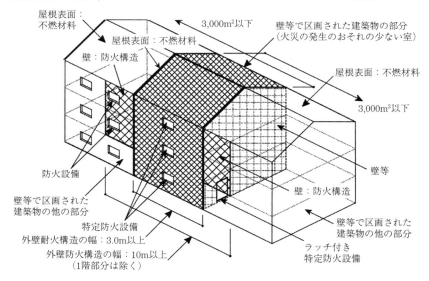

図 4.4.16　コアタイプの壁等による区画の概要

出典：図解 木造住宅・建築物の防・耐火設計の手引き（公財）日本住宅・木材技術センター

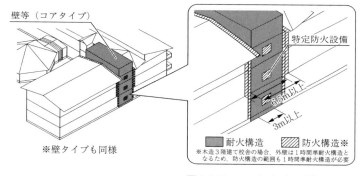

図 4.4.17　コアタイプの壁等による区画の概要

出典：木の学校づくり―木造 3 階建て校舎の手引― 文部科学省

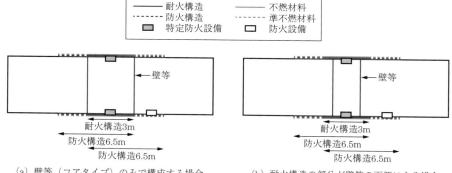

（a）壁等（コアタイプ）のみで構成する場合　　（b）耐火構造の部分が壁等の両側にある場合

図 4.4.18　コアタイプの壁等の構造（平面図）

出典：木造建築物の防耐火設計マニュアル（一財）日本建築センター

第4章　大規模建築物の技術基準　**263**

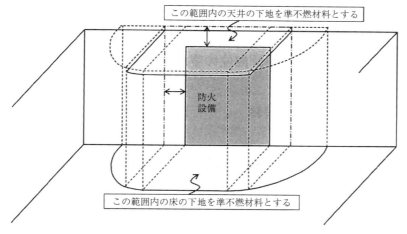

図 4.4.22　不燃化の範囲（範囲内の床・天井の室内に面する部分）

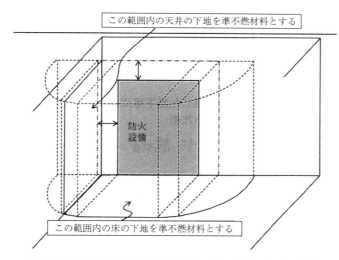

図 4.4.23　不燃化の範囲（範囲内の床・壁の室内に面する部分）

出典：木造建築物の防耐火設計マニュアル（一財）日本建築センター

【計算例】

　特定防火設備の寸法が幅 2 m，高さ 2.4 m の場合の遮熱措置の範囲を算定すると火災継続予測時間が 1 時間以下の場合は 2.19 m，90 分以下の場合は 2.63 m となる。従って，この範囲にある天井，壁および床は遮熱措置が必要である。なお告示表 2 の計算式による数値を求めると火災継続予測時間が 60 分以下の場合 0.47 m，火災継続予測時間が 90 分以下の場合 0.6 m となる。このため特定防火設備上端から天井までの距離および特定防火設備両端から（壁等を除く）壁までの距離がこの数値以上離れている場合は天井および（壁等を除く）壁の遮熱措置は不要となる。

表 4.4.10　告示の表 1 および表 2 に基づく計算例

		寸法　(m)		A	1 時間以下 (m)	90 分以下 (m)
告示表 1	水平距離 (m)	高さ	2.4	4.8	2.19	2.63
		幅	2.0			
告示表 2	離隔距離 (m)	高さ	2.4	4.8	0.47	0.60
		幅	2.0			
		防火設備の上端または両端からの離隔距離				

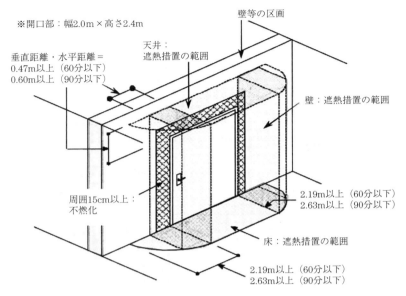

図 4.4.24 計算例における不燃化の範囲

出典:図解 木造住宅・建築物の防・耐火設計の手引き (公財)日本住宅・木材技術センター

　大規模木造建築物の壁等による屋内の間仕切壁に設置する開口部は,開口部周辺の遮熱措置等に応じて表4.4.11に示す特定防火設備を設けなければならない。従来,特定防火設備は60分間加熱面以外の面に炎が拡大しない遮炎性のみが要求されてきたが,大規模木造建築物を壁等で区画する場合には火災継続予測時間が90分以下であることや開口部周辺の遮熱措置等に応じて60分間または90分間の遮炎性の他に遮熱性も要求されている。この新たに設定された特定防火設備の仕様は平27国交告第249号第一号イおよび250号第2第一号ロに例示されており,扉の材料構成だけでなくドアクローザーの性能等細かく規定されている。扉の材料構成について**表4.4.12**に図解する。この表に示す特定防火設備B,C,Dに適合する仕様は現時点では告示の例示仕様しか存在していない。

　また壁等(壁タイプ,コアタイプ)と特定防火設備から周辺の壁,天井の離隔距離およびこの部位における表面の遮熱措置の有無等の条件に応じて使用できる特定防火設備を**表4.4.11**,**表4.4.12**に示す。

表 4.4.11　壁タイプまたはコアタイプ区画と特定防火設備の種類

壁等区画タイプ	壁タイプ1または壁タイプ2			コアタイプ		
特定防火設備周囲	特定防火設備の種類	遮炎時間(分)	遮熱時間(分)	特定防火設備の種類	遮炎時間(分)	遮熱時間(分)
天井・壁:遮熱措置	特定防火設備C	90	—	特定防火設備A	60	—
天井・壁:離隔	特定防火設備C	90	—	特定防火設備A	60	—
天井・壁:遮熱措置および離隔なし	特定防火設備D	90	90	特定防火設備B	60	60

注:床は遮熱措置が必要。

表 4.4.12 特定防火設備の種類と性能

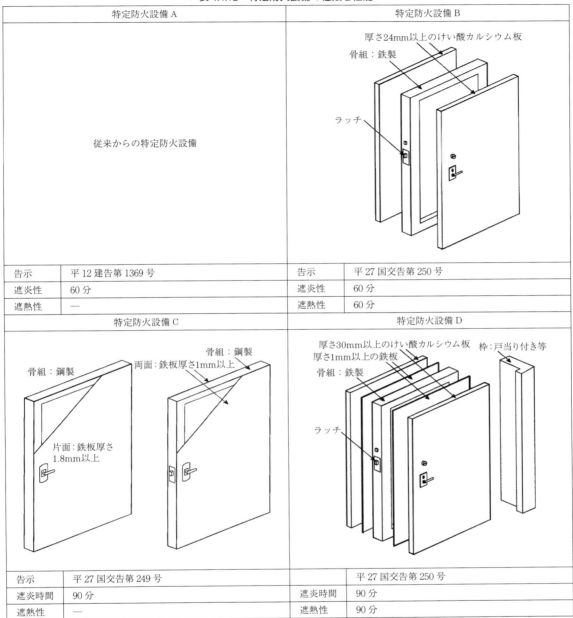

特定防火設備 A		特定防火設備 B	
告示	平12建告第1369号	告示	平27国交告第250号
遮炎性	60分	遮炎性	60分
遮熱性	—	遮熱性	60分
特定防火設備 C		特定防火設備 D	
告示	平27国交告第249号		平27国交告第250号
遮炎時間	90分	遮炎時間	90分
遮熱性	—	遮熱性	90分

出典：図解 木造住宅・建築物の防・耐火設計の手引き（公財）日本住宅・木材技術センター

○壁タイプに設けられる特定防火設備

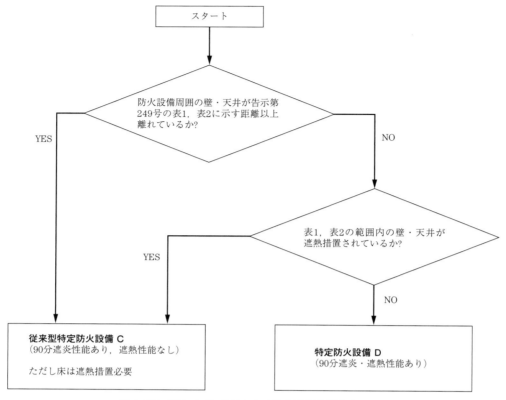

図 4.4.25 壁タイプに設けられる特定防火設備設計フロー

○コアタイプに設けられる特定防火設備

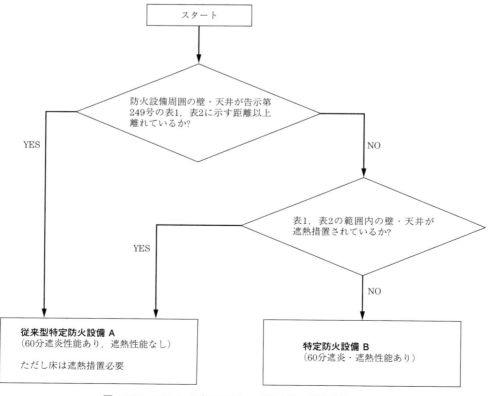

図 4.4.26 コアタイプに設けられる特定防火設備設計フロー

4.3.2 別棟扱いによる大規模建築物技術基準

通達・技術的助言 昭和26年3月6日住防発第14号（改正昭和48年12月10日住指発第900号）「部分により構造を異にする建築物の棟の解釈について」において，以下のように記されている。

建築基準法及び同法施行令中建築物の一棟の延べ面積の規模に応じて適用される規定の運用については，棟の解釈について疑義があるが主要構造部を耐火構造とした建築物の部分（以下耐火構造の部分という。）と主要構造部の全部又は一部を木造とした建築物の部分（以下木造の部分という。）とが相接して一連となっている場合（上下に接続する場合を除く。）は，構造的に別棟とみなすことができるので一応建築基準法令の規定の適用については，左記のような条件に適合している場合に限ってこれらをそれぞれ別棟のものと解釈できることとする。

一 木造の部分と耐火構造の部分とが相接する境界は耐火構造の壁又は煙感知器と連動して自動的に閉鎖する構造の甲種防火戸とすること。

二 木造の部分とその他の木造の部分とは，延焼防止上有効に3m以上の距離を有し，且つ，お互に防火上有効に遮断されていること。

例えば，左図〔下図〕の場合においては，一棟650m²としないで300m²の部分が二棟と50m²の部分が一棟と合計三棟とみなすことによって，耐火構造に関する規定は，大分緩和されることとなる。但し，この解釈によってこれらを別棟とみる場合は，法第6条，第24条，第27条その他の規定は，勿論別棟として適用されることとなり，特に施行令中の避難の規定の適用については，或は令第117条の規定により適用の緩和が起り又は第120条，第129条の規定の適用が強化される等在来の取扱いと異ってくるのでこれらの点については，特に留意を要する。

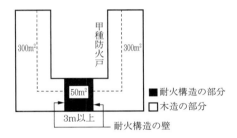

図4.4.27 別棟解釈の考え方
（昭26 住防発第14号（改正昭和48 住指発第900号））

第Ⅴ編

住宅金融支援機構編の住宅工事仕様書の解説

第1章　住宅金融支援機構編の枠組壁工法住宅工事仕様書の取扱いについて　　*271*

第1章
住宅金融支援機構編の枠組壁工法住宅工事仕様書の取扱いについて

1.1 住宅金融支援機構編枠組壁工法住宅工事仕様書の作成目的

　独立行政法人　住宅金融支援機構（旧住宅金融公庫。以下，本編において支援機構という。）が，枠組壁工法，木造，鉄筋コンクリート造・鉄骨造等の各工事仕様書を監修し，これらの利用を奨めている理由は，概略次の2点である。

　第一には，仕様書は設計図書を補完する機能を有しているため，仕様書を工事請負契約に添付する等して適切に利用することにより，工事内容に関する建築主と受注者の間のトラブルを未然に防ぐ役割が期待できることである。

　第二には，仕様書に掲載する材料，寸法及び施工方法等を通じて，標準的な施工水準を確保し，良質な住宅の建設を促進することである。

　上記2点に加えて，住宅金融支援機構編枠組壁工法住宅工事仕様書（以下，支援機構仕様書という）については，我が国における枠組壁工法の健全な普及・発展を目指すための教科書的役割と，建築基準法に基づく枠組壁工法技術基準告示（平13国交告第1540号および同第1541号。以下「告示」という。）を補う性格も併せ持っているものである。

1.2 支援機構仕様書と告示の関係

　告示は，枠組壁工法の構造耐力上必要な技術基準を一般的に定めたものであり，設計施工に際して参考となる細部の収まり等ディテールまでを示したものではない。また，告示のみで設計を行う場合にあっては，必要に応じてその都度構造計算を行わなければならないといった実務上の不便が生じる可能性もある。3階建ての住宅については構造計算が必要であるが，仕様書では，通常の2階建て以下の住宅を想定し，具体的な収まり等を含めた施工例等を示すことにより，設計・施工上の利便を向上するものとなっている。

　また，仕様書では，告示に関連する部分にはアンダーライン（平成28年改訂版においては _____ 又は _____ ）を付して当該部分を明確にしている。

　なお，支援機構仕様書（平成28年改訂）においては，平成30年3月施行の建築基準法改正及び告示改正事項を反映していないため，同仕様書の改正法・改正告示への改訂を予定している。

1.3 支援機構仕様書とフラット35技術基準との関係

　支援機構仕様書に記載された仕様の一部には，証券化支援住宅技術基準（以下「フラット35技術基準」という。），優良住宅技術基準（以下「フラット35 S技術基準」という。），機構省令準耐火構造の住宅に係る事項を具体的な仕様として示している部分がある。これらの部分についても，アンダーライン（平成28年改訂版においては ～～～ 又は _____ ）を付して当該部分を明確にしている。

1.4 支援機構仕様書の添削

支援機構仕様書は，複数の材料や仕様等を併記しているため，個々の設計に即して適切な仕様を選択するか，必要に応じて添削して使用するのが使い方の原則である。しかし，アンダーラインを付した部分については，次のとおりその使用に際し注意を要する。

アンダーラインの種類	記載内容	使用上の注意
══════	告示本文に係る事項	原則として添削できない。ただし，構造計算による場合や国土交通大臣の認定を受けた仕様による場合等，違法建築物とならないことが確認できる場合は当該仕様によらないことができる。
－・－・－	告示のただし書き等に対応する事項	
～～～～	フラット35技術基準に係る事項	フラット35を利用する場合には原則として添削できない。
────	フラット35S技術基準，省令準耐火構造に係る事項	フラット35Sを利用する場合，又は省令準耐火構造の住宅とする場合には原則として添削できない。

1.5 支援機構仕様書とフラット35の設計・現場検査との関係

フラット35を利用する場合は，支援機構が協定を締結した適合証明検査機関が発行する適合証明書を取得する必要がある。適合証明書の発行を受けるためには，原則として設計検査と現場検査の受検が必須である。

設計検査においては，設計図書（設計図及び仕様書）の提出が必要となる。この際に使用する仕様書は，機構監修仕様書を活用する事例が多いが，支援機構仕様書に限定しているわけではない。告示やフラット35技術基準に適合しているものであれば，各事業者が独自に作成した仕様書でも構わない。また，各事業者等の独自仕様についてのみ特記仕様書を作成し，当該特記仕様以外の部分については支援機構仕様書を利用することも可能である（この場合は特記仕様書と支援機構仕様書を併せて提出する）。

また，フラット35の設計・現場検査においては，フラット35の技術基準への適合性を検査しており，仕様書等設計図書の全てについて，そのとおりに設計・施工されているかどうかを検査しているわけではない。

1.6 支援機構仕様書と工事監理の関係

近年でも，建築主と受注者等間における工事をめぐるトラブルが散見されるが，その際に支援機構仕様書の内容と具体の工事内容の整合性が焦点となる例もある。前述のように，フラット35の設計・現場検査は，工事内容が支援機構仕様書の全てに適合しているか否かを検査するものではなく，建築主が実施する「工事監理」とは性格を異にするものである。

したがって，建築主と受注者が工事請負契約時に取り決めた設計図及び仕様書のとおりに建物ができているか否かの判断は，建築主自らの責任において行うこととなるため，必要に応じて信頼できる建築士を工事監理者として定め，設計図書に基づく工事監理を依頼することが，トラブル防止のためにも有益である。

第Ⅵ編

参考資料

第1章　平成13年国土交通省告示第1540号　*275*
第2章　建築基準法施行規則第8条の3　*289*
第3章　平成13年国土交通省告示第1541号　*291*
第4章　平成12年建設省告示第1347号　*307*
第5章　平成19年国土交通省告示第1119号　*311*
第6章　構造材料の種類　*313*
第7章　国土交通大臣がその樹種，区分及び等級等に応じてそれぞれ許容応力度及び材料強度の数値を指定したもの　*335*
第8章　関連するJIS，JAS（項目のみ）　*359*

第1章

平成13年国土交通省告示第1540号
（改正平成30年3月26日）

○国土交通省告示第千五百四十号

建築基準法施行令（昭和二十五年政令第三百三十八号）第八十条の二第一号，同令第九十四条及び第九十九条の規定に基づき，昭和五十七年建設省告示第五十六号の全部を改正するこの告示を制定する。
　　平成十三年十月十五日　　　　　　　　　　　　　　　　　　　　　　　　　　　　国土交通大臣　　林　　寛子

平成16年改正	平成16年9月29日	国土交通省告示第1179号
平成19年改正	平成19年5月18日	国土交通省告示第604号
	平成19年11月27日	国土交通省告示第1526号
平成20年改正	平成20年2月14日	国土交通省告示第124号
	平成20年8月11日	国土交通省告示第970号
平成27年改正	平成27年6月30日	国土交通省告示第816号
	平成27年8月4日	国土交通省告示第910号
平成28年改正	平成28年6月1日	国土交通省告示第796号
平成29年改正	平成29年9月26日	国土交通省告示第867号
平成30年改正	平成30年3月26日	国土交通省告示第490号

枠組壁工法又は木質プレハブ工法を用いた建築物又は建築物の構造部分の構造方法に関する安全上必要な技術的基準を定める件

建築基準法施行令（昭和二十五年政令第三百三十八号）第八十条の二第一号，同令第九十四条及び第九十九条の規定に基づき，昭和五十七年建設省告示第五十六号の全部を改正するこの告示を制定する。

建築基準法施行令（昭和二十五年政令第三百三十八号）第八十条の二第一号の規定に基づき，構造耐力上主要な部分に枠組壁工法（木材を使用した枠組に構造用合板その他これに類するものを打ち付けることにより，壁及び床版を設ける工法をいう。以下同じ。）又は木質プレハブ工法（木材を使用した枠組に構造用合板その他これに類するものをあらかじめ工場で接着することにより，壁及び床版を設ける工法をいう。以下同じ。）を用いた建築物又は建築物の構造部分（以下「建築物等」という。）の構造方法に関する安全上必要な技術的基準を第一から第十までに，同令第九十四条及び第九十九条の規定に基づき，木質接着成形軸材料（平成十二年建設省告示第千四百四十六号第一第十号に規定する木質接着成形軸材料をいう。以下同じ。），木質複合軸材料（平成十二年建設省告示第千四百四十六号第一第十一号に規定する木質複合軸材料をいう。以下同じ。），木質断熱複合パネル（平成十二年建設省告示第千四百四十六号第一第十二号に規定する木質断熱複合パネルをいう。以下同じ。）及び木質接着複合パネル（平成十二年建設省告示第千四百四十六号第一第十三号に規定する木質接着複合パネルをいう。以下同じ。）並びに第二第一号及び第二号に掲げるもの以外の木材の許容応力度及び材料強度を第二第三号に定め，同令第三十六条第一項の規定に基づき，建築物等の構造方法に関する安全上必要な技術的基準のうち耐久性等関係規定を第十一に，同条第二項第一号の規定に基づき，同令第八十一条第二項第一号イに規定する保有水平耐力計算によって安全性を確かめる場合に適用を除外することができる技術的基準を第十二にそれぞれ指定

し，並びに同号イの規定に基づき，枠組壁工法又は木質プレハブ工法を用いた建築物等の構造計算が，第九に適合する場合においては，当該構造計算は，同号イに規定する保有水平耐力計算と同等以上に安全性を確かめることができるものと認める。

第一 階数

地階を除く階数は三以下としなければならない。

第二 材料

一 構造耐力上主要な部分に使用する枠組材の品質は，構造部材の種類に応じ，次の表に掲げる規格に適合するものとしなければならない。

	構造部材の種類	規　格
(一)	土台，端根太，側根太，まぐさ，たるき及びむなぎ	枠組壁工法構造用製材及び枠組壁工法構造用たて継ぎ材の日本農林規格（昭和四十九年農林省告示第六百号。以下「枠組壁工法構造用製材等規格」という。）に規定する甲種枠組材の特級，一級若しくは二級若しくは甲種たて継ぎ材の特級，一級若しくは二級枠組壁工法構造用製材等規格第六条に規定するMSR枠組材の規格若しくは第十条に規定するMSRたて継ぎ材の規格，単板積層材の日本農林規格（平成二十年農林水産省告示第七百一号）に規定する構造用単板積層材の特級，一級若しくは二級，又は集成材の日本農林規格（平成十九年農林水産省告示第千百五十二号。以下「集成材規格」という。）第五条に規定する構造用集成材の規格若しくは第六条に規定する化粧ばり構造用集成柱の規格
(二)	床根太及び天井根太	(一)に掲げる規格，日本工業規格（以下「JIS」という。）G 三三〇二（溶融亜鉛めっき鋼板及び鋼帯）―一九九八に規定する鋼板及び鋼帯の規格，JIS G 三三一二（塗装溶融亜鉛めっき鋼板及び鋼帯）―一九九四に規定する鋼板及び鋼帯の規格，JIS G 三三二一（溶融五十五％アルミニウム-亜鉛合金めっき鋼板及び鋼帯）―一九九八に規定する鋼板及び鋼帯の規格 JIS G 三三二二（塗装溶融五十五％アルミニウム-亜鉛合金めっき鋼板及び鋼帯）―一九九八に規定する鋼板及び鋼帯の規格又はJIS G 三三五三（一般構造用溶接軽量H形鋼）―一九九〇に規定する形鋼の規格（鋼材の厚さが二・三ミリメートル以上六ミリメートル以下に係る部分に限る。以下「軽量H形鋼規格」という。）
(三)	壁の上枠及び頭つなぎ	(二)に掲げる規格（軽量H形鋼規格を除く。耐力壁に使用する場合にあっては，(一)に掲げる規格に限る。）又は枠組壁工法構造用製材等規格に規定する甲種枠組材の三級，乙種枠組材のコンストラクション若しくはスタンダード，甲種たて継ぎ材の三級若しくは乙種たて継ぎ材のコンストラクション若しくはスタンダード
(四)	壁のたて枠	(三)に掲げる規格（集成材規格第五条に規定する非対称異等級構成集成材に係るものを除く。）又は枠組壁工法構造用等規格に規定するたて枠用たて継ぎ材の規格
(五)	壁の下枠	(三)に掲げる規格又は枠組壁工法構造用製材等規格に規定する乙種枠組材ユティリティ若しくは乙種たて継ぎ材のユティリティ
(六)	筋かい	(三)に掲げる規格（(二)に掲げる規格（(一)に掲げる規格を除く。）及び集成材規格第五条に規定する非対称異等級構成集成材に係るものを除く。）又は製材の日本農林規格（平成一九年農林水産省告示第千八十三号）に規定する下地用製材の板類の一級

二　構造耐力上主要な部分に使用する床材，壁材又は屋根下地材の品質は，構造部材及び材料の種類に応じ，次の表に掲げる規格（構造耐力に係る規定に限る。）に適合するものとしなければならない。

	構造部材の種類	材料の種類	規　格
(一)	屋外に面する部分（防水紙その他これに類するもので有効に防水されている部分を除く。）に用いる壁材又は湿潤状態となるおそれのある部分（常時湿潤状態となるおそれのある部分を除く。）に用いる壁材	構造用合板	合板の日本農林規格（平成十五年農林水産省告示第二百三十三号。以下「合板規格」という。）に規定する特類
		化粧ばり構造用合板	合板規格に規定する特類
		構造用パネル	構造用パネルの日本農林規格（昭和六十二年農林水産省告示第三百六十号。以下「構造用パネル規格」という。）に規定する一級，二級，三級又は四級
		パーティクルボード	JIS A 五九〇八（パーティクルボード）－一九九四に規定する一八タイプ，一三タイプ，二四－一〇タイプ，一七・五－一〇・五タイプ又は三〇－一五タイプ
		ハードボード	JIS A 五九〇五（繊維板）－一九九四に規定するハードファイバーボードの三五タイプ又は四五タイプ
		硬質木片セメント板	JIS A 五四〇四（木質系セメント板）－二〇〇一に規定する硬質木片セメント板
		フレキシブル板	JIS A 五四三〇（繊維強化セメント板）－二〇〇一に規定するフレキシブル板
		パルプセメント板	JIS A 五四一四（パルプセメント板）－一九九三に規定する一・〇板
		製材	製材の日本農林規格（平成十九年農林水産省告示第千八十三号）に規定する下地用製材の板類の一級
		シージングボード	JIS A 五九〇五（繊維板）－一九九四に規定するシージングボード
		ミディアムデンシティファイバーボード	JIS A 五九〇五（繊維板）－一九九四に規定するミディアムデンシティファイバーボード三〇タイプ（Mタイプ，Pタイプ）
		火山性ガラス質複層板	JIS A 五四四〇（火山性ガラス質複層板（VSボード））－二〇〇〇に規定するHⅢ
		ラスシート	JIS A 五五二四（ラスシート）－一九九四
(二)	常時湿潤状態となるおそれのある部分及び(一)に掲げる部分以外の部分に用いる壁材	(一)に掲げる材料	(一)に掲げるそれぞれの規格（構造用合板及び化粧ばり構造用合板については，合板規格に規定する一類を含む。）
		せっこうボード	JIS A 六九〇一（せっこうボード製品）－二〇〇五に規定するせっこうボード，構造用せっこうボードA種及びB種並びに強化せっこうボード
(三)	床材又は屋根下地材	構造用合板	合板規格に規定する特類又は一類
		化粧ばり構造用合板	合板規格に規定する特類又は一類
		構造用パネル	構造用パネル規格に規定する一級，二級，三級又は四級
		パーティクルボード	JIS A 五九〇八（パーティクルボード）－一九九四に規定する一八タイプ，一三タイプ，二四－一〇タイプ，一七・五－一〇・〇五タイプ又は三〇－一五タイプ
		硬質木片セメント板	JIS A 五四一七（木片セメント板）－一九九二に規定する硬質木片セメント板

	ミディアムデンシティファイバーボード	JIS A 五九〇五（繊維板）―一九九四に規定するミディアムデンシティファイバーボード三〇タイプ（Mタイプ，Pタイプ）
	火山性ガラス質複層板	JIS A 五四四〇（火山性ガラス質複層板（VSボード））―二〇〇〇に規定するHⅢ

三　次のいずれかに該当するもののうち，建築基準法（昭和二十五年法律第二百一号。以下「法」という。）第三十七条第一号の規定に適合するもの（トに該当するものに限る。）若しくは同条第二号の国土交通大臣の認定を受けたもの（ハからヘまでのいずれかに該当するものにあっては，国土交通大臣がその許容応力度及び材料強度の数値を指定したものに限る。），建築基準法施行規則（昭和二十五年建設省令第四十号）第八条の三の国土交通大臣の認定を受けた耐力壁に使用するもの又は前二号に掲げるもの以外の木材で国土交通大臣がその樹種，区分及び等級等に応じてそれぞれ許容応力度及び材料強度の数値を指定したものについては，前二号の規定にかかわらず，当該材料を構造耐力上主要な部分に使用する材料とすることができる。

　イ　構造用鋼材のうち厚さ二・三ミリメートル未満の鋼板又は鋼帯としたもの（床根太，天井根太，耐力壁以外の壁の上枠，頭つなぎ，耐力壁以外の壁のたて枠及び耐力壁以外の壁の下枠に用いる場合に限る。）

　ロ　構造用鋼材のうち鋼材の厚さを二・三ミリメートル以上六ミリメートル以下としたもの（床根太及び天井根太に用いる場合に限る。）

　ハ　木質接着成形軸材料

　ニ　木質複合軸材料

　ホ　木質断熱複合パネル

　ヘ　木質接着複合パネル

　ト　直交集成板（平成十二年建設省告示第千四百四十六号第一第二十三号に規定する直交集成板をいう。以下同じ。）（床版又は屋根版に用いる場合に限る。）

四　第一号及び第三号の場合において，厚さ二・三ミリメートル未満の鋼板又は鋼帯を床根太，天井根太，耐力壁以外の壁の上枠，頭つなぎ，耐力壁以外の壁のたて枠及び耐力壁以外の壁の下枠に用いる場合は，当該鋼板又は鋼帯の厚さを〇・四ミリメートル以上のものとし，かつ，冷間成形による曲げ部分（当該曲げ部分の内法の寸法を当該鋼板又は鋼帯の厚さの数値以上とする。）又はかしめ部分を有するもの（以下「薄板軽量形鋼」という。）としなければならない。

第三　土台

一　一階の耐力壁の下部には，土台を設けなければならない。ただし，地階を設ける等の場合であって，当該耐力壁の直下の床根太等を構造耐力上有効に補強したときは，この限りでない。

二　土台は，次に定めるところにより，基礎に径十二ミリメートル以上で長さ三十五センチメートル以上のアンカーボルト又はこれと同等以上の引張耐力を有するアンカーボルトで緊結しなければならない。

　イ　アンカーボルトは，その間隔を二メートル以下として，かつ，隅角部及び土台の継ぎ手の部分に配置すること。

　ロ　地階を除く階数が三の建築物のアンカーボルトは，イに定める部分のほか，一階の床に達する開口部の両端のたて枠から十五センチメートル以内の部分に配置すること。

三　土台の寸法は，枠組壁工法構造用製材等規格に規定する寸法型式二〇四，二〇五，二〇六，二〇八，三〇四，三〇六，四〇四，四〇六若しくは四〇八に適合するもの又は厚さ三十八ミリメートル以上で幅八十九ミリメートル以上のものであって，かつ，土台と基礎若しくは床根太，端根太若しくは側根太との緊結に支障がないものとしなければならない。

第四　床版

一　床根太，端根太及び側根太の寸法は，枠組壁工法構造用製材等規格に規定する寸法型式二〇六，二〇八，二一〇，二一二若しくは三〇六に適合するもの又は厚さ三十八ミリメートル以上で幅百四十ミリメートル以上のものであって，かつ，床根太，端根太若しくは側根太と土台，頭つなぎ若しくは床材との緊結に支障がないものとしければならない。

二　床根太の支点間の距離は，八メートル以下としなければならない。この場合において，床根太に枠組壁工

法構造用製材等規格に規定する寸法型式二一二に適合するもの又は辺長比（当該床根太に使用する製材の厚さに対する幅の比をいう。）が二百八十六を三十八で除した数値より大きい数値の製材を使用する場合（当該床根太を二以上緊結して用いる場合又は床根太の支点間の距離を四・五メートル未満とする場合を除く。）にあっては，三メートル以下ごとに転び止を設けなければならない。

三　床根太相互及び床根太と側根太との間隔（以下「床根太間隔」という。）は，六十五センチメートル以下としなければならない。

四　床版に設ける開口部は，これを構成する床根太と同寸法以上の断面を有する床根太で補強しなければならない。

五　二階又は三階の耐力壁の直下に耐力壁を設けない場合においては，当該耐力壁の直下の床根太は，構造耐力上有効に補強しなければならない。

六　床材は，厚さ十五ミリメートル以上の構造用合板若しくは化粧ばり構造用合板（以下「構造用合板等」という。）厚さ十八ミリメートル以上のパーティクルボード又は構造用パネル（構造用パネル規格に規定する一級のものに限る。）としなければならない。ただし，床根太間隔を五十センチメートル以下とする場合においては，厚さ十二ミリメートル以上の構造用合板等，厚さ十五ミリメートル以上のパーティクルボード又は構造用パネル（構造用パネル規格に規定する一級，二級又は三級（床根太相互又は床根太と側根太との間隔が三十一センチメートルを超える場合においては，同規格に規定する一級又は二級）のものに限る。）と，床根太間隔を三十一センチメートル以下とする場合においては，厚さ十八ミリメートル以上の硬質木片セメント板と，それぞれすることができる。

七　床版の各部材相互及び床版の枠組材（床根太，端根太又は側根太をいう。以下同じ。）と土台又は頭つなぎ（第五第十一号ただし書の規定により耐力壁の上枠と床版の枠組材とを緊結する場合にあっては，当該上枠。以下この号において同じ。）とは，次の表の緊結する部分の欄に掲げる区分に応じ，それぞれ同表の緊結の方法の欄に掲げるとおり緊結しなければならない。ただし，接合部の短期に生ずる力に対する許容せん断耐力が，同表の緊結する部分の欄に掲げる区分に応じ，それぞれ同表の許容せん断耐力の欄に掲げる数値以上であることが確かめられた場合においては，この限りでない。

	緊結する部分		緊結の方法			許容せん断耐力
			くぎの種類	くぎの本数	くぎの間隔	
(一)	床根太と土台又は頭つなぎ		CN七五 CNZ七五	二本	—	一箇所当たり 千百ニュートン
			CN六五 CNZ六五 BN七五	三本		
			BN六五	四本		
(二)	端根太又は側根太と土台又は頭つなぎ	地階を除く階数が三の建築物の一階	CN七五 CNZ七五	—	二十五センチメートル以下	一メートル当たり 二千二百ニュートン
			BN七五	—	十八センチメートル以下	
		その他の階	CN七五 CNZ七五	—	五十センチメートル以下	一メートル当たり 千百ニュートン
			BN七五	—	三十六センチメートル以下	
(三)	床版の枠組材と床材	床材の外周部分	CN五〇 CNZ五〇	—	十五センチメートル以下	一メートル当たり 二千八百ニュートン
			BN五〇	—	十センチメートル以下	

| | | その他の部分 | CN 五〇
CNZ 五〇 | — | 二十センチメートル以下 | 一メートル当たり
二千二百ニュートン |
| | | | BN 五〇 | — | 十五センチメートル以下 | |

この表において，くぎの種類の欄に掲げる記号は，JIS A 五五〇八（くぎ）-二〇〇五に規定する規格を表すものとする。以下第五第十五号及び第七第九号の表において同様とする。

八　次に掲げる場合において，建築基準法施行令（以下「令」という。）第八十二条第一号から第三号までに定める構造計算及び建築物等の地上部分について行う令第八十二条の六第二号に定める構造計算により，構造耐力上安全であることを確かめられたものについては，前各号の規定は，適用しない。
　　イ　二階以上の階の床版を鉄筋コンクリート造とする場合
　　ロ　二階以上の階の床版に直交集成板を使用する場合
　　ハ　二階以上の階の床根太に軽量H形鋼規格に規定する形鋼又は第二第三号ロに規定する構造用鋼材（以下これらを総称して「軽量H形鋼」という。）を使用する場合

九　前号に掲げるもののほか，次に掲げる場合において，令第八十二条第一号から第三号までに定める構造計算により，構造耐力上安全であることを確かめられたものについては，第一号から第七号までの規定は，適用しない。この場合において，同条各号中「構造耐力上主要な部分」とあるのは，「床版」と読み替えて計算を行うものとする。
　　イ　一階の床版を鉄筋コンクリート造とする場合
　　ロ　床ばり又はトラスを用いる場合
　　ハ　床版に木質断熱複合パネルを使用する場合
　　ニ　床版に木質接着複合パネルを使用する場合
　　ホ　一階の床版に直交集成板を使用する場合
　　ヘ　床根太，端根太又は側根太に木質接着成形軸材料又は木質複合軸材料を使用する場合
　　ト　床根太に薄板軽量形鋼を使用する場合
　　チ　一階の床根太に軽量H形鋼を使用する場合

十　前二号に掲げるもののほか，大引き又は床つかを用いる場合において，当該大引き又は床つか及びそれらの支持する床版に常時作用している荷重（固定荷重と積載荷重との和（令第八十六条第二項ただし書の規定によって特定行政庁が指定する多雪区域においては，更に積雪荷重を加えたものとする。））によって生ずる応力度が，当該大引き又は床つか及びそれらの支持する床版の各断面の長期に生ずる力に対する許容応力度を超えないことを確かめられたものについては，第一号から第七号までの規定は適用しない。

第五　壁等

一　耐力壁は，外壁又は間仕切壁のそれぞれについて，木質接着複合パネルを使用するものとこれ以外の工法によるものとを併用してはならない。

二　耐力壁は，建築物に作用する水平力及び鉛直力に対して安全であるように，釣合い良く配置しなければならない。この場合において，耐力壁の負担する鉛直力を負担する柱又は耐力壁以外の壁（常時作用している荷重（固定荷重と積載荷重との和（令第八十六条第二項ただし書の規定によって特定行政庁が指定する多雪区域においては，更に積雪荷重を加えたものとする。））によって生ずる応力度が，当該柱又は耐力壁以外の壁の各断面の長期に生ずる力に対する許容応力度を超えないことが確かめられたものに限る。）を設ける場合においては，当該耐力壁にかえて当該柱又は耐力壁以外の壁を配置することができる。

三　二階部分又は三階部分に耐力壁を設けず当該部分を小屋裏とする場合においては，直下階の構造耐力上主要な部分が当該小屋裏の荷重を直接負担する構造としなければならない。

四　耐力壁の下枠，たて枠及び上枠の寸法は，枠組壁工法構造用製材等規格に規定する寸法型式二〇四，二〇五，二〇六，二〇八，三〇四，三〇六，四〇四，四〇六若しくは四〇八に適合するもの又は厚さ三十八ミリメートル以上で幅八十九ミリメートル以上のものであって，かつ，下枠，たて枠若しくは上枠と床版の枠組材，頭つなぎ，まぐさ受け若しくは筋かいの両端部との緊結及び下枠若しくは上枠とたて枠との緊結に支障がないものとしなければならない。

五　各階の張り間方向及びけた行方向に配置する耐力壁は，それぞれの方向につき，当該耐力壁の水平力に対する長さ一メートル当たりの耐力を令第四十六条第四項表一 (一) 項に掲げる軸組の種類の水平力に対する長さ一メートル当たりの耐力で除して得た数値に当該耐力壁の長さを乗じて得た長さの合計を，その階の床面積（その階又は上の階の小屋裏，天井裏その他これらに類する部分に物置等を設ける場合にあっては，平成十二年建設省告示第千三百五十一号に定める面積をその階の床面積に加えた面積）に次の**表一**に掲げる数値（特定行政庁が令第八十八条第二項の規定によって指定した区域内における場合においては，次の表一に掲げる数値のそれぞれ一・五倍とした数値）を乗じて得た数値以上で，かつ，その階（その階より上の階がある場合においては，当該上の階を含む。）の見付面積（張り間方向又はけた行方向の鉛直投影面積をいう。以下同じ。）からその階の床面からの高さが一・三五メートル以下の部分の見付面積を減じたものに次の**表二**に掲げる数値を乗じて得た数値以上としなければならない。

表一

建築物			階の床面積に乗ずる数値（単位　一平方メートルにつきセンチメートル）						
			地階を除く階数が一の建築物（以下「平屋建ての建築物」という。）	地階を除く階数が二の建築物（以下「二階建ての建築物」という。）		地階を除く階数が三の建築物で，三階部分に耐力壁を設けず当該部分を小屋裏とし，かつ，三階の床面積が二階の床面積の二分の一以下の建築物（以下「三階建ての小屋裏利用建築物」という。）		地階を除く階数が三の建築物で，上欄に掲げる建築物以外のもの（以下「三階建ての建築物」という。）	
				一階	二階	一階	二階	一階	二階	三階
(一)	令第八十六条第二項ただし書の規定によって特定行政庁が指定する多雪区域（以下単に「多雪区域」という。）以外の区域における建築物	屋根を金属板，石板，木板その他これらに類する軽い材料でふいたもの	一一	二九	一五	三八	二五	四六	三四	一八
		屋根をその他の材料でふいたもの	一五	三三	二一	四二	三〇	五〇	三九	二四
(二)	多雪区域における建築物	令第八十六条第一項に規定する垂直積雪量（以下単に「垂直積雪量」という。）が一メートルの区域におけるもの	二五	四三	三三	五二	四二	六〇	五一	三五

	垂直積雪量が一メートルを超え二メートル未満の区域におけるもの	二五と三九とを直線的に補間した数値	四三と五七とを直線的に補間した数値	三三と五一とを直線的に補間した数値	五二と六六とを直線的に補間した数値	四二と六〇とを直線的に補間した数値	六〇と七四とを直線的に補間した数値	五一と六八とを直線的に補間した数値	三五と五五とを直線的に補間した数値
	垂直積雪量が二メートルの区域におけるもの	三九	五七	五一	六六	六〇	七四	六八	五五

　この表において，屋根に雪止めがなく，かつ，その勾配が三十度を超える建築物又は雪下ろしを行う慣習のある地方における建築物については，垂直積雪量をそれぞれ次のイ又はロに定める数値とみなして㈡を適用した場合における数値とすることができる。この場合において，垂直積雪量が一メートル未満の区域における建築物とみなされるものについては，平屋建て建築物にあっては二五と三九とを，二階建ての建築物の一階にあっては四三と五七とを，二階建ての建築物の二階にあっては三三と五一とを，三階建ての小屋裏利用建築物の一階にあっては五二と六六とを，三階建ての小屋裏利用建築物の二階にあっては四二と六〇とを，三階建ての建築物の一階にあっては六〇と七四とを，三階建ての建築物の二階にあっては五一と六八とを，三階建ての建築物の三階にあっては三五と五五とをそれぞれ直線的に延長した数値とする。
　イ　令第八十六条第四項に規定する屋根形状係数を垂直積雪量に乗じた数値（屋根の勾配が六十度を超える場合は，〇）
　ロ　令第八十六条第六項の規定により積雪荷重の計算に用いられる垂直積雪量の数値

表二

	区　　　域	見付面積に乗ずる数値（単位　一平方メートルにつきセンチメートル）
㈠	特定行政庁がその地方における過去の風の記録を考慮してしばしば強い風が吹くと認めて規則で指定した区域	五〇を超え，七五以下の範囲において特定行政庁がその地方における風の状況に応じて規則で定めた数値
㈡	㈠に掲げる区域以外の区域	五〇

六　耐力壁線相互の距離は十二メートル以下とし，かつ，耐力壁線により囲まれた部分の水平投影面積は四十平方メートル以下としなければならない。ただし，床版の枠組材と床材とを緊結する部分を構造耐力上有効に補強した場合にあっては，当該水平投影面積を六十平方メートル（耐力壁線により囲まれた部分の長辺の長さに対する短辺の長さの比が二分の一を超える場合にあっては七十二平方メートル）以下とすることができることとする。

七　外壁の耐力壁線相互の交さする部分（以下この号及び第十第一号において「交さ部」という。）には，長さ九十センチメートル以上の耐力壁を一以上設けなければならない。ただし，交さ部を構造耐力上有効に補強した場合において，交さ部に接する開口部又は交さ部からの距離が九十センチメートル未満の開口部で，幅（交さ部から開口部までの距離を含み，外壁の双方に開口部を設ける場合は，それらの幅の合計とする。）が四メートル以下のものを設けるときは，この限りでない。

八　耐力壁のたて枠相互の間隔は，次の表に掲げる数値以下（たて枠に枠組壁工法構造用製材等規格に規定する寸法型式二〇六，三〇六若しくは四〇六に適合する製材又は厚さ三十八ミリメートル以上で幅百四十ミリメートル以上の製材を使用する耐力壁については，五十センチメートル（当該耐力壁を三階建ての建築物の三階，二階建ての建築物の二階又は平屋建ての建築物に用いる場合については，六十五センチメートル）以下，たて枠に枠組壁工法構造用製材等規格に規定する寸法型式二〇八若しくは四〇八に適合する製材又は厚さ三十八ミリメートル以上で幅百八十四ミリメートル以上の製材を使用する耐力壁については六十五センチメートル以下）としなければならない。ただし，令第八十二条第一号から第三号までに定める構造計算によって構造耐力上安全であることが確かめられた場合においては，たて枠相互の間隔は，当該計算に用いた数値（当該耐力壁に木質断熱複合パネルを用いる場合を除き，当該数値が六十五センチメートルを超えるとき

は，六十五センチメートル）とすることができる。この場合において，同条各号中「構造耐力上主要な部分」とあるのは，「耐力壁」と読み替えて計算を行うものとする。

建　築　物			三階建ての建築物の三階，二階建ての建築物の二階又は平屋建ての建築物（単位　センチメートル）	三階建ての建築物の二階，三階建ての小屋裏利用建築物の二階又は二階建ての建築物の一階（単位　センチメートル）	三階建ての小屋裏利用建築物の一階（単位　センチメートル）
(一)	多雪区域以外の区域における建築物		六五	五〇	四五
(二)	多雪区域における建築物	垂直積雪量が一メートルの区域におけるもの	五〇	四五	三五
		垂直積雪量が一メートルを超え一・五メートル以下の区域におけるもの	五〇	三五	三一
		垂直積雪量が一・五メートルを超え二メートル以下の区域におけるもの	四五	三五	三一

　この表において，屋根に雪止めがなく，かつ，その勾配が三十度を超える建築物又は雪下ろしを行う慣習のある地方における建築物については，垂直積雪量がそれぞれ第五号の表一のイ又はロに定める数値の区域における建築物とみなして，この表の(二)を適用した場合における数値とすることができる。この場合において，垂直積雪量が一メートル未満の区域における建築物とみなされるものについては，次の表のとおりとする。

建　築　物	三階建ての建築物の三階，二階建ての建築物の二階又は平屋建ての建築物（単位　センチメートル）	三階建ての建築物の二階，三階建ての小屋裏利用建築物の二階又は二階建ての建築物の一階（単位　センチメートル）	三階建ての小屋裏利用建築物の一階（単位　センチメートル）
垂直積雪量が五十センチメートル以下の区域における建築物とみなされるもの	五〇	五〇	四五
垂直積雪量が五十センチメートルを超え一メートル未満の区域における建築物とみなされるもの	五〇	四五	四一

九　各耐力壁の隅角部及び交さ部には次に定めるところによりたて枠を用いるものとし，当該たて枠は相互に構造耐力上有効に緊結しなければならない。
　イ　たて枠に枠組壁工法構造用製材等規格に規定する寸法型式二〇四，二〇五又は三〇四に適合する製材のみを使用し，かつ，耐力壁のたて枠相互の間隔が前号の表に掲げる数値以下となる耐力壁に使用する場合にあっては，枠組壁工法構造用製材等規格に規定する寸法型式二〇四，又は三〇四に適合する製材を三本以上
　ロ　たて枠に枠組壁工法構造用製材等規格に規定する寸法型式二〇六，二〇八，三〇六，四〇四，四〇六又は四〇八に適合する製材を使用し，耐力壁のたて枠相互の間隔が前号の表に掲げる数値以下となる耐力壁に使用する場合にあっては，枠組壁工法構造用製材等規格に規定する寸法型式二〇六，二〇八，三〇六，四〇四，四〇六又は四〇八に適合する製材をそれぞれ二本以上
　ハ　イ及びロ以外の場合にあっては，次に定めるところによる。

(1) たて枠に枠組壁工法構造用製材等規格に規定する寸法型式二〇六に適合する製材又は厚さが三十八ミリメートルを超え，幅が百四十ミリメートルを超える製材を使用し，かつ，耐力壁のたて枠相互の間隔が五十センチメートル以下となる耐力壁又は三階建ての建築物の三階，二階建ての建築物の二階若しくは平屋建ての建築物の耐力壁のたて枠相互の間隔が六十五センチメートル以下となる耐力壁に使用する場合にあっては，枠組壁工法構造用製材等規格に規定する寸法型式二〇六に適合する製材を三本以上又は厚さが三十八ミリメートルを超え，幅が百四十ミリメートルを超える製材を二本以上

(2) たて枠に枠組壁工法構造用製材等規格に規定する寸法型式二〇八に適合する製材又は厚さが三十八ミリメートルを超え，幅が百八十四ミリメートルを超える製材を使用し，かつ，耐力壁のたて枠相互の間隔が六十五センチメートル以下となる耐力壁に使用する場合にあっては，枠組壁工法構造用製材等規格に規定する寸法型式二〇八に適合する製材を三本以上（三階建ての建築物の三階，二階建ての建築物の二階又は平屋建ての建築物の耐力壁のたて枠相互の間隔が六十五センチメートル以下となる耐力壁に使用する場合にあっては二本以上）又は厚さが三十八ミリメートルを超え，幅が百八十四ミリメートルを超える製材を二本以上

十 屋外に面する部分で，かつ，隅角部又は開口部の両端の部分にある耐力壁のたて枠は，直下の床の枠組に金物（くぎを除く。以下同じ。）又は壁材で構造耐力上有効に緊結しなければならない。

十一 耐力壁の上部には，当該耐力壁の上枠と同寸法の断面を有する頭つなぎを設け，耐力壁相互を構造耐力上有効に緊結しなければならない。ただし，当該耐力壁の上枠と同寸法以上の断面を有する床版の枠組材又は小屋組の部材（たるき，天井根太又はトラスをいう。以下同じ。）を当該上枠に緊結し，耐力壁相互を構造耐力上有効に緊結する場合においては，この限りではない。

十二 耐力壁線に設ける開口部の幅は四メートル以下とし，かつ，その幅の合計は当該耐力壁線の長さの四分の三以下としなければならない。

十三 幅九十センチメートル以上の開口部の上部には，開口部を構成するたて枠と同寸法以上の断面を有するまぐさ受けによってささえられたまぐさを構造耐力上有効に設けなければならない。ただし，構造耐力上有効な補強を行った場合においては，この限りでない。

十四 筋かいには，欠込みをしてはならない。

十五 壁の各部材相互及び壁の各部材と床版，頭つなぎ（第十一号ただし書の規定により耐力壁の上枠と床版の枠組材又は小屋組の部材とを緊結する場合にあっては，当該床版の枠組材又は小屋組の部材。以下この号において同じ。）又はまぐさ受けとは，次の表の緊結する部分の欄に掲げる区分に応じ，それぞれ同表の緊結の方法の欄に掲げるとおり緊結しなければならない。ただし，接合部の短期に生ずる力に対する許容せん断耐力が，同表の緊結する部分の欄に掲げる区分に応じ，それぞれ同表の許容せん断耐力の欄に掲げる数値以上であることが確かめられた場合においては，この限りでない。

緊結する部分			緊結の方法			許容せん断耐力
			くぎの種類	くぎの本数	くぎの間隔	
(一)	たて枠と上枠又は下枠		CN九〇 CNZ九〇	二本	—	一箇所当たり 千ニュートン
			CN七五 CNZ七五 BN九〇 CN六五 CNZ六五 BN七五	三本	—	
			BN六五	四本		
(二)	下枠と床版の枠組材	三階建ての建築物の一階	CN九〇 CNZ九〇	—	二十五センチメートル以下	一メートル当たり 三千二百ニュートン
			BN九〇	—	十七センチメートル以下	

			CN 九〇 CNZ 九〇	—	五十センチメートル以下	一メートル当たり 千六百ニュートン
		その他の階	BN 九〇	—	三十四センチメートル以下	
	(三)	上枠と頭つなぎ	CN 九〇 CNZ 九〇	—	五十センチメートル以下	一メートル当たり 千六百ニュートン
			BN 九〇	—	三十四センチメートル以下	
	(四)	たて枠とたて枠又はまぐさ受け	CN 七五 CNZ 七五	三十センチメートル以下	—	一メートル当たり 二千二百ニュートン
			BN 七五	—	二十センチメートル以下	

十六　地階の壁は，一体の鉄筋コンクリート造（二以上の部材を組み合わせたもので，部材相互を緊結したものを含む。）としなければならない。ただし，直接土に接する部分及び地面から三十センチメートル以内の外周の部分以外の壁は，これに作用する荷重及び外力に対して，第二号及び第四号から前号までの規定に準じ，構造耐力上安全なものとした枠組壁工法による壁とすることができる。

第六　根太等の横架材

床根太，天井根太その他の横架材には，その中央部付近の下側に構造耐力上支障のある欠込みをしてはならない。

第七　小屋組等

一　たるき及び天井根太の寸法は，枠組壁工法構造用製材等規格に規定する寸法型式二〇四，二〇五，二〇六，二〇八，二一〇，二一二，三〇四若しくは三〇六に適合するもの又は厚さ三十八ミリメートル以上で幅八十九ミリメートル以上のものであって，かつ，たるき若しくは天井根太とむなぎ，頭つなぎ若しくは屋根下地材との緊結に支障がないものとしなければならない。

二　たるき相互の間隔は，六十五センチメートル以下としなければならない。

三　たるきには，たるきつなぎを構造耐力上有効に設けなければならない。

四　トラスは，これに作用する荷重及び外力に対して構造耐力上安全なものとしなければならない。

五　たるき又はトラスは，頭つなぎ及び上枠に金物で構造耐力上有効に緊結しなければならない。ただし，たるき又はトラスと次に掲げる部材のいずれかとを金物で構造耐力上有効に緊結する場合においては，この限りではない。

　イ　上枠（第五第十一号ただし書の規定により耐力壁の上枠とたるき又はトラスとを緊結する場合に限る。）

　ロ　上枠及び天井根太（第五第十一号ただし書の規定により耐力壁の上枠と天井根太とを緊結する場合に限る。）

六　小屋組は，振れ止めを設ける等水平力に対して安全なものとしなければならない。

七　屋根版は，風圧力その他の外力に対して安全なものとしなければならない。

八　屋根版に使用する屋根下地材は，厚さ十二ミリメートル以上の構造用合板等，厚さ十五ミリメートル以上のパーティクルボード又は構造用パネル（構造用パネル規格に規定する一級若しくは二級ものに限る。）としなければならない。ただし，たるき相互の間隔を五十センチメートル以下とする場合においては，厚さ九ミリメートル以上の構造用合板等，厚さ十二ミリメートル以上のパーティクルボード，構造用パネル（たるき相互の間隔が三十一センチメートルを超える場合においては，構造用パネル規格に規定する一級，二級若しくは三級のものに限る。）又は厚さ十五ミリメートル以上の硬質木片セメント板（たるき相互の間隔が三十一センチメートルを超える場合においては，厚さ十八ミリメートル以上のものに限る。）とすることができる。

九　小屋組の各部材相互及び小屋組の部材と頭つなぎ（第五第十一号ただし書の規定により耐力壁の上枠と小屋組の部材とを緊結する場合にあっては，当該上枠。以下この号において同じ。）又は屋根下地材とは，次の表の緊結する部分の欄に掲げる区分に応じ，それぞれ同表の緊結の方法の欄に掲げるとおり緊結しなければならない。ただし，接合部の短期に生ずる力に対する許容せん断耐力が，同表の緊結する部分の欄に掲げる区分に応じ，それぞれ同表の許容せん断耐力の欄に掲げる数値以上であることが確かめられた場合におい

ては，この限りでない。

緊結する部分		緊結の方法			許容せん断耐力
		くぎの種類	くぎの本数	くぎの間隔	
(一)	たるきと天井根太	CN 九〇 CNZ 九〇	三本	—	一箇所当たり 二千四百ニュートン
		CN 七五 CNZ 七五	四本		
		BN 九〇 BN 七五	五本		
(二)	たるきとむなぎ	CN 七五 CNZ 七五	三本	—	一箇所当たり 千七百ニュートン
		BN 七五	四本	—	
(三)	たるき，天井根太又はトラスと頭つなぎ	CN 七五 CNZ 七五	二本	—	一箇所当たり 千百ニュートン
		CN 六五 CNZ 六五 BN 七五 BN 六五	三本		
(四)	たるき又はトラスと屋根下地材	屋根下地材の外周部分	CN 五〇 CNZ 五〇	—	十五センチメートル以下	一メートル当たり 二千六百ニュートン
			BN 五〇	—	十センチメートル以下	
		その他の部分	CN 五〇 CNZ 五〇	—	三十センチメートル以下	一メートル当たり 千三百ニュートン
			BN 五〇	—	二十センチメートル以下	

十　令第八十二条第一号から第三号に定める構造計算によって構造耐力上安全であることが確かめられた場合（この場合において，同条各号中「構造耐力上主要な部分」とあるのは，「小屋組又は屋根版」と読み替えるものとする。）を除き，小屋の屋根又は外壁（以下「屋根等」という。）に設ける開口部の幅は二メートル以下とし，かつ，その幅の合計は当該屋根等の下端の幅の二分の一以下としなければならない。ただし，構造耐力上有効な補強を行った開口部であって次のイからハまでに該当するものは，その幅を三メートル以下とすることができる。

　　イ　小屋の屋根に設けられるものであること。
　　ロ　屋根の端部からの距離が九十センチメートル以上であること。
　　ハ　他の開口部からの距離が百八十センチメートル以上であること。

十一　屋根等に設ける幅九十センチメートル以上の開口部の上部には，開口部を構成する部材と同寸法以上の断面を有するまぐさ受けによって支持されるまぐさを構造耐力上有効に設けなければならない。ただし，これと同等以上の構造耐力上有効な補強を行った場合においては，この限りでない。

十二　母屋及び小屋つかを用いた小屋組とする場合又は木質断熱複合パネル若しくは木質接着複合パネルを用いた屋根版とする場合においては，令第八十二条第一号から第三号までに定める構造計算により，構造耐力上安全であることを確かめなければならない。この場合において，同条各号中「構造耐力上主要な部分」とあるのは，「小屋組又は屋根版」と読み替えて計算を行うものとする。

十三　前号に掲げるもののほか，屋根版に直交集成板を使用する場合においては，令第八十二条第一号から第三号までに定める構造計算及び建築物等の地上部分について行う令第八十二条の六第二号に定める構造計算により，構造耐力上安全であることを確かめなければならない。

十四　前二号に掲げるもののほか，天井根太に軽量H形鋼を使用する場合において，令第八十二条第一号から第三号までに定める構造計算及び建築物等の地上部分について行う令第八十二条の六第二号に定める構造

計算により，構造耐力上安全であることを確かめられたものについては，第一号の規定は，適用しない。

第八　防腐措置等
一　土台が基礎と接する面及び鉄網モルタル塗その他の壁の枠組材が腐りやすい構造である部分の下地には，防水紙その他これに類するものを使用しなければならない。
二　土台には，枠組壁工法構造用製材等規格に規定する防腐処理その他これに類する防腐処理を施した旨の表示がしてあるものを用いなければならない。ただし，同規格に規定する寸法型式四〇四，四〇六又は四〇八に適合するものを用いる場合においては，防腐剤塗布，浸せきその他これに類する防腐措置を施したものを用いることができる。
三　地面から一メートル以内の構造耐力上主要な部分（床根太及び床材を除く。）に使用する木材には，有効な防腐措置を講ずるとともに，必要に応じて，しろありその他の虫による害を防ぐための措置を講じなければならない。
四　構造耐力上主要な部分のうち，直接土に接する部分及び地面から三十センチメートル以内の外周の部分，鉄筋コンクリート造，鉄骨造その他腐朽及びしろありその他の虫による害を防ぐための措置を講じなければならない。
五　腐食のおそれのある部分及び常時湿潤状態となるおそれのある部分の部材を緊結するための金物には，有効なさび止めのための措置を講じなければならない。
六　構造耐力上主要な部分に薄板軽量形鋼又は軽量H形鋼を用いる場合にあっては，当該薄板軽量形鋼又は軽量H形鋼の表面仕上げはJIS G 三三〇二（溶融亜鉛めっき鋼板及び鋼帯）―一九九八に規定するめっきの付着量表示記号 Z 二七その他これに類する有効なさび止め及び摩損防止のための措置を講じたものとしなければならない。ただし，次に掲げる場合にあっては，この限りでない。
　イ　薄板軽量形鋼又は軽量H形鋼を屋外に面する部分（防水紙その他これに類するもので有効に防水されている部分を除く。）及び湿潤状態となるおそれのある部分以外の部分に使用する場合
　ロ　薄板軽量形鋼又は軽量H形鋼に床材，壁材又は屋根下地材等による被覆その他これに類する有効な防止のための措置を講じた場合

第九　保有水平耐力計算と同等以上に安全性を確かめることができる構造計算
　　令第八十一条第二項第一号イに規定する保有水平耐力計算と同等以上に安全性を確かめることができる構造計算を次の各号に定める。
一　令第八十二条各号に定めるところによること。
二　構造耐力上主要な部分に使用する構造部材相互の接合部がその部分の存在応力を伝えることができるものであることを確かめること。
三　建築物等の地上部分について，令第八十七条第一項に規定する風圧力（以下「風圧力」という。）によって各階に生ずる水平方向の層間変位の当該各階の高さに対する割合が二百分の一（風圧力による構造耐力上主要な部分の変形によって建築物等の部分に著しい損傷が生ずるおそれのない場合にあっては，百二十分の一）以内であることを確かめること。
四　建築物等の地上部分について，令第八十八条第一項に規定する地震力（以下「地震力」という。）によって各階に生じる水平方向の層間変位の当該各階の高さに対する割合が二百分の一（地震力による構造耐力上主要な部分の変形によって建築物等の部分に著しい損傷が生ずるおそれのない場合にあっては，百二十分の一）以内であることを確かめること。
五　建築物等の地上部分について，令第八十二条の三各号に定めるところによること。この場合において，耐力壁に木質接着複合パネルを用いる場合にあっては，同条第二号中「各階の構造特性を表すものとして，建築物の構造耐力上主要な部分の構造方法に応じた減衰性及び各階の靱性を考慮して国土交通大臣が定める数値」とあるのは，「〇・五五以上の数値。ただし，当該建築物の振動に関する減衰性及び当該階の靱性を適切に評価して算出することができる場合においては，当該算出した数値によることができる。」と読み替えるものとする。

第十　構造計算によって構造耐力上安全であることが確かめられた建築物等
一　次のイ及びロに定めるところにより行う構造計算によって構造耐力上安全であることが確かめられた建築物等については，第四第二号（床根太の支点間の距離に係る部分に限る。）及び第七号，第五第五号，第六

号，第七号（交さ部に設けた外壁の耐力壁の長さの合計が九十センチメートル以上である場合に限る。），第十二号及び第十五号並びに第七第九号の規定は適用しない。
- イ 第九第一号及び第二号に定めるところによること。
- ロ 建築物等の地上部分について，令第八十二条の六第二号ロに定めるところによること。
二 第九第一号及び第二号に定めるところにより行う構造計算によって構造耐力上安全であることが確かめられた建築物等については，第三第二号，第四第三号（床根太相互の間隔を一メートル以下とする場合に限る。）及び第七号，第五第五号，第九号，第十一号及び第十五号並びに第七第二号（たるき相互の間隔を一メートル以下とする場合に限る。）及び第九号の規定は適用しない。

第十一 耐久性等関係規定の指定
令第三十六条第一項に規定する耐久性等関係規定として，第八に定める安全上必要な技術的基準を指定する。

第十二 令第三十六条第二項第一号の規定に基づく技術的基準の指定
令第三十六条第二項第一号の規定に基づき，第九に規定する構造計算を行った場合に適用を除外することができる技術的基準として，第一及び第三から第七までの規定（第五第一号の規定を除く。）に定める技術的基準を指定する。

附　則

この告示は，建築基準法施行規則及び建築基準法に基づく指定資格検定機関等に関する省令の一部を改正する省令（平成十三年国土交通省令第百二十八号）の施行の日（平成十三年十月十五日）から施行する。

附　則（平成一六年九月二九日国土交通省告示第一一七九号）

（施行期日）
一　この告示は，平成十六年十月一日から施行する。

（経過措置）
二　この告示の施行の日前に製造され，又は輸入された石綿パーライト板又は石綿けい酸カルシウム板を用いる壁で，この告示による改正前の平成十三年国土交通省告示第千五百四十号の規定に適合するものは，改正後の平成十三年国土交通省告示第千五百四十号の規定に適合するものとみなす。

附　則（平成一九年五月一八日国土交通省告示第六〇四号）

この告示は，平成十九年六月二十日から施行する。

附　則（平成一九年一一月二七日国土交通省告示第一五二六号）

この告示は，平成十九年十一月二十七日から施行する。

附　則（平成二〇年二月一四日国土交通省告示第一二四号）

この告示は，平成十九年十二月二十四日から適用する。

附　則（平成二七年六月三〇日国土交通省告示第八一六号）

この告示は，公布の日から施行する。

附　則（平成二七年八月四日国土交通省告示第九一〇号）

この告示は，公布の日から施行する。

附　則（平成二八年六月一日国土交通省告示第七九六号）

この告示は，公布の日から施行する。

附　則（平成二九年九月二六日国土交通省告示第八六七号）

この告示は，公布の日から施行する。

附　則（平成三〇年三月二六日国土交通省告示第四九〇号）

この告示は，公布の日から施行する。

第2章

建築基準法施行規則第8条の3

○国土交通省令第百二十八号

　建築基準法（昭和二十五年法律第二百一号）第六条第一項（法第八十七条第一項において準用する場合を含む。），第七十七条の五十六第二項において準用する法第七十七条の三十六第二項，法第七十七条の五十六第二項において準用する法第七十七条の四十二第一項，第九十七条の四第一項及び第二項並びに建築基準法施行令（昭和二十五年政令第三百三十八号）第八十条の二の規定に基づき，建築基準法施行規則及び建築基準法に基づく指定資格検定機関等に関する省令の一部を改正する省令を次のように定める。

　　平成十三年九月十四日　　　　　　　　　　　　　　　　　　　　　国土交通大臣　林　　寛子

建築基準法施行規則及び建築基準法に基づく指定資格検定機関等に関する省令の一部を改正する省令
　　　（略）
　第八条の二の次に次の一条を加える。
　（枠組壁工法を用いた建築物等の構造方法）
第八条の三　構造耐力上主要な部分である壁及び床版に，枠組壁工法（木材を使用した枠組に構造用合板その他これに類するものを打ち付けることにより，壁及び床版を設ける工法をいう。以下同じ。）により設けられるものを用いる場合における当該壁及び床版の構造は，国土交通大臣が定める技術的基準に適合するもので，国土交通大臣が定めた構造方法を用いるもの又は国土交通大臣の認定を受けたものとしなければならない。
　　　（略）

第3章

平成13年国土交通省告示第1541号
（改正平成30年3月26日）

○国土交通省告示第千五百四十一号

　建築基準法施行規則（昭和二十五年建設省令第四十号）第八条の三の規定に基づき，構造耐力上主要な部分である壁及び床版に，枠組壁工法（木材を使用した枠組に構造用合板その他これに類するものを打ち付けることにより，壁及び床版を設ける工法をいう。）により設けられるものを用いる場合における国土交通大臣が定める技術的基準に適合する当該壁及び床版の構造方法を次のように定める。
　　平成十三年十月十五日　　　　　　　　　　　　　　　　　　　　　　　国土交通大臣　　林　　寛子

平成16年改正	平成16年9月29日	国土交通省告示第1180号
平成19年改正	平成19年5月18日	国土交通省告示第626号
平成27年改正	平成27年6月30日	国土交通省告示第816号
	平成27年8月4日	国土交通省告示第910号
平成28年改正	平成28年6月1日	国土交通省告示第796号
平成29年改正	平成29年9月26日	国土交通省告示第867号
平成30年改正	平成30年3月26日	国土交通省告示第490号

構造耐力上主要な部分である壁及び床版に，枠組壁工法により設けられるものを用いる場合における技術的基準に適合する当該壁及び床版の構造方法を定める件

第一　構造耐力上主要な部分である壁に，枠組壁工法により設けられるものを用いる場合における技術的基準に適合する当該壁の構造方法は，次の各号に定めるところによる。
　一　耐力壁は，外壁又は間仕切壁のそれぞれについて，木質接着複合パネル（平成十二年建設省告示第千四百四十六号第一第十三号に規定する木質接着複合パネルをいう。以下同じ。）を使用するものとこれ以外の工法によるものとを併用してはならない。
　二　耐力壁は，建築物に作用する水平力及び鉛直力に対して安全であるように，釣合い良く配置しなければならない。この場合において，耐力壁の負担する鉛直力を負担する柱又は耐力壁以外の壁（常時作用している荷重（固定荷重と積載荷重との和（建築基準法施行令（昭和二十五年政令第三百三十八号。以下「令」という。）第八十六条第二項ただし書の規定によって特定行政庁が指定する多雪区域においては，更に積雪荷重を加えたものとする。））によって生ずる応力度が，当該柱又は耐力壁以外の壁の各断面の長期に生ずる力に対する許容応力度を超えないことが確かめられたものに限る。）を設ける場合においては，当該耐力壁にかえて当該柱又は耐力壁以外の壁を配置することができる。
　三　二階部分又は三階部分に耐力壁を設けず当該部分を小屋裏とする場合においては，直下階の構造耐力上主要な部分が当該小屋裏の荷重を直接負担する構造としなければならない。
　四　耐力壁の下枠，たて枠及び上枠の寸法は，枠組壁工法構造用製材及び枠組壁工法構造用たて継ぎ材の日本農林規格（昭和四十九年農林省告示第六百号。以下「枠組壁工法構造用製材等規格」という。）に規定する寸法型式二〇四，二〇五，二〇六，二〇八，三〇四，三〇六，四〇四，四〇六若しくは四〇八に適合するも

の又は厚さ三十八ミリメートル以上で幅八十九ミリメートル以上のものであって，かつ，下枠，たて枠若しくは上枠と床版の枠組材（床根太，端根太又は側根太をいう。以下同じ。），頭つなぎ，まぐさ受け若しくは筋かいの両端部との緊結及び下枠若しくは上枠とたて枠との緊結に支障がないものとしなければならない。

五　各階の張り間方向及びけた行方向に配置する耐力壁は，それぞれの方向につき，耐力壁のたて枠相互の間隔が五十センチメートルを超える場合においては次の表一の，当該間隔が五十センチメートル以下の場合においては次の**表一‐二**の耐力壁の種類の欄に掲げる区分に応じて当該耐力壁の長さに同表の倍率の欄に掲げる数値を乗じて得た長さの合計を，その階の床面積（その階又は上の階の小屋裏，天井裏その他これらに類する部分に物置等を設ける場合にあっては，平成十二年建設省告示第千三百五十一号に規定する面積をその階の床面積に加えた面積）に次の表二に掲げる数値（特定行政庁が令第八十八条第二項の規定によって指定した区域内における場合においては，次の表二に掲げる数値のそれぞれ一・五倍とした数値）を乗じて得た数値以上で，かつ，その階（その階より上の階がある場合においては，当該上の階を含む。）の見付面積（張り間方向又はけた行方向の鉛直投影面積をいう。以下同じ。）からその階の床面からの高さが一・三五メートル以下の部分の見付面積を減じたものに次の**表三**に掲げる数値を乗じて得た数値以上としなければならない。

表一

	耐力壁の種類				倍率
		緊結の方法			
		くぎ又はねじの種類	くぎ又はねじの本数	くぎ又はねじの間隔	
(一)	構造用合板若しくは化粧ばり構造用合板（合板の日本農林規格（平成十五年農林水産省告示第二百三十三号。以下「合板規格」という。）に規定する特類又は一類（屋外に面する部分（防水紙その他これに類するもので有効に防水されている部分を除く。）又は湿潤状態となるおそれのある部分（常時湿潤状態となるおそれのある部分を除く。）に用いる場合は特類に限る。）をいう。以下「構造用合板等」という。）のうち厚さ七・五ミリメートル以上の一級若しくは厚さ九ミリメートル以上の二級，構造用パネル（構造用パネルの日本農林規格（昭和六十二年農林水産省告示第三百六十号。以下「構造用パネル規格」という。）に規定する一級，二級，三級又は四級をいう。表一‐二及び(四)において同じ。(七)），ハードボード（日本工業規格（以下「JIS」という。）A 五九〇五（繊維板）‐一九九四に規定するハードファイバーボードの三五タイプ又は四五タイプをいう。以下同じ。）のうち厚さ七ミリメートル以上のもの又はパーティクルボード（JIS A 五九〇八（パーティクルボード）‐一九九四に規定する一八タイプ，一三タイプ，二四‐一〇タイプ，一七・五‐一〇・五タイプ又は三〇‐一五タイプをいう。以下同じ。）のうち厚さ十二ミリメートル以上のものを片側全面に打ち付けた耐力壁	CN 五〇 CNZ 五〇 BN 五〇	―	壁材の外周部分は十センチメートル以下，その他の部分は二十センチメートル以下	三

(二)	構造用合板等のうち厚さ七・五ミリメートル以上九ミリメートル未満の二級又はハードボードのうち厚さ五ミリメートル以上七ミリメートル未満のものを片側全面に打ち付けた耐力壁	CN 五〇 CNZ 五〇 BN 五〇	—	壁材の外周部分は十センチメートル以下,その他の部分は二十センチメートル以下	二・五
(三)	構造用せっこうボードA種(JIS A 六九〇一(せっこうボード製品)-二〇〇五に規定する構造用せっこうボードA種をいう。以下同じ。)のうち厚さ十二ミリメートル以上のものを片側全面に打ち付けた耐力壁	GNF 四〇 SF 四五 WSN DTSN	—	壁材の外周部分は十センチメートル以下,その他の部分は二十センチメートル以下	一・七
(四)	構造用せっこうボードB種(JIS A 六九〇一(せっこうボード製品)-二〇〇五に規定する構造用せっこうボードB種をいう。以下同じ。)のうち厚さ十二ミリメートル以上のものを片側全面に打ち付けた耐力壁	GNF 四〇 SF 四五 WSN DTSN	—	壁材の外周部分は十センチメートル以下,その他の部分は二十センチメートル以下	一・五
(五)	フレキシブル板(JIS A 五四三〇(繊維強化セメント板)-二〇〇一に規定するフレキシブル板をいう。以下同じ。)のうち厚さ六ミリメートル以上のものを片側全面に打ち付けた耐力壁	GFN 四〇 SF 四五	—	壁材の外周部分は十五センチメートル以下,その他の部分は三十センチメートル以下	一・五
(六)	強化せっこうボード(JIS A 六九〇一(せっこうボード製品)-二〇〇五に規定する強化せっこうボードをいう。以下同じ。)のうち厚さ十二ミリメートル以上のものを片側全面に打ち付けた耐力壁	GNF 四〇 SF 四五 WSN DTSN	—	壁材の外周部分は十センチメートル以下,その他の部分は二十センチメートル以下	一・三
(七)	せっこうボード(JIS A 六九〇一(せっこうボード製品)-二〇〇五に規定するせっこうボードをいう。以下同じ。)のうち厚さ十二ミリメートル以上のものを片側全面に打ち付けた耐力壁	GNF 四〇 SF 四五 WSN DTSN	—	壁材の外周部分は十センチメートル以下,その他の部分は二十センチメートル以下	一
(八)	シージングボード(JIS A 五九〇五(繊維板)-一九九四に規定するシージングボードをいう。以下同じ。)のうち厚さ十二ミリメートル以上のものを片側全面に打ち付けた耐力壁	SN 四〇	—	壁材の外周部分は十センチメートル以下,その他の部分は二十センチメートル以下	一
(九)	(一)から(八)までに掲げる壁材を両側全面に打ち付けた耐力壁	(一)から(八)までのそれぞれの種類	(一)から(八)までのそれぞれの本数	(一)から(八)までのそれぞれの間隔	(一)から(八)までのそれぞれの数値と(一)から(八)までのそれぞれの数値との和(五をこえるときは五)

		くぎ又はねじの種類			倍率
(十)	厚さ十八ミリメートル以上，幅八十九ミリメートル以上の筋かいを入れた耐力壁	CN 六五 CNZ 六五	下枠，たて枠及び上枠二本	—	〇・五
		BN 六五	下枠，たて枠及び上枠三本		
(十一)	(一)から(九)までに掲げる耐力壁と(十)に掲げる筋かいとを併用した耐力壁	(一)から(十)までのそれぞれの種類	(一)から(十)までのそれぞれの本数	(一)から(十)までのそれぞれの間隔	(一)から(九)までのそれぞれの数値と(十)の数値との和（五をこえるときは五）

一　この表において，SF 四五，CN 五〇，CN 六五，CNZ 五〇，CNZ 六五，BN 五〇，BN 六五，GNF 四〇及び SN 四〇は，それぞれ JIS A 五五〇八（くぎ）-二〇〇五に規定する SF 四五，CN 五〇，CN 六五，CNZ 五〇，CNZ 六五，BN 五〇，BN 六五，GNF 四〇及び SN 四〇を，WSN は，JIS B 一一一二（十字穴付き木ねじ）-一九九五に適合する十字穴付き木ねじであって，呼び径及び長さが，それぞれ三・八ミリメートル及び三十二ミリメートル以上のものを，DTSN は，JIS B 一一二五（ドリリングタッピンねじ）-二〇〇三に適合するドリリングタッピンねじであって，頭部の形状による種類，呼び径及び長さが，それぞれトランペット，四・二ミリメートル及び三十ミリメートル以上のものを表すものとする。以下表一-二において同じ。

二　(十)に掲げる耐力壁であって，壁の枠組材と筋かいの両端部の短期に生ずる力に対する許容せん断力が一箇所当たり千百ニュートン以上であることが確かめられた場合においては，緊結の方法の欄に掲げる方法によらないことができる。

表一-二

	耐力壁の種類	緊結の方法			倍率
		くぎ又はねじの種類	くぎ又はねじの本数	くぎ又はねじの間隔	
(一)	構造用合板等のうち厚さ十二ミリメートル以上の一級若しくは二級又は構造用パネル（構造用パネル規格に規定する一級，二級又は三級のものに限る。(五)項において同じ。）のうち厚さが十二ミリメートル以上のものを片側全面に打ち付けた耐力壁	CN 六五 CNZ 六五	—	壁材の外周部分は五センチメートル以下，その他の部分は二十センチメートル以下	四・八
(二)	構造用パーティクルボード（JIS A 五九〇八（パーティクルボード）-二〇一五に規定する構造用パーティクルボードに限る。以下同じ。）又は構造用MDF（JIS A 五九〇五（繊維板）-二〇一四に規定する構造用MDFに限る。以下同じ）を片側全面に打ち付けた耐力壁	CN 五〇 CNZ 五〇	—	壁材の外周部分は五センチメートル以下，その他の部分は二十センチメートル以下	四・八
(三)	構造用合板等のうち厚さ十二ミリメートル以上の一級又は二級を片側全面に打ち付けた耐力壁	CN 六五 CNZ 六五	—	壁材の外周部分は七・五センチメートル以下，その他の部分は二十センチメートル以下	四・五

(四)	構造用合板等のうち厚さ九ミリメートル以上の一級若しくは二級又は構造用パネルのうち厚さが九ミリメートル以上のものを片側全面に打ち付けた耐力壁	CN 五〇 CNZ 五〇	—	壁材の外周部分は五センチメートル以下，その他の部分は二十センチメートル以下	三・七
(五)	構造用合板等のうち厚さ十二ミリメートル以上の一級若しくは二級又は構造用パネルのうち厚さが十二ミリメートル以上のものを片側全面に打ち付けた耐力壁	CN 六五 CNZ 六五	—	壁材の外周部分は十センチメートル以下，その他の部分は二十センチメートル以下	三・六
(六)	構造用合板等のうち厚さ九ミリメートル以上の一級を片側全面に打ち付けた耐力壁	CN 五〇 CNZ 五〇 BN 五〇	—	壁材の外周部分は十センチメートル以下，その他の部分は二十センチメートル以下	三・五
(七)	構造用合板等のうち厚さ七・五ミリメートル以上九ミリメートル未満の一級若しくは厚さ九ミリメートル以上の二級，ハードボードのうち厚さ七ミリメートル以上のもの，パーティクルボードのうち厚さ十二ミリメートル以上のもの，構造用パーティクルボード，構造用MDF又は構造用パネルを片側全面に打ち付けた耐力壁	CN 五〇 CNZ 五〇 BN 五〇	—	壁材の外周部分は十センチメートル以下，その他の部分は二十センチメートル以下	三
(八)	構造用合板等で厚さ七・五ミリメートル以上九ミリメートル未満の二級，ハードボードで厚さ五ミリメートル以上七ミリメートル未満のもの又は硬質木片セメント板で厚さ十二ミリメートル以上のものを片側全面に打ち付けた耐力壁	CN 五〇 CNZ 五〇 BN 五〇	—	壁材の外周部分は十センチメートル以下，その他の部分は二十センチメートル以下	二・五
(九)	フレキシブル板のうち厚さ六ミリメートル以上のものを片側全面に打ち付けた耐力壁	GNF 四〇 SF 四五	—	壁材の外周部分は十五センチメートル以下，その他の部分は三十センチメートル以下	二
(十)	パルプセメント板（JIS A 五四一四（パルプセメント板）―一九九三に規定する一・〇板をいう。）のうち厚さ八ミリメートル以上のものを片側全面に打ち付けた耐力壁	GNF 四〇 SF 四五	—	壁材の外周部分は十センチメートル以下，その他の部分は二十センチメートル以下	二
(十一)	構造用せっこうボードA種のうち厚さ十二ミリメートル以上のものを片側全面に打ち付けた耐力壁	GNF 四〇 SF 四五 WSN DTSN	—	壁材の外周部分は十センチメートル以下，その他の部分は二十センチメートル以下	一・七

(十二)	構造用せっこうボードB種のうち厚さ十二ミリメートル以上のものを片側全面に打ち付けた耐力壁	GNF 四〇 SF 四五 WSN DTSN	—	壁材の外周部分は十センチメートル以下，その他の部分は二十センチメートル以下	一・五
(十三)	厚さ十三ミリメートル以上，幅二十一センチメートル以上の製材を片側全面に斜めに打ち付けた耐力壁	CN 五〇 CNZ 五〇	下枠，たて枠及び上枠 2本	—	一・五
		BN 五〇	下枠，たて枠及び上枠 3本		
(十四)	強化せっこうボードのうち厚さ十二ミリメートル以上のものを片側全面に打ち付けた耐力壁	GNF 四〇 SF 四五 WSN DTSN	—	壁材の外周部分は十センチメートル以下，その他の部分は二十センチメートル以下	一・三
(十五)	せっこうボードのうち厚さ十二ミリメートル以上のもの又はラスシート（角波亜鉛鉄板は厚さ〇・四ミリメートル以上，メタルラスは厚さ〇・六ミリメートル以上のものに限る。）を片側全面に打ち付けた耐力壁	GNF 四〇 SF 四五 WSN DTSN	—	壁材の外周部分は十センチメートル以下，その他の部分は二十センチメートル以下	一
(十六)	ラスシート（角波亜鉛鉄板は厚さ〇・四ミリメートル以上，メタルラスは厚さ〇・六ミリメートル以上のものに限る。）を片側全面に打ち付けた耐力壁	CN 五〇 CNZ 五〇 BN 五〇	—	壁材の外周部分は十センチメートル以下，その他の部分は二十センチメートル以下	一
(十七)	シージングボードのうち厚さ十二ミリメートル以上のものを片側全面に打ち付けた耐力壁	SN 四〇	—	壁材の外周部分は十センチメートル以下，その他の部分は二十センチメートル以下	一
(十八)	厚さ十三ミリメートル以上，幅二十一センチメートル以上の製材を片側全面に横に打ち付けた耐力壁	CN 五〇 CNZ 五〇	下枠，たて枠及び上枠 二本	—	〇・五
		BN 五〇	下枠，たて枠及び上枠 三本		
(十九)	(一)から(十八)までに掲げる壁材を両側全面に打ち付けた耐力壁	(一)から(十八)までのそれぞれの種類	(一)から(十八)までのそれぞれの本数	(一)から(十八)までのそれぞれの間隔	(一)から(十八)までのそれぞれの数値と(一)から(十八)までのそれぞれの数値との和（五を超えるときは，五）

(二十)	厚さ十八ミリメートル以上，幅八十九ミリメートル以上の筋かいを入れた耐力壁	CN 六五 CNZ 六五	下枠，たて枠及び上枠二本	—	〇・五
		BN 六五	下枠，たて枠及び上枠三本		
(二十一)	(一)から(十九)までに掲げる耐力壁と(二十)に掲げる筋かいとを併用した耐力壁	(一)から(二十)までのそれぞれの種類	(一)から(二十)までのそれぞれの本数	(一)から(二十)までのそれぞれの間隔	(一)から(十九)までのそれぞれの数値と(二十)の数値との和（五を超えるときは，五）

一　(二十)に掲げる耐力壁であって，壁の枠組材と筋かいの両端部の短期に生ずる力に対する許容せん断力が一箇所当たり千百ニュートン以上であることが確かめられた場合においては，緊結の方法の欄に掲げる方法によらないことができる。

二　二以上の項に該当する場合は，これらのうち倍率の欄に掲げる数値が最も大きいものである項に該当するものとする。

表二

		階の床面積に乗ずる数値（単位　一平方メートルにつきセンチメートル）						
建築物		地階を除く階数が一の建築物（以下「平屋建ての建築物」という。）	地階を除く階数が二の建築物（以下「二階建ての建築物」という。）		地階を除く階数が三の建築物で，三階部分に耐力壁を設けず当該部分を小屋裏とし，かつ，三階の床面積が二階の床面積の二分の一以下の建築物（以下「三階建ての小屋裏利用建築物」という。）		地階を除く階数が三の建築物で，上欄に掲げる建築物以外のもの（以下「三階建ての建築物」という。）		
			一階	二階	一階	二階	一階	二階	三階
(一)	令第八十六条第二項ただし書の規定によって特定行政庁が指定する多雪区域（以下単に「多雪区域」という。）以外の区域における建築物	屋根を金属板，石板，木板その他これらに類する軽い材料でふいたもの	一一	二九	一五	三八	二五	四六	三四	一八
		屋根をその他の材料でふいたもの	一五	三三	二一	四二	三〇	五〇	三九	二四

(二)	多雪区域における建築物	令第八十六条第一項に規定する垂直積雪量（以下単に「垂直積雪量」という。）が一メートルの区域におけるもの	二五	四三	三三	五二	四二	六〇	五一	三五
		垂直積雪量が一メートルを超え二メートル未満の区域におけるもの	二五と三九とを直線的に補間した数値	四三と五七とを直線的に補間した数値	三三と五一とを直線的に補間した数値	五二と六六とを直線的に補間した数値	四二と六〇とを直線的に補間した数値	六〇と七四とを直線的に補間した数値	五一と六八とを直線的に補間した数値	三五と五五とを直線的に補間した数値
		垂直積雪量が二メートルの区域におけるもの	三九	五七	五一	六六	六〇	七四	六八	五五

　この表において，屋根に雪止めがなく，かつ，その勾配が三十度を超える建築物又は雪下ろしを行う慣習のある地方における建築物については，垂直積雪量をそれぞれ次のイ又はロに定める数値とみなして(二)を適用した場合における数値とすることができる。この場合において，垂直積雪量が一メートル未満の区域における建築物とみなされるものについては，平屋建て建築物にあっては二五と三九とを，二階建ての建築物の一階にあっては四三と五七とを，二階建ての建築物の二階にあっては三三と五一とを，三階建ての小屋裏利用建築物の一階にあっては五二と六六とを，三階建ての小屋裏利用建築物の二階にあっては四二と六〇とを，三階建ての建築物の一階にあっては六〇と七四とを，三階建ての建築物の二階にあっては五一と六八とを，三階建ての建築物の三階にあっては三五と五五とをそれぞれ直線的に延長した数値とする。

イ　令第八十六条第四項に規定する屋根形状係数を垂直積雪量に乗じた数値（屋根の勾配が六十度を超える場合は，〇）

ロ　令第八十六条第六項の規定により積雪荷重の計算に用いられる垂直積雪量の数値

表三

	区　　　　域	見付面積に乗ずる数値（単位　一平方メートルにつきセンチメートル）
(一)	特定行政庁がその地方における過去の風の記録を考慮してしばしば強い風が吹くと認めて規則で指定した区域	五〇を超え，七五以下の範囲において特定行政庁がその地方における風の状況に応じて規則で定めた数値
(二)	(一)に掲げる区域以外の区域	五〇

六　耐力壁線相互の距離十二メートル以下とし，かつ，耐力壁線により囲まれた部分の水平投影面積は四十平方メートル以下としなければならない。ただし，床版の枠組材と床材とを緊結する部分を構造耐力上有効に補強した場合にあっては，当該水平投影面積を六十平方メートル以下（耐力壁線により囲まれた部分の長辺の長さに対する短辺の長さの比が二分の一を超える場合にあっては七十二平方メートル）とすることができることとする。

七　外壁の耐力壁線相互の交さする部分（以下この号及び第三第二号において「交さ部」という。）には，長さ九十センチメートル以上の耐力壁を一以上設けなければならない。ただし，交さ部を構造耐力上有効に補強した場合において，交さ部に接する開口部又は交さ部からの距離が九十センチメートル未満の開口部で，幅（交さ部から開口部までの距離を含み，外壁の双方に開口部を設ける場合は，それらの幅の合計とする。）が四メートル以下のものを設けるときは，この限りでない。

八　耐力壁のたて枠相互の間隔は，次の表に掲げる数値以下（たて枠に枠組壁工法構造用製材等規格に規定す

る寸法型式二〇六，三〇六若しくは四〇六に適合する製材又は厚さ三十八ミリメートル以上で幅百四十ミリメートル以上の製材を使用する耐力壁については，五十センチメートル（当該耐力壁を三階建ての建築物の三階，二階建ての建築物の二階又は平屋建ての建築物に用いる場合については，六十五センチメートル）以下，たて枠に枠組壁工法構造用製材等規格に規定する寸法型式二〇八若しくは四〇八に適合する製材又は厚さ三十八ミリメートル以上で幅百八十四ミリメートル以上の製材を使用する耐力壁については，六十五センチメートル以下）としなければならない。ただし，令第八十二条第一号から第三号までに定める構造計算によって構造耐力上安全であることが確かめられた場合においては，たて枠相互の間隔は，当該計算に用いた数値（当該耐力壁に木質断熱複合パネルを用いる場合を除き，当該数値が六十五センチメートルを超えるときは，六十五センチメートル）とすることができる。この場合において，同条各号中「構造耐力上主要な部分」とあるのは，「耐力壁」と読み替えて計算を行うものとする。

建築物		三階建ての建築物の三階，二階建ての建築物の二階又は平屋建ての建築物（単位　センチメートル）	三階建ての建築物の二階，三階建ての小屋裏利用建築物の二階又は二階建ての建築物の一階（単位　センチメートル）	三階建ての小屋裏利用建築物の一階（単位　センチメートル）
(一)	多雪区域以外の区域における建築物	六五	五〇	四五
(二)	多雪区域における建築物 垂直積雪量が一メートルの区域におけるもの	五〇	四五	三五
	垂直積雪量が一メートルを超え一・五メートル以下の区域におけるもの	五〇	三五	三一
	垂直積雪量が一・五メートルを超え二メートル以下の区域におけるもの	四五	三五	三一

この表において，屋根に雪止めがなく，かつ，その勾配が三十度を超える建築物又は雪下ろしを行う慣習のある地方における建築物については，垂直積雪量がそれぞれ第五号の表二のイ又はロに定める数値の区域における建築物とみなして，この表の(二)を適用した場合における数値とすることができる。この場合において，垂直積雪量が一メートル未満の区域における建築物とみなされるものについては，次の表のとおりとする。

建築物	三階建ての建築物の三階，二階建ての建築物の二階又は平屋建ての建築物（単位　センチメートル）	三階建ての建築物の二階，三階建ての小屋裏利用建築物の二階又は二階建ての建築物の一階（単位　センチメートル）	三階建ての小屋裏利用建築物の一階（単位　センチメートル）
垂直積雪量が五十センチメートル以下の区域における建築物とみなされるもの	五〇	五〇	四五
垂直積雪量が五十センチメートルを超え一メートル未満の区域における建築物とみなされるもの	五〇	四五	四一

九　各耐力壁の隅角部及び交さ部には次に定めるところによりたて枠を用いるものとし，当該たて枠は相互に構造耐力上有効に緊結しなければならない。

イ　たて枠に枠組壁工法構造用製材等規格に規定する寸法型式二〇四，二〇五又は三〇四に適合する製材のみを使用し，かつ，耐力壁のたて枠相互の間隔が前号の表に掲げる数値以下となる耐力壁に使用する場合にあっては，枠組壁工法構造用製材等規格に規定する寸法型式二〇四又は三〇四に適合する製材を三本以上

ロ　たて枠に枠組壁工法構造用製材等規格に規定する寸法型式二〇六，二〇八，三〇六，四〇四，四〇六又は四〇八に適合する製材を使用し，かつ，耐力壁のたて枠相互の間隔が前号の表に掲げる数値以下となる耐力壁に使用する場合にあっては，枠組壁工法構造用製材等規格に規定する寸法型式二〇六，二〇八，三〇六，四〇四，四〇六又は四〇八に適合する製材をそれぞれ二本以上

ハ　イ及びロ以外の場合にあっては，次に定めるところによる。

(1)　たて枠に枠組壁工法構造用製材等規格に規定する寸法型式二〇六に適合する製材又は厚さが三十八ミリメートルを超え，幅が百四十ミリメートルを超える製材を使用し，かつ，耐力壁のたて枠相互の間隔が五十センチメートル以下となる耐力壁又は三階建ての建築物の三階，二階建ての建築物の二階若しくは平屋建ての建築物の耐力壁のたて枠相互の間隔が六十五センチメートル以下となる耐力壁に使用する場合にあっては，枠組壁工法構造用製材等規格に規定する寸法型式二〇六に適合する製材を三本以上又は厚さが三十八ミリメートルを超え，幅が百四十ミリメートルを超える製材を二本以上

(2)　たて枠に枠組壁工法構造用製材等規格に規定する寸法型式二〇八に適合する製材又は厚さが三十八ミリメートルを超え，幅が百八十四ミリメートルを超える製材を使用し，かつ，耐力壁のたて枠相互の間隔が六十五センチメートル以下となる耐力壁に使用する場合にあっては，枠組壁工法構造用製材等規格に規定する寸法型式二〇八に適合する製材を三本以上（三階建ての建築物の三階，二階建ての建築物の二階又は平屋建ての建築物の耐力壁のたて枠相互の間隔が六十五センチメートル以下となる耐力壁に使用する場合にあっては二本以上）又は厚さが三十八ミリメートルを超え，幅が百八十四ミリメートルを超える製材を二本以上

十　屋外に面する部分で，かつ，隅角部又は開口部の両端の部分にある耐力壁のたて枠は，直下の床の枠組に金物（くぎを除く。以下同じ。）又は壁材で構造耐力上有効に緊結しなければならない。

十一　耐力壁の上部には，当該耐力壁の上枠と同寸法の断面を有する頭つなぎを設け，耐力壁相互を構造耐力上有効に緊結しなければならない。ただし，当該耐力壁の上枠と同寸法以上の断面を有する床版の枠組材を当該上枠に緊結し，耐力壁相互を構造耐力上有効に緊結する場合においては，この限りでない。

十二　耐力壁線に設ける開口部の幅は四メートル以下とし，かつ，その幅の合計は当該耐力壁線の長さの四分の三以下としなければならない。

十三　幅九十センチメートル以上の開口部の上部には，開口部を構成するたて枠と同寸法以上の断面を有するまぐさ受けによってささえられたまぐさを構造耐力上有効に設けなければならない。ただし，構造耐力上有効な補強を行った場合においては，この限りでない。

十四　筋かいには，欠込みをしてはならない。

十五　壁の各部材相互及び壁の各部材と床版，頭つなぎ（第十一号ただし書の規定により耐力壁の上枠と床版の枠組材とを緊結する場合にあっては，当該床版の枠組材。以下この号において同じ。）又はまぐさ受けとは，次の表の緊結する部分の欄に掲げる区分に応じ，それぞれ同表の緊結の方法の欄に掲げるとおり緊結しなければならない。ただし，接合部の短期に生ずる力に対する許容せん断耐力が，同表の緊結する部分の欄に掲げる区分に応じ，それぞれ同表の許容せん断耐力の欄に掲げる数値以上であることが確かめられた場合においては，この限りでない。

緊結する部分		緊結の方法			許容せん断耐力
		くぎの種類	くぎの本数	くぎの間隔	
(一)	たて枠と上枠又は下枠	CN九〇 CNZ九〇	二本	—	一箇所当たり 千ニュートン
		CN七五 CNZ七五 BN九〇 CN六五 CNZ六五 BN七五	三本	—	
		BN六五	四本		
(二)	下枠と床版の枠組材	三階建ての建築物の一階	CN九〇 CNZ九〇	—	二十五センチメートル以下	一メートル当たり 三千二百ニュートン
			BN九〇	—	十七センチメートル以下	
		その他の階	CN九〇 CNZ九〇	—	五十センチメートル以下	一メートル当たり 千六百ニュートン
			BN九〇	—	三十四センチメートル以下	
(三)	上枠と頭つなぎ	CN九〇 CNZ九〇	—	五十センチメートル以下	一メートル当たり 千六百ニュートン
		BN九〇	—	三十四センチメートル以下	
(四)	たて枠とたて枠又はまぐさ受け	CN七五 CNZ七五	—	三十センチメートル以下	一メートル当たり 二千二百ニュートン
		BN七五	—	二十センチメートル以下	

この表において，くぎの種類の欄に掲げる記号は，JIS A 五五〇八（くぎ）-二〇〇五に規定する規格を表すものとする。以下第二第七号の表において同様とする。

十六　壁の枠組材と壁材とは，次の表に掲げる通り緊結しなければならない。

壁材の種類	くぎ又はねじの種類	くぎ又はねじの本数	くぎ又はねじの間隔
構造用合板，化粧ばり構造用合板，パーティクルボード，ハードボード，構造用パネル，硬質木片セメント板又はラスシート	CN五〇 CNZ五〇	—	壁材の外周部分は十センチメートル以下，その他の部分は二十センチメートル以下
	BN五〇	—	
パルプセメント板	GNF四〇 SF四五	—	壁材の外周部は十センチメートル以下，その他の部分は二十センチメートル以下
せっこうボード	GNF四〇 SF四五 WSN DTSN	—	
シージングボード	SN四〇	—	
フレキシブル板	GFN四〇 SF四五	—	壁材の外周部分は十五センチメートル以下，その他の部分は三十センチメートル以下

製　材	CN 五〇 CNZ 五〇	下枠，たて枠及び上枠二本	―
	BN 五〇	下枠，たて枠及び上枠三本	

　この表において，SF 四五，CN 五〇，CNZ 五〇，BN 五〇，GNF 四〇及び SN 四〇は，それぞれ JIS A 五五〇八（くぎ）-二〇〇五に規定する SF 四五，CN 五〇，CNZ 五〇，BN 五〇，GNF 四〇及び SN 四〇を，WSN は JIS B 一一一二（十字穴付き木ねじ）-一九九五に適合する十字穴付き木ねじであって，呼び径及び長さが，それぞれ三・八ミリメートル及び三十二ミリメートル以上のものを，DTSN は，JIS B 一一二五（ドリリングタッピンねじ）-二〇〇三に適合するドリリングタッピンねじであって，頭部の形状による種類，呼び径及び長さが，それぞれトランペット，四・二ミリメートル及び三十ミリメートル以上のものを表すものとする。

十七　地階の壁は，一体の鉄筋コンクリート造（二以上の部材を組み合わせたもので，部材相互を緊結したものを含む。）としなければならない。ただし，直接土に接する部分及び地面から三十センチメートル以内の外周の部分以外の壁は，これに作用する荷重及び外力に対して，第二号及び第四号から前号までの規定に準じ，構造耐力上安全なものとした枠組壁工法による壁とすることができる。

第二　構造耐力上主要な部分である床版に，枠組壁工法により設けられるものを用いる場合における技術的基準に適合する当該床版の構造方法は，次の各号に定めるところによる。

一　床根太，端根太及び側根太の寸法は，枠組壁工法構造用製材等規格に規定する寸法型式二〇六，二〇八，二一〇，二一二若しくは三〇六に適合するもの又は厚さ三十八ミリメートル以上で幅百四十ミリメートル以上のものであって，かつ，床根太，端根太若しくは側根太と土台，頭つなぎ若しくは床材との緊結に支障がないものとしなければならない。

二　床根太の支点間の距離は，八メートル以下としなければならない。この場合において，床根太に枠組壁工法構造用製材等規格に規定する寸法型式二一二に適合するもの又は辺長比（当該床根太に使用する製材の厚さに対する幅の比をいう。）が二百八十六を三十八で除した数値より大きい数値の製材を使用する場合（当該床根太を二以上緊結して用いる場合又は床根太の支点間の距離を四・五メートル未満とする場合を除く。）にあっては，三メートル以下ごとに転び止を設けなければならない。

三　床根太相互及び床根太と側根太との間隔（以下「床根太間隔」という。）は，六十五センチメートル以下としなければならない。

四　床版に設ける開口部は，これを構成する床根太と同寸法以上の断面を有する床根太で補強しなければならない。

五　二階又は三階の耐力壁の直下に耐力壁を設けない場合においては，当該耐力壁の直下の床根太は，構造耐力上有効に補強しなければならない。

六　床材は，厚さ十五ミリメートル以上の構造用合等板，厚さ十八ミリメートル以上のパーティクルボード又は構造用パネル（構造用パネル規格に規定する一級のものに限る。）としなければならない。ただし，床根太間隔を五十センチメートル以下とする場合においては，厚さ十二ミリメートル以上の構造用合板，厚さ十五ミリメートル以上のパーティクルボード又は構造用パネル（構造用パネル規格に規定する一級，二級又は三級（床根太相互又は床根太と側根太との間隔が三十一センチメートルを超える場合においては，同規格に規定する一級又は二級）のものに限る。）と，床根太間隔を三十一センチメートル以下とする場合においては，厚さ十八ミリメートル以上の硬質木片セメント板と，それぞれすることができる。

七　床版の各部材相互及び床版の枠組材と土台又は頭つなぎ（第一第十一号ただし書きの規定により耐力壁の上枠と床版の枠組材とを緊結する場合にあっては，当該上枠。）とは，次の表の緊結する部分の欄に掲げる区分に応じ，それぞれ同表の緊結の方法の欄に掲げるとおり緊結しなければならない。ただし，接合部の短期に生ずる力に対する許容せん断耐力が，同表の緊結する部分の欄に掲げる区分に応じ，それぞれ同表の許容せん断耐力の欄に掲げる数値以上であることが確かめられた場合においては，この限りでない。

緊結する部分		緊結の方法			許容せん断耐力
		くぎの種類	くぎの本数	くぎの間隔	
(一)	床根太と土台又は頭つなぎ（第一第十一号ただし書の規定により耐力壁の上枠と床版の枠組材とを緊結する場合にあっては，当該上枠。）	CN 七五 CNZ 七五	二本	—	一箇所あたり 千百ニュートン
		CN 六五 CNZ 六五 BN 七五	三本		
		BN 六五	四本		
(二)	端根太又は側根太と土台又は頭つなぎ（第一第十一号ただし書の規定により耐力壁の上枠と床版の枠組材とを緊結する場合にあっては，当該上枠。）	地階を除く階数が三の建築物の一階			
		CN 七五 CNZ 七五	—	二十五センチメートル以下	一メートル当たり 二千二百ニュートン
		BN 七五	—	十八センチメートル以下	
		その他の階			
		CN 七五 CNZ 七五	—	五十センチメートル以下	一メートル当たり 千百ニュートン
		BN 七五	—	三十六センチメートル以下	
(三)	床版の枠組材と床材	床材の外周部分			
		CN 五〇 CNZ 五〇	—	十五センチメートル以下	一メートル当たり 二千八百ニュートン
		BN 五〇	—	十センチメートル以下	
		その他の部分			
		CN 五〇 CNZ 五〇	—	二十センチメートル以下	一メートル当たり 二千百ニュートン
		BN 五〇	—	十五センチメートル以下	

八　次に掲げる場合において，令第八十二条第一号から第三号までに定める構造計算及び建築物等の地上部分について行う令第八十二条六第二号及び第三号に定める構造計算により，構造耐力上安全であることを確かめられたものについては，前各号の規定は，適用しない。
　　イ　二階以上の階の床版を鉄筋コンクリート造とする場合
　　ロ　二階以上の階の床版に直交集成板（平成十二年建設省告示第千四百四十六号第一第二十三号に規定する直交集成板をいう。次号において同じ。）を使用する場合
　　ハ　二階以上の階の床根太に軽量H形鋼（平成十三年国土交通省告示第千五百四十号第四第八号ロに規定する軽量H形鋼をいう。以下同じ。）を使用する場合

九　前号に掲げるもののほか，次に掲げる場合において，令第八十二条第一号から第三号までに定める構造計算により，構造耐力上安全であることを確かめられたものについては，第一号から第七号までの規定は，適用しない。この場合において，同条各号中「構造耐力上主要な部分」とあるのは，「床版」と読み替えて計算を行うものとする。
　　イ　一階の床版を鉄筋コンクリート造とする場合
　　ロ　床ばり又はトラスを用いる場合
　　ハ　床版に木質断熱複合パネル（平成十二年建設省告示第千四百四十六号第十二号に規定する木質断熱複合パネルをいう。）を使用する場合
　　ニ　床版に木質接着複合パネルを使用する場合
　　ホ　一階の床版に直交集成板を使用する場合
　　ヘ　床根太，端根太又は側根太に木質接着成形軸材料（平成十二年建設省告示第千四百四十六号第一第十号

に規定する木質接着成形軸材料をいう。）又は木質複合軸材料（平成十二年建設省告示第千四百四十六号第一第十一号に規定する木質複合軸材料をいう。）を使用する場合

ト　床根太に薄板軽量形鋼（平成十三年国土交通省告示第千五百四十号第二第四号に規定する薄板軽量形鋼をいう。）を使用する場合

チ　一階の床根太に軽量H形鋼を使用する場合

十　前二号に掲げるもののほか，大引き又は床つかを用いる場合において，当該大引き又は床つか及びそれらの支持する床版に常時作用している荷重（固定荷重と積載荷重との和（令第八十六条第二項ただし書の規定によって特定行政庁が指定する多雪区域においては，更に積雪荷重を加えたものとする。））によって生ずる応力度が，当該大引き又は床つか及びそれらの支持する床版の各断面の長期に生ずる力に対する許容応力度を超えないことを確かめられたものについては，第一号から第七号までの規定は適用しない。

第三　第一及び第二で定めるもののほか，次に定める構造計算によって構造耐力上安全であることが確かめられた構造耐力上主要な部分である壁及び床版に枠組壁工法により設けられるものを用いた建築物又は建築物の構造部分（以下「建築物等」という。）については，次の各号に掲げるところによる。

一　次のイ及びロに該当する建築物等については，第一及び第二の規定（第二第一号の規定を除く。）は適用しない

イ　次の(1)から(5)までに定めるところにより行う構造計算によって構造耐力上安全であることが確かめられたもの

(1)　令第八十二条各号に定めるところによること。

(2)　構造耐力上主要な部分に使用する構造部材相互の接合部がその部分の存在応力を伝えることができるものであることを確かめること。

(3)　建築物等の地上部分について，令第八十七条第一項に規定する風圧力（以下「風圧力」という。）によって各階に生じる水平方向の層間変位の当該各階の高さに対する割合が二百分の一（風圧力による構造耐力上主要な部分の変形によって建築物等の部分に著しい損傷が生ずるおそれのない場合にあっては，百二十分の一）以内であることを確かめること。

(4)　建築物等の地上部分について，令第八十八条第一項に規定する地震力（以下「地震力」という。）によって各階に生ずる水平方向の層間変位の当該各階の高さに対する割合が二百分の一（地震力による構造耐力上主要な部分の変形によって建築物等の部分に著しい損傷が生ずるおそれのない場合にあっては，百二十分の一）以内であることを確かめること。

(5)　建築物等の地上部分について，令第八十二条の三各号に定めるところによること。この場合において，耐力壁に木質接着複合パネルを用いる場合にあっては，同条第二号中「各階の構造特性を表すものとして，建築物の構造耐力上主要な部分の構造方法に応じた減衰性及び各階の靱性を考慮して国土交通大臣が定める数値」とあるのは，「〇・五五以上の数値。ただし，当該建築物の振動に関する減衰性及び当該階の靱性を適切に評価して算出することができる場合においては，当該算出した数値によることができる。」と読み替えるものとする。

ロ　構造耐力上主要な部分のうち，直接土に接する部分及び地面から三十センチメートル以内の外周の部分が，鉄筋コンクリート造，鉄骨造その他腐朽及びしろありその他の虫による害で構造耐力上支障のあるものを生ずるおそれのない構造であること。

二　次のイ及びロに定めるところにより行う構造計算によって構造耐力上安全であることが確かめられた建築物等については，第一第五号，第六号，第七号（交さ部に設けた外壁の耐力壁の長さの合計が九十センチメートル以上である場合に限る。），第十二号及び第十五号並びに第二第二号（床根太の支点間の距離に係る部分に限る。）及び第七号の規定は適用しない。

イ　前号イ(1)及び(2)に定めるところによること。

ロ　建築物等の地上部分について，令第八十二条の六第二号ロに定めるところによること。

三　第一号イ(1)及び(2)に定めるところにより行う構造計算によって構造耐力上安全であることが確かめられた建築物等については，第一第五号，第九号，第十一号，第十五号及び第十六号並びに第二第三号（床根太の間隔を一メートル以下とした場合に限る。）及び第七号の規定は適用しない。

附　則

この告示は，建築基準法施行規則及び建築基準法に基づく指定資格検定機関等に関する省令の一部を改正する省令（平成十三年国土交通省令第百二十八号）の施行の日（平成十三年十月十五日）から施行する。

附　則（平成一六年九月二九日国土交通省告示第一一八〇号）

（施行期日）

1　この告示は，平成十六年十月一日から施行する。

（経過措置）

2　この告示の施行の日前に製造され，又は輸入された石綿パーライト板又は石綿けい酸カルシウム板を用いる壁で，この告示による改正前の平成十三年国土交通省告示第千五百四十一号の規定に適合するものは，改正後の平成十三年国土交通省告示第千五百四十一号の規定に適合するものとみなし，その倍率については，なお従前の例による。

附　則（平成一九年五月一八日国土交通省告示第六二六号）

この告示は，平成十九年六月二十日から施行する。

附　則（平成二七年六月三〇日国土交通省告示第八一六号）

この告示は，公布の日から施行する。

附　則（平成二七年八月四日国土交通省告示第九一〇号）

この告示は，公布の日から施行する。

附　則（平成二八年六月一日国土交通省告示第七九六号）

この告示は，平成二十八年六月一日から施行する。

附　則（平成二九年九月二十六日国土交通省告示第八六七号）

この告示は，公布の日から施行する。

附　則（平成三〇年三月二十六日国土交通省告示第四九〇号）

この告示は，公布の日から施行する。

第4章

平成 12 年建設省告示第 1347 号
（改正平成 29 年 9 月 4 日）

○建設省告示第千三百四十七号

建築基準法施行令（昭和二十五年政令第三百三十八号）第三十八条第三項及び第四項の規定に基づき，建築物の基礎の構造方法及び構造計算の基準を次のように定める。

　　平成十二年五月二十三日　　　　　　　　　　　　　　　　　　　　　　　　建設大臣　　中山　正輝

平成二十九年九月四日　改正

建築物の基礎の構造方法及び構造計算の基準を定める件

建築基準法施行令（昭和二十五年政令第三百三十八号）第三十八条第三項及び第四項の規定に基づき，建築物の基礎の構造方法及び構造計算の基準を次のように定める。

第一　建築基準法施行令（以下「令」という。）第三十八条第三項に規定する建築物の基礎の構造は，次の各号のいずれかに該当する場合を除き，地盤の長期に生ずる力に対する許容応力度（改良された地盤にあっては，改良後の許容応力度とする。以下同じ。）が一平方メートルにつき二十キロニュートン未満の場合にあっては基礎ぐいを用いた構造と，一平方メートルにつき二十キロニュートン以上三十キロニュートン未満の場合にあっては基礎ぐいを用いた構造又はべた基礎と，一平方メートルにつき三十キロニュートン以上の場合にあっては基礎ぐいを用いた構造，べた基礎又は布基礎としなければならない。

　一　次のイ又はロに掲げる建築物に用いる基礎である場合
　　イ　木造の建築物のうち，茶室，あずまやその他これらに類するもの
　　ロ　延べ面積が十平方メートル以内の物置，納屋その他これらに類するもの
　二　地盤の長期に生ずる力に対する許容応力度が一平方メートルにつき七十キロニュートン以上の場合であって，木造建築物又は木造と組積造その他の構造とを併用する建築物の木造の構造部分のうち，令第四十二条第一項ただし書の規定により土台を設けないものに用いる基礎である場合
　三　門，塀その他これらに類するものの基礎である場合
　四　建築基準法（昭和二五年法律第二百一号）第八十五条第二項又は第五項に規定する仮設建築物（同法第六条第一項第二号及び第三号に掲げる建築物を除く。）に用いる基礎である場合

2　建築物の基礎を基礎ぐいを用いた構造とする場合にあっては，次に定めるところによらなければならない。
　一　基礎ぐいは，構造耐力上安全に基礎ぐいの上部を支えるように配置すること。
　二　木造の建築物若しくは木造と組積造その他の構造とを併用する建築物の木造の構造部分（平屋建ての建築物で延べ面積が五十平方メートル以下のものを除く。）の土台の下又は組積造の壁若しくは補強コンクリートブロック造の耐力壁の下にあっては，一体の鉄筋コンクリート造（二以上の部材を組み合わせたもので，部材相互を緊結したものを含む。以下同じ。）の基礎ばりを設けること。
　三　基礎ぐいの構造は，次に定めるところによるか，又はこれらと同等以上の支持力を有するものとすること。
　　イ　場所打ちコンクリートぐいとする場合にあっては，次に定める構造とすること。

(1) 主筋として異形鉄筋を六本以上用い，かつ，帯筋と緊結したもの
(2) 主筋の断面積の合計のくい断面積に対する割合を〇・四パーセント以上としたもの
　　ロ　高強度プレストレストコンクリートぐいとする場合にあっては，日本工業規格Ａ五三三七（プレテンション方式遠心力高強度プレストレストコンクリートくい）―一九九五に適合するものとすること。
　　ハ　遠心力鉄筋コンクリートぐいとする場合にあっては，日本工業規格Ａ五三一〇（遠心力鉄筋コンクリートくい）―一九九五に適合するものとすること。
　　ニ　鋼管ぐいとする場合にあっては，くいの肉厚は六ミリメートル以上とし，かつ，くいの直径の百分の一以上とすること。
3　建築物の基礎をべた基礎とする場合にあっては，次に定めるところによらなければならない。
　一　一体の鉄筋コンクリート造とすること。ただし，地盤の長期に生ずる力に対する許容応力度が一平方メートルにつき七十キロニュートン以上であって，かつ，密実な砂質地盤その他著しい不同沈下等の生ずるおそれのない地盤にあり，基礎に損傷を生ずるおそれのない場合にあっては，無筋コンクリート造とすることができる。
　二　木造の建築物若しくは木造と組積造その他の構造とを併用する建築物の木造の土台の下又は組積造の壁若しくは補強コンクリートブロック造の耐力壁の下にあっては，連続した立上り部分を設けるものとすること。
　三　立上り部分の高さは地上部分で三十センチメートル以上と，立上り部分の厚さは十二センチメートル以上と，基礎の底盤の厚さは十二センチメートル以上とすること。
　四　根入れの深さは，基礎の底部を雨水等の影響を受けるおそれのない密実で良好な地盤に達したものとした場合を除き，十二センチメートル以上とし，かつ，凍結深度よりも深いものとすることその他凍上を防止するための有効な措置を講ずること。
　五　鉄筋コンクリート造とする場合には，次に掲げる基準に適合したものであること。
　　イ　立上り部分の主筋として径十二ミリメートル以上の異形鉄筋を，立上り部分の上端及び立上り部分の下部の底盤にそれぞれ一本以上配置し，かつ，補強筋と緊結したものとすること。
　　ロ　立上り部分の補強筋として径九ミリメートル以上の鉄筋を三十センチメートル以下の間隔で縦に配置したものとすること。
　　ハ　底盤の補強筋として径九ミリメートル以上の鉄筋を縦横に三十センチメートル以下の間隔で配置したものとすること。
　　ニ　換気口を設ける場合は，その周辺に径九ミリメートル以上の補強筋を配置すること。
4　建築物の基礎を布基礎とする場合にあっては，次に定めるところによらなければならない。
　一　前項各号（第五号ハを除く。）の規定によること。ただし，根入れの深さにあっては二十四センチメートル以上と，底盤の厚さにあっては十五センチメートル以上としなければならない。
　二　底盤の幅は，地盤の長期に生ずる力に対する許容応力度及び建築物の種類に応じて，次の表に定める数値以上の数値とすること。ただし，基礎ぐいを用いた構造とする場合にあっては，この限りでない。

地盤の長期に生ずる力に対する許容応力度（単位　一平方メートルにつきキロニュートン）	底盤の幅（単位　センチメートル）　建築物の種類		
	木造又は鉄骨造その他これに類する重量の小さな建築物		その他の建築物
	平家建て	二階建て	
三〇以上五〇未満の場合	三〇	四五	六〇
五〇以上七〇未満の場合	二四	三六	四五
七〇以上の場合	十八	二四	三〇

　三　鉄筋コンクリート造とする場合にあって，前号の規定による底盤の幅が二十四センチメートルを超えるものとした場合には，底盤に補強筋として径九ミリメートル以上の鉄筋を三十センチメートル以下の間隔で配置し，底盤の両端部に配置した径九ミリメートル以上の鉄筋と緊結すること。
第二　令第三十八条第四項に規定する建築物の基礎の構造計算の基準は，次のとおりとする。
　一　建築物，敷地，地盤その他の基礎に影響を与えるものの実況に応じて，土圧，水圧その他の荷重及び外力

を採用し，令第八十二条第一号から第三号までに定める構造計算を行うこと。
二　前号の構造計算を行うに当たり，自重による沈下その他の地盤の変形等を考慮して建築物又は建築物の部分に有害な損傷，変形及び沈下が生じないことを確かめること。

附　則

この告示は，平成十二年六月一日から施行する。

第5章
平成19年国土交通省告示第1119号

○国土交通省告示第千百十九号

　建築基準法施行令（昭和二十五年政令第三百三十八号）第十条第三号ロ及び第四号ロの国土交通大臣の指定する規定を定める告示を制定する。
　　平成十九年八月二十二日

　　　　　　　　　　　　　　　　　　　　　　　　　　　　　　　　　国土交通大臣臨時代理
　　　　　　　　　　　　　　　　　　　　　　　　　　　　　　　　　国務大臣　伊吹　文明

建築基準法施行令第十条第三号ロ及び四号ロの国土交通大臣の指定する基準を定める件

　建築基準法施行令（昭和二十五年政令第三百三十八号）第十条第三号ロ及び第四号ロの国土交通大臣の指定する基準は，次に掲げるものとする。

一　昭和五十八年建設省告示第千三百二十号第一から第十二まで
二　平成十三年国土交通省告示第千二十六号第一から第八まで
三　平成十三年国土交通省告示第千五百四十号第一から第八まで

第6章
構造材料の種類

6.1 はじめに

　枠組壁工法で使用できる材料と部位は，枠組壁工法の平13国交告第1540号の第2「材料」の第一号及び第二号に規定されている。ここで規定されている材料は，全て日本農林規格（JAS）または日本工業規格（JIS）によって製造されたものである。同規定の第三・四号には，この他に使用できる材料として以下が示されている。

1) 法第37条に規定する構造用鋼材のうち厚さ2.3mm未満の鋼板又は鋼板としたもの，鋼材の厚さを2.3mm以上6.0mm以下としたもの（床・天井根太用）木質接着成型軸材料（LVL，PSL等）及び木質複合軸材料（Iビーム等），木質断熱複合パネル，さらに直交集成板（CLT）（床・屋根用）が追加された。

2) 国土交通大臣がその樹種，区分及び等級等に応じて基準強度の数値を指定した木材。

　枠組壁工法で使用できる材料は，木質系材料とそれ以外の非木質系材料とに分類される。非木質系材料は，軸材料である薄板軽量形鋼を除けば，ほとんどがせっこうボードや硬質木片セメント板などの面材料である。木質系材料には，形状から軸材料と面材料とがあり，原料（エレメント）から分類することができる。原料を小さいものから挙げると，ファイバー（繊維），パーティクル，ストランド，ベニア（単板），製材であり，それらによって製造される材料は図6.1のようになる。

　なお，告示における指定JIS及びJAS規格が改正された場合の扱いについては，指定された規格の一部が改正された場合においても，それが告示における指定JIS及びJAS規格に適合している場合には，新しい規格による材料を使用しても良いとされている。平成27年の改正でたて継ぎ材，MSRたて継ぎ材が追加された。

　本章では，枠組壁工法に使用できる構造材料について最新のJIS規格及び最終改正のJAS規格に基づき解説しているため，枠組壁工法の関連告示に規定している材料の規格番号と異なっている場合もあるが，告示に規定された規格番号と最新の規格番号の対照については，本編第9章「関連するJIS，JAS」を参照願いたい。

　屋外や常時湿潤状態になる部位に使用する構造材料は，防腐・防蟻処理を施した材料を使用しなければならないが，構造用合板，構造用集成材及び構造用単板積層材の日本農林規格では防腐・防蟻処理した製品は規定されていない。日本農林規格で規定されていない防腐・防蟻処理されたこれらの構造材料に対する品質性能などを評価・認証する制度として，㈶日本住宅・木材技術センターが実施している「AQ認証」制度があり，防腐・防蟻処理構造用集成材など認証を受けた構造材料が流通している。「AQ認証」では，JASで格付けされた製品を対象に保存処理を施した製品に対して1種から3種までの性能区分について認証が行われている。

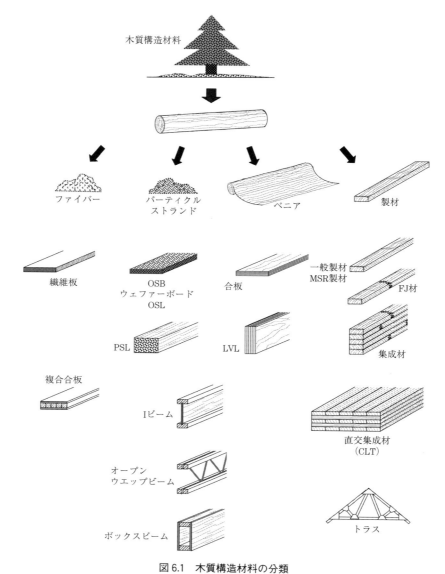

図 6.1　木質構造材料の分類
(本図は「構造用木質建材の設計強度―木造設計の必携書―」(公財)日本住宅・木材技術センター編より転載および一部加筆いたしました)

6.2　構造用製材

　昭和49年に枠組壁工法がオープン化されて以来，枠組壁工法の技術基準（旧昭57建告第56号）は，枠材として日本農林規格（JAS）に規定されている枠組壁工法構造用製材を使用することを定めてきた。現在では後述する海外のディメンションランバーもJAS製材と同様に使用することができる。JAS製材に対する許容応力度は無欠点の木材の許容応力度に強度比を乗じて各等級の許容応力度として建設省住宅局建築指導課長からの運用通達として与えられてきた。その後，旧昭57建告第56号が平成9年に性能基準の考えを取り入れて改正された時に，JASの枠組壁工法構造用製材の許容応力度が北米の実大試験の結果を受けて改正された。さらに平成12年には令第89条第1項で許容応力度が基準強度F値の関数として規定され，平12建告第1452号で枠組壁工法構造用製材のF値が定められた。これまでの通達や事務連絡等で与えられていた許容応力度に代わって，基準強度が告示によって系統的に設定されたことによって許容応力度の誘導根拠が明らかになったと同時に，木材の強度について比較的短い周期での見直しに対応できるようになった。

6.2.1　枠組壁工法構造用製材及び枠組壁工法構造用たて継ぎ材の日本農林規格
昭49農告第600号　改正平成30年3月29日

　平成22年の改正で，枠組壁工法構造用たて継ぎ材の日本農林規格（平3農水告第701号）と機械による曲げ応力等級区分を行う枠組壁工法構造用製材の日本農林規格（平3農水告第702号）は枠組壁工法構造用製材の日本農林規格（昭49農告第600号）に統合され，平成27年には統合された規格に新たにMSRたて継ぎ材の規格が追加された。その基準強度は，枠組壁工法構造用製材およびたて継ぎ材と同様に平12建告第1452号で定められている。

（1）　枠組壁工法構造用製材

　枠組壁工法構造用製材規格は基本的には北米の製材品（ディメンションランバー）の規格を基にして制定されており，等級が強度区分に対応できるように，美観ではなく強度に影響する因子によって目視で格付する製材規格になっている。断面寸法は「寸法形型式104，106，203，204，205，206，208，210，212，304，306，404，406および408」の14種類が規定されていて，これらの寸法形式以外の製材は「枠組壁工法構造用製材及び枠組壁工法構造用たて継ぎ材の日本農林規格」で格付けできない。

　この製材は主として曲げ材に用いられる甲種枠組材と，主に圧縮材に用いる乙種枠組材および等級区分機によって曲げヤング係数を測定し，曲げ応力度を求め格付けするMSR枠組材の3種類からなっている。

　枠組壁工法構造用製材に基づく製材品1本1本にJASの格付マークが表示されており，表示項目は，寸法形式，樹種グループ，含水率の区分および製造・販売業者名などである。現在では，大半の製材品は含水率19％以下に調整された乾燥材で，かつ表面がプレーナー処理（かんながけ）されており，さらに建築作業現場での取り扱いを容易にするために材の四隅に僅かな丸見をもたせる（Eased Edge：イーズドエッジ）加工がプレーナー処理工程の一部として施されている。甲種と乙種枠組材にはそれぞれ下に示す等級が定められており，枠組壁工法の技術基準ではこれらの等級と使用可能な建築物の部位とを対応させている。

　昭49農告第600号は北米の製材品規格を基に制定されたものであり，国産材の特性を的確に反映するものとなっていなかったことから，平成27年に，国産材に対応した新たな樹種区分の設定や年輪幅規定の見直しなどの改正がなされている。同時に平12建告第1452号も改正され新たな国産材の樹種区分等に対応した基準強度が設定されている。

　MSR枠組材の規格は，基本的には等級も含めてアウトプットコントロールのMSR製材（Machine Stress Rated Lumber）として作られたカナダ製材規格SPS-2を参考にして定められた。目視によって等級格付する枠組壁工法用構造用製材と異なり，製材1本1本を比較的小さな載荷によって非破壊的に得られた荷重─変位の関係と，無作為抽出による破壊試験との両方によって格付けし，曲げヤング係数と曲げ強度の組み合わせによる等級を表示する。たとえば，1650 f-1.8 Eは曲げ強度1,650 psi（pound per square inch：平方インチあたりのポンド）と，1,800,000 psiのヤング係数（それぞれ約11.4 N/mm^2，12,400 N/mm^2）を表す等級である。強度のバラツキを表す変動係数が目視等級格付に比較して小さいため信頼性が高く，トラスや複合梁等の部材としても適している。

　MSR枠組材の寸法形式は，203，204，206，208，210および212の6種類が規定されている。

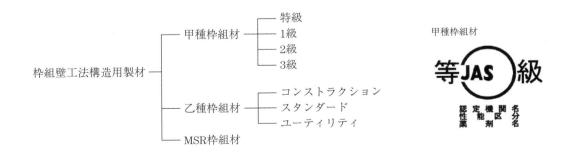

(2) 枠組壁工法構造用たて継ぎ材

比較的短い製材の端部をフィンガー接合によりたて継ぎした製材で、一般にFJ材（Finger Joined lumber）と呼ばれている。節などを除いて接合することにより、通常の製材品よりも安定した強度が得られる上、資源の有効利用の面からも採用例が増えている。エンドレス生産が可能なため、任意の長さの製材が得られることも長所としてあげられる。たて継ぎ部の強度は、節などの欠点部分の強度より高いため、等級が同じであれば、FJ材とたて継ぎされていない製材と完全に互換性がある。枠組壁工法構造用たて継ぎ材の日本農林規格は、カナダのたて枠用たて継ぎ材製材規格SPS-3を基にして制定された。その後、カナダの横架材用たて継ぎ材製材規格SPS-1を盛り込んだ内容に改正され、横架材としても使用できるようになった。たて継ぎ材の寸法形式は、たて枠用たて継ぎ材が204と206の2種類、甲種たて継ぎ材が203、204、206、208、210および212の6種類、乙種たて継ぎ材が203と204の2種類が規定されており、平成27年の改正で、あらたに規格が追加されたMSRたて継ぎ材は、203、204、206、208、210および212の6種類が規定されている。

下に示すたて継ぎ材のうち、たて枠用たて継ぎ材は、枠組壁工法のたて枠に使用するFJ材であり、甲種たて継ぎ材およびMSRたて継材は主として高い曲げ性能を必要とする部分に、乙種たて継ぎ材はそれら以外の部分に使用する。たて継ぎ部に用いる接着剤は基本的にはレゾルシノール系樹脂接着剤であるが、たて枠用たて継ぎ材には接着剤の種別に対する規定はなく、PVA（架橋タイプの酢酸ビニル接着剤）等の使用が認められている。

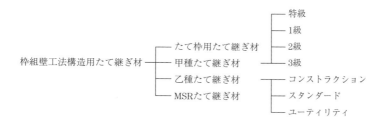

6.2.2 海外資材

平成8年3月に複数の省庁によって策定された「住宅建設コスト低減のための緊急重点計画」および「規制緩和推進計画の改定」の一環として、米国およびカナダの規格に適合する製材品（ディメンションランバー）が枠組壁工法で使うことができる構造用製材として相次いで通則的に受け入れられた。まず、平成8年4月と7月に米国のWWPAとカナダのNLGAの格付規格に適合する製材品がそれぞれ旧昭57建告第56号第2第三号の

図6.2 海外製材品の格付マークの例

規定に基づき建設大臣によって認定され、認定書に記載された格付マークが確認されれば、日本の枠組壁工法に使用できるようになった。つぎに平成9年1月には格付規則および格付機関の範囲が広げられ、米国とカナダのほぼ全土にわたる格付機関が等級表示するディメンションランバーが使用可能となった。当時の認定方法としては、旧昭57建告第56号第1第四号の規定に基づき、構造耐力上支障のないものとして米加のディメンションランバーを通則的に大臣認定すると同時に建設省住宅局建築指導課長からの通達によってそれらの許容応力度をJASの枠組壁工法構造用製材と同じ値に設定するというものであった。さらに、旧昭57建告第56号が平成9年に改正されるとともにJASの枠組壁工法構造用製材の許容応力度が北米の実大試験（イングレードテスト）の結果を受けて改正されたのに続き、平成10年7月には米加のディメンションランバーにJAS製品とは異なる許容応力度が設定された。

平成12年6月1日には、米国、カナダおよびオーストラリアの格付規格に適合する木材に対して基準強度が指定された（それぞれ、平成12年6月1日建住指発第689号、第693号および第685号。米国・カナダについては、その後平成13年5月1日国住指発72号で一部改正され、さらに米国の格付規格に適合する木材については平成25年11月19日国住指発第2715号で改正され、カナダについては平成21年3月13日国住指第3841号で改正された。

旧告示第56号が全面改正され、新しく定められた平13国交告第1540号では、これらの海外資材は、その第2第三号に規定されている「国土交通大臣がその許容応力度及び材料強度の数値を指定した」木材として位置づけられた。

なお，MSR製材については米国，カナダ，およびオーストラリアの格付規則に適合する木材に対し，フィンガージョイント製材については米国とカナダの格付規則に適合する木材に対して目視等級の製材品と同様に基準強度が指定されている。平成24年（平成24年2月6日国住指第3408号）には格付機関のNTI（ノルウェイ）及びSP（スウェーデン）により格付されたスプルース及びオウシュウアカマツについて，また，平成25年（平成25年3月18日国住指第3983号）には格付け機関FCBA（フランス）により格付けされたダグラスファーについてEN-14081（欧州規格）に適合する木材として基準強度が指定された。

これら海外の製材品の格付規格，格付機関，格付マークおよび基準強度については第VI編第8章に記載した。

6.3 構造用集成材　平19農水告第1152号（改正平成30年3月29日）

（1）概要

日本を含む世界各地で，いろいろな用途の大規模建築物が木造で建設されている。構造用集成材はそれらの大部分の建築物に使用されていると言っても過言ではないほど，一般的な構造材料として定着している。集成材は1枚1枚の製材（ラミナ，ひき板）を，長手方向や幅方向に接着集成加工して作られる。

（2）規格

構造用として使用される集成材の大部分は，日本農林規格（JAS規格）に基づいて製造されている。外国製の構造用集成材の中には，JAS以外の規格で製造され，国土交通大臣の特別認定を取得しているものもあるが，JAS認定を取得した海外工場で製造されたJAS製品が多く，輸入量も大きく伸びている。

平成19年に日本農林規格は大幅な改定が行われ構造用集成材の日本農林規格（平8農水産告第111号）を廃止し，集成材の日本農林規格（昭49農告第601号）に統合し，集成材の日本農林規格（平19年農水告第1152号　改定平成30年3月29日）に統合された。概要は下記のとおりである。

1）集成材の日本農林規格等の統合

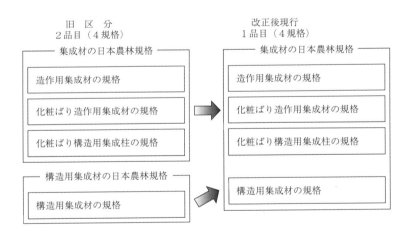

2）構造用集成材の使用環境区分の変更

使用環境1と使用環境2の中間の区分として，「屋内の準耐火性能を持つ構造耐力部材」を追加した。使用環境区分1および2の2区分を使用環境A，BおよびCの3区分に変更した。

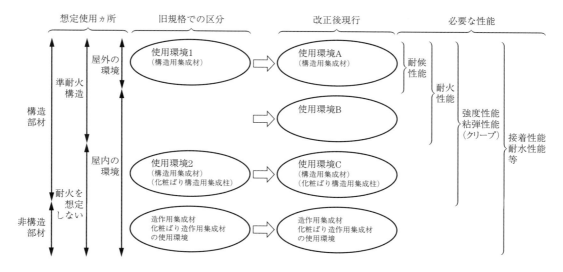

3) 集成材用接着材基準に関し，環境区分を3区分に変更したことに伴い，新しい使用環境区分に併せて，使用できる接着剤の基準を変更。
4) 構造用集成材のラミナに使用する樹種の追加。
5) 5cmを超える厚さのラミナについて，実大強度試験，計算等によって強度が確認された集成材にのみ，ラミナの厚さを6cm以下まで緩和。
6) 構造用集成材のラミナの品質および構成等の規定されていない曲げヤング係数のラミナ等級の拡大。
7) 幅はぎ未評価ラミナの使用について，一箇所で隣接する場合はラミナ厚さ以上離し，はぎ目の透き間は6mm以内を条件と規定。
8) MSRラミナの材の両端部の品質の基準について，適性に材の強度を評価するために相当径比の基準値を設けた。

(3) 特徴

1) 強度

集成材の強度上の特徴は，原材料より高い強度や剛性を持つことである。その原理は，木材の強度上の欠点である節が分散されること，また，人為的に節を取り除くことなどによっている。さらに，外層に強いラミナを配置することによって，曲げに強い集成材を作ることが可能であることも大きな特徴である。このように，集成材はラミナの調整・選別とラミナの配置により，強度と剛性をコントロールすることが可能であり，天然素材である木材よりも工業製品に近い材料であると言える。強度と剛性の設計では，統計・確率論が用いられている。

集成材の第一の特徴は，任意の断面と長さが可能なことである。ただし，長さについては輸送の問題から事実上制限される。第二の特徴は，テーパーやむくり，湾曲やねじれを持つ部材が製造可能なことである。湾曲集成材は，アーチ状のラーメン構造などに多用されている。

集成材の第3の特徴として，人工乾燥材であることが挙げられる。ひき板は比較的薄いために乾燥が容易であり，集成材の含水率はほぼ平衡含水率に設定されている。このため，集成材は寸法精度と寸法安定性に優れており，これが，在来軸組構法で多用されるようになってきた大きな理由になっている。

2) 耐久性

集成材の耐久性は，接着部分の耐久性と，ラミナ自身の耐久性とに分けて考えることができる。接着耐久性は，使用環境に応じた接着剤の使用と，それを確認する品質管理によって付与されている。ラミナ自身の耐久性は，人工乾燥した製材の耐久性と同じであり，樹種や辺材，心材の違いによって決定される。したがって，屋外や常時湿潤状態になる部位に使用する場合は，防腐・防蟻処理を施した集成材を使用しなくてはならない。「構造用集成材の日本農林規格」では，防腐・防蟻処理を施した集成材に対する品質基準などは平成30年時点において規定されていないため，防腐・防蟻処理を施した集成材の品質保証は，「AQ認証」を取得することが多い。集成材の防腐・防蟻処理法のAQ認証では，JASで格付けされた構造用集成材（集成材の完成品）に，品質性能評価基準に定める薬剤を加圧注入処理法等により，防腐・防蟻処理を施した製品を認証の対象としている。

（4） 使用可能部位

枠組壁工法の平13国交告第1540号によると，非対称異等級構成集成材が壁のたて枠と筋かいに使用できないことを除くと，化粧ばり構造用集成柱，構造用集成材とも，枠組壁工法の全ての部位（土台，端根太，まぐさ，たるき，むなぎ，床根太，天井根太，壁の上枠・下枠，頭つなぎ，すじかい）に使用可能である。

（5） 基準強度

化粧ばり構造用集成柱，および構造用集成材の基準強度は，平13国交告第1024号で規定されている。

（6） 施工上の留意点

構造用集成材の強度・剛性は，製造時の断面について保証されているので，一般には，これをひき割りして使用することはできない。

（7） 協会等

日本集成材工業協同組合　電話 03-6202-9260

6.4　単板積層材　平20農水告第701号（改正平成30年3月29日）

（1） 概略

単板積層材（Laminated Veneer Lumber，LVL）の歴史は，アポロ11号が月に着陸した1969年，北米でI-joistのフランジ用途で開発したのが契機である。日本では平行合板と呼ばれ，単板（丸太をかつらむきにした板状のもの）の繊維方向が直交する合板と区別していた。枠組壁工法の様々な部材として使われることで，枠組壁工法の発展とともにその利用用途を広めてきた材料である。

LVLは，主に同じ方向に単板を積層接着する材料で，材料の強度を最大限に出すことが特徴である。しかしながら，直交層を一定の範囲で入れられるJASも作られ，新たに基準強度が追加された。直交層を入れることによる寸法安定性向上とせん断強度などの強度特性を上げることができた。

（2） 規格

昭和63年に，「構造用単板積層材の日本農林規格」（昭63農水告第1443号）が公布され，構造用として使用されるに至っている。なお，平成20年5月13日農水告701号による全面改正で，厚さ比率で30％未満まで直交層を入れられることで，今までの規格区分（A種構造用単板積層材）に加わって，B種構造用単板積層材が追加された。

（3） 特徴

LVLは，製造方法から考えると合板と似ており，繊維方向を揃えた軸材料，あるいは直交層を入れた板材料がある。幅広い板の場合，寸法安定性と反り・曲がり防止と接合部のせん断強度を向上させる目的で，直交層を入れる。

LVLの大きな特徴は，エンジニアードウッドであり，欠点の分散効果のために強度・剛性が高いこと，単板の品質管理と単板構成により強度・剛性がコントロールできること，任意の断面が製造可能であること，人工乾燥材であり，寸法精度が高いことなどである。また，単板であるエレメントの数が多いため，強度・剛性のばらつきが少ない。単板の品質管理では，単板に超音波を当ててその伝播時間（密度と高い相関がある）を測るなどの方法が使われている。

LVLの接着耐久性と木材部分の耐久性については，他のエンジニアードウッドと同じであり，使用環境区分によって使用部位を決める必要がある。防腐・防蟻処理を必要とする場合は，「AQ認証」や日本農林規格の製品がある。

（4） 使用可能部位
枠組壁工法の平13国交告第1540号によると，構造用LVLは枠組壁工法の全ての部位に使用可能である。

（5） 基準強度
構造用LVLの基準強度は，平13国交告第1024号で公布されている。

（6） 設計・施工上の注意点
LVLの等級や寸法は，JASに規定されていても一般に製造されていない場合があるので，実際に入手可能な寸法をあらかじめ確かめることが必要である。また，含水率については，一般的にやや過乾燥（平衡含水率よりやや低め）気味に製造される場合が多い。この場合，施工後に僅かながら断面が膨らみ，部材間の密着度が良くなるとも言われている。

（7） 協会等
一般社団法人全国LVL協会　電話03-6743-0087

6.5 木質接着成形軸材料及び木質複合軸材料

木質接着成形軸材料とは「木材の単板を積層接着又は木材の小片を集成接着した軸材」をいい，木質複合軸材料とは「製材，集成材，木質接着成形軸材料その他の木材を接着剤によりI型，角型その他所要の断面形状に複合構成した軸材をいう（平12建告第1446号が法37条にもとづく指定建築材料の技術的根拠だが，平13国交告第1539号の改正によりこの2つの軸材料が加えられた）。

（1） PSL（Parallel Strand Lumber）
木質接着成形軸材料のひとつであるが，主に針葉樹であるダグラスファーかサザンパインを主原料としている。丸太からとった単板を繊維方向に細長く約12～16 mmの幅にカットしてストランドを作り，耐水性のフェノール樹脂接着剤によりマイクロ波エネルギーを利用して回転ベルトプレスにて長尺の製品（ビレット）を作る。ビレットの大きさは約幅27 cm×厚48 cm×長20 mで，実際に使用する部材は，ビレットを必要なサイズにカットし，これ以上のサイズが必要な場合は2次接着して作られる。

PSLの品質基準については，平12建告第1446号（改正平成29年9月29日）別表第2（ろ）欄（品質基準）の1から11に示された内容にもとづき，試験等を行ない基準値を定めなければならない。

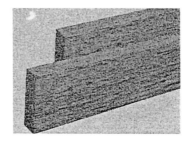

図6.3　PSL

PSLの許容応力度は，2.0Eの1種類が国内で流通している。曲げ強度は，基本素材のダグラスファーやサザンパインと比べると30～40％ほど高い応力度を示す。

含水率は，乾燥材の平均値に近く約11～14％といわれる。非常に乾燥度合いが高く，カット寸法は安定している。縮み，歪み，反り，割れなどに対する抵抗力に優れている。PSLを構造材として用いる場合，国土交通大臣が法第37条第二号に基づいて認定されたものを使わなければならない。また，床根太，端根太，側根太に使用する場合には，令第82条第一号から第三号までに定める構造計算により，構造耐力上安全であることを確かめなければならない。

PSLは，かさ比重が非常に大きい。針葉樹のダグラスファーやサザンパインを主原料としていながら0.67～0.7程度で，これは，使用するフェノール樹脂接着剤の割合が多いためと思われる。

（2） LSL（Laminated Strand Lumber）
木質接着成形軸材料のひとつである。

ポプラ，アスペン，ホワイトバーチ，レッドメープルなど，構造用としてはあまり利用されていない樹種で，

特に小径木や曲がりの多い丸太を原料にしてストランドを作り，おおむね平行にして積層し接着成形した構造材料である。巾19〜32 mm，長さ305 mmまでのストランドにMDIポリエチレン樹脂を塗付して蒸気プレスにてビレットに成形される。従来の天然木材がもつ強度，加工性を備えながら，割れ反り，ねじれなどの欠点を取り除き，均一で安定した物性の製品を大量，安価に供給できる特徴がある。構造材の他，造作材，家具，建具などに用いられる。

LSLの品質基準については，平12建告第1446号（改正平成29年9月29日）別表第2（ろ）欄（品質基準）の1から11に示された内容にもとづき，試験等を行ない基準値を定めなければならない。

LSLの許容応力度は90 E，100 Eの2種類が現在流通している。屋外での使用は不可である。水が直接かからない屋内使用においては，寸法安定性が非常に高く，基準含水率（15 %）に変化はない。

LSLを構造材として用いる場合，国土交通大臣が法第37条第二号に基づいて認定されたものを使わなければならない。また床根太，端根太，側根太に使用する場合には，令第82条第一号から第三号までに定める構造計算により，構造耐力上安全であることを確かめなければならない。

（3） 木質I型ビーム

木質I型ビームは，木質複合軸材料のひとつである。一般的にLVLやMSR材のフランジに合板やOSBのウェブを接着して製造される。接着剤は，耐水性の高いフェノール・レゾルシノール樹脂接着剤が用いられる。北米やヨーロッパ各国で製造されているが，国内では，北米のものが多く流通している。

I型ビームの品質基準については，平12建告第1446号別紙第2（ろ）欄（品質基準）の1から13に示された内容にもとづき試験等を行ない基準値を定めなければならない。

I型ビームは，矩形の材と比較して，同じ断面積では，曲げ剛性がかなり効率よく発揮できる。要求性能に合わせて選べるように，タイプごとに許容曲げモーメントや許容せん断力がチェックできるようになっており，力学性特性が明確である。

製材と比較して，単位長さ当りの重量が3 kgf/mと1/2程度の軽量で現場での施工性及び運搬性が非常によい。また，LVLとOSBで構成されているため，含水率は14 %以下で寸法安定性が非常によく，長いスパンの床根太やたるきの用途に適している。

I型ビームを用いる場合，国土交通大臣が法第37条第二号に基づいて認定されたものを使わなければならない。また，床根太，端根太，側根太に使用する場合には，令第82条第一号から第三号までに定める構造計算により，構造耐力上安全であることを確かめなければならない。

施工上の留意点としては，まず水に対する配慮を怠らないようにする。決して横置きにしてはならない。立てて平らな場所におくことが重要であり，怠ると荷重によって歪む可能性がある。また，吸水，吸湿しやすい場所での保管を避け，現場では養生を怠らないようにする。

使用上の注意として，ウェブ部分へ穴あけ加工を行う場合は，穴の大きさと位置は認定の特記事項に従わなければならない。また，フランジに関しては切り欠きや傷をつけてはならない。垂木として使用する際には耐力壁

図6.4 I型梁断面例

図6.5 木質I型ビーム

上に上下のフランジが必ず載るようにし，下端のフランジの欠きおとしはしてはならない。

大きな荷重を受ける合わせたて枠の下部や，スパンの中間で集中荷重を負担する場合などでは，荷重伝達のための補強材やウェブの座屈防止材が必要になる。また，スパンが大きくなると，水平座屈を防止するころび止めが必要になる。接合金物についても指定がある。強度性能だけでなく，防火性能についてもファイヤーストップ材などを設けなければならない場合があるので注意を要する。

6.6 面 材

近年，木質構造に使用する構造用面材の種類は多岐にわたり，有機系材料・無機系材料を問わず，多くの構造用面材が開発されている。平13国交告第1540号においても，ミディアムデンシティーファイバーボード（MDF）と火山性ガラス質複層板（VSボード）が告示第2「材料」の構造耐力上主要な部分に使用する面材に追加されている。平成28年の改正で構造用合板に化粧ばり構造用合板が追加された（以下，双方を合わせて構造用合板等という）。

告示第2「材料」では，13種類の面材を規定しているが，使用部位（壁下地材，床下地材及び屋根下地材）に応じて面材の種類・規格を定めている。

上記の面材を構造耐力上主要な部分に使用する際の，共通な留意事項を下記に示す。

- 壁量計算の場合の壁倍率は，平13国交告第1541号第1第五号にある表1，表1-2に準ずる。また，面材を張る釘またはねじの種類・本数又は間隔は，同告示第1第一六号にある表に準ずるものとする。同告示に壁倍率を規定されていない面材については，規則第8条の3に基づく国土交通大臣の認定を受けたものを使用し，大臣が認める壁倍率にて設計する。
- 構造計算で設計する場合は，建築学会規準および構造計算指針第Ⅱ編に示された数値（基準強度ほか）もしくは指針第Ⅴ編に示す試験方法により算出した数値を用いて計算するものとする。なお，構造用合板，構造用パネル，せっこうボードの基準強度・調整係数は指針第Ⅱ編に掲載しているので参考にするとよい。
- 床下地材として使用できる面材の内，構造用合板，OSB（構造用パネル）及びパーティクルボードでは，面材の突合せ部分が本ざね加工された製品が製造され，支援機構仕様書では，面材の突合せ部分の釘受け材を省略できる施工方法として，突合せ部分が本ざね加工された面材別に，根太の間隔や厚さなどの仕様が規定されている。

以下に告示に規定された各面材の説明を記す。

表6.1 枠組壁工法における各種面材とその使用可能部位（平13国交告第1540号による）

面材の種類		使用可能部位（●印）		
		壁下地材（屋外・湿潤環境[注1]）	壁下地材（左記以外[注2]）	床下地材及び屋根下地材
有機系材料	構造用合板	●	●	●
	化粧ばり構造用合板	●	●	●
	構造用パネル	●	●	●
	パーティクルボード	●	●	●
	ハードボード	●	●	
	シージングボード	●		
	ミディアムデンシティーファイバーボード（MDF）	●	●	●[注3]
無機系材料ほか	硬質木片セメント板	●	●	●
	フレキシブル板	●	●	
	パルプセメント板	●	●	
	火山性ガラス質複層板（VSボード）	●	●	●[注3]
	ラスシート	●	●	
	せっこうボード		●	

注1）屋外に面する部分（防水紙その他これに類するもので有効に防水されている部分を除く），および湿潤状態となるおそれのある部分（常時湿潤状態となるおそれのある部分を除く）に用いる壁下地材。
注2）常時湿潤状態となるおそれのある部分および注1）で掲げる部分以外の部分に用いる壁下地材。
注3）使用にあたっては告示第1540号第9に則った構造計算が必要である。（第Ⅱ編 第5章参照）

（1） 構造用合板等（平15農水告第233号　第6条および第7条）

近年，地球環境問題からラワン合板に対する風当たりは強い。以前の日本の合板業界はラワン合板が中心であったが，熱帯林保護の観点などから，現在では国産の針葉樹で作られた合板の生産量もシェアを伸ばしている。

合板は，LVLと異なり，隣接する単板の繊維方向を直行させ接着した材料である。基本的には奇数枚の単板で構成されるが，偶数枚で構成されたものも製造されている。

旧構造用合板の日本農林規格（昭44農告第1371号）は，普通合板やコンクリート型枠合板などの日本農林規格と統合され，平成15年2月27日新たに公布された農水省告示第233号「合板の日本農林規格」の第6条に規定された。平成26年の改定で第7条に化粧ばり構造用合板の規格が追加された。

構造用合板は，構造用として使用される合板であり，「合板の日本農林規格」（平15農水告第233号）第6条の「構造用合板の規格」では，接着性能を示す「接着の程度」として特類と一類に区分し，それぞれに1級と2級の等級を設けている。1級は構造計算を必要とする構造部分並びに部品に使用されるものを対象に，曲げ強さと曲げヤング係数の試験方法とその適合基準が定められている。これに対し2級は耐力壁，屋根下地，床などに使用されることを前提として，曲げヤング係数の試験方法と適合基準が定められている。枠組壁工法では接着性能の区分に応じ使用可能な部位が定められ，等級区分によりそれぞれ壁倍率の数値が規定されている。

合板は湿気によって伸び，その線膨張率は合板の樹種，単板構成，厚さなどによって異なる。このため，目地をぴったり合わせた施工をすると，後に突き付け部が盛り上がったり（床の場合），全体が波うったり（壁の場合）することがある。したがって，使用する合板と環境条件によっては，目地に最大2～3 mmの隙間を設ける必要がある。

また，支援機構仕様書では，床下張材の突合せ部分は，原則として釘受材を設けなければならないが，釘受材を省略できる工法として，例えば床根太間隔が500 mm以下とし，「日合連」，「COFI」若しくは「APA」で定める継手（本ざね）加工の規格に適合した，厚さ15 mm以上の構造用合板を使用する場合を規定している。厚さが12 mm以上の場合についても釘受材を省略できる仕様も規定されており，詳細は支援機構仕様書を参照願いたい。具体的な継手（本ざね）形状の例として，図6.6，図6.7に「日合連」の規定する本ざねの形状を示す。

表6.2　構造用合板等の使用部位とその規格

面材の使用部位	材料の規格
壁下地材（屋外・湿潤環境）	平15農水告第233号　第6条（構造用合板）第7条（化粧ばり構造用合板）に規定する特類
壁下地材（上記以外）	平15農水告第233号　第6条（構造用合板）第7条（化粧ばり構造用合板）に規定する特類又は一類
床下地材又は屋根下地材	

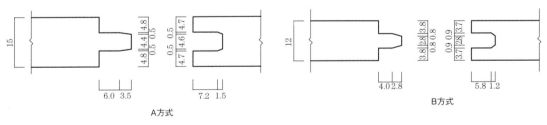

図6.6　本ざね形状の例（1）（日合連規格）

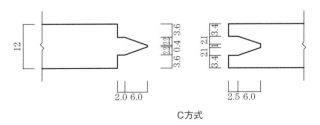

図6.7　本ざね形状の例（2）（日合連規格）

（2） OSB（構造用パネル）（昭和62年農水省告示第360号　改正平成30年3月29日）

JASに規定されている構造用パネルには，OSB（Oriented Strand Board）とウェファーボードがある。OSBは

ストランド状の細長い削片の繊維方向に配向性を持たせ形成されたボードである。ウェファーボードはウェファー状の比較的大きな削片に接着剤を塗布してホットプレスで熱圧成形したボードであるが，近年はほとんど生産されていない。OSB は，北米では下地用合板の代替品として使用されはじめたが，現在では面材料の中心的存在になりつつある。従来あまり使用されていなかった樹種や，小径木などの原材料を使用することができるため，資源を有効に活用できる面材料といえる。一般に合板より厚さ方向の膨張率が大きいため，このことに留意して施工を行うとともに，合板と同様に突き付け部には 2～3 mm の目地を確保する。また水がかり・高湿下における膨潤のおそれがあるので施工中の養生にも注意する。含水率やクリープに対する性能は合板より劣るが，使用方法を適切に行えば優れた建築材料である。

また，OSB を床下地材として使用する場合も，構造用合板と同様に支援機構仕様書では，床根太間隔が 500 mm 以下で，「APA」で定める継手（本ざね）加工の規格に適合した厚さ 15 mm 以上の構造用パネル 2 級を使用する釘受材の省略工法などが規定されている。

表 6.3 OSB（構造用パネル）の使用部位とその規格

面材の使用部位	材 料 の 規 格
壁下地材（屋外・湿潤環境）	昭 62 農水告第 360 号（構造用パネル）に規定する 1 級，2 級，3 級又は 4 級
壁下地材（上記以外）	
床下地材又は屋根下地材	

（3） パーティクルボード（JIS A 5908）

パーティクルボードは切削または破砕された木片に合成樹脂接着剤を塗布し，熱圧成形した比較的厚く異方向性のないボードである。表面は平滑であるが，切断木口は粗くなる。

パーティクルボードは使用方法を適切に選択にすれば優れた材料であるが，吸水・吸湿によりボードの膨張や強度低下が起こりやすい。使用にあたっては，使用部位の検討や木口へのシール処理ならびに伸び対策としてボードの突き合わせ部に 2～3 mm の隙間を設けるなどの設計・施工上の配慮が望まれる。また，クリープによるたわみが合板など他の面材に比べ大きいため，素板での使用には注意が必要である。

床下地材としてパーティクルボードを使用する場合，支援機構仕様書では，床根太間隔が 500 mm 以下で，「日本繊維板工業会」が定める継手（本ざね）加工の規格に適合した厚さ 15 mm 以上のボードを使用すれば釘受材を省略することができる。

表 6.4 パーティクルボードの使用部位とその規格

面材の使用部位	材 料 の 規 格
壁下地材（屋外・湿潤環境）	JIS A 5908（パーティクルボード）- 1994 に規定する 18 タイプ，13 タイプ，24-10 タイプ，17.5-10.5 タイプ又は 30-15 タイプ
壁下地材（上記以外）	
床下地材又は屋根下地材	

（4） 繊維板（JIS A 5905）

木材チップの繊維を主原料とし，合成樹脂を加えて成形したボードで，JIS 規格では密度により 3 種類に分類されている。繊維レベルまでほぐして加工するため，木材の節や割れなどの欠点がなく，異方向性のない大判の均質材料が製造できる。また幅や長さ方向の寸法の狂いも小さい。

① ハードボード

密度 0.8 g/cm^3 以上で乾式または湿式で高温圧締成形された硬質繊維板である。表面は平滑で硬質，曲げ強度も板厚の割に大きく，加工性にも優れている。素板（スタンダードボード）のままでは水分による寸法変化が大きいため使用部位に応じて施工前に水打ちなどを行う必要がある。また耐水性，強度向上のために油や樹脂によってオイルテンパリング処理を施したテンパーボードもある。

表 6.5 ハードボードの使用部位とその規格

面材の使用部位	材 料 の 規 格
壁下地材（屋外・湿潤環境）	JIS A 5905（繊維板）- 1994 に規定するハードファイバーボードの 35 タイプ又は 45 タイプ
壁下地材（上記以外）	

② シージングボード

密度 0.35 g/cm³ 未満で湿式で熱圧締されずに成形された軟質繊維板（インシュレーションボード）のうち，アスファルトを含浸あるいは塗布して，水ぬれ・湿気に強くしたものがシージングボードである。密度が低く，多孔質であるため断熱性，調湿性などに優れる。

表 6.6　シージングボードの使用部位とその規格

面材の使用部位	材料の規格
壁下地材（屋外・湿潤環境）	JIS A 5905（繊維板）-1994 に規定するシージングボード
壁下地材（上記以外）	

③ MDF（ミディアムデンシティーファイバーボード）

密度 0.35 g/cm³ 以上 0.8 g/cm³ 未満で，乾式で熱圧締によって成形された中質繊維板である。表面は硬く平滑で，切断木口も緻密なので各種加工性に優れる。JIS 規格では曲げ強度区分および耐水性区分（接着剤の種類）が設けられており，構造用に使用できるものは曲げ強度 30 タイプで，かつ接着剤が M タイプ（ユリア・メラミン共縮合樹脂系）か P タイプ（フェノール樹脂系）のものに限られている。

表 6.7　MDF（ミディアムデンシティーファイバーボード）の使用部位とその規格

面材の使用部位	材料の規格
壁下地材（屋外・湿潤環境）	JIS A 5905（繊維板）-1994 に規定するミディアムデンシティーファイバーボード 30 タイプ（M タイプ，P タイプ）
壁下地材（上記以外）	
床下地材又は屋根下地材 注1)	

注1) 使用にあたっては，告示第 1540 号第 9 に則った構造計算が必要である。（第 II 編，第 5 章参照）

（5） 硬質木片セメント板（JIS A 5404）

主原料として木片などの木質原料とセメントを用いて圧縮成形したボードである。防火性，断熱性，防音性が良好で，吸水による寸法変化も小さく，耐腐朽性も大で加工性もあり，やや重い点を除けば優れた材料である。

表 6.8　硬質木片セメント板の使用部位とその規格

面材の使用部位	材料の規格
壁下地材（屋外・湿潤環境）	JIS A 5404（木質系セメント板）-2001 に規定する硬質木片セメント板
壁下地材（上記以外）	
床下地材又は屋根下地材	

（6） 繊維強化セメント板（JIS A 5430）

繊維強化セメント板は，セメント，石灰質原料，パーライト，けい酸質原料など無機質系材料を主原料とし，繊維などで強化成形したボードである。防火性，耐火性，耐久性などの性能に優れている。枠組壁工法では，このうちフレキシブル板が用いられる。

フレキシブル板は，補強繊維で強化成形されたスレートの一種で可撓性に富み，かつ高圧で成形し強靱な材質としたものである。耐水性も大で，湿分による伸縮は木材の 1/10 以下であり，釘打ち，切断とも比較的容易な材料である。

表 6.9　フレキシブル板の使用部位とその規格

面材の使用部位	材料の規格
壁下地材（屋外・湿潤環境）	JIS A 5430（繊維強化セメント板）-2001 に規定するフレキシブル板
壁下地材（上記以外）	

（7） パルプセメント板（JIS A 5414）

パルプセメント板は，セメント，パルプ，無機質繊維材料，パーライト及び無機質混合材を主原料として抄造成形したボードである。軽量で加工性に富み，準不燃性を有する比較的経済的な材料である。作業性は良好であるが，湿分による伸縮性を考慮した施工法の採用が必要である。

表6.10 パルプセメント板の使用部位とその規格

面材の使用部位	材料の規格
壁下地材（屋外・湿潤環境）	JIS A 5414（パルプセメント板）-1993に規定する1.0板
壁下地材（上記以外）	

（8） 火山性ガラス質複層板 （JIS A 5440）

火山性ガラス質複層板は火山性ガラス質堆積物（シラスなど）と無機系繊維（ロックウール，グラスウール）を複合し，有機系結合剤によって層状に成形したボードである。原料の火山性ガラス質堆積物は，未利用資源として地球上に大量に堆積分布しているものである。ボードは軽量にして，かつ高強度で難燃性，防腐性，防蟻性，透湿性及び低ホルムアルデヒド放出性に優れている。JIS規格では，かさ比重区分と強度曲げ区分が設けられ，告示材料に適合する規格は，かさ比重Hタイプのうち曲げ強度がⅢタイプのものに限られている。

表6.11 火山性ガラス質複層板（VSボード）の使用部位とその規格

面材の使用部位	材料の規格
壁下地材（屋外・湿潤環境）	JIS A 5440（火山性ガラス質複層板（VSボード））-2000に規定するHⅢ
壁下地材（上記以外）	
床下地材又は屋根下地材[注1]	

注1）使用にあたっては，告示第1540号第9に則った構造計算が必要である。（第Ⅱ編第5章参照）

（9） ラスシート （JIS A 5524）

ラスシートは，角波亜鉛鉄板の厚さが0.4 mm以上のものに，0.6 mm以上のメタルラスを溶接した材料で，これを張った枠組壁の強度の剛性は大きい。外装仕上げとなるモルタル塗りを入念に行い，雨水の浸入防止の施工を行えば耐久性もかなり向上する。

表6.12 ラスシートの使用部位とその規格

面材の使用部位	材料の規格
壁下地材（屋外・湿潤環境）	JIS A 5524（ラスシート）-1994
壁下地材（上記以外）	

（10） せっこうボード （JIS A 6901）

せっこうボードは，厚さ12 mm以上の準不燃性以上の性能を有するもので，耐水湿性の不足から屋内に面する壁，または常時乾燥状態となる壁に使用できる。屋外・湿潤環境以外の壁下地材として使用できるせっこうボード製品の種類は，せっこうボード（GB-R），強化せっこうボード（GB-F），構造用せっこうボードA種（GB-St-A）及びB種（GB-St-B）の4種類である。

表6.13 せっこうボードの使用部位とその規格

面材の使用部位	材料の規格
壁下地材（屋外・湿潤環境以外）	JIS A 6901（せっこうボード製品）-2005に規定するせっこうボード，構造用せっこうボードA種及びB種並びに強化せっこうボード

（11） 協会等

面材に関する問い合わせ先は下記のとおりである。

面材名称	電話	問い合わせ先
ハードボード シージングボード ミディアムデンシティーファイバーボード（MDF）	03-3271-6883	日本繊維板工業会
硬質木片セメント板	03-3945-9047	全国木質セメント板工業会
火山性ガラス質複層板（VSボード）	03-6271-7832	火山性ガラス質材料工業会

6.7 直交集成板

(1) 概要

CLTとはCross Laminated Timber（クロス・ラミネイティド・ティンバー）の略称であり、ひき板（ラミナ）を横に並べた後、その繊維方向が直交するように積層接着した木質系材料である。製品としては厚みのある大きな板であり、建築や土木、家具などに使用されている。

我が国での国産スギを主としたCLTの技術開発は、平成22年頃から本格的にスタートした。平成25年12月にCLTの材料規格である「直交集成板の日本農林規格」が制定された。また、平成24年から平成28年にかけて行われた実大振動台実験により得られた地震時の挙動に関する工学的知見や、防耐火性能の検証は、平成28年3月31日及び4月1日に公布・施行されたCLTを用いた建築物の一般的な設計法等の告示の基となっている。

(2) 規格

構造耐力上主要な部分に用いるCLTパネルは、ラミナ厚さが24 mm以上36 mm以下であり、かつ、次のいずれかに適合するものとする。

①直交集成板の日本農林規格に規定されるもの、かつ、平13国交告第1024号により基準強度が規定されたもの。
②法第37条第二号に基づく材料認定及び平13国交告第1024号（最終改正：平成30年3月29日）第一第十九号ニ及び第二第十八号ニに基づく強度指定をうけたもの。

なお、①の適合条件は下記のとおりである。

1) 強度等級はMx60、S60、S30のいずれかとする。
2) CLTパネルの幅・長さは36 cm以上とする。
3) 面外の長期荷重を支持するCLTパネルのラミナ構成は下記のいずれかとする。
　　強軸方向の応力を負担するもの　3層3プライ、3層4プライ、5層5プライ、5層7プライ
　　弱軸方向の応力を負担するもの　3層3プライ、3層4プライ、5層5プライ、5層7プライ、7層7プライ

(3) 特徴

CLTは、比較的高い剛性を保持した面材であり、工場でのユニット化及び複合パネル化による生産性の向上が期待される。意匠性においては、従来では複雑な構造計画が求められた二方向片持ちや、CLTを現しで用いることで、木材の特質である香りや質感、木目の意匠性を生かすことができる。（準耐火建築物でも、燃えしろ設計により防火被覆材を取り除くことが可能となった。）

(4) 使用可能部位

床版および屋根版に使用可能である。枠組壁工法の平13国交告第1540号が平成29年9月26日に改正され、床版および屋根版にCLTを使用する場合の構造計算法が緩和された。

(5) 基準強度

平13国交告第1024号で公布されている。

(6) 設計・施工上の留意点

一般的に木造建築物はRC造やS造と比較して軽いという構造メリットや、工期が短いという施工的メリットがあるが、一方で、建物荷重が小さいため、CLTパネルを床版として使用する場合は、二重床等による遮音対策が重要である。また、CLTパネルの製品の幅・高さ・厚さは、現場での養生状況や乾燥状態により影響を受けるため、パネル毎の精度を確認しながら施工することが重要である。

(7) 協会等

一般社団法人　日本CLT協会　電話03-5825-4774

6.8 木質断熱複合パネル

(1) 概要

北米において開発された構造及び断熱機能を有した複合パネルであり，北米では一般的に SIP（Structural Insulated Panel）と呼ばれている。

わが国には 1990 年初頭より輸入され始め，現在では国内でも生産されている。平板状の有機系発泡材の両面に構造用パネルその他これに類するものを接着した材料であり，耐力壁・屋根下地・床等に用いられる。

本複合パネルを用いた住宅の例としては，耐力壁・屋根下地・床等に複合的に用いる場合，及び，屋根等に部分的に用いる場合がある。いずれの場合においても，具体的な利用方法については，製造者へ確認を行うこと。

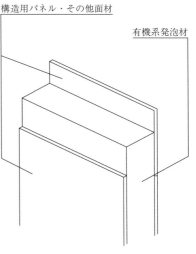

図 6.8 木質断熱複合パネルの構成例

(2) 品質等の基準

品質および技術基準については，法第 37 条「建築材料の品質」に関連する，平 12 建告第 1446 号「建築物の基礎，主要構造部に使用する建築材料並びにこれらの建築材料が適合すべき日本工業規格又は日本農林規格及び品質に関する技術基準を定める件」に示された別表第 2(ろ) 及び(は)欄（品質基準及びその測定方法）の 1 から 13 の内容にもとづき試験等を行い基準値を定める。

(3) 構造設計基準

指定建築材料・壁倍率等について国土交通大臣の認定を取得後，平 13 国交告第 1540 号第 2 第三号，第 4 第九号，第 5 第八号，第 7 第十二号に準じ，所定の構造計算方法に基づき設計を行う。

(4) 設計の留意点

(i) 第 5 壁等

木質断熱複合パネルは，パネル自体が鉛直荷重支持機能を有する。なお，法第 37 条第 2 項の認定により，指定された許容応力度を用いて鉛直荷重に対する安全性を確認すれば，たて枠間隔が 650 cm を超えても良い。

(ii) 第 7 小屋

たるきおよび屋根下地材として読み替えることができる。また，たるきつなぎおよび振れ止めは省略できる。

屋根版として木質断熱複合パネルを使用する際の計算は屋根版そのものに働く鉛直力（固定荷重・積雪荷重）の安全性と，風圧力・地震力により屋根版に発生するせん断力に対して，下階耐力壁との接合及びパネル同士の緊結の検討，また，風圧力による吹き上げに対する接合の検討を行う。この場合の検討は屋根版のみの検討でよい。

(iii) 第 10 構造計算によって構造耐力上安全であることが確かめられた建築物等

一般的枠組壁工法と同様に，構造計算によれば 3 階建て・混構造等の設計も可能である。

(5) 防火設計基準

防火地域又は準防火地域において防耐火性能を満たすための設計を行うにあたっては，耐火構造・準耐火構造・防火構造として，国土交通大臣の認定を取得しなければならない。

6.9 薄板軽量形鋼

1995 年頃から国内の主要鉄鋼メーカーが，枠組壁工法の枠組材を薄板軽量形鋼に置き換えた工法（いわゆる，スチールハウス）について研究開発を行い，1997 年には旧法第 38 条の規定に基づく認定を受けた。この頃から

一部の住宅メーカーも薄板軽量形鋼を大引や床根太，屋根トラス等に採用する動きがあり，平成13年の改正に至ったものである。

平13国交告第1540号で使用可能となった薄板軽量形鋼に適応するものとして，日本鉄鋼連盟製品規格「建築構造用表面処理薄板軽量形鋼」があるので，その材質及び代表的な形状・寸法を以下に示す。

（1） 材質

指定建築材料として法第37条第一号で規定された構造用鋼材はJIS G 3302（溶融亜鉛めっき鋼板及び鋼帯），JIS G 3312（塗装溶融亜鉛めっき鋼板及び鋼帯），JIS G 3321（溶融55％アルミニウム－亜鉛合金めっき鋼板及び鋼帯）及びJIS G 3322（塗装溶融55％アルミニウム－亜鉛合金めっき鋼板及び鋼帯）であり，引張強さは400 N/mm² 級と490 N/mm² 級である。これらの他に法第37条第2号で建築材料として鉄鋼メーカーが大臣認定を取得した「溶融亜鉛－5％アルミニウム合金めっき鋼板および鋼帯」等がある。

同一めっき付着量で比較すると防錆性能は溶融亜鉛めっき，溶融亜鉛－5％アルミニウム合金めっき，溶融55％アルミニウム－亜鉛合金めっきの順に向上する。

（2） 代表的な形鋼の形状・寸法

形鋼は木材と異なり，板厚を変化させることで断面性能を変えることができ，同一外寸の形鋼の中から使用スパンに合った最適設計を行うことが可能となる。日本鉄鋼連盟製品規格「建築構造用表面処理薄板軽量形鋼」の

表6.14 （日本鉄鋼連盟製品規格「建築構造用表面処理薄板軽量形鋼」からの抜粋）

形鋼名	リップ溝形鋼				軽溝形鋼				角形鋼		
形状											
シリーズ	呼び名[注1]	寸法（mm）			呼び名[注1]	寸法（mm）			呼び名[注1]	寸法（mm）	
		H[注3]	$A \times C$	t[注2]		H[注2]	$A \times B$	t[注2]		$H \times A$	t[注2]
89 シリーズ	89 LCM○○	89	44.5×12	0.8～1.6	89 CN○○	91～93	40×40	0.8～1.6	89 BM○○	89×44.5	0.8～1.6
	89 LCN○○	89	40×12	0.8～1.6							
100 シリーズ	100 LCM○○	100	44.5×12	0.8～1.6	100 CN○○	102～104	40×40	0.8～1.6	100 BM○○	100×44.5	0.8～1.6
	100 LCN○○	100	40×12	0.8～1.6							
140 シリーズ	140 CLW○○	140	50×12	0.8～1.6	140 CL○○	142～144	92×92	0.8～1.6	140 BM○○	140×44.5	0.8～1.6
	140 LCM○○	140	44.5×12	0.8～1.6	140 CN○○	142～144	40×40	0.8～1.6			
	140 LCN○○	140	40×12	0.8～1.6	140 CS○○	142～144	30×30	0.8～1.6			
	140 LCS○○	142～144	30×20	0.8～1.6							
184 シリーズ	184 LCW○○	184	50×20	1.0～1.6	184 CN○○	186～188	40×40	1.0～1.6			
	184 LCM○○	184	44.5×20	1.0～1.6							
	184 LCN○○	184	40×20	1.0～1.6							
235 シリーズ	235 LCW○○	235	50×20	1.0～1.6	235 CL○○	237～239	92×92	1.0～1.6			
	235 LCM○○	235	44.5×20	1.0～1.6	235 CN○○	237～239	40×40	1.0～1.6			
	235 LCN○○	235	40×20	1.0～1.6	235 CS○○	237～239	30×30	1.0～1.6			
	235 LCS○○	237～239	30×20	1.0～1.6							

注1） 呼び名の表記方法：89 LCN 10 先頭の数値はシリーズ名称が，次の英大字は形鋼名とフランジ幅が，最後の○○は板厚が表示され，○○には板厚（0.1 mm単位で表記）が記載される。（形鋼名：LC＝リップ溝形鋼，C＝軽溝形鋼，B＝角形鋼，フランジ幅：$L=92$，$W=50$，$M=44.5$，$N=40$，$S=30$）

注2） 板厚は本表の範囲内を0.2 mm単位で用意している。

注3） ウェブ高さ（H）：軽溝形鋼は，内側にリップ溝形鋼又は角形鋼が嵌合されるため，板厚毎に高さが変化する。また，フランジ幅30 mmのリップ溝形鋼は軽溝形鋼と高さを揃えている。

注4） 本表以外のサイズとして，リップ溝形鋼及び軽溝形鋼には，300，250，200，150シリーズがある。

うち，枠組壁工法に使用しているランバーと同一サイズのシリーズ及びせいが 100 mm のシリーズを**表 7.14** に示す。

なお，吊り天井根太や非耐力壁のように非構造部材として使用するため施工性を考慮した非構造用形鋼や，この表以外のサイズについても建築構造用表面処理薄板軽量形鋼　日本鉄鋼連盟製品規格として定めている。

（3）協会等
スチールハウス協会（電話 03-5643-8637）

6.10　溶接軽量 H 形鋼

（1）概要
溶接軽量 H 形鋼とは，熱間圧延鋼帯，冷間圧延鋼帯またはめっき鋼帯を用いて，連続的に高周波抵抗溶接またはこれと高周波誘導溶接との併用によって製造した形鋼である。

溶接軽量 H 形鋼は，熱間圧延 H 形鋼（ロール H）に比べ，寸法精度が高いこと，任意の形状が設定できること，薄肉で加工性が良いこと，単位質量当たりの断面性能が高いことから，工業化住宅の梁や柱に使われる他，温室の主フレームや建築鉄骨の小梁等にも適用されている。

（2）枠組壁工法への導入
溶接軽量 H 形鋼で，法第 37 条第一号の指定建築材料を受けたものとして，降伏点 245 N/mm² 級の JIS G 3353（一般構造用溶接軽量 H 形鋼）がある。平 13 国交告第 1540 号の「第二材料」において，鋼材の厚さが 2.3 mm 以上 6 mm 以下の一般構造用溶接軽量 H 形鋼は，「軽量 H 形鋼規格」として，枠組壁工法の床根太及び天井根太

表6.15　「軽量 H 形鋼規格」の一般構造用軽量 H 形鋼　標準的な形状寸法

H	B	t_1	t_2	断面積 (cm²)	断面2次モーメント I_x (cm⁴)	断面係数 Z_x (cm³)
80	80	2.3	2.3	5.414	63.8	15.9
100	100	3.2	4.5	11.91	225	45.1
150	75	2.3	2.3	6.79	247	32.9
150	75	3.2	3.2	9.40	338	45.0
150	75	3.2	4.5	11.26	432	57.6
150	100	3.2	4.5	13.51	551	73.5
150	100	3.2	6.0	16.42	693	92.3
200	100	3.2	3.2	12.60	813	81.3
200	100	3.2	4.5	15.11	1050	105
200	100	3.2	6.0	18.02	1310	131
250	100	3.2	3.2	14.20	1360	109
250	100	3.2	4.5	16.71	1730	138
250	100	3.2	6.0	19.62	2150	172
250	100	4.5	6.0	22.71	2290	183
250	125	3.2	4.5	18.96	2070	165
250	125	4.5	6.0	25.71	2740	219
300	150	3.2	4.5	22.81	3600	240
300	150	4.5	6.0	30.96	4790	319
350	100	4.5	6.0	27.21	5000	286
350	120	4.5	6.0	29.61	5710	326
350	175	4.5	6.0	36.21	7660	438
400	135	4.5	6.0	33.66	8480	424
400	200	4.5	6.0	41.46	11500	575
450	135	4.5	6.0	35.91	11100	495

に加えられた。

また，降伏点 325 N/mm² 級の法第 37 条第二号の国土交通大臣の認定を受けた溶接軽量 H 形鋼もある。

（3） 基準強度

「軽量 H 形鋼規格」の一般構造用溶接軽量 H 形鋼は，平成 12 年建告第 2464 号第 2 において，基準強度を 235 N/mm² と定められている。

（4） 防錆処置

平 13 国交告第 1540 号の「第八防腐措置等」から，「軽量 H 形鋼規格」の一般構造用溶接軽量 H 形鋼として，めっき鋼帯を用いて製造した軽量 H 形鋼の他，熱間圧延鋼帯または冷間圧延鋼帯から製造した軽量 H 形鋼を JIS H 8641「溶融亜鉛めっき」や塗装などの防錆処理を利用者において施す必要がある。

（5） 標準的な形鋼の形状・寸法

「軽量 H 形鋼規格」の一般構造用溶接軽量 H 形鋼の標準的な形状寸法を表 6.15 に示す。

6.11 トラス

枠組壁工法の主に小屋組に使用されるトラスは，部材を三角形のユニットとして構成することにより構造材にかかる曲げ応力を軸力に変換し，それにより構造躯体の信頼性を向上させ，部材の断面を小さくすることが可能な構造部材である。

ここ数年，小屋組だけでなく床構面に平行弦トラスと呼ばれる上弦材と下弦材が平行なトラスを使用する事例も増えている。

トラスの種類は，その材質及び接合方法で下に示す通り大きく 3 種類に分類される。

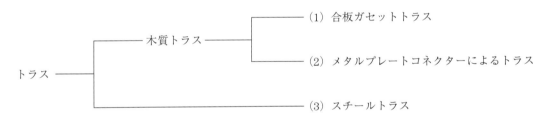

メタルプレートコネクターによるトラス及びスチールトラスは，旧法第 38 条により大臣認定を受けていたが，平成 12 年の建築基準法改正により，大臣認定によることなく，構造計算によって設計することが可能となった。

（1） 合板ガセットトラス

合板ガセットトラスは，構造用製材を合板のガセットプレートで接合して構成したもので，その設計は，構造計算かスパン表により行う。合板ガセットトラスの特徴は，現場接合できることで，あらかじめ下小屋などで分割トラスを製作し，現場で結合することも可能である。

（2） メタルプレートコネクターによるトラス

メタルプレートコネクター（又はネイルプレートとも呼ぶ）によるトラスは，構造用製材を使用し，接合部の両面にメタルプレートコネクターをあてがい油圧プレス等で圧入することによりトラスを形成したもので，構造計算により製材の寸法形式と接合部のネイルプレートの大きさを決定し，その安全性が確認されたものを使用する。なお，接合部等の設計法については木質構造設計規準・同解説を参考されたい。

メタルプレートコネクターによるトラスは，一般住宅の小屋組だけでなく大スパンの小屋組を必要とする大規模木造施設建築物等に利用され普及している。また，同様に平行弦トラスを使って床構面に使用することも可能である。

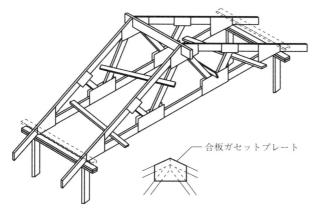

図 6.9 合板ガセットトラスによる小屋組の例

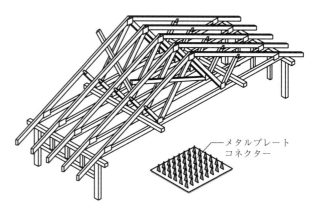

図 6.10 メタルプレートコネクターによる小屋組の例

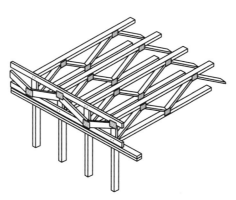

図 6.11 平行弦トラスによる床構面の例

(3) スチールトラス

スチールトラスは，薄板軽量形鋼の部材と接合部のドリルねじまたはボルト等の種類，及び本数を構造計算により決定し，その安全性が確認されたものを使用する。

接合部分は部材同士を重ねるか，又は鋼板ガセットプレートによる接合の2通りがある。

スチールトラスを使用する場合は，接合材としてドリリングタッピングねじやスクリューくぎを使用するので，木材との接合に留意する必要がある。また，材料の形鋼の熱伝導率が木材とは異なるので断熱施工についても配慮する必要がある。

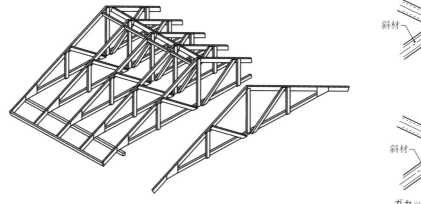

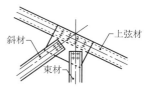

図 6.12 スチールトラスによる小屋組の例

(4) 協会等
○メタルプレートコネクターによるトラスに関する問合せ先は,
　日本木質トラス協議会（電話 048-441-5591）
○スチールトラスに関する問合せ先は,
　スチールハウス協会（電話 03-5643-8637）

第7章

国土交通大臣がその樹種，区分及び等級等に応じてそれぞれ許容応力度及び材料強度の数値を指定したもの

平13国交告第1540号の「第2 材料」においては，構造耐力上主要な部分に使用する材料として日本農林規格に規定する製材等を用いることが定められているが，国土交通大臣がその樹種，区分及び等級等に応じてそれぞれ許容応力度及び材料強度の数値を指定したものについては，その使用が認められている。以下に，現在認定されている海外の規格に適合する建築資材について紹介する。

7.1 アメリカの格付規格に適合する資材 (平成25年11月19日国住指第2715号)

7.1.1 枠組壁工法構造用製材

表7.1の格付規格の欄に掲げる格付規格に適合するものとして，表7.1の格付機関の欄に掲げる格付機関により格付けされた，表7.1の樹種に欄に掲げる樹種について，曲げ，圧縮，引張，せん断の各基準強度（それぞれ F_c，F_t，F_b 及び F_s）は，表7.2の値に表7.3の数値を乗じた数値とする。さらに，並列材にあっては，曲げに対する基準強度 F_b の数値について，当該部材群に構造用合板またはこれと同等以上の面材を貼る場合には1.25を，その他の場合には1.15を乗じた数値とすることができる。

表 7.1

格付規格	格付機関	樹　種　群	樹　　　種	記　号
NeLMA の定める NeLMA-2012	NeLMA, MLB, RRA, SPIB, SIWP, TP	Spruce Pine Fir（south）	ブラックスプルース レッドスプルース ホワイトスプルース ジャックパイン ノルウェー（レッド）パイン バルサムファー エンゲルマンスプルース ロッジポールパイン シトカスプルース	S-P-Fs
NSLB の定める NSLB-2007	NSLB, NeLMA, RRA, SPIB, SIWP, TP			
WCLIB の定める WCLIB-2004	WCLIB, CI, NeLMA, NSLB, PLIB, RIS, RRA, SIWP, SPIB, TP, WWPA	Douglas Fir-Larch	ダグラスファー ウエスタンラーチ	D Fir-L
WWWPA の定める WWPA-2011	WWPA, CI, NeLMA, NSLB, PLIB, RIS, RRA, SPIB, TP, WCLIB	Hem-Fir	カリフォルニアレッドファー グランドファー ノーブルファー パシフィックシルバーファー ウエスタンヘムロック ホワイトファー	Hem-Fir
		Spruce Pine Fir（south）	バルサムファー ブラックスプルース ジャックパイン レッドスプルース ノルウェー（レッド）パイン ホワイトスプルース エンゲルマンスプルース ロッジポールパイン シトカスプルース	S-P-Fs
		Western Cedar	アラスカシーダー インセンスシーダー ポートオーフォードシーダー ウエスタンレッドシーダー	W Cedar
RIS の定める RIS-2000	RIS, CI, PLIB, TP, WCLIB, WWPA	Redwood	レッドウッド	W Cedar
SPIB の定める SPIB-2002	SPIB, NeLMA, RRA, SIWP, TP, WCLIB, WWPA	Southern Pine	ロブロリーパイン ロングリーフパイン ショートリーフパイン スラッシュパイン	SYP

●本表中の格付機関は以下を表す．
CI（Continental Inspection Agency）
MLB（Martime Lumber Bureau）
NeLMA（Northeast Lumber Manufacturers Association）
NSLB（Northern Softwood Lumber Bureau）
PLIB（Pacific Lumber Inspection Bureau）
RIS（Redwood Inspection Service）
RRA（Renewable Resource Associates）
SIWP（Stafford Inspection and Consulting, LLC）
SPIB（Southern Pine Inspection Bureau）
TP（Timber Products Inspection）
WCLIB（West Coast Lumber Inspection Bureau）
WWPA（Western Wood Product Association）

第7章　国土交通大臣がその樹種，区分及び等級等に応じてそれぞれ許容応力度及び材料強度の数値を指定したもの

表 7.2

樹　種	等　級	基準強度 (N/mm²)			
		F_c	F_t	F_b	F_s
D Fir–L	SS	25.2	24.0	35.4	2.4
	No 1	22.2	16.2	24.0	2.4
	No 2	20.4	13.8	21.6	2.4
	No 3	12.0	7.8	12.6	2.4
	Construction	21.6	9.6	15.0	2.4
	Standard	18.6	5.4	8.4	2.4
	Utility	12.0	3.0	4.2	2.4
Hem–Fir	SS	22.2	22.2	33.0	2.1
	No 1	20.4	15.0	23.4	2.1
	No 2	19.2	12.6	20.4	2.1
	No 3	10.8	7.2	12.0	2.1
	Construction	20.4	9.0	14.4	2.1
	Standard	17.4	4.8	8.4	2.1
	Utility	11.4	2.4	3.6	2.1
S–P–Fs	SS	18.0	13.8	30.6	1.8
	No 1	15.6	9.6	21.0	1.8
	No 2	15.0	8.4	18.6	1.8
	No 3	9.0	4.8	10.2	1.8
	Construction	15.6	6.0	13.2	1.8
	Standard	13.8	3.6	7.8	1.8
	Utility	9.0	1.8	3.6	1.8
W Cedar	SS	15.0	14.4	24.0	1.8
	No 1	12.6	10.2	17.4	1.8
	No 2	10.2	10.2	16.8	1.8
	No 3	6.0	6.0	9.6	1.8
	Construction	11.4	7.2	12.0	1.8
	Standard	9.0	4.2	6.6	1.8
	Utility	6.0	1.8	3.6	1.8
SYP	SS	24.8	24.3	34.6	2.4
	No 1	21.6	14.7	22.1	2.4
	No 2	18.9	9.9	16.2	2.4
	No 3	11.1	5.8	9.5	2.4
	Construction	20.9	6.5	11.4	2.4
	Standard	17.0	3.6	6.2	2.4
	Utility	11.1	1.6	2.9	2.4

構造部材の種類と規格の対応表

構造部材の種類	規格
(1) 土台，床根太，端根太，側根太，まぐさ，天井根太，たるき及びむなぎ	Structural Light Framing の Select Structural, No. 1 若しくは No. 2 又は Structural Joists and Planks の Select Structural, No. 1 若しくは No. 2
(2) 壁の上枠，頭つなぎ，たて枠及び筋かい	(1)に掲げる規格又は Structural Light Framing の No. 3, Structural Joists and Planks の No. 3, Studs の Stud 若しくは Light Framing の Construction 若しくは Standard
(3) 壁の下枠	(2)に掲げる規格又は Light Framing の Utility

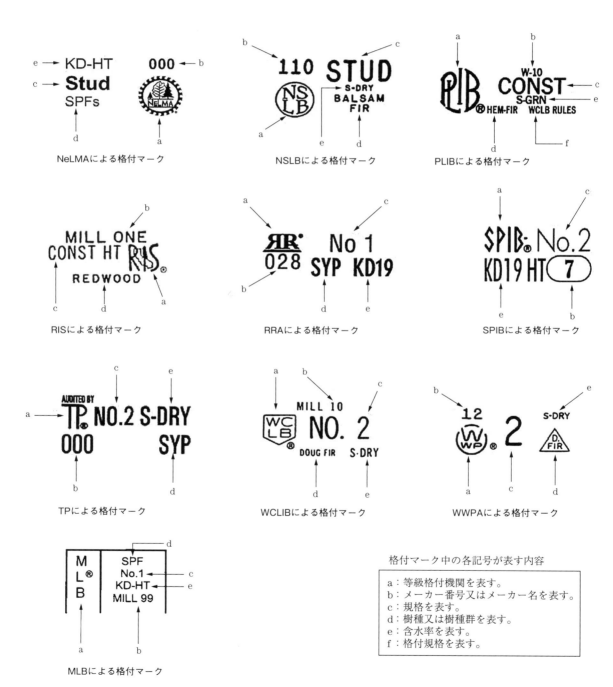

図7.1 米国の格付規格に係る格付マーク

第7章 国土交通大臣がその樹種，区分及び等級等に応じてそれぞれ許容応力度及び材料強度の数値を指定したもの **339**

表 7.3

寸法形式 \ 応力の種類	F_c	F_t	F_b	F_s
104, 203, 204, 404	1.00	1.00	1.00	1.00
106, 206, 406	0.96	0.84	0.84	
208, 408	0.93	0.75	0.75	
210	0.91	0.68	0.68	
212	0.89	0.63	0.63	

7.1.2 枠組壁工法構造用たて継ぎ材

表7.4の格付規格の欄に掲げる格付規格に適合するものとして，表7.4の格付機関の欄に掲げる格付機関により格付けされた，表7.4の樹種の欄に掲げる樹種について，曲げ，圧縮，引張り，せん断の各基準強度（それぞれ F_c, F_t, F_b 及び F_s）は，表7.5の値に表7.6の数値を乗じた数値とする。更に，並列材にあっては，曲げに対する基準強度 F_b の数値について，当該部材群に構造用合板またはこれと同等以上の面材を貼る場合には1.25を，その他の場合には1.15を乗じた数値とすることができる。

表 7.4

格付規格	品質基準	格付機関	樹種群	樹　種	記　号
WCLIB-2004	WCLIB の構造用たて継ぎ材規格	WCLIB RRA	Douglas Fir–Larch	ダグラスファー ウエスタンラーチ	D Fir–L
WWPA-2011	WWPA の構造用たて継ぎ材規格	WWPA WWPA NeLMA NSLB PLIB RRA TP	Hem–Fir	カリフォルニアレッドファー グランドファー ノーブルファー パシフィックシルバーファー ウエスタンヘムロック ホワイトファー	Hem–Fir
NeLMA-2012 NSLB-2007 RIS-2000 SPIB-2002 WCLIB-2004 WWPA-2011	TP の構造用たて継ぎ材規格	TP	Spruce Pine Fir (south)	バルサムファー ブラックスプルース ジャックパイン レッドスプルース ノルウェー（レッド）パイン ホワイトスプルース エンゲルマンスプルース ロッジポールパイン シトカスプルース	S–P–Fs
			Western Cedar	アラスカシーダー インセンスシーダー ポートオーフォードシーダー ウエスタンレッドシーダー	W Cedar
SPIB-2002	SPIB の構造用たて継ぎ材規格	SPIB RRA	Southern Pine	ロブロリーパイン ロングリーフパイン ショートリーフパイン スラッシュパイン	SYP

●本表中の格付機関は以下を表す．
MLB (Martime Lumber Bureau)
NeLMA (Northeast Lumber Manufacturers Association)
NSLB (Northern Softwood Lumber Bureau)
PLIB (Pacific Lumber Inspection Bureau)
RRA (Renewable Resource Associates)
SPIB (Southern Pine Inspection Bureau)
TP (Timber Products Inspection)
WCLIB (West Coast Lumber Inspection Bureau)
WWPA (Western Wood Product Association)

表 7.5

記号	等級	基準強度 (N/mm²)			
		F_c	F_t	F_b	F_s
D Fir–L	SS	25.2	24.0	35.4	2.4
	No 1	22.2	16.2	24.0	2.4
	No 2	20.4	13.8	21.6	2.4
	No 3	12.0	7.8	12.6	2.4
	Construction	21.6	9.6	15.0	2.4
	Standard	18.6	5.4	8.4	2.4
	Utility	12.0	3.0	4.2	2.4
Hem–Fir	SS	22.2	22.2	33.0	2.1
	No 1	20.4	15.0	23.4	2.1
	No 2	19.2	12.6	20.4	2.1
	No 3	10.8	7.2	12.0	2.1
	Construction	20.4	9.0	14.4	2.1
	Standard	17.4	4.8	8.4	2.1
	Utility	11.4	2.4	3.6	2.1
S–P–Fs	SS	18.0	13.8	30.6	1.8
	No 1	15.6	9.6	21.0	1.8
	No 2	15.0	8.4	18.6	1.8
	No 3	9.0	4.8	10.2	1.8
	Construction	15.6	6.0	13.2	1.8
	Standard	13.8	3.6	7.8	1.8
	Utility	9.0	1.8	3.6	1.8
W Cedar	SS	15.0	14.4	24.0	1.8
	No 1	12.6	10.2	17.4	1.8
	No 2	10.2	10.2	16.8	1.8
	No 3	6.0	6.0	9.6	1.8
	Construction	11.4	7.2	12.0	1.8
	Standard	9.0	4.2	6.6	1.8
	Utility	6.0	1.8	3.6	1.8
SYP	SS	24.8	24.3	34.6	2.4
	No 1	21.6	14.7	22.1	2.4
	No 2	18.9	9.9	16.2	2.4
	No 3	11.1	5.8	9.5	2.4
	Construction	20.9	6.5	11.4	2.4
	Standard	17.0	3.6	6.2	2.4
	Utility	11.1	1.6	2.9	2.4

表 7.6

寸法形式 \ 応力の種類	F_c	F_t	F_b	F_s
204	1.00	1.00	1.00	1.00
206	0.96	0.84	0.84	

第7章 国土交通大臣がその樹種，区分及び等級等に応じてそれぞれ許容応力度及び材料強度の数値を指定したもの

構造部材の種類と規格の対応表

	構造部材の種類	規格
(1)	土台，床根太，端根太，側根太，まぐさ，天井根太，たるき及びむなぎ	Structural Light Framing の Select Structural，No. 1 又は No. 2
(2)	壁の上枠及び下枠，頭つなぎ，たて枠及び筋かい	(1)に掲げる規格又は Structural Light Framing の No. 3, Studs の Stud 若しくは Light Framing の Construction 若しくは Standard

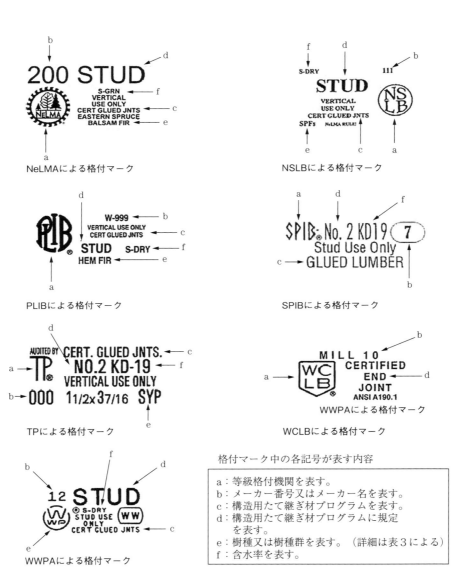

図 7.2 米国の構造用たて継ぎ材規格に係る格付マーク

7.1.3 機械による曲げ応力等級区分を行う枠組壁工法構造製材

表 7.7 の格付機関の作成する格付規格に適合する機械による曲げ応力等級区分を行う枠組壁工法構造製材の曲げ，圧縮，引張，せん断の各基準強度（それぞれ F_c, F_t, F_b 及び F_s）は，表 7.8 の数値とする。ただし，並列材にあっては，曲げに対する基準強度 F_b の数値について，当該部材群に構造用合板又はこれと同等以上の面材を貼る場合には 1.15 を乗じた数値とすることができる。

表 7.7

格付規格	格付機関	等　級	樹種群	樹　種
WCLIB-2004	WCLIB RRA	900f-1.0 E 1200f-1.2 E 1350f-1.3 E 1450f-1.3 E 1500f-1.4 E 1650f-1.5 E 1800f-1.6 E 1950f-1.7 E 2100f-1.8 E 2250f-1.9 E 2400f-2.0 E 2550f-2.1 E 2700f-2.2 E 2850f-2.3 E	Douglas Fir-Larch	ダグラスファー ウェスタンラーチ
			Hem-Fir	カリフォルニアレッドファー グランドファー ノーブルファー パシフィックシルバーファー ウェスタンヘムロック ホワイトファー
			Spruce Pine Fir (South)	バルサムファー ブラックスプルース ジャックパイン レッドスプルース ノルウェー（レッド）パイン ホワイトスプルース エンゲルマンスプルース ロッジポールパイン シトカスプルース
			Western Cedar	アラスカシーダー インセンスシーダー ポートオーフォードシーダー ウェスタンレッドシーダー
WCLIB-2011	WWPA NeLMA PLIB RIS RRA TP	900f-1.0 E 1200f-1.2 E 1350f-1.3 E 1450f-1.3 E 1500f-1.4 E 1650f-1.5 E 1800f-1.6 E 1950f-1.7 E 2100f-1.8 E 2250f-1.9 E 2400f-2.0 E 2550f-2.1 E 2700f-2.2 E 2850f-2.3 E	Douglas Fir-Larch	ダグラスファー ウェスタンラーチ
			Hem-Fir	カリフォルニアレッドファー グランドファー ノーブルファー パシフィックシルバーファー ウェスタンヘムロック ホワイトファー
			Spruce Pine Fir (South)	バルサムファー ブラックスプルース ジャックパイン レッドスプルース ノルウェー（レッド）パイン ホワイトスプルース エンゲルマンスプルース ロッジポールパイン シトカスプルース
			Western Cedar	アラスカシーダー インセンスシーダー ポートオーフォードシーダー ウェスタンレッドシーダー
SPIB-2002	SPIB RRA TP	750f-1.4E 850f-1.4E 975f-1.6E 1050f-1.2E 1050f-1.6E 1200f-1.3E 1200f-1.6E 1250f-1.6E 1350f-1.4E 1450f-1.3E 1500f-1.5E 1500f-1.6E 1500f-1.7E 1650f-1.5E 1650f-1.7E 1800f-1.6E 1850f-1.7E 1950f-1.5E 1950f-1.7E 2100f-1.8E 2250f-1.9E 2400f-2.0E 2550f-1.8E 2550f-2.1E 2700f-2.2E 2850f-1.8E 2850f-2.3E 3000f-2.4E	Southern Pine	ロブロリーパイン ロングリーフパイン ショートリーフパイン スラッシュパイン

●本表中の格付機関は以下を表す．
- NeLMA (Northeast Lumber Manufacturers Association)
- PLIB (Pacific Lumber Inspection Bureau)
- RIS (Redwood Inspection Service)
- RRA (Renewable Resource Associates
- SPIB (Southern Pine Inspection Bureau)
- TP (Timber Products Inspection)
- WCLIB (West Coast Lumber Inspection Bureau)
- WWPA (Western Wood Product Association)

第7章　国土交通大臣がその樹種，区分及び等級等に応じてそれぞれ許容応力度及び材料強度の数値を指定したもの

表7.8

格付規格	曲げ応力等級	基準強度 (N/mm^2)			
		f_c	f_t	f_b	f_s
WCLIB-2004 及び WWP-2011	900 f-1.0 E	13.8	5.4	13.2	樹種群に応じ，表7.9により設定。
	1200 f-1.2 E	18.6	9.0	17.4	
	1350 f-1.3 E	21.0	11.4	19.8	
	1450 f-1.3 E	21.6	12.0	21.0	
	1500 f-1.4 E	21.6	13.2	22.2	
	1650 f-1.5 E	22.8	15.0	24.0	
	1800 f-1.6 E	23.4	17.4	26.4	
	1950 f-1.7 E	24.0	20.4	28.8	
	2100 f-1.8 E	24.6	23.4	30.6	
	2250 f-1.9 E	25.2	25.8	33.0	
	2400 f-2.0 E	26.4	28.2	34.8	
	2550 f-2.1 E	27.0	30.0	37.2	
	2700 f-2.2 E	27.6	31.2	39.6	
	2850 f-2.3 E	28.2	33.6	41.4	
SPIB-2002	750f-1.4E	12.1	6.1	10.8	樹種群に応じ，表7.9により設定。
	850f-1.4E	12.7	6.8	12.3	
	975f-1.6E	18.9	7.9	14.1	
	1050f-1.2E	16.0	6.5	15.2	
	1050f-1.6E	19.6	8.3	15.2	
	1200f-1.3E	18.3	8.6	17.3	
	1200f-1.6E	20.3	9.4	17.3	
	1250f-1.6E	20.9	10.4	18.0	
	1350f-1.4E	20.9	10.8	19.5	
	1450f-1.3E	20.9	11.9	20.9	
	1500f-1.5E	21.6	13.0	21.7	
	1500f-1.6E	21.6	13.0	21.7	
	1500f-1.7E	21.6	13.0	21.7	
	1650f-1.5E	22.8	15.0	24.0	
	1650f-1.7E	22.9	14.7	23.8	
	1800f-1.6E	23.4	17.4	26.4	
	1850f-1.7E	24.2	17.0	26.7	
	1950f-1.5E	23.5	19.9	28.2	
	1950f-1.7E	24.0	20.4	28.8	
	2100f-1.8E	24.6	23.4	30.6	
	2250f-1.9E	25.2	25.8	33.0	
	2400f-2.0E	26.4	28.2	34.8	
	2550f-1.8E	26.2	20.2	36.9	
	2550f-2.1E	27.0	30.0	37.2	
	2700f-2.2E	27.6	31.2	39.6	
	2850f-1.8E	27.5	23.1	41.2	
	2850f-2.3E	28.2	33.6	41.4	
	3000f-2.4E	28.8	34.7	43.4	

表7.9

樹種	基準強度 (N/mm^2)
	F_s
Douglas Fir-Larch	2.4
Hem-Fir	2.1
Spruce Pine Fir (South)	1.8
Western Cedar	1.8
Southern Pine	2.4

構造部材の種類と規格の対応表

構造部材の種類	等級
土台，床根太，端根太，側根太，まぐさ，天井根太，たるき，むなぎ，頭つなぎ，筋かい並びに壁の上枠，たて枠及び下枠	900 Fb-1.0 E, 1200 Fb-1.2 E, 1350 Fb-1.3 E, 1450 Fb-1.3 E, 1500 Fb-1.4 E, 1650 Fb-1.4 E, 1650 Fb-1.5 E, 1800 Fb-1.6 E, 1950 Fb-1.7 E, 2100 Fb-1.8 E, 2250 Fb-1.9 E, 2400 Fb-2.0 E, 2550 Fb-2.1 E, 2700 Fb-2.2 E, 2850 Fb-2.3 E, 3000 Fb-2.4 E, 3150 Fb-2.5 E, 及び 3300 Fb-2.6 E

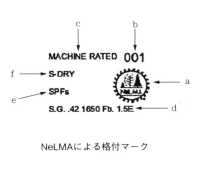

NeLMAによる格付マーク

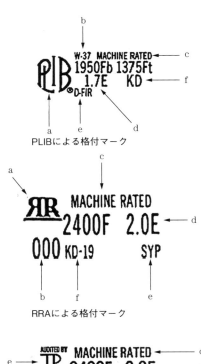

PLIBによる格付マーク

RISによる格付マーク

RRAによる格付マーク

SPIBによる格付マーク

TPによる格付マーク

WCLIBによる格付マーク

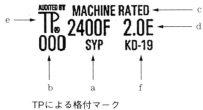

WWPAによる格付マーク

格付マーク中の各記号が表す内容

- a：等級格付機関を表す。
- b：メーカー番号又はメーカー名を表す。
- c：MACHINE STRESS—RATED LUMBER (MSR) である旨を表す。
- d：等級を表す。
- e：樹種又は樹種群を表す。
- f：含水率を表す。

図 7.3　米国の規格に規定する MSR 製材規格に係わる格付

7.2 カナダの格付規格に適合する資材（平成21年3月13日国住指第3841号）

7.2.1 枠組壁工法構造用製材

表7.10の格付規格の欄に掲げる格付規格に適合するものとして，表7.10の格付機関の欄に掲げる格付機関により格付けされた，表7.10の樹種に欄に掲げる樹種について，曲げ，圧縮，引張，せん断の各基準強度は，表7.11の値に表7.12の数値を乗した数値とする。さらに，並列材にあっては，曲げに対する基準強度 F_b の数値について，当該部材群に構造用合板またはこれと同等以上の面材をはる場合には1.25を，その他の場合には1.15を乗じた数値とすることができる。

表7.10

格付規格	格付機関	樹　　　種	記　号
NLGAの NLGA-2003	AFPA CFPA CLA CMSA COFI CSIA MI MLB NLLPA OLMA PLIB QFIC	ダグラスファー ウェスタンラーチ	D Fir-L(N)
		イースタンヘムロック，タマラック，パシフィックコーストイエローシーダー	Hem-Tam(N)
		ウェスタンヘムロック，アマビリスファー，グランドファー	Hem-Fir(N)
		ホワイトスプルース，エンゲルマンスプルース，ブラックスプルース，ロッジポールパイン，ジャックパイン，アルパインファー，バルサムファー，コーストシトカスプルース，ポンデローサパイン	S-P-F
		ウェスタンレッドシーダー，レッドパイン，ウェスタンホワイトパイン	W Cedar

●本表中の格付機関は次を表す。
AFPA（Alberta Forest Products Association）
CFPA（Central Forest Products Association）
CLA（Canadian Lumbermens' Association）
CMSA（Canadian Mill Services Association）
COFI（Council of Forest Industries）
CSIA（Canadian Softwood Inspection Agency）
MI（Macdonald Inspection Services）
MLB（Maritime Lumber Bureau）
NLLPA（Newfoundland & Labrador Lumber Producers Association）
OLMA（Ontario Lumber Manufactures' Association）
PLIB（Pacific Lumber Inspection Bureau）
QFIC（Quebec Forest Industry Council）

表 7.11

記号	等級	基準強度 (N/mm²)			
		F_c	F_t	F_b	F_s
D Fir-L (N)	SS	27.6	20.4	32.4	2.4
	No 1	23.4	13.8	22.2	2.4
	No 2	20.4	12.6	19.8	2.4
	No 3	12.0	7.2	11.4	2.4
	Construction	22.2	9.6	15.0	2.4
	Standard	18.0	5.4	8.4	2.4
	Utility	12.0	2.4	4.2	2.4
Hem-Tam (N)	SS	18.0	13.8	29.4	2.1
	No 1	15.0	8.4	18.6	2.1
	No 2	12.6	6.6	13.8	2.1
	No 3	7.2	3.6	8.4	2.1
	Construciton	14.4	4.8	10.2	2.1
	Standard	11.4	3.0	5.4	2.1
	Utility	7.2	1.2	3.0	2.1
Hem-Fir (N)	SS	24.6	18.6	32.4	2.1
	No 1	22.2	13.8	24.0	2.1
	No 2	21.0	13.8	24.0	2.1
	No 3	12.6	7.8	14.4	2.1
	Construction	22.2	10.2	18.6	2.1
	Standard	18.6	6.0	10.2	2.1
	Utility	12.6	3.0	4.8	2.1
S-P-F	SS	20.4	16.8	30.0	1.8
	No 1	18.0	12.0	22.2	1.8
	No 2	17.4	11.4	21.6	1.8
	No 3	10.2	6.6	12.6	1.8
	Construction	18.6	8.4	16.2	1.8
	Standard	15.6	4.8	9.0	1.8
	Utility	10.2	2.4	4.2	1.8
W Cedar	SS	15.0	14.4	24.0	1.8
	No 1	12.6	10.2	17.4	1.8
	No 2	10.2	10.2	16.8	1.8
	No 3	6.0	6.0	9.6	1.8
	Construction	11.4	7.2	12.0	1.8
	Standard	9.0	4.2	6.6	1.8
	Utility	6.0	1.8	3.6	1.8

表 7.12

寸法形式	応力の種類			
	F_c	F_f	F_b	F_s
104, 203, 204, 404	1.00	1.00	1.00	
106, 206, 406	0.96	0.84	0.84	
208, 408	0.93	0.75	0.75	1.00
210	0.91	0.68	0.68	
212	0.89	0.63	0.63	

構造部材の種類と規格の対応表

構造部材の種類	規格
(1) 土台，床根太，端根太，側根太，まぐさ，天井根太，たるき及びむなぎ	Structural Light Framing の Select Structural, No. 1 若しくは No. 2 又は Structural Joists and Planks の Select Structural, No. 1 若しくは No. 2
(2) 壁の上枠，頭つなぎ，たて枠及び筋かい	(1)に掲げる規格又は Structural Light Framing の No. 3, Structural Joists and Planks の No. 3, Studs の Stud 若しくは Light Framing の Construction 若しくは Standard
(3) 壁の下枠	(2)に掲げる規格又は Light Framing の Utility

第7章 国土交通大臣がその樹種，区分及び等級等に応じてそれぞれ許容応力度及び材料強度の数値を指定したもの **347**

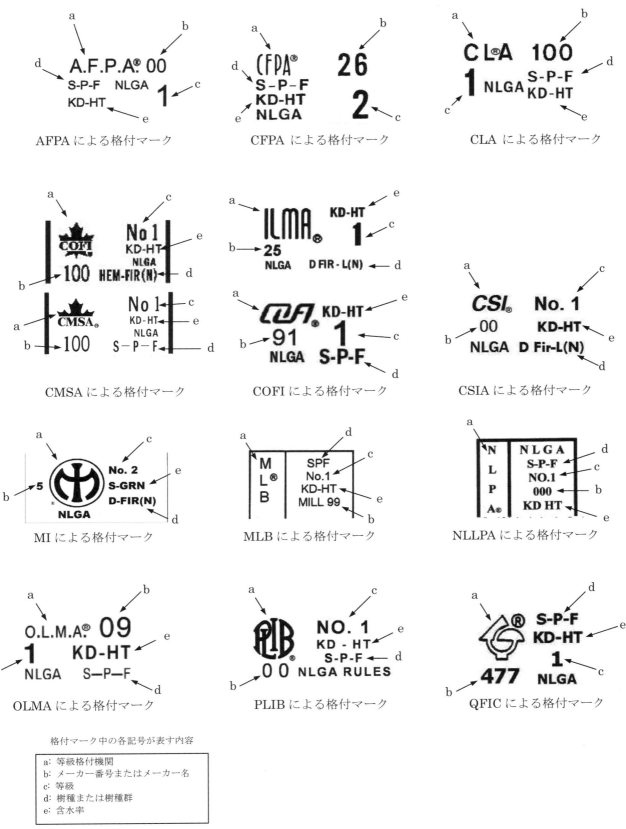

図 7.4 格付規格 NLGA-2003 に適合する枠組壁工法構造用製材

7.2.2 枠組壁工法構造用たて継ぎ材

表7.13の格付規格の欄に掲げる格付規格に適合するものとして，表7.13の格付機関の欄に掲げる格付機関により格付けされた，表7.13の樹種の欄に掲げる樹種について，曲げ，圧縮，引張，せん断の各基準強度は，表7.14の値に表7.15の数値を乗した数値とする。さらに，並列材にあっては，曲げに対する基準強度F_bの数値について，当該部材群に構造用合板またはこれと同等以上の面材をはる場合には1.25を，その他の場合には1.15を乗じた数値とすることができる。

表7.13

格付規格	格付機関	樹　　　種	記　号
NLGAのSPS 1-2003 NLGAのSPS 3-2003	AFPA CFPA CLA CMSA COFI CSIA MI MLB OLMA PLIB QFIC	ダグラスファー ウェスタンラーチ	D Fir-L(N)
		イースタンヘムロック，タマラック，パシフィックコースト，イエローシーダー	Hem-Tam(N)
		ウェスタンヘムロック，アマビリスファー，グランドファー	Hem-Fir(N)
		ホワイトスプルース，エンゲルマンスプルース，ブラックスプルース，ロッジポールパイン，ジャックパイン，アルパインファー，バルサムファー，コーストシトカスプルース，ポンデローサンパイン	S-P-F
		ウェスタンレッドシーダー，レッドパイン，ウェスタンホワイトパイン	W Cedar

●本表中の格付機関は次を表す。

AFPA（Alberta Forest Products Association）
CFPA（Central Forest Products Association）
CLA（Canadian Lumbermens' Association）
CMSA（Canadian Mill Services Association）
COFI（Council of Forest Industries）
CSIA（Canadian Softwood Inspection Agency）
MI（Macdonald Inspection Services）
MLB（Maritime Lumber Bureau）
OLMA（Ontario Lumber Manufactures' Association）
PLIB（Pacific Lumber Inspection Bureau）
QFIC（Quebec Forest Industry Council）

第7章 国土交通大臣がその樹種，区分及び等級等に応じてそれぞれ許容応力度及び材料強度の数値を指定したもの

表7.14

記号	等級	基準強度 (N/mm²)			
		F_c	F_t	F_b	F_s
D Fir-L (N)	SS	27.6	20.4	32.4	2.4
	No 1	23.4	13.8	22.2	2.4
	No 2	20.4	12.6	19.8	2.4
	No 3	12.0	7.2	11.4	2.4
	Construction	22.2	9.6	15.0	2.4
	Standard	18.0	5.4	8.4	2.4
	Utility	12.0	2.4	4.2	2.4
Hem-Tam (N)	SS	18.0	13.8	29.4	2.1
	No 1	15.0	8.4	18.6	2.1
	No 2	12.6	6.6	13.8	2.1
	No 3	7.2	3.6	8.4	2.1
	Construciton	14.4	4.8	10.2	2.1
	Standard	11.4	3.0	5.4	2.1
	Utility	7.2	1.2	3.0	2.1
Hem-Fir (N)	SS	24.6	18.6	32.4	2.1
	No 1	22.2	13.8	24.0	2.1
	No 2	21.0	13.8	24.0	2.1
	No 3	12.6	7.8	14.4	2.1
	Construction	22.2	10.2	18.6	2.1
	Standard	18.6	6.0	10.2	2.1
	Utility	12.6	3.0	4.8	2.1
S-P-F	SS	20.4	16.8	30.0	1.8
	No 1	18.0	12.0	22.2	1.8
	No 2	17.4	11.4	21.6	1.8
	No 3	10.2	6.6	12.6	1.8
	Construction	18.6	8.4	16.2	1.8
	Standard	15.6	4.8	9.0	1.8
	Utility	10.2	2.4	4.2	1.8
W Cedar	SS	15.0	14.4	24.0	1.8
	No 1	12.6	10.2	17.4	1.8
	No 2	10.2	10.2	16.8	1.8
	No 3	6.0	6.0	9.6	1.8
	Construction	11.4	7.2	12.0	1.8
	Standard	9.0	4.2	6.6	1.8
	Utility	6.0	1.8	3.6	1.8

表7.12

寸法形式	応力の種類			
	F_c	F_f	F_b	F_s
104, 203, 204, 404	1.00	1.00	1.00	1.00
106, 206, 406	0.96	0.84	0.84	
208, 408	0.93	0.75	0.75	
210	0.91	0.68	0.68	
212	0.89	0.63	0.63	

構造部材の種類と規格の対応表

構造部材の種類	規格
(1) 土台，床根太，端根太，側根太，まぐさ，天井根太，たるき及びむなぎ	National Lumber Grades Authority の SPS 1-2003 格付規格の Structural Light Framing の Structural, No. 1 若しくは No. 2 又は Structural Joists and Planks の Select Structural, No. 1 若しくは No. 2
(2) 壁の上枠及び下枠，頭つなぎ並びに筋かい	(1)に掲げる規格又は National Lumber Grades Authority の SPS 1-2003 格付規格の Structural Light Framing の No. 3, Structural Joists and Planks の No. 3, Studs の Stud 若しくは Light Framing の Construction 若しくは Standard
(3) 壁のたて枠	(2)に掲げる規格又は National Lumber Grades Authority の SPS 3-2003 格付規格の Stud

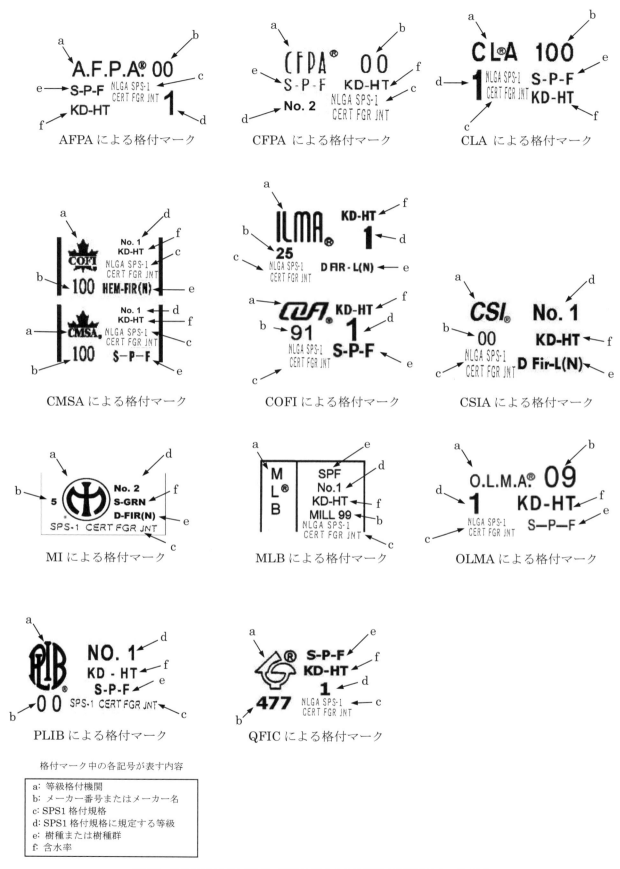

図7.5 格付規格 NLGA SPS1-2003 に適合する枠組壁工法構造用たて継ぎ材

7.2.3 機械による曲げ応力等級区分を行う枠組壁工法構造製材

表 7.16 の格付機関の作成する格付規格に適合する機械による曲げ応力等級区分を行う枠組壁工法構造製材の曲げ，圧縮，引張，せん断の各基準強度は，表 7.17 の数値とする。ただし，並列材にあっては，曲げに対する基準強度 F_b の数値について，当該部材群に構造用合板またはこれと同等以上の面材をはる場合には 1.15 を乗じた数値とすることができる。

表 7.16

格付規格	等級	格付機関	樹種	記号
NLGA の SPS 2-2003	1200 Fb-1.2 E 1350 Fb-1.3 E 1450 Fb-1.3 E 1500 Fb-1.4 E 1650 Fb-1.5 E 1800 Fb-1.6 E 1950 Fb-1.7 E 2100 Fb-1.8 E 2250 Fb-1.9 E 2400 Fb-2.0 E 2550 Fb-2.1 E 2700 Fb-2.2 E 2850 Fb-2.3 E 3000 Fb-2.4 E	AFPA CFPA CLA CMSA COFI CSIA MI OLMA PLIB QFIC	ダグラスファー，ウェスタンラーチ	D Fir-L(N)
			イースタンヘムロック，タマラック，パシフィックコーストイエローシーダー	Hem-Tam(N)
			ウェスタンヘムロック，アマビリスファー，グランドファー	Hem-Fir(N)
			ホワイトスプルース，エンゲルマンスプルース，ブラックスプルース，ロッジポールパイン，ジャックパイン，アルパインファー，バルサムファー，コーストシトカスプルース，ポンデローサパイン	S-P-F
			ウェスタンレッドシーダー，レッドパイン，ウェスタンホワイトパイン	W Cedar

表 7.17

曲げ応力等級	基準強度 (N/mm²)			
	F_c	F_t	F_b	F_s
1200 f-1.2 E	18.6	9.0	17.4	樹種群に応じ，下記により設定
1350 f-1.3 E	21.0	11.4	19.8	
1450 f-1.3 E	21.6	12.0	21.0	
1500 f-1.4 E	21.6	13.2	22.2	
1650 f-1.5 E	22.8	15.0	24.0	
1800 f-1.6 E	23.4	17.4	26.4	
1950 f-1.7 E	24.0	20.4	28.8	
2100 f-1.8 E	24.6	23.4	30.6	
2250 f-1.9 E	25.2	25.8	33.0	
2400 f-2.0 E	26.4	28.2	34.8	
2550 f-2.1 E	27.0	30.0	37.2	
2700 f-2.2 E	27.6	31.2	39.6	
2850 f-2.3 E	28.2	33.6	41.4	
3000 f-2.4 E	29.4	34.8	43.8	

表 7.18

樹種	基準強度 (N/mm²)
	F_s
D Fir-L(N)	2.4
Hem-Tam(N)	2.1
Hem-Fir(N)	2.1
S-P-F	1.8
WRC	1.8

構造部材の種類と規格の対応表

構造部材の種類	等級
土台，床根太，端根太，側根太，まぐさ，天井根太，たるき，むなぎ，壁の上枠，頭つなぎ，壁のたて枠及び壁の下枠及び筋かい	MACHINE STRESS-RATED LUMBER（MSR）等級の 1200 Fb-1.2 E，1350 Fb-1.3 E，1450 Fb-1.3 E，1500 Fb-1.4 E，1650 Fb-1.5 E，1800 Fb-1.6 E，1950 Fb-1.7 E，2100 Fb-1.8 E，2250 Fb-1.9 E，2400 Fb-2.0 E，2550 Fb-2.1 E，2700 Fb-2.2 E，2850 Fb-2.3 E 又は 3000 Fb-2.4 E

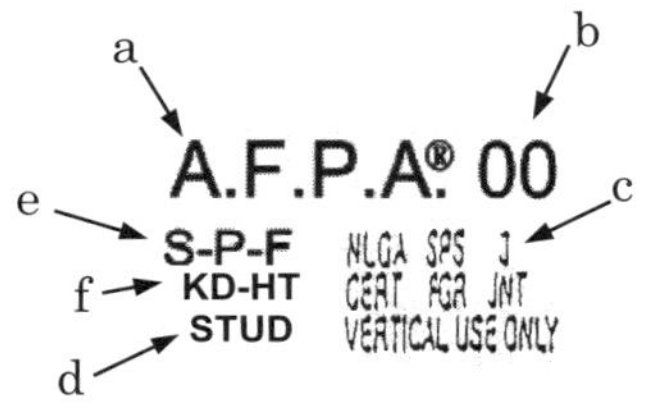

AFPA による格付マーク 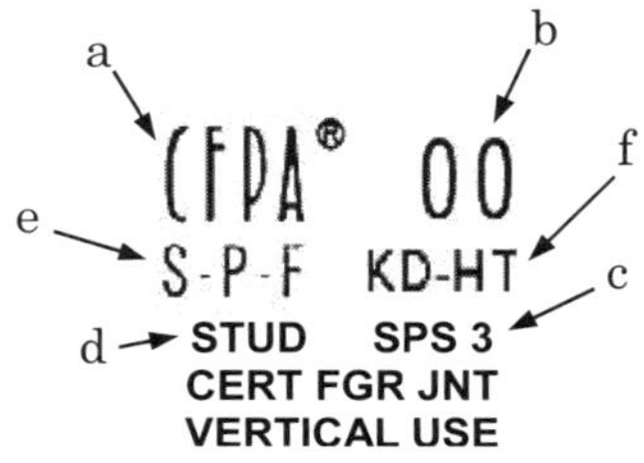　　CFPA による格付マーク 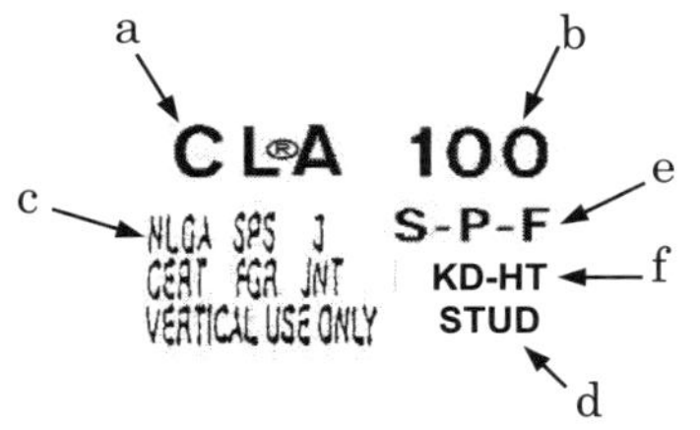　　CLA による格付マーク

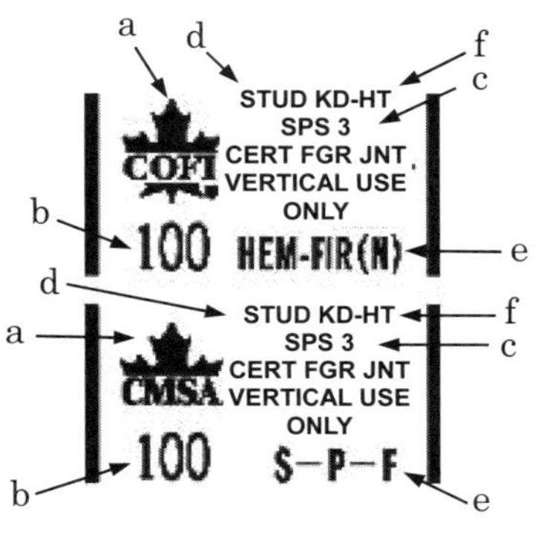

CMSA による格付マーク  　　COFI による格付マーク 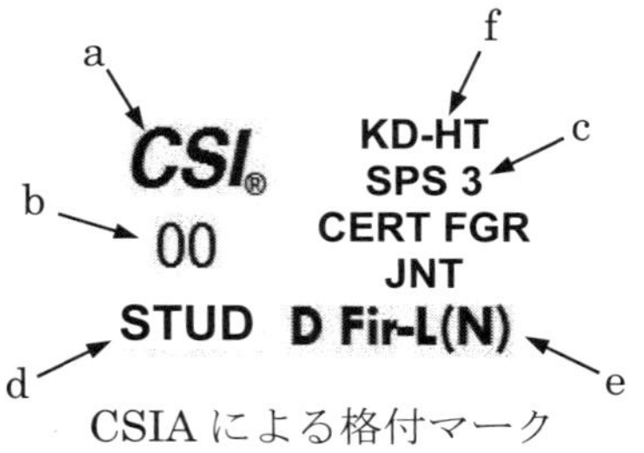　　CSIA による格付マーク

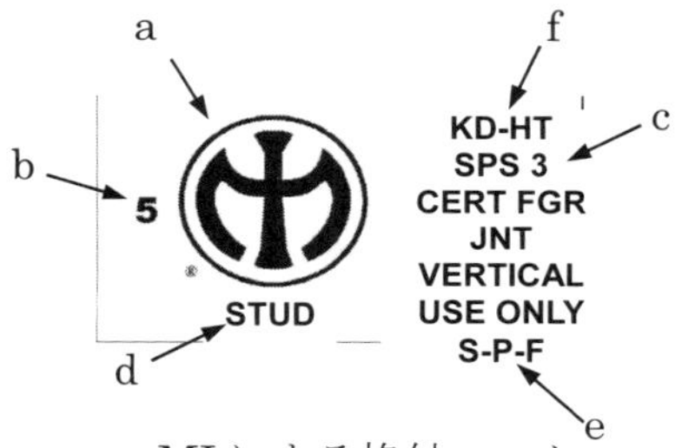

MI による格付マーク 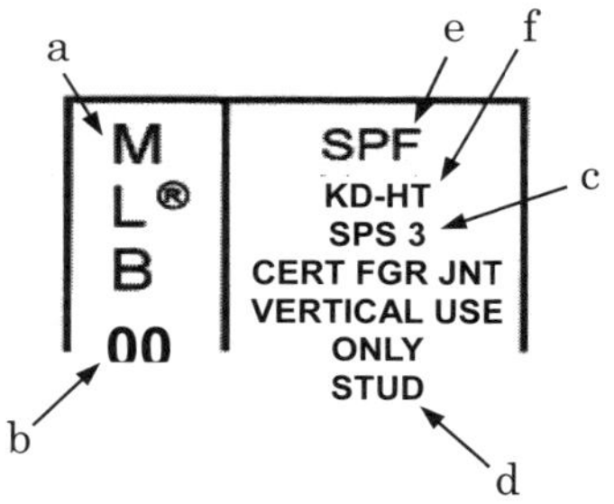　　MLB による格付マーク 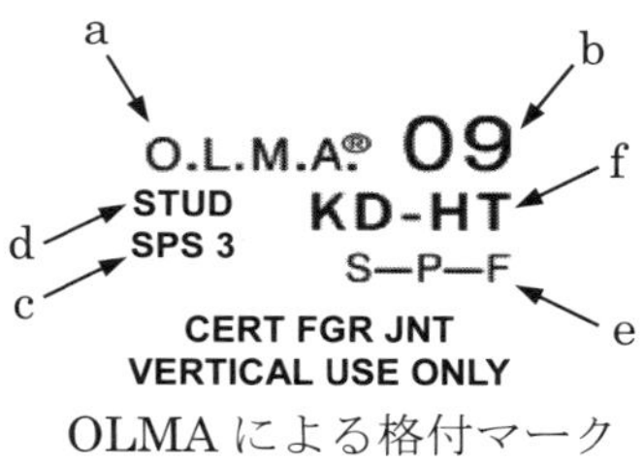　　OLMA による格付マーク

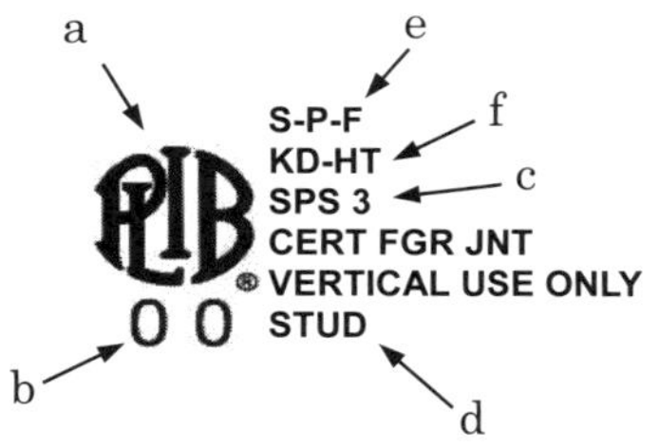

PLIB による格付マーク 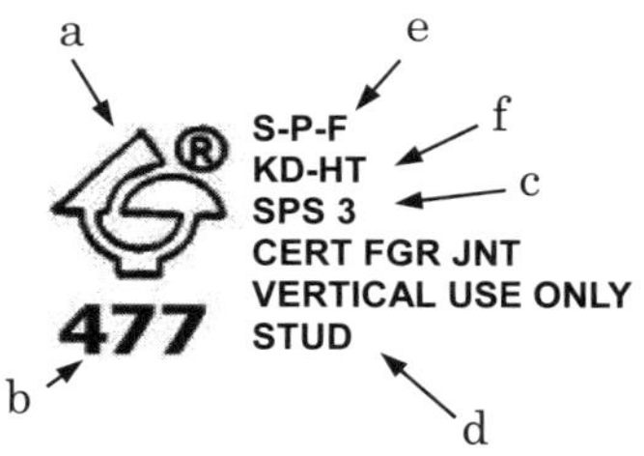　　QFIC による格付マーク

格付マーク中の各記号が表す内容

a: 等級格付機関
b: メーカー番号またはメーカー名
c: SPS3 格付規格
d: SPS3 格付規格に規定する等級
e: 樹種または樹種群
f: 含水率

図 7.6　格付規格 NLGA SPS3-2003 に適合する枠組壁工法構造用たて継ぎ材

第7章　国土交通大臣がその樹種，区分及び等級等に応じてそれぞれ許容応力度及び材料強度の数値を指定したもの **353**

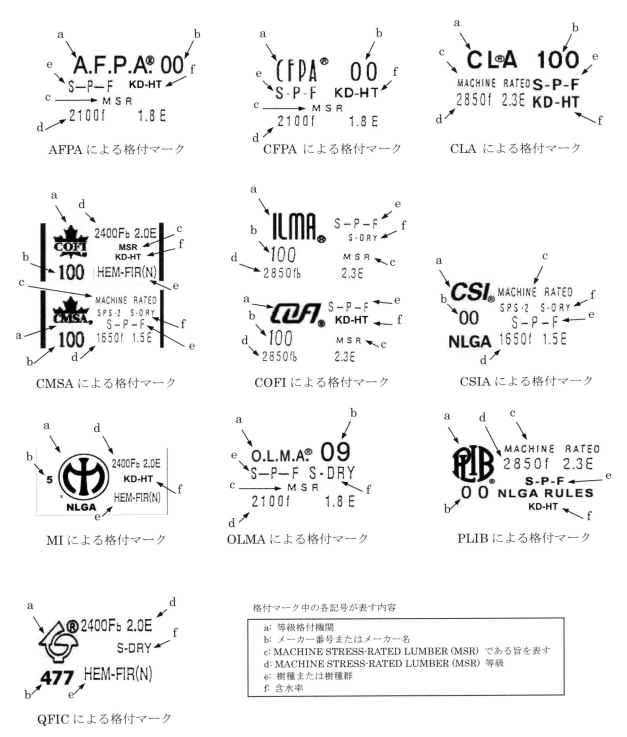

図7.7　格付規格 NLGA SPS2-2003 に適合する機械による曲げ応力等級区分を行う枠組壁工法構造製材

7.3 オーストラリアの格付規格に適合する資材

7.3.1 機械による曲げ応力等級区分を行う枠組壁工法構造製材

オーストラリアの格付機関「Plantation Timber Association Australia」の格付規格 Industry Standard 106-1999 に適合する「機械による曲げ応力等級区分を行う枠組壁工法構造製材」の曲げ，圧縮，引張り，せん断の各基準強度は平成12年6月1日建設省住指発第685号，表7.19 の数値とする。ただし，並列材にあっては，曲げに対する基準強度 F_b の数値について，当該部材群に構造用合板又はこれと同等以上の面材をはる場合には 1.15 を乗じた数値とすることができる。なお，オーストラリアの国内規格は，寸法型式が異なり，下記強度は JAS 寸法型式（204等）に製材することを前提に指定されていることに留意する必要がある。

※現在この指定は有効であるがオーストラリアでは格付機構が廃止となり，格付規格が無効となっており事実上材料の入手はできない。

表 7.19

	樹種	等級	基準強度 (N/mm²)			
			F_c	F_t	F_b	F_s
204	pinus	MGP10	18.0	9.0	14.4	2.1
		MGP12	23.4	13.8	24.0	2.1
		MGP15	26.4	21.0	34.8	2.1
206	pinus	MGP10	18.0	9.0	14.4	2.1
		MGP12	23.4	13.8	24.0	2.1
		MGP15	26.4	21.0	34.8	2.1
208	pinus	MGP10	17.4	8.4	13.8	2.1
		MGP12	22.2	13.2	22.2	2.1
		MGP15	25.2	19.8	32.4	2.1
210	pinus	MGP10	16.8	7.8	12.6	2.1
		MGP12	21.6	12.0	21.0	2.1
		MGP15	24.6	18.0	30.0	2.1
212	pinus	MGP10	16.2	7.2	11.4	2.1
		MGP12	21.0	10.8	19.2	2.1
		MGP15	23.4	16.8	27.6	2.1

（構造部材の種類……筋かいを除くすべての構造部材（枠組み材））

Plantation Timber Association Australia による格付マーク

7.4 EU の格付規格に適合する資材

7.4.1 目視等級の構造用製材

欧州の規格 EN14081 に適合する以下の指定をそれぞれ取得した。
 スウェーデン，ノルウェー 平成24年2月6日国住指第3408号
 フランス   平成25年3月18日国住指第3983号
表 7.20 の格付規格の欄に掲げる格付規格に適合するものとして，表 7.20 の格付機関の欄に掲げる格付機関に

第7章 国土交通大臣がその樹種，区分及び等級等に応じてそれぞれ許容応力度及び材料強度の数値を指定したもの

より格付けされた，表7.20の樹種の欄に掲げる樹種について，圧縮，引張，曲げ及びせん断の各基準強度（それぞれ F_c，F_t，F_b 及び F_s）は，表7.21の数値に表7.22の数値を乗じた値とする。さらに，並列材にあっては，曲げに対する基準強度 F_b の数値について，当該部材群に構造用合板又はこれと同等以上の面材をはる場合には1.25を，その他の場合は1.15を乗じた数値とすることができる。

表7.20

格付規格	格付機関	樹種群（学名）	樹種	記号
EN14081	NTI SP	Spruce (Picea abies)	スプルース	PCAB
		Scots Pine (Pinus sylvestris)	オウシュウアカマツ	PNSY
	FCBA	Douglas fir (Pseudotsuga menziesii)	ダグラスファー	PSMN

※格付機関は以下の機関を表す
NTI（Norsk Treteknisk Institutt） ID番号：1070
SP（SP Technical Research Institute of Sweden） ID番号：0402
FCBA（Institut technologique FCBA） ID番号：0380

表7.21

記号	等級	基準強度 (N/mm²)			
		F_c	F_t	F_b	F_s
PCAB	C14	16.0	8.8	15.4	1.8
	C16	17.0	11.0	17.6	1.8
	C18	18.0	12.1	19.8	1.8
	C20	19.0	13.2	22.0	1.8
	C22	20.0	14.3	24.2	1.8
	C24	21.0	15.4	26.4	1.8
	C27	22.0	17.6	29.7	1.8
	C30	23.0	19.8	33.0	1.8
PNSY	C14	16.0	8.8	15.4	1.8
	C16	17.0	11.0	17.6	1.8
	C18	18.0	12.1	19.8	1.8
	C20	19.0	13.2	22.0	1.8
	C22	20.0	14.3	24.2	1.8
	C24	21.0	15.4	26.4	1.8
	C27	22.0	17.6	29.7	1.8
	C30	23.0	19.8	33.0	1.8
PSMN	C18	18.0	12.1	19.8	2.4
	C24	21.0	15.4	26.4	2.4

表7.22

応力の種類 寸法形式	F_c	F_t	F_b	F_s
104, 204, 404	1.00	1.00	1.00	
106, 206, 406	0.96	0.84	0.91	
208, 408	0.93	0.75	0.86	1.00
210	0.91	0.68	0.82	
212	0.89	0.63	0.79	
上記以外の断面	$\left(\dfrac{89}{h}\right)^{0.1}$	$\left(\dfrac{89}{h}\right)^{0.4}$	$\left(\dfrac{89}{h}\right)^{0.4}$	

※ h は断面の2辺のうち大きいほうの長さ（mm）

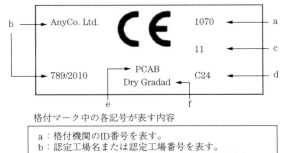

格付マーク中の各記号が表す内容

a：格付機関のID番号を表す。
b：認定工場名または認定工場番号を表す。
c：CEマークを取得した西暦年の最後の2桁を表す。
d：等級を表す。
e：樹種または樹種群を表す。
f：乾燥材である場合，その旨を表す。

図 7.8 EN14081 格付規格に係る格付マーク（目視等級）

7.4.2 機械等級の構造用製材

表 7.23 の格付規格の欄に掲げる格付規格に適合するものとして，表 7.23 の格付機関の欄に掲げる格付機関により格付けされた，表 7.23 の樹種の欄に掲げる樹種について，圧縮，引張，曲げ及びせん断の各基準強度（それぞれ F_c，F_t，F_b 及び F_s）は，表 7.24 の数値に表 7.25 の数値を乗じた値とする。さらに，並列材にあっては，曲げに対する基準強度 F_b の数値について，当該部材群に構造用合板又はこれと同等以上の面材をはる場合には 1.25 を，その他の場合は 1.15 を乗じた数値とすることができる。

ただし，マシンコントロールにより機械等級区分された製材に限り，アウトプットコントロールにより機械等級区分された製材は除く。

表 7.23

格付規格	格付機関	樹種群（学名）	樹種	記号
EN14081	NTI SP	Spruce (Picea abies)	スプルース	PCAB
		Scots Pine (Pinus sylvestris)	オウシュウアカマツ	PNSY
	FCBA	Douglas fir (Pseudotsuga menziesii)	ダグラスファー	PSMN

※格付機関は以下の機関を表す
　NTI（Norsk Treteknisk Institutt）　ID 番号：1070
　SP（SP Technical Research Institute of Sweden）　ID 番号：0402
　FCBA（Institut technologique FCBA）　ID 番号：0380

第7章　国土交通大臣がその樹種，区分及び等級等に応じてそれぞれ許容応力度及び材料強度の数値を指定したもの

表 7.24

記号	等級	基準強度 (N/mm²)			
		F_c	F_t	F_b	F_s
PCAB	C14	16.0	8.8	15.4	1.8
	C16	17.0	11.0	17.6	1.8
	C18	18.0	12.1	19.8	1.8
	C20	19.0	13.2	22.0	1.8
	C22	20.0	14.3	24.2	1.8
	C24	21.0	15.4	26.4	1.8
	C27	22.0	17.6	29.7	1.8
	C30	23.0	19.8	33.0	1.8
	C35	25.0	23.1	38.5	1.8
	C40	26.0	26.4	44.0	1.8
	C45	27.0	29.7	49.5	1.8
PNSY	C14	16.0	8.8	15.4	1.8
	C16	17.0	11.0	17.6	1.8
	C18	18.0	12.1	19.8	1.8
	C20	19.0	13.2	22.0	1.8
	C22	20.0	14.3	24.2	1.8
	C24	21.0	15.4	26.4	1.8
	C27	22.0	17.6	29.7	1.8
	C30	23.0	19.8	33.0	1.8
	C35	25.0	23.1	38.5	1.8
	C40	26.0	26.4	44.0	1.8
	C45	27.0	29.7	49.5	1.8
PSMN	C18	18.0	12.1	19.8	2.4
	C24	21.0	15.4	26.4	2.4
	C30	23.0	19.8	33.0	2.4
	C35	25.0	23.1	38.5	2.4
	C40	26.0	26.4	44.0	2.4

表 7.25

応力の種類　寸法形式	F_c	F_t	F_b	F_s
104，204，404	1.00	1.00	1.00	1.00
106，206，406	0.96	0.84	0.91	
208，408	0.93	0.75	0.86	
210	0.91	0.68	0.82	
212	0.89	0.63	0.79	
上記以外の断面	$\left(\dfrac{89}{h}\right)^{0.1}$	$\left(\dfrac{89}{h}\right)^{0.2}$	$\left(\dfrac{89}{h}\right)^{0.2}$	

※ h は断面の2辺のうち大きいほうの長さ (mm)

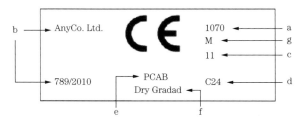

格付マーク中の各記号が表す内容

a：格付機関のID番号を表す。
b：認定工場名または認定工場番号を表す。
c：CEマークを取得した西暦年の最後の2桁を表す。
d：等級を表す。
e：樹種または樹種群を表す。
f：乾燥材である場合，その旨を表す。
g：機械等級の構造用部材である場合，その旨を表す。

図 7.9 EN14081 格付規格に係る格付マーク（機械等級）

第8章
関連する JIS，JAS（項目のみ）

●枠組壁工法の関連告示に規定している材料の JIS（日本工業規格）平成 30 年時点

材　料　名		JIS 番号及び規格名称	備考：最新の JIS 番号
パーティクルボード	壁下地材	JIS A 5908（パーティクルボード）—1994	JIS A 5908（パーティクルボード）—2015
	床下地材又は屋根下地材		
シージングボード	壁下地材	JIS A 5905（繊維板）—1994	JIS A 5905（繊維板）—2003
ミディアムデンシティーファイバーボード（MDF）	壁下地材		
	床下地材又は屋根下地材		
ハードボード	壁下地材		
硬質木片セメント板	壁下地材	JIS A 5404（木質系セメント板）—2001	JIS A 5404（木質系セメント板）—2007
	床下地材又は屋根下地材	JIS A 5417（木片セメント板）—1992	
フレキシブル板	壁下地材	JIS A 5430（繊維強化セメント板）—2001	JIS A 5430（繊維強化セメント板）—2013
パルプセメント板	壁下地材	JIS A 5414（パルプセメント板）—1993	JIS A 5414（パルプセメント板）—2013
火山性ガラス質複層板	壁下地材	JIS A 5440（火山性ガラス質複層板）—2000	JIS A 5440（火山性ガラス質複層板）—2009
	床下地材又は屋根下地材		
ラスシート	壁下地材	JIS A 5524（ラスシート）—1994	JIS A 5524（ラスシート）—2008
せっこうボード	壁下地材	JIS A 6901（せっこうボード製品）—2005	JIS A 6901（せっこうボード製品）—2014
くぎ		JIS A 5508（くぎ）—2005	JIS A 5508（くぎ）—2009
十字穴付き木ねじ（WSN）		JIS B 1112（十字穴付き木ねじ）—1995	JIS B 1112（十字穴付き木ねじ）—1995
ドリリングタッピンねじ（DTSN）		JIS B 1125（ドリリングタッピンねじ）—2003	JIS B 1125（ドリリングタッピンねじ）—2015
鋼板及び鋼帯		JIS G 3302（溶融亜鉛めっき鋼板及び鋼帯）—1998	JIS G 3302（溶融亜鉛めっき鋼板及び鋼帯）—2012
		JIS G 3312（塗装溶融亜鉛めっき鋼板及び鋼帯）—1994	JIS G 3312（塗装溶融亜鉛めっき鋼板及び鋼帯）—2013
		JIS G 3321（溶融 55％アルミニウム―亜鉛合金めっき鋼板及び鋼帯）—1998	JIS G 3321（溶融 55％アルミニウム―亜鉛合金めっき鋼板及び鋼帯）—2012
		JIS G 3322（塗装溶融 55％アルミニウム―亜鉛合金めっき鋼板及び鋼帯）—1998	JIS G 3322（塗装溶融 55％アルミニウム―亜鉛合金めっき鋼板及び鋼帯）—2013

●枠組壁工法の関連告示に規定している材料のJAS(日本農林規格) 平成30年時点

材　料　名	JAS告示番号	備考：最終改正のJAS告示番号
構造用合板	昭和44年農林省告示第1371号 ※平成15年農林水産省告示第233号に統合	平成15年農林水産省告示第233号第6条 改定　平成30年3月29日　農水告第683号
枠組壁工法構造用製材	昭和49年農林省告示第600号	昭和49年農林省告示第600号第4条，第5条 改正　平成30年3月29日　農水告第683号
機械による曲げ応力等級区分を行う枠組壁工法構造用製材（MSR製材）	昭和49年農林省告示第600号第6条	昭和49年農林省告示第600号第6条 改正　平成30年3月29日　農水告第683号
枠組壁工法構造用たて継ぎ材	昭和49年農林省告示第701号	昭和49年農林省告示第600号へ統合 改正　平成30年3月29日　農水告第683号
化粧貼り構造用集成柱	平成15年農林水産省告示第601号	平成15年農林水産省告示第233号第7条へ統合 改正　平成30年3月29日　農水告第683号
構造用パネル	昭和62年農林水産省告示第360号	昭和62年農林水産省告示第360号 改正　平成30年3月29日　農水告第683号
構造用単板積層材	昭和63年農林水産省告示第1443号	昭和63年農林水産省告示第1443号 改正　平成30年3月29日　農水告第683号
構造用集成材	平成8年農林水産省告示第111号	平成8年農林水産省告示第111号 改正　平成30年3月29日　農水告第683号
針葉樹の下地用製材	平成8年農林水産省告示第1085号	平成19年農林水産省告示第1083号へ統合 改正　平成30年3月29日　農水告第683号

ホームページのご案内

2018年枠組壁工法建築物『設計の手引』および『構造計算指針』に関するホームページをご用意いたしました。

http://www.2x4assoc.or.jp/builder/technology/green_book/index.html

以下の計算事例，付属資料をダウンロードできます。

＜計算事例＞
事例3 枠組壁工法4階建て構造計算例（平13国交告1540号第9号に基づく保有水平耐力の計算）
事例4 枠組壁工法3階建て共同住宅構造計算例
事例5 軒高9mを超える枠組壁工法建築物構造計算例
事例6 枠組壁工法4階建て構造計算例（限界耐力計算例）

＜付属資料＞
1. "Midply Wall System" の設計に関する資料
2. 枠組壁工法6階建て仮想プランによる建物重量等参考例
3. タイダウン金物の計算例

なお，本ホームページの内容は予告なく変更することもあります。ご了承ください。

2018年枠組壁工法建築物 設計の手引	
	平成30年11月15日　発　　　行
	令和4年4月10日　第2刷発行

編　者	一般社団法人　日本ツーバイフォー建築協会
発行者	池　田　和　博
発行所	丸善出版株式会社 〒101-0051　東京都千代田区神田神保町二丁目17番 編　集：電話(03)3512-3266／FAX(03)3512-3272 営　業：電話(03)3512-3256／FAX(03)3512-3270 https://www.maruzen-publishing.co.jp

© JAPAN 2×4 HOME BUILDERS ASSOCIATION, 2018

組版印刷・製本／美研プリンティング株式会社

ISBN 978-4-621-30344-3　C 2052　　　　Printed in Japan

本書の無断複写は著作権法上での例外を除き禁じられています.